Schriftenreihe des
ZENTRUMS FÜR EUROPÄISCHE RECHTSPOLITIK
der Universität Bremen (ZERP)

Band 77

Sonja Mangold

Transnationale Soziale Dialoge und Antidiskriminierung im Erwerbsleben

Eine rechtsempirische, rechtsdogmatische
und rechtspolitische Analyse

Nomos

Die Deutsche Nationalbibliothek verzeichnet diese Publikation in der Deutschen Nationalbibliografie; detaillierte bibliografische Daten sind im Internet über http://dnb.d-nb.de abrufbar.

Zugl.: Bremen, Univ., Diss., 2018

ISBN 978-3-8487-5321-5 (Print)
ISBN 978-3-8452-9499-5 (ePDF)

1. Auflage 2018

Vorwort

Die vorliegende Veröffentlichung ist die geringfügig bearbeitete und aktualisierte Fassung meiner Dissertation, die ich im September 2017 am Fachbereich Rechtswissenschaften der Universität Bremen eingereicht habe.

Meiner Doktormutter, Frau Prof. Katja Nebe, möchte ich herzlich für vielfältige inhaltliche Anregungen und das Vertrauen danken, das sie während der gesamten Promotionsphase in mich gesetzt hat. Ein weiterer Dank geht an Herrn Prof. Ulrich Mückenberger, der instruktive Hinweise und Ratschläge gegeben hat.

Frau Prof. Ursula Rust und Herrn Prof. Josef Falke danke ich für ihre Bereitschaft, an meinem Kolloquium teilzunehmen. Herrn Falke möchte ich außerdem für seine hilfreichen Anmerkungen danken, die er mir in Hinblick auf die Veröffentlichung zukommen ließ.

Freund/inn/en und Bekannten möchte ich für ihre Unterstützung und den positiven Rückenwind während des gesamten Promotionsverfahrens danken; besonders danke ich in diesem Zusammenhang Ilse Schütte-Kronauer, Martin Kronauer, Doris Bäuerlein, Ute Breitenbach, David Salomon und Cheng-Wei Lin.

Ein Dank geht außerdem an Heiner Fechner für die gute Bürogemeinschaft nach Ende des Sfb „Staatlichkeit im Wandel".

Meiner Mutter, Erika Mangold, danke ich herzlich für das Gegen- und Korrekturlesen der einzelnen Kapitel.

Dem Zentrum für Europäische Rechtspolitik (ZERP) danke ich für die Aufnahme der Arbeit in diese Schriftenreihe. Mein Dank geht auch an Antje Kautz für die kompetente Unterstützung bei der Erstellung der Druckvorlage.

Schließlich möchte ich noch allen Interviewpartner/inne/n aus Wissenschaft und Praxis danken, die mit ihrer Expertise zu transnationalen Sozialen Dialogen und dem arbeitsrechtlichen Diskriminierungsschutz zum Erkenntnisgewinn der vorliegenden Arbeit wesentlich beigetragen haben.

Sonja Mangold   Berlin, im Juli 2018

Inhaltsübersicht

Inhaltsverzeichnis

Abbildungsverzeichnis

Abkürzungsverzeichnis

a.A.	anderer Ansicht
a.a.O.	am angegebenen Ort
ABl. EG	Amtsblatt der Europäischen Gemeinschaft
Abs.	Absatz
AEMR	Allgemeine Erklärung der Menschenrechte
AEUV	Vertrag über die Arbeitsweise der Europäischen Union
a.F.	alte Fassung
AG	Die Aktiengesellschaft (Zeitschrift)
AGG	Allgemeines Gleichbehandlungsgesetz
Ann. Rev. Law Soc. Sci.	The Annual Review of Law and Social Science
APuZ	Aus Politik und Zeitgeschichte (Zeitschrift)
ARSP	Archiv für Rechts- und Sozialphilosophie
AuR	Arbeit und Recht (Zeitschrift)
BAG	Bundesarbeitsgericht
Bd.	Band
bspw.	beispielsweise
BYU L. Rev.	Brigham Young University Law Review
CEDAW	Convention on the Elimination of All Forms of Discrimination Against Women
CEEP	Centre Européen des Entreprises à Participation Publique et des Entreprises d'Intérêt Economique Général
CERD	Convention on the Elimination of All Forms of Racial Discrimination
CESE	Comité Economique et Social Européen
CLR	Columbia Law Review
CSR	Corporate Social Responsibility
DRIS	demokratischer Rechts- und Interventionsstaat
	Europäischer Betriebsrat
EGB	Europäischer Gewerkschaftsbund
EGMR	Europäischer Gerichtshof für Menschenrechte
EIGE	European Institute for Gender Equality
Einl.	Einleitung
EJIR	European Journal of Industrial Relations
ELR	European Law Review
EMRK	Europäische Menschenrechtskonvention

ESC	Europäische Sozialcharta
ESF	Europäischer Sozialfonds
ETUC	European Trade Union Confederation
ETUI	European Trade Union Institute
EuG	Europäisches Gericht erster Instanz
EuGH	Europäischer Gerichtshof
EuGRZ	Europäische Grundrechte-Zeitschrift
EuR	Europarecht (Zeitschrift)
EUV	Vertrag über die Europäische Union
EuZA	Europäische Zeitschrift für Arbeitsrecht
EuZW	Europäische Zeitschrift für Wirtschaftsrecht
f.	folgende
ff.	fortfolgende
FS	Festschrift
GA	Generalanwalt
GRCh	Charta der Grundrechte der Europäischen Union
Hk	Handkommentar
h.M.	herrschende Meinung
ILJ	Industrial Law Journal
ILO	International Labour Organization
IPR	Internationales Privatrecht
ISO	International Organization for Standardization
IWF	Internationaler Währungsfonds
KJ	Kritische Justiz (Zeitschrift)
MittAB	Mitteilungen aus der Arbeitsmarkt- und Berufsforschung (Zeitschrift)
Non-St. Actors & Int'L	Non-State Actors and International Law (Zeitschrift)
NRO	Nichtregierungsorganisation
NVwZ	Neue Zeitschrift für Verwaltungsrecht
NZA	Neue Zeitschrift für Arbeitsrecht
NZS	Neue Zeitschrift für Sozialrecht
OECD	Organization for Economic Co-operation and Development
OMK	Offene Methode der Koordinierung
PNAS	Proceedings of the National Academy of Sciences
RdA	Recht der Arbeit (Zeitschrift)
RL	Richtlinie
Rn.	Randnummer
Rs.	Rechtssache
RV	Rahmenvereinbarung

SD	Sozialer Dialog
SE	Societas Europaea
Slg.	Sammlung
SR	Soziales Recht (Zeitschrift)
TCA	Transnational Company Agreement
TVG	Tarifvertragsgesetz
UN	United Nations
UN-BRK	UN-Behindertenrechtskonvention
UNICE	Union of Industrial and Employers Confederations of Europe
Urt.	Urteil
VVDStRL	Veröffentlichungen der Vereinigung der Deutschen Staatsrechtslehrer
VSSR	Vierteljahresschrift für Sozialrecht
WSA	Europäischer Wirtschafts- und Sozialausschuss
WTO	World Trade Organization
ZaöRV	Zeitschrift für ausländisches öffentliches Recht und Völkerrecht
z.B.	zum Beispiel
ZESAR	Zeitschrift für europäisches Sozial- und Arbeitsrecht
ZfS	Zeitschrift für Sozialreform
ZIAS	Zeitschrift für ausländisches und internationales Arbeits- und Sozialrecht
ZRP	Zeitschrift für Rechtspolitik

Einleitung:
Transnationale Soziale Dialoge und Antidiskriminierung

Im Zuge von Globalisierung und Europäisierung büßen Nationalstaaten an Regulierungsmacht auf dem Gebiet des Arbeitsrechts ein. Insbesondere die ökonomische Globalisierung entzieht dem annähernden Macht- und Interessenausgleich zwischen Kapital und Arbeit, der im Rahmen des demokratischen Rechts- und Interventionsstaates (kurz: DRIS) der Nachkriegsära gewährleistet war,[1] den Boden. Gleichzeitig werden arbeitsrechtliche Regelungsaufgaben, die vormals dem nationalen DRIS und seinen Kollektivakteuren zukamen, häufig durch neue transnationale Akteurskonstellationen wahrgenommen.[2] So gewinnen im europäischen Raum in jüngerer Zeit vielfältige Formen grenzüberschreitender privater und hybrider (staatlichprivater) kollektiver Selbstregulierung von Arbeitsbeziehungen – als „Soziale Dialoge" (SDe) bezeichnet – an Bedeutung.[3]

Fünf Typen transnationaler SDe, die im Mittelpunkt dieser Arbeit stehen, operieren unter unterschiedlichen, zum Teil ungesicherten rechtlichen Bedingungen: 1. EBR-Gründungsvereinbarungen; 2. Sektorübergreifende und sektorale SDe nach Art. 154/155 AEUV; 3. Substantielle Vereinbarungen EBRe; 4. Koproduktionen europäischer betriebsrätlicher und gewerkschaftlicher Akteure (sog. Mischformen); 5.Transnational Company Agreements (TCAs), die auf Arbeitnehmerseite von Gewerkschaften abgeschlossen werden.

---

1   Zur historischen Konstellation des nationalen DRIS siehe näher *Leibfried/Zürn*, Von der nationalen zur post-nationalen Konstellation, in: dies. (Hrsg.), Transformationen des Staates, 2006, S. 23 ff.

2   Dazu *Mückenberger/Nebe*, Formwandel von Staatlichkeit durch transnationalen Sozialen Dialog- Ein Forschungsvorhaben, ZIAS 2013, 82 ff.

3   Vgl. *Nebe/Mückenberger*, Formwandel von Staatlichkeit durch transnationalen Sozialen Dialog, Sfb 597 Staatlichkeit im Wandel, Neuantrag Teilprojekt A 7, S. 3, im Internet abrufbar unter: <http://www.sfb597.uni-bremen.de/pages/forPro jektBeschreibung.php?SPRACHE=de&ID=32> (zuletzt abgerufen am 22.7.2018).

Die vorliegende Arbeit nimmt transnationale Normsetzung und -durchsetzung in einem Feld in den Blick, das zu den Kernaufgaben moderner Sozialstaatlichkeit zählt: der Antidiskriminierung im Erwerbsleben.[4]

Normbildungs-, Implementations- und Diffusionsprozesse transnationaler SDe im Bereich der Nichtdiskriminierung[5] werden rechtsempirisch, rechtsdogmatisch und rechtspolitisch analysiert. Die Arbeit knüpft hierbei an das Forschungsprojekt „Formwandel von Staatlichkeit durch transnationalen Sozialen Dialog" des Bremer Sonderforschungsbereichs 597 „Staatlichkeit im Wandel" an.[6]

Beleuchtet werden die rechtlichen Folgen der vermehrten Wahrnehmung von gemeinwohlorientierter Regelungsfunktion des Sozialstaats durch unterschiedlich ausgestaltete SDe. Unter rechtlichen Folgen werden im Rahmen dieser Arbeit 1. die rechtsverbindlichen Vereinbarungen der fünf Dialogformen im Feld der Antidiskriminierung (Outcomes) verstanden und 2. Rezeptionen dieser Normen durch andere Regelsetzer und Regelungs- und Entscheidungsebenen (Reaktionen).

Der durch die Einbeziehung transnationaler SDe in soziale Normsetzung und -durchsetzung zu verzeichnende Formwandel von Staatlichkeit wird auf den mit ihm verbundenen Leistungs- und Wirksamkeitswandel hin untersucht. Gefragt wird danach, ob und unter welchen rechtlich-institutionellen Voraussetzungen die Normgebung der fünf Dialogformen Leistungen erbringt, die sozialstaatlichen Aufgaben und Anforderungen entsprechen. Als Maßstab für die Qualität und Effektivität transnationaler Selbstregulierung dienen die verfassungsrechtlichen DRIS-Ziele der EU-

---

4   Zur Nichtdiskriminierung als Kernaufgabe sozialstaatlicher Regulierung siehe z.B. *Sacksofsky*, Das Grundrecht auf Gleichstellung, 1991, S. 161 ff.; *Zinsmeister*, Mehrdimensionale Diskriminierung, 2007, S. 102 ff.

5   Für das interessierende Feld der Antidiskriminierung im Erwerbsleben werden in dieser Arbeit aus Gründen der Lesbarkeit Kurzformen wie „Antidiskriminierung", „Nichtdiskriminierung", „Diskriminierungsschutz" o.ä. verwendet.

6   Das Teilprojekt A 7 „Formwandel von Staatlichkeit durch transnationalen Sozialen Dialog" des Sfb 597, an dem die Verfasserin als wissenschaftliche Mitarbeiterin mitwirkte, wurde im Zeitraum 2012-2015 durchgeführt. Weiterführende Informationen zum Projekt mit seinen Prämissen und Fragestellungen finden sich bei *Mückenberger/Nebe*, Formwandel von Staatlichkeit durch transnationalen Sozialen Dialog – Ein Forschungsvorhaben, ZIAS 2013, 82-104.

Mitgliedstaaten zur arbeitsbezogenen Antidiskriminierung, die sich im Unionsrecht niedergeschlagen haben.[7]

Für die vorliegende Untersuchung zentral ist die Frage, ob die teilweise „staatsfernen" transnationalen Akteurskonstellationen für sich alleine schon gemeinwohlverträgliche Ergebnisse erzielen, oder ob sie hierfür einer stärkeren Verknüpfung mit supranationalem EU-Recht und staatlichem Recht bedürfen. Angesprochen ist damit die zukünftige Rolle des DRIS unter dem Eindruck der Transnationalisierung. So interessiert hier: Ist der Sozialstaat in der „postnationalen Konstellation"[8] gehalten, Korrekturen und Wirksamkeitsverstärkungen der gleichstellungsbezogenen Normgebung durch SDe einzuleiten? Sind künftig dem nationalen DRIS entsprechende rechtliche und gerichtliche Interventionsformen für kollektive Selbstregulierung zur Nichtdiskriminierung im transnationalen Raum bereitzustellen?

Weiterhin ist von Interesse, ob die neuartige arbeitsrechtliche Normbildungsordnung jenseits des Nationalstaats konsistent ist und längerfristig stabil bleibt.[9] Die zu beobachtende Pluralität und Vielfalt an staatlichen, privaten und hybriden Regelsetzern im grenzüberschreitenden Raum fordert die widerspruchsfreie „Einheit" der Rechtsordnung,[10] die im nationalen Rahmen gegeben war, heraus. Neue rechtliche Konfliktlagen und Abstimmungsbedarfe zwischen privater und staatlicher Regulierung werden heraufbeschworen.[11] Es stellt sich die Frage, ob für transnationale Normgebung durch SDe im Bereich der Antidiskriminierung Kollisions- und Vereinbarkeitsregeln notwendig sind, wie sie bereits für das europäische Mehrebenensystem eingefordert werden.[12]

---

7   Siehe grundlegend zur Verankerung eines Normbestands an sozialstaatlichen DRIS-Zielen auf arbeitsrechtlichem Gebiet im europäischen Recht *Mückenberger*, Eine europäische Sozialverfassung?, EuR 2014, 369-399.

8   *Habermas*, Die postnationale Konstellation, 1998, S. 91-169.

9   Siehe dazu auch *Mückenberger*, Ein globales Hybridarbeitsrecht, in: *Calliess* (Hrsg.), Transnationales Recht, 2014, S. 473; *Teubner*, Codes of Conduct multinationaler Unternehmen: Unternehmensverfassung jenseits von Corporate Governance und gesetzlicher Mitbestimmung, in: *Höland/Hohmann-Dennhardt/ Schmidt/Seifert* (Hrsg.), Arbeitnehmermitwirkung in einer sich globalisierenden Arbeitswelt. Liber Amicorum Manfred Weiss, 2005, S. 114 f.

10   *Kelsen*, Reine Rechtslehre, 2008, S. 93 f.

11   Zu „Regimekollisionen" in der fragmentierten globalen Rechtsentwicklung *Fischer-Lescano/Teubner*, Regime-Kollisionen, 2006.

12   Zum Ansatz eines europäischen Kollisionsrechts *Joerges/Rödl*, Zum Funktionswandel des Kollisionsrechts II. Die kollisionsrechtliche Form einer legitimen

Folgenden fünf leitenden Fragestellungen wird im Rahmen dieser Arbeit nachgegangen:

1. Welche Formen und Verfahren transnationaler SDe haben sich herausgebildet?
2. Welche Regelungsaufgaben im Feld der Nichtdiskriminierung im Erwerbsleben werden durch transnationale SDe wahrgenommen und wie geschieht dabei die Diffusion der Normen?
3. Entspricht das neuartige transnationale Regulierungsgeschehen zur Antidiskriminierung bei rechtsdogmatischer und rechtspolitischer Beurteilung sozialstaatlichen Werten?
4. Inwieweit werden die neuartigen Normbildungsprozesse mit den formalen Rechtsstrukturen von Staaten und internationalen bzw. supranationalen Organisationen in einer Weise verknüpft, die erwarten lässt, dass sich ihre rechtliche Geltung und Durchsetzbarkeit und damit ihre Wirksamkeit verstärken?
5. Lässt das analysierte transnationale Normbildungsgeschehen Konsistenz und Stabilität erwarten?

Überblick über den Gang der Arbeit

Der Gang der Arbeit gestaltet sich wie folgt: Teil A steckt den allgemeinen Rahmen der Untersuchung von transnationaler kollektiver Selbstregulierung zur Antidiskriminierung ab. Die Hintergründe der gegenwärtigen Transnationalisierungsentwicklung auf arbeitsrechtlichem Gebiet werden skizziert. Regulierungstheoretische Annahmen über gleichstellungsbezogene Normgebung durch SDe werden umrissen (1. Kapitel). Das 2. Kapitel zeigt den Bedarf für eine effektive transnationale Regelsetzung angesichts der aktuellen Ungleichheiten am Arbeitsmarkt in den EU-Mitgliedstaaten auf. In weiteren Kapiteln werden die sozialstaatlichen DRIS-Ziele zum Diskriminierungsschutz ermittelt. Zudem werden die rechtlichen Rahmenbedingungen für die fünf SD-Formen näher betrachtet und deren differente Anbindung an staatliche Rechts- und Durchsetzungsstrukturen analysiert (3. Kapitel und 4. Kapitel).

Teil B stellt die Ergebnisse der empirischen Studie über die von SDen erzielten Outcomes und Reaktionen vor. Auf Basis der leitenden Forschungsfragen werden Hypothesen formuliert (1. Kapitel). Zur Erforschung des transnationalen Regulierungsgeschehens zur Nichtdiskriminie-

---

Verfassung der post-nationalen Konstellation, in: *Calliess/ Fischer-Lescano u.a.* (Hrsg.), Soziologische Jurisprudenz, FS Teubner, 2009, S. 765 ff.

rung wurden Dokumentenanalyse, Expert/inn/eninterviews, vertiefende Fallstudien und Diffusionsanalyse eingesetzt (siehe 2. Kapitel). In den folgenden Kapiteln werden die Befunde zur Normgebung und -durchsetzung durch SDe präsentiert und die Hypothesen geprüft (3.-8. Kapitel). Die Normbildungs-, Implementations- und Diffusionsleistungen der fünf Dialogformen werden anhand des rechtlichen Prüfmaßstabs sozialstaatlicher Kriterien bewertet (siehe insbesondere 7. Kapitel).

Im abschließenden Teil C werden regulierungstheoretische und rechtspolitische Schlussfolgerungen zum Wandel von Staatlichkeit durch transnationale SDe gezogen. Überlegungen zur gebotenen staatlichen Flankierung von Regelsetzung und -durchsetzung durch SDe im Bereich der Nichtdiskriminierung werden dargelegt. Perspektiven und Chancen für die Schaffung eines angemessenen europäischen Rechtsrahmens für die fünf SD-Formen werden ausgelotet.

Teil A:
Formwandel von Staatlichkeit und fünf Formen transnationaler Sozialer Dialoge

1. Kapitel: Erosion des nationalen DRIS und Bedeutungsgewinn transnationaler SD-Regulierung

1.1 Das „Goldene Zeitalter"[13] des nationalen DRIS im Arbeitsrecht

Seit den Anfängen des modernen Wohlfahrtsstaats in Europa am Ende des 19. Jahrhunderts prägen staatliche Schutznormen für abhängig Beschäftigte das Gebiet des Arbeitsrechts.[14] In den ersten Jahrzehnten nach dem Zweiten Weltkrieg, dem „Goldenen Zeitalter" des nationalen DRIS,[15] sorgten staatliche Interventionen und gewerkschaftliche Organisations- und Verhandlungsmacht[16] für einen annähernden Ausgleich der in marktförmig organisierten Gesellschaften strukturell bedingten Machtasymmetrie in den Arbeitsbeziehungen.[17]

13　Der englische Historiker Hobsbawm bezeichnete die drei Jahrzehnte nach dem Zweiten Weltkrieg, die in Europa durch Wirtschaftsaufschwung, Frieden und sozialen Ausgleich gekennzeichnet waren, als das kurze „Goldene Zeitalter" des 20. Jahrhunderts, vgl. *Hobsbawm*, Das Zeitalter der Extreme, 1995, S. 324 ff.

14　Zu frühen staatlichen Schutznormen im Arbeitsrecht *Nebe*, Decent work und § 618 BGB – klassisches Zivilrecht und moderne Arbeitsschutzkonzepte, in: *Däubler/Zimmer* (Hrsg.), Arbeitsvölkerrecht, FS Lörcher, 2013, S. 84 ff.

15　Vgl. weiterführend zur „goldenen Ära" des Wohlfahrtsstaats in Europa *Nullmeier/Kaufmann*, Post-War Welfare State Development, in: *Castles/Leibfried et al.* (eds.), The Oxford Handbook of the Welfare State, 2010, S. 83 ff.

16　Siehe dazu *Müller-Jentsch*, Strukturwandel der industriellen Beziehungen, 2007, S. 36.

17　Nach Sinzheimer ist das Arbeitsrecht durch die „Abhängigkeit" in den Arbeitsbeziehungen gekennzeichnet, die wesentlich im Privateigentum des Arbeitgebers an den Produktionsmitteln, dem persönlichen Weisungsrecht und der Aneignung der Arbeitsprodukte des Arbeitnehmers durch den Arbeitgeber begründet ist. Vgl. *Sinzheimer*, Das Wesen des Arbeitsrechts (1927), in: *Kahn-Freund/Ramm* (Hrsg.), Hugo Sinzheimer, Arbeitsrecht und Rechtssoziologie. Gesammelte Aufsätze und Reden, Bd. I, 1976, S. 112 f.

Ungeachtet der Diversität nationaler Arbeitsrechtssysteme[18] wurden europaweit im tradierten DRIS Funktionen arbeitsrechtlicher Regulierung sowohl durch staatliche Akteure als auch durch Sozialpartner[19] wahrgenommen.[20] Für autonom erzeugte Normen[21] standen dabei staatliche Durchsetzungsgarantien zur Verfügung. Zwingende substanzielle und prozedurale öffentliche Regelungen[22] umrahmten die selbstregulierenden Prozesse. Die rechtlichen Gewährleistungen von Streik und Arbeitskampf ermöglichten ausgewogene Verhandlungslösungen zwischen Arbeitgeber- und Arbeitnehmerseite. Eine effektive staatlich-gerichtliche Kontrolle stellte die Gemeinwohlverträglichkeit privatautonomer Ergebnisse sicher.[23]

Sozialstaatliche Regulierung auf dem Gebiet der Antidiskriminierung entfaltete sich im kontinentaleuropäischen Raum relativ spät.[24] Vornehm-

---

18   Die nationalen Arbeitsrechtsordnungen im europäischen Raum differieren je nach Gewichtung von staatlicher Regulierung und autonomer kollektivvertraglicher Normgebung. Dabei kann zwischen dem kontinentaleuropäischen Arbeitsrecht, das von gesetzgeberischer Intervention geprägt ist, dem britischen, nichtinterventionistischen Recht und den skandinavischen Rechtsordnungen, die durch einen Vorrang kollektivvertraglicher Normgebung gekennzeichnet sind, unterschieden werden. Siehe hierzu weiterführend *Schiek*, Europäisches Arbeitsrecht, 2007, S. 21 f.; *Rebhahn*, Das kollektive Arbeitsrecht im Rechtsvergleich, NZA 2001, 763 ff.

19   Mit dem Begriff der „Sozialpartnerschaft", der in der deutschen Arbeitsrechtsliteratur geläufig ist, soll häufig der Kooperationsgedanke in den Beziehungen zwischen Gewerkschaften und Arbeitgeberverbänden betont werden. Er wird teilweise auch in Abgrenzung zu stärker konfliktuell geprägten industriellen Beziehungen in anderen europäischen Ländern verwendet. Die Bezeichnung „Sozialpartner" wird dagegen im Rahmen dieser Arbeit wertungsneutral gebraucht und ist nicht mit bestimmten normativen Vorstellungen verbunden.

20   Siehe näher zur nationalen DRIS-Konstellation im Arbeitsrecht *Mückenberger/ Nebe*, Formwandel von Staatlichkeit durch transnationalen Sozialen Dialog, ZIAS, a.a.O., 83 f.

21   Zur Tradition des Autonomie – Gedankens im Arbeitsrecht *Bercusson*, Globalizing Labour Law: Transnational Private Regulation and Countervailing Actors in European Labour Law, in: *Teubner* (ed.), Global Law Without a State, 1997, S. 135.

22   Substantielle Regelungen betreffen inhaltliche Arbeitsnormen wie Entgelt, Arbeitszeit, Arbeitsbedingungen, während prozedurale Regelungen v.a. Verfahrensregeln zur Arbeitnehmer/innen/beteiligung und zur Normbildung durch kollektive Akteure bezeichnen, vgl. dazu *Müller-Jentsch*, Strukturwandel, a.a.O., S. 11.

23   Zum Erfordernis einer effektiven verfassungs- und fachgerichtlichen Vertragskontrolle im Arbeitsrecht *Nebe*, Transnationalisierung des Arbeitsrechts – eine weitreichende Tradition von der IAO zu Europäischen Sozialen Dialogen, in: *Calliess* (Hrsg.), Transnationales Recht, a.a.O., S. 497 f.

24   Vgl. zur frühen Entwicklung des Antidiskriminierungsrechts in den USA *Thüsing*, Arbeitsrechtlicher Diskriminierungsschutz, 2013, S. 5 f.

lich erst aufgrund zwingender EU-rechtlicher Vorgaben erfolgte eine umfassende Übernahme von Verantwortung für diskriminierungsschützende Normgebung und -durchsetzung durch den DRIS.[25]

1.2 Wirtschaftliche Globalisierung

Im Zuge der wirtschaftlichen Globalisierung der letzten Jahrzehnte ist die Konstellation des nationalen DRIS unter Druck geraten.[26] Die verstärkte Internationalisierung der Produktionsbeziehungen, des Handels mit Waren und Dienstleistungen und der Finanzmärkte hat die Spielräume für nationalstaatliche arbeitsrechtliche Normgebung und -durchsetzung verengt.[27] Befördert durch eine Liberalisierungs- und Deregulierungspolitik[28] sieht sich soziale Regulierung einer „entgrenzten" Ökonomie gegenüber, die ihre territoriale Bindung weitgehend abgestreift hat. Grenzüberschreitend agierende, multinationale Unternehmen[29] haben an ökonomischer und an politischer Macht gewonnen und können sich durch Verlagerung von Produktionsstandorten in Zielregionen innerhalb und außerhalb Europas nati-

---

25   Die Konstellation des traditionellen nationalen DRIS auf arbeitsrechtlichem Gebiet ist nicht als zeitlich streng begrenzt zu verstehen. Die obigen Ausführungen sollen vielmehr dazu dienen, die Bedingungen für eine (annähernd) gemeinwohlverträgliche durchsetzungsfähige soziale Normgebung zu veranschaulichen, die im Rahmen des nationalen DRIS gewährleistet waren.

26   Vgl. weiterführend zu Umbruchprozessen auf dem Gebiet arbeitsrechtlicher Regulierung *Mückenberger*, Lebensqualität durch Zeitpolitik. Wie Zeitkonflikte gelöst werden können, 2012, S. 32 ff.; *Müller-Jentsch*, Strukturwandel, a.a.O., S. 102 ff. Die ökonomische Globalisierung geht mit neuer arbeitsmarktbezogener Ungleichheit nach Geschlecht und anderen Differenzierungsmerkmalen einher; siehe dazu näher *Young*, Politik und Ökonomie im Kontext von Globalisierung. Eine Geschlechterkritik, in: *Kreisky/Sauer* (Hrsg.), Geschlechterverhältnisse im Kontext politischer Transformation, Politische Vierteljahresschrift 1998, S. 137-151.

27   Siehe weiterführend zu Raum- und Zeitdimensionen der Globalisierung und Steuerungsverlusten für nationale Politikformulierung und -durchsetzung *Jessop*, Die Globalisierung des Kapitals und die Zukunft des Nationalstaats, in: *Hirsch/Jessop/Poulantzas*, Die Zukunft des Staates, 2001, S. 153 ff.

28   Vgl. etwa zur weltweiten Handelsliberalisierung im Rahmen der Welthandelsorganisation (WTO) *Hepple*, Labour Laws and Global Trade, 2005, S. 131 ff.

29   Vgl. zum Begriff des multinationalen Unternehmens die (häufig zitierte) Definition der OECD-Leitlinien für multinationale Unternehmen (2011), abrufbar unter: <http://www.oecd.org/corporate/mne/48004323.pdf> (zuletzt abgerufen am 17.8.2017).

onalen arbeitsrechtlichen Normen entziehen.[30] Unternehmensentscheidungen werden häufig jenseits territorialer Grenzen getroffen, was die Gestaltungsmöglichkeiten für innerstaatliche Interessenvertretungen der Arbeitnehmer/innen verringert.[31] Unter den Bedingungen einer verschärften Wirtschaftskonkurrenz konkurrieren Staaten um internationale Wettbewerbsfähigkeit und Direktinvestitionen,[32] wodurch ein „race to the bottom" nationaler Arbeitsstandards droht.[33] Der annähernde soziale Macht- und Interessenausgleich in den Arbeitsrechtsbeziehungen, den der tradierte DRIS gewährleistete, verliert damit an Boden.[34]

1.3   Formwandel von Staatlichkeit hin zu transnationaler arbeitsrechtlicher Regulierung

Im Rahmen des Sfb 597 „Staatlichkeit im Wandel" wurde konstatiert, dass eine Wechselwirkung von „Antriebskräften" (wie Europäisierung, Globa-

---

30   Vgl. *Hepple*, Labour Laws, a.a.O., S. 6 ff.; *Altvater/Mahnkopf*, Grenzen der Globalisierung, 2002, S. 311 ff.

31   Vgl. *Däubler*, Arbeitsrecht in globalisierter Wirtschaft – eine Skizze, in: *Hanau u.a.* (Hrsg.), FS Küttner, 2006, S. 534. Zudem erschweren eine veränderte Arbeitsorganisation und eine zunehmende Individualisierung der Beschäftigten die gewerkschaftliche Organisation, vgl. dazu *Castel*, Die Wiederkehr der sozialen Unsicherheit, in: *Castel/Dörre* (Hrsg.), Prekarität, Abstieg, Ausgrenzung. Die soziale Frage am Beginn des 21. Jahrhunderts, 2009, S. 25 f. ; *Zachert*, Globalisierung und Arbeitswelt – Rechtliche Perspektiven, AG 2002, S. 37.

32   Siehe dazu näher *Altvater/Mahnkopf*, Grenzen, a.a.O., S. 314.

33   Zur Debatte um ein „race to the bottom" auf arbeitsrechtlichem Gebiet siehe etwa *Hepple*, Labour Laws, a.a.O.; *Blanpain et al.*, The Global Workplace. International and Comparative Employment Law, 2007; *Ehmke u.a.* (Hrsg.), Internationale Arbeitsstandards in einer globalisierten Welt, 2009; *Vitols/Kluge* (eds.), The Sustainable Company. A New Approach to Corporate Governance, 2011.

34   *Streeck* sieht in dieser Entwicklung einen Wandel vom traditionellen Sozialstaat zum „nationalen Wettbewerbsstaat" in Europa, in dem Arbeits- und Sozialregulierung nach und nach verdrängt und an globale Marktlogiken angepasst werden, vgl. *ders.*, Gekaufte Zeit. Die vertagte Krise des demokratischen Kapitalismus, 2013, S. 57; *Jessop* konstatiert eine Transformation vom nationalen keynesianischen Wohlfahrtsstaat zum „postnationalen schumpeterschen Workfare State", vgl. *ders.*, Globalisierung und Nationalstaat, in: *Hirsch/Jessop/Poulantzas*, Die Zukunft, a.a.O., S. 88 f. Die Diskussion um die Erosion nationalstaatlicher arbeitsrechtlicher Regulierung hat in jüngerer Zeit durch die Verhandlungen über den Abschluss der EU-Freihandelsabkommen CETA und TTIP neuen Auftrieb erhalten; siehe hierzu etwa *Mayer/Ermes*, Rechtsfragen zu den EU-Freihandelsabkommen CETA und TTIP, ZRP 2014, S. 237 ff.

lisierung, Wertewandel) und „Weichenstellern" (u.a. bereichsspezifische Akteurskonstellationen und Kulturen) zu einer Transformation des nationalen DRIS geführt hat.[35] Der Staatswandel seit dem Ende der „goldenen Ära" wird als Prozess der „Staatszerfaserung" charakterisiert, der durch gleichzeitige Internationalisierung und Privatisierung (Transnationalisierung) und eine entsprechende Verantwortungsverlagerung von Regelungsaufgaben gekennzeichnet ist.[36]

Ähnlich wie auf anderen Rechtsgebieten (wie z.B. dem Umwelt- oder Handelsrecht)[37] ist auch im Arbeitsrecht ein Formwandel des Staates hin zu transnationaler Regulierung[38] zu verzeichnen. Verantwortung für arbeitsrechtliche Normgebung und -durchsetzung wird zunehmend durch grenzüberschreitende private Akteure (Unternehmen, Sozialpartner, Nichtregierungsorganisationen (NROs)) und neue privat-öffentliche Kooperationen (etwa zwischen Sozialpartnern und internationalen bzw. supranationalen Organisationen) wahrgenommen. Im europäischen Raum gewinnen dabei insbesondere die privaten und hybriden Regulierungen der hier untersuchten fünf Formen transnationaler SDe an Bedeutung.

---

35   Zur Wechselwirkung von "Antriebskräften", "Weichenstellern" und "Eigendynamiken der Selbsttransformation" als Bedingung des Wandels von Staatlichkeit siehe näher Sfb 597, Finanzierungsantrag 2011-2014, S. 12 f., 19 ff., im Internet abrufbar unter: <http://www.sfb597.uni-bremen.de/download/de/forschung/01_ 2011-2014_Forschungsprogramm.pdf> (zuletzt abgerufen am 17.10.2017).

36   Siehe weiterführend dazu *Leibfried/Zürn*, Von der nationalen zur post-nationalen Konstellation, a.a.O., S. 41 ff. Der Prozess der Transnationalisierung ist ein Teilaspekt des Wandels von Staatlichkeit. Im Zuge der Erosion des nationalen DRIS findet gleichzeitig auch eine Verantwortungsverlagerung auf supranationale und subnationale Regulierungsebenen statt. Von sozialwissenschaftlicher Seite wird in diesem Kontext von einer „Dezentrierung" des Nationalstaats gesprochen, vgl. dazu näher *Mückenberger*, Civilising Globalism: Transnational Norm-Building Networks as a Lever of the Emerging Global Legal Order?, Transnational Legal Theory, 2010, S. 529 f.

37   Vgl. zu den vielfältigen Regelungsbereichen transnationalen Rechts *Calliess* (Hrsg.), Transnationales Recht, 2014.

38   Im Unterschied zu völkerrechtlicher oder supranationaler arbeitsrechtlicher Regulierung werden bei transnationaler Normgebung nicht-staatliche Akteure systematisch einbezogen, vgl. näher dazu *Mückenberger/Nebe*, Formwandel von Staatlichkeit, ZIAS 2013, a.a.O., 102. Vgl. zur Historie und zu verschiedenen Begriffsbestimmungen transnationalen Rechts *Calliess/Maurer*, Transnationales Recht – eine Einleitung, in: *Calliess* (Hrsg.), Transnationales Recht, a.a.O., S. 6 ff.

1.4 Verantwortungsübernahme für DRIS-Aufgaben durch transnationale Soziale Dialoge

Transnationale SDe übernehmen Regelungsfunktionen auf arbeitsrechtlichem Gebiet, die zu den herkömmlichen Aufgaben des Sozialstaats zählen.[39] DRIS-Regulierung bezog sich vornehmlich auf qualitative Norminhalte, bei denen über Sonderinteressen der Sozialpartner hinausgehende Allgemeininteressen berührt sind.[40] Dagegen blieb quantitative Standardsetzung (z.B. zu Lohnhöhen oder Arbeitszeiten) weitgehend der konfliktiven Selbststeuerung nicht-staatlicher Kollektivakteure und Marktprozessen überlassen.[41]

Bestehende Forschungsliteratur zeigt, dass sich SDe im transnationalen Raum vorwiegend auf qualitative, konsensuale Regelungsanliegen konzentrieren, die im tradierten DRIS als sozialstaatliche Gemeinschaftsaufgabe verstanden wurden.[42] So werden die transnationalen Kollektivakteure etwa häufig zum Gesundheitsschutz am Arbeitsplatz oder zu grundlegenden Arbeitsrechten der ILO, bei denen Gemeininteressen berührt sind, regulierend tätig.[43] Auch im Feld der Antidiskriminierung sind Normbildungsaktivitäten der SDe zu verzeichnen.[44] Nach der Literatur kommt gleichstellungsspezifischer Regulierung durch SDe nach Art. 154/155

---

39 Vgl. *Nebe/Mückenberger*, Formwandel von Staatlichkeit durch transnationalen Sozialen Dialog, Neuantrag Teilprojekt A7, a.a.O., S. 13 f.

40 Siehe zur entsprechenden Funktion staatlicher Arbeitsregulierung schon früh *Sinzheimer*, Eine neue Staatslehre (1935), in: *Kahn-Freund/Ramm* (Hrsg.), Hugo Sinzheimer, a.a.O., S. 432 ff.

41 Staatliche Regulierung beschränkte sich hierbei weitgehend auf die Festlegung von Mindeststandards (wie z.B. Höchstarbeitszeit, Mindestlohn oder Mindesturlaub), vgl. *Müller-Jentsch*, Strukturwandel, a.a.O., S. 65.

42 Vgl. etwa *Hepple*, Labour Laws, a.a.O.; *Moreau*, Normes sociales, droit du travail et mondialisation, 2006.

43 Quantitative antagonistische Standardsetzung, die traditionell dem Sonderbereich partikularer Sozialpartnerinteressen zugeordnet wurde, bleibt weiterhin vorwiegend der nationalen Ebene und nationalen Kollektivakteuren vorbehalten. Hierfür werden praktische und organisationspolitische Gründe als ausschlaggebend erachtet, vgl. *Nebe/Mückenberger*, Formwandel von Staatlichkeit, a.a.O., S. 14; siehe zur häufig fehlenden Bereitschaft nationaler gewerkschaftlicher Akteure entsprechende Kompetenzen an die transnationale Ebene abzugeben auch *Rüb*, Die Transnationalisierung der Gewerkschaften, 2009, S. 17.

44 Vgl. *Nebe/Mückenberger*, Formwandel von Staatlichkeit durch transnationalen Sozialen Dialog, a.a.O., S. 13 f.

AEUV, EBR-Vereinbarungen, Mischformen und TCAs wachsendes Gewicht zu.[45]

1.5   Regulierungsinteressen der Sozialpartner zur Antidiskriminierung

Die Übernahme von sozialstaatlicher Regelungsverantwortung durch transnationale SDe wird befördert durch ein steigendes Interesse beider Kollektivakteure an Aktivitäten zur Nichtdiskriminierung.

Aus der Perspektive der Arbeitgeberseite wurde diskriminierungsschützende Regulierung in der Vergangenheit häufig im Spannungsfeld zur unternehmerischen Freiheit gesehen und ökonomischen Rationalitätserwägungen als zuwiderlaufend erachtet.[46] In jüngerer Zeit haben jedoch – ursprünglich aus dem US-Kontext stammende – personalwirtschaftliche Diversity-Management-Ansätze Eingang in Unternehmensführungsstrategien gefunden. Diese betonen die positiven Effekte von personeller Vielfalt für den ökonomischen Erfolg und die gemeinsame Unternehmenskultur.[47] Diversity-Strategien bieten, wenngleich sie vorrangig ökonomisch und nicht menschenrechtlich motiviert sind,[48] Ansatzpunkte für umfassende, sozialstaatlich geforderte Gleichstellungsmaßnahmen.[49]

Aus Sicht der europäischen Gewerkschaften wird die Gewinnung von am Arbeitsmarkt benachteiligten Beschäftigtengruppen zunehmend als es-

---

45   Siehe z.B. *Degryse*, Dialogue social sectoriel européen: une ombre au tableau?, 2015, S. 13; *European Commission*, Mapping of transnational texts negotiated at corporate level, 2008, S. 16; *Weiler*, Social dialogue and gender equality in the European Union, ILO Working Paper No. 44, 2013, im Internet abrufbar unter: <http://www.ilo.org/wcmsp5/groups/public/---ed_dialogue/---dialogue/documents/publication/wcms_213793.pdf> (zuletzt abgerufen am 26.8. 2017).

46   Siehe näher zur Diskussion um den ökonomischen Nutzen von Antidiskriminierungsrecht *Thüsing*, Gedanken zur Effizienz arbeitsrechtlicher Diskriminierungsverbote, RdA 2003, S. 257-264.

47   Vgl. weiterführend zu Diversity-Strategien der Wirtschaftsseite *Vedder*, Die historische Entwicklung von Diversity Management in den USA und in Deutschland, in: *Krell/Wächter* (Hrsg.), Diversity Management – Impulse aus der Personalforschung, 2006, S. 1-23.

48   Siehe zu Kritikpunkten am Diversity Management *Däubler*, in: *ders./Bertzbach* (Hrsg.), Allgemeines Gleichbehandlungsgesetz – Handkommentar (Hk), 2013, § 5 Rn. 13 a; *Meuser*, Diversity Management – Anerkennung von Vielfalt?, in: *Pries* (Hrsg.), Zusammenhalt durch Vielfalt?, 2013, S. 171 ff.

49   Vgl. *Franke/Merx*, Positive Maßnahmen – Handlungsmöglichkeiten nach § 5 AGG, AuR 2007, 238.

sentieller Bestandteil organisatorischer „Revitalisierungsstrategien" begriffen.[50] Vor dem Hintergrund europaweit zu verzeichnender Mitgliederrückgänge rückt die Vertretung der Interessen von „atypisch", „prekär" Beschäftigten und anderen diskriminierten Gruppen stärker als zuvor in das Blickfeld gewerkschaftlicher Akteure.[51]

Antidiskriminierung ist somit ein konsensfähiges Handlungsfeld der Sozialpartner. Dies deutet darauf hin, dass der SD künftig ein zentrales Instrument zur Verwirklichung sozialstaatlich aufgegebener Gleichstellungsziele sein könnte.

1.6 Potential privat-öffentlicher transnationaler Regulierung

1.6.1 Staatliche Nähe und Ferne grenzüberschreitender Normgebung zur Nichtdiskriminierung

Grenzüberschreitende Normgebung zur Antidiskriminierung kann nach ihrer jeweiligen Nähe und Ferne zu Staatlichkeit geordnet und debattiert werden. In Anlehnung an sozialwissenschaftliche Global-Governance[52]-Literatur lassen sich dabei v.a. drei Regulierungsformen und Akteurskonstellationen[53] unterscheiden: *„Governance by Governments"* (staatliche Regulierung mittels inter- oder supranationaler Organisationen), *„Governance with Governments"* (privat-öffentliche Ko-regulierung) und *„Governance without Governments"* (rein private Selbstregulierung).

---

50 Vgl. zur Notwendigkeit einer diesbezüglichen Neuorientierung der Gewerkschaften *Hyman*, Die Identität der europäischen Gewerkschaften im Wandel, in: *Mückenberger/Schmidt/Zoll* (Hrsg.), Die Modernisierung der Gewerkschaften in Europa, 1996, S. 30-53.

51 Vgl. *Hyman/Klarsfeld et al.*, Social regulation of diversity and equality, EJIR 2012, 286; aus der Strategieperspektive deutscher Gewerkschaften siehe auch etwa *Schröder/Urban* (Hrsg.), Gute Arbeit. Ausgabe 2014. Profile prekärer Arbeit – Arbeitspolitik von unten, 2014.

52 Zum Konzept Global Governance siehe näher *Zürn*, Internationale Institutionen und nichtstaatliche Akteure in der Global Governance, APuZ 2010, 16; vgl. weiterführend auch *Sauer*, Governance als frauenpolitische Chance? Geschlechterkritik aktueller Debatten um Staatstransformation, in: *Demirovic/Walk* (Hrsg.), Demokratie und Governance, 2011, S. 111 ff.

53 Vgl. dazu *Rosenau/Czempiel*, Governance without Government: Order and Change in World Politics, 1992; *Zürn*, Internationale Institutionen, a.a.O., 16.

Zu „*Governance by Governments*" gehört z.B. Normgebung durch ILO,[54] WTO, OECD, Europarat oder EU. Zu „*Governance with Governments*" zählen etwa Normbildungen der International Organization for Standardization (ISO),[55] EBR-Gründungsvereinbarungen, die private Akteure auf Grundlage sekundären EU-Rechts (RL 94/45/ EG[56] bzw. jetzt RL 2009/38/EG[57]) abschließen oder auch Regulierungen SDe nach AEUV, die in staatliches Recht implementiert werden (vgl. Art. 155 Abs. 2 S. 1 Alt. 2 AEUV).[58] Zu „*Governance without Governments*" gehören z.B. einseitig von Unternehmen eingeführte Verhaltenskodizes (Codes of Conduct)[59] und SD-Vereinbarungen, die nach Art. 155 Abs. 2 S. 1 Alt. 1 AEUV autonom umgesetzt werden. Hierzu zählen auch TCAs, für die es an einem speziellen EU-Rechtsrahmen fehlt.

Nach bisherigem Forschungsstand lässt eine rein staatliche oder rein private Normgebung interessengerechte befriedigende Ergebnisse zur Nichtdiskriminierung nicht erwarten. Lediglich staatlich-private transnationale Regulierung („*Governance with Governments*") scheint dazu in der Lage zu sein, den drohenden Bedeutungsverlust des nationalen DRIS im Sinne sozialstaatlicher Ziele auszugleichen.

1.6.2 Schwächen von rein staatlicher und rein privater Regulierung

Diskriminierungsschützende Regulierung durch inter- und supranationale Akteure („*Governance by Governments*") weist der Literatur zufolge deutliche Schwächen auf. Im Rahmen der Vereinten Nationen (UN), der ILO und des Europarats wurden umfassende Standards zur Nichtdiskriminie-

---

54 Die Normen der ILO stellen einen „Grenzfall" dar, da bei diesen neben Regierungsvertretern Repräsentanten der Sozialpartner in die Regelsetzung eingebunden sind; siehe daher zu einem Verständnis der ILO-Standards als hybrides transnationales Recht *Nebe*, Transnationalisierung, a.a.O., S. 498 f.

55 Weiterführend zu hybriden ISO-Arbeitsnormen *Jastram*, Legitimation privater Governance: Chancen und Probleme am Beispiel von ISO 26000, 2012.

56 ABl. L 254/64 v. 30.9.1994.

57 ABl. L. 122/28 v. 16.5.2009.

58 Privat-öffentliche transnationale Normgebung im europäischen Raum findet auch im Rahmen von SE-Betriebsräten statt, die auf Grundlage sekundären Unionsrechts operieren, weiterführend dazu siehe *Wirtz*, Der SE-Betriebsrat, 2013.

59 Siehe näher zu Verhaltenskodizes multinationaler Unternehmen *Zimmer*, Soziale Mindeststandards und ihre Durchsetzungsmechanismen, 2008, S. 148 ff.

rung erzielt.[60] Diese sind jedoch, mit Ausnahme der Europäischen Menschenrechtskonvention (EMRK) des Europarats,[61] nicht mit ausreichenden Kontroll- und Durchsetzungsmechanismen versehen, um effektiv Normeinhaltung zu gewährleisten.[62] Ähnlich fehlt es auch den OECD-Leitsätzen für multinationale Unternehmen, die Gleichstellungsthemen am Rande behandeln, an Durchsetzungskraft.[63] Andere internationale Akteure wie Weltbank, IWF oder WTO waren bislang vorwiegend von neoliberaler Politik geprägt und zur Sozialregulierung nicht bereit.[64] Im Rahmen der EU wurden umfassende zwingende Vorgaben zur Nichtdiskriminierung geschaffen. Diese leiden allerdings unter erheblichen faktischen Durchsetzungsproblemen.[65] In rechtswissenschaftlicher Literatur wird angenommen, dass eine rein supranationale bzw. staatliche Normgebung und -durchsetzung nicht ausreicht. Es bedürfe vielmehr der Mitwirkung privater sachnaher Akteure (Sozialpartner, NROs), um die EU-Antidiskriminierungsvorgaben effektiv zu implementieren und praxiswirksam zu machen.[66]

---

60 Zum völkerrechtlichen Diskriminierungsschutz siehe näher *Hepple*, Equality at work, in: *Hepple/Veneziani* (eds.), The Transformation of Labour Law in Europe, 2009, S. 131 ff.; *Pärli*, Vertragsfreiheit, Gleichbehandlung und Diskriminierung im privatrechtlichen Arbeitsverhältnis, 2009.

61 Die EMRK sieht die Möglichkeit vor, eine Individualbeschwerde vor dem Europäischen Gerichtshof für Menschenrechte (EGMR) in Straßburg zu erheben, wobei die Urteile des EGMR rechtsverbindlich sind (vgl. Art. 34 ff. EMRK).

62 Vgl. *Mückenberger*, Ein globales Hybridarbeitsrecht, a.a.O., S. 470; zu Defiziten der Umsetzung von ILO-Normen im deutschen Recht siehe *Nebe*, Transnationalisierung, a.a.O., S. 500. Nicht außer Acht gelassen werden sollte allerdings, dass völkerrechtliche Normen zur Antidiskriminierung in die EU-Sozialverfassung inkorporiert wurden und auf diese Weise Anschluss an zwingende Durchsetzungsmechanismen im transnationalen Raum erhielten, vgl. dazu Teil A, 3. Kapitel. Auch soll hier nicht in Abrede gestellt werden, dass die völkerrechtlichen Abkommen unter Umständen durchaus beträchtliche Wirkung in den Vertragsstaaten entfalten.

63 Vgl. dazu *Hepple*, Labour Laws, a.a.O., S. 83 f.; Soziale Mindeststandards, a.a.O., S. 107.

64 Siehe etwa *Pries*, Erwerbsregulierung in einer globalisierten Welt, 2010, S. 165 ff.; *Hepple*, Labour Laws, a.a.O., S. 127 ff. In jüngerer Zeit deutet sich indes eine Abkehr der Weltbank und des IWF von einer neoliberalen Politik an, vgl. *Pries*, Erwerbsregulierung, a.a.O., S. 168 f. Siehe außerdem zur jüngeren Diskussion um die Verankerung von Sozialstandards in Handelsabkommen *Scherrer/Hänlein* (Hrsg.), Sozialkapitel in Handelsabkommen, 2012.

65 Vgl. *Schiek*, in: dies., Allgemeines Gleichbehandlungsgesetz (AGG), Ein Kommentar aus europäischer Perspektive, 2007, Einl. Rn. 55.

66 Siehe etwa *Falke*, Der soziale Dialog. Neue Säule des Schutzes vor Diskriminierung?, ZESAR 2004, 244-256; *Deinert*, Sozialer Dialog und Zielvereinbarungen

Ebenso wenig ist rein privater Selbstregulierung („*Governance without Governments*") zuzutrauen, sozialstaatliche Aufgaben effizient zu erfüllen.[67] Einseitige private Normgebung der Wirtschaftsseite[68] garantiert, wie bestehende Studien zu Codes of Conduct belegen, keine interessengerechten effektiven Lösungen im Bereich der Nichtdiskriminierung.[69] Auch von rein privater Selbstregulierung durch beide Sozialpartner ist die befriedigende Erfüllung sozialstaatlicher Gleichstellungsziele regelmäßig nicht zu erwarten. Angesichts des im globalisierten Wettbewerb zugunsten der Arbeitgeberseite verschobenen Kräfteverhältnisses erscheint es unwahrscheinlich, dass selbststeuernde Normbildungsprozesse ohne staatliche Intervention faire, sozialstaatlich akzeptable Resultate gewährleisten.[70] Die Gegenmacht von Gewerkschaften und NROs im transnationalen Raum wird häufig in der Literatur als (derzeit noch) zu schwach eingeschätzt, um ein ausgewogenes Verhandlungsgleichgewicht gegenüber mächtigen

---

als Wege zur Antidiskriminierung, in: *Rust u.a.* (Hrsg.), Die Gleichbehandlungsrichtlinien der EU und ihre Umsetzung in Deutschland, Loccumer Protokolle, 2003, S. 381-403. In diesem Sinne auch *European Commission*, Flexibility in working time and security for workers: First phase of consultation with the Social Partners, 1995, SEC (95)1540/3, S. 6.

67 Vgl. zu Defiziten privater Selbstregulierung auf arbeitsrechtlichem Gebiet *Mückenberger*, Ein globales Hybridarbeitsrecht, a.a.O., S. 471; Entwicklungspotential in rein privater Selbstregulierung sieht dagegen z.B. *Estlund*, Rebuilding the law of the workplace in an era of self-regulation, CLR 2005, 319-404. Einige Autor/inn/en gehen davon aus, dass private Selbstregulierung unter bestimmten günstigen Umständen wirkungsvoll sein kann, vgl. dazu etwa *Aviram*, Regulation by Networks, BYU L. Rev. 2003, 1192 ff.; zusammenfassend vgl. *Mückenberger*, Ein globales Hybridarbeitsrecht, a.a.O., S. 468 f.

68 Zu privaten Selbstregelungsaktivitäten der Wirtschaftsseite im transnationalen Raum zählt auch die Verwendung von Labels und Zertifikaten zur Einhaltung von Arbeits- und Sozialstandards, vgl. dazu etwa *Glinski/Rott*, Umweltfreundliches und ethisches Konsumverhalten im harmonisierten Kaufrecht, EuZW 2003, 649 f. Derartige Initiativen bleiben in ihrer Wirkung indes vorwiegend von instabiler Öffentlichkeits- und Konsumentenmacht abhängig, vgl. *Mückenberger*, Ein globales Hybridarbeitsrecht, a.a.O., S. 462.

69 Siehe etwa *Elias*, International labour standards, codes of conduct and gender issues: A review of recent debates and controversies, Non- St. Actors & Int'L 2003, 283-301 m.w.N.; vgl. auch *Kocher*, Corporate Social Responsibility und Transnationalisierung des Arbeitsrechts, in: *Calliess* (Hrsg.), Transnationales Recht, a.a.O., S. 494; *Blackett*, Global Governance, Legal Pluralism and the Decentered State: A Labour Law Critique of Codes of Corporate Conduct, Indiana Journal of Global Legal Studies 2001, 418 ff.

70 Vgl. *Mückenberger/Nebe*, Formwandel von Staatlichkeit, ZIAS, a.a.O., 103.

ökonomischen Akteuren zu erreichen.[71] Zudem bedürfen Regulierungen durch Sozialpartner im Bereich der Antidiskriminierung, wie die anhaltende Diskussion um diskriminierende Kollektivverträge im nationalen Rahmen zeigt,[72] besonders starker äußerer Unterstützung und Kontrolle.

Lediglich eine autonome Normgebung, die mit Kontroll- und Durchsetzungsmöglichkeiten von Staaten und internationalen bzw. supranationalen Organisationen verknüpft wird, scheint damit Potential zur Erzielung sozialstaatsgemäßer Ergebnisse zu haben. Viele rechts- und sozialwissenschaftliche Autor/inn/en gehen davon aus, dass nur hybride staatlich-private transnationale Regelungstypen ("*Governance with Governments*") dazu fähig sind, sozialstaatlichen Anforderungen auf arbeitsrechtlichem Gebiet gerecht zu werden.[73]

1.7 Strukturelle Verfasstheit der fünf SD-Formen

Die fünf analysierten Formen transnationaler Sozialer Dialoge differieren stark in ihrer strukturellen Verfasstheit.[74] EBR-Gründungsvereinbarungen sind in vergleichsweise hohem Maße an staatliches bzw. supranationales Recht rückgekoppelt; für sektorübergreifende und sektorale SDe nach AEUV besteht eine gesicherte europäische Rechtsgrundlage und die Möglichkeit, privatautonom erzielte Ergebnisse in zwingendes EU-Recht zu überführen; Substantielle EBR-Abkommen und Mischformen agieren im unsicheren Schatten sekundären EU-Rechts; besonders „staatsfern" sind TCAs, für die bislang kein spezieller EU-Normungsrahmen existiert.[75]

---

71 Siehe etwa *Fichter/Zeuner*, Große Probleme und kleine Fortschritte, in: *Ehmke u.a.*, Internationale Arbeitsstandards, a.a.O., S. 347; *Hepple*, Labour Laws, a.a.O., S. 186 ff.; *Rüb*, Die Transnationalisierung der Gewerkschaften, a.a.O., S. 17.
72 Vgl. dazu etwa *Grünberger/Sagan*, Diskriminierende Sozialpläne, EuZA 2013, 324-339.
73 Vgl. z.B. *Nebe*, Transnationalisierung, a.a.O., S. 513; *Mückenberger*, Globales Hybridarbeitsrecht, a.a.O., S. 471 f.; *Kocher*, Corporate Social Responsibility, a.a.O., S. 493 ff.; *Blackett*, Global Governance, a.a.O., 434 ff.; *Trubek/Mosher/ Rothstein*, Transnationalism in the Regulation of Labor Relations: International Regimes and Transnational Advocacy Networks, Law & Social Inquiry 2000, 1187-1211.
74 Siehe dazu auch *Mückenberger/Nebe*, Formwandel von Staatlichkeit, ZIAS, a.a.O., 92 ff.
75 Siehe dazu näher Teil A, 4. Kapitel.

Der Wandel von Staatlichkeit durch transnationale SDe bietet somit in seiner Formseite eine breites Spektrum unterschiedlicher staatlicher Rückbindung. Dies ermöglicht es auf der Leistungsseite vergleichend zu untersuchen, welche Dialogform welche Normbildungs-, Implementations- und Diffusionsergebnisse auf diskriminierungsschützendem Gebiet erzielt und ob hierfür die staatliche Nähe bzw. Ferne maßgebend ist.

1.8 Meinungsstreit zum SD und Lücken im Forschungsstand

Die Übernahme von arbeitsrechtlichen Regulierungsfunktionen durch transnationale SDe im europäischen Raum wird in rechts- und sozialwissenschaftlicher Literatur bislang kontrovers bewertet.[76] Einigkeit besteht überwiegend darin, dass der EU aufgrund ihrer supranationalen Qualität besonderes Potential zur Entwicklung grenzüberschreitender Arbeitsrechtsbeziehungen zukommt.[77] Allerdings werden transnationale SDe und ihre Ergebnisse insbesondere von sozialwissenschaftlicher Seite teilweise skeptisch beurteilt. So verbindet etwa *Wolfgang Streeck* mit dem für EBR-Gründungsvereinbarungen und SDe nach AEUV geschaffenen EU-Regulierungsmodus „Neovoluntarismus", bei dem „harte" sozialpolitische Intervention durch „freiwillige" Selbstregulierung ersetzt und der „Macht der Marktkräfte" vor einheitlichen zwingenden regulativen Standards der Vorzug eingeräumt werde. Soziale Normgebung bleibe vorwiegend der relativen Verhandlungsstärke privater Akteure überlassen, was einseitig die Wirtschaftsseite begünstige.[78] Der EU und transnationalen SDen wird deshalb nicht zugetraut, einen dem tradierten DRIS entsprechenden sozialen Ausgleich in den Arbeitsbeziehungen und eine stabile Ordnung arbeitsrechtlicher Regulierung hervorzubringen.[79]

Optimistischere Sichtweisen betonen dagegen den Bedeutungszuwachs unternehmensbezogener SD-Regulierung. Positiv hervorgehoben wird die

---

76 Vgl. *Mückenberger/Nebe*, Formwandel von Staatlichkeit, ZIAS, a.a.O., 95.

77 Siehe näher zum Diskussionsstand *Müller/Platzer/Rüb*, Globale Arbeitsbeziehungen in globalen Konzernen? Zur Transnationalisierung betrieblicher und gewerkschaftlicher Politik, 2004, S. 70 ff.

78 Vgl. *Streeck*, Vom Binnenmarkt zum Bundesstaat? Überlegungen zur politischen Ökonomie der europäischen Sozialpolitik, in: *Leibfried/Pierson* (Hrsg.), Standort Europa. Europäische Sozialpolitik, 1998, S. 407 ff.

79 Vgl. *Streeck*, Vom Binnenmarkt, a.a.O., S. 397 ff.

Entwicklungsdynamik von EBRen.[80] Da die Branchenebene in vielen EU-Mitgliedstaaten die wichtigste Ebene für Kollektivverhandlungen ist, werden auch für sektorale SDe Chancen gesehen, dem tradierten DRIS entsprechende Regulierungsfunktionen auszuüben.[81]

Was in der bisherigen Forschung noch nicht geleistet wurde, ist eine umfassende und systematische Untersuchung der von transnationalen SDen erzielten Vereinbarungen im sozialstaatsrelevanten Feld der Antidiskriminierung. Die Umstände und Bedingungen, unter denen transnationale diskriminierungsschützende Normen entstehen und Wirksamkeit erlangen, sind bislang noch weitgehend ungeklärt.[82]

1.9 Ansatz eines hybriden transnationalen Arbeitsrechts

Die Analyse und Bewertung der von SDen bewirkten Outcomes und Reaktionen wird eine Einschätzung möglich machen, ob und gegebenenfalls welche Korrekturen von staatlicher Seite im Bereich transnationaler diskriminierungsschützender Regulierung angebracht sind.

Katja Nebe und *Ulrich Mückenberger* entwickelten den Ansatz hybriden transnationalen Arbeitsrechts im EU-Raum.[83] Dieser impliziert, dass eine rein private transnationale Regelsetzung den Besonderheiten des Arbeitsrechts mit seiner typischen Machtasymmetrie zwischen Arbeitgeber- und Arbeitnehmerseite nicht gerecht wird.[84] Vielmehr bedarf es zur Erzielung fairer und interessengerechter Ergebnisse durch SDe ausgleichender

---

80 Vgl. etwa *Lecher/Platzer/Rüb/Weiner*, Verhandelte Europäisierung. Die Einrichtung Europäischer Betriebsräte – Zwischen gesetzlichem Rahmen und sozialer Dynamik, 2001, S. 232. Zusammenfassend zum Diskussionsstand siehe *Platzer*, Europäische Betriebsräte, in: *Schroeder* (Hrsg.), Handbuch Gewerkschaften in Deutschland, 2014, S. 637-655.

81 Vgl. *Balme/Chabanet*, European Governance, European Governance and Democracy. Power and protest in the EU, 2008, S. 104; *Nebe/Mückenberger*, Neuantrag A7, a.a.O., S. 10.

82 Vgl. *Mückenberger/Nebe*, Formwandel von Staatlichkeit, ZIAS, a.a.O., 95.

83 Vgl. *Nebe*, Transnationalisierung, a.a.O., S. 513; *Mückenberger/Nebe*, Formwandel von Staatlichkeit, ZIAS 2013, a.a.O., 101 ff.

84 Bestehende Untersuchungen auf handels- und wirtschaftsrechtlichem Gebiet nehmen dagegen an, dass private transnationale Regelsetzung effektive gemeinwohlverträgliche Ergebnisse erzielt, vgl. etwa *Maurer*, Lex Maritima, 2012, S. 110, 208; *Renner*, Zwingendes transnationales Recht, 2011, S. 199; in diese Richtung auch für transnationales Umweltrecht *Herberg*, Globalisierung und private Selbstregulierung, 2007.

staatlicher Rahmenbedingungen. Die künftige Rolle des Staates in den transnationalen Arbeitsrechtsbeziehungen wird darin gesehen, dass er kollektive Selbstregulierung durch SDe unterstützt und fördert. Diese Förderung folgt dabei dem Prinzip „proaktiver horizontaler Subsidiarität".[85] Staatliche Instanzen derselben europäischen Ebene überlassen demnach arbeitsrechtliche Normgebung sachnäheren privaten Akteuren (transnational tätigen Sozialpartnern) zur eigenen Gestaltung. Im übrigen treffen sie aber proaktiv subsidiär flankierende rechtliche Vorkehrungen, die SDe zu sozialstaatsgemäßer Selbstregulierung ermutigen, befähigen und unter Umständen sogar verpflichten.[86]

Der konzeptionelle Ansatz hybriden transnationalen Arbeitsrechts scheint auch im Feld der Antidiskriminierung geeignet und anschlussfähig. Wie oben erwähnt, hat sich in der Literatur die Erkenntnis durchgesetzt, dass es einer eigenverantwortlichen Selbstregulation sachnaher Kollektivakteure bedarf, um sozialstaatliche Gleichstellungsvorgaben effektiv umzusetzen.[87] Andererseits ist das Regulierungsgebiet der Antidiskriminierung, das auf die Überwindung tradierter sozialer Normen und Verhaltensweisen zielt, typischerweise mit Akzeptanz- und Durchsetzungsprob-

---

85 Vgl. dazu *Mückenberger*, Eine europäische Sozialverfassung, a.a.O., 388 f. Siehe weiterführend zur jüngeren Diskussion um das Subsidiaritätsprinzip im Bereich wohlfahrtsstaatlicher Regulierung *Höffe*, Demokratie im Zeitalter der Globalisierung, 1999.

86 Der Ansatz hybriden transnationalen Arbeitsrechts setzt damit auf Selbstregulierung sachnaher Akteure und flankierende prozedurale Vorkehrungen. Angesichts einer konstatierten Effektivitätskrise rein staatlicher Steuerungsmodelle wird seit einiger Zeit von unterschiedlichen rechtstheoretischen Strömungen eine verstärkte Selbstregulation sozial betroffener Akteure gefordert; siehe etwa aus der Perspektive einer Diskurstheorie des Rechts *Habermas*, Faktizität und Geltung, 1997, S. 486 ff.; aus systemtheoretischer Perspektive *Teubner*, Reflexives Recht: Entwicklungsmodelle des Rechts in vergleichender Perspektive, ARSP 1982, 13-59, *Rogowski*, Reflexive Labour Law in the World Society, 2013. Systemtheoretisch inspirierte Ansätze favorisieren dabei eher eine "staatsfreie" private Selbstregulierung. Siehe zur Kritik hieran z.B. *Hohmann-Dennhardt*, Wo bleiben die Bürger und ihre Rechte?, in: *Calliess* u.a. (Hrsg.), Soziologische Jurisprudenz, FS Teubner, 2009, S. 755 ff.; *Buckel*, Empire oder Rechtspluralismus?, KJ 2003, 183 ff.; *Maus*, Menschenrechte, Demokratie und Frieden, 2015, S. 157 ff.

87 Vgl. näher zur Diskussion um selbstregulative Ansätze auf dem Gebiet der Antidiskriminierung im nationalen Rahmen etwa *Kocher/Laskowski/Rust/Weber*, Gleichstellung der Geschlechter in der Privatwirtschaft, in: *Hohmann-Dennhardt* u.a. (Hrsg.), Geschlechtergerechtigkeit, FS Pfarr, 2010, S. 117-146; *Hepple*, Enforcing Equality Law: Two Steps Forward and Two Steps Backwards for Reflexive Regulation, ILJ 2011, 315 ff.

lemen konfrontiert.[88] Es ist daher anzunehmen, dass die selbstregulierenden Prozesse der SDe in diesem Feld in besonderem Maße staatlicherseits
flankiert werden müssen. Es lässt sich die Erwartung formulieren, dass
Staaten bzw. die EU zur Sicherstellung einer gemeinwohlverträglichen
wirksamen transnationalen Normgebung zur Nichtdiskriminierung aktiv
und stark (subsidiär) intervenieren müssen.

---

88   Vgl. *Baer*, Rechtssoziologie, 2015, § 9 Rn. 16 ff.

2. Kapitel: Ungleiche Chancen am Arbeitsmarkt in Krisenzeiten

Diskriminierungen und Ungleichheiten auf dem Arbeitsmarkt bestehen in den EU-Mitgliedstaaten unverändert fort. Neuere Statistiken und Studien zeigen, dass Frauen, Jüngere, Menschen mit Behinderung[89] und andere beruflich benachteiligte Gruppen von den Auswirkungen der jüngsten Wirtschafts- und Finanzkrise besonders betroffen sind.[90]

2.1 Anhaltende Geschlechterdifferenzen

2.1.1 Unzureichende berufliche Partizipation von Frauen

Frauen nehmen in Europa nach wie vor nur unvollständig am Erwerbsleben teil. Die Beschäftigungsquote bei Frauen liegt im EU-Durchschnitt bei etwa 65 % und ist deutlich niedriger als die bei Männern (77 %).[91] Eine besonders geringe weibliche Erwerbstätigenrate weisen südeuropäische Länder (mit Ausnahme von Portugal) auf, in denen noch das traditionelle Modell des männlichen Alleinverdieners dominiert.[92] Das in der EU-2020-Strategie formulierte Ziel, die Beschäftigungsquote von Frauen bis zum Jahr 2020 EU-weit auf 75 % zu erhöhen,[93] wird derzeit von zahlreichen EU-Mitgliedstaaten verfehlt.

Jüngere Studien verweisen darauf, dass die haushaltspolitischen Sparmaßnahmen, die in den EU-Ländern infolge der Wirtschafts- und Finanzkrise eingeleitet wurden, signifikante negative Effekte auf die Beschäfti-

---

89 Der Begriff „Behinderung" ist problematisch. Er wird im Rahmen dieser Arbeit kritisch und nur mangels geeigneter Alternativen verwendet.

90 Dieses Kapitel erhebt keinen Anspruch auf Vollständigkeit, sondern soll lediglich schlaglichtartig die anhaltende berufliche Ungleichheit in Europa beleuchten. Nicht außer Acht gelassen werden soll zudem, dass Diskriminierungen und Benachteiligungen auf dem Arbeitsmarkt konjunkturunabhängig zu verzeichnen sind. Die Wirtschaftskrise und ihre Folgen verschärfen jedoch die Situation ohnehin benachteiligter Gruppen. Letzteres soll in diesem Kapitel aufgezeigt werden.

91 Vgl. Eurostat, <https://ec.europa.eu/eurostat/statistics-explained/index.php?title= Employment_statistics#Employment_rates_by_sex.2C_age_and_educational_att ainment_level > (zuletzt abgerufen am 5.9.2018).

92 Vgl. ETUI, Benchmarking Working Europe, 2013, S. 64.

93 Vgl. Europäische Kommission, Mitteilung der Kommission, Europa 2020 – Eine Strategie für intelligentes, nachhaltiges und integratives Wachstum v. 3.3.2010, KOM (2010) 2020 endg., S. 23.

gung von Frauen haben. So verstärken erhebliche Einsparungen und Personalkürzungen in frauendominierten Tätigkeitsfeldern im öffentlichen Dienst (v.a. im Erziehungs- und Pflegebereich) die bestehende Geschlechterungleichheit am Arbeitsmarkt.[94]

2.1.2 Entgeltlücke und Unterrepräsentanz in Führungspositionen

Ungeachtet gesetzlicher Diskriminierungsverbote besteht eine geschlechtsspezifische Entgeltdifferenz von europaweit 16 %. Die Entgeltlücke variiert dabei länderspezifisch von 2 % in Slowenien bis hin zu über 20 % wie etwa in Deutschland oder Österreich.[95]

Darüber hinaus sind Frauen in Führungspositionen weiterhin unterrepräsentiert. Der Anteil von Frauen in Führungspositionen in der Privatwirtschaft liegt im EU-Durchschnitt lediglich bei 35 %. Hinzu kommt, dass weibliche Führungskräfte rund 23 % weniger verdienen als Männer.[96]

2.2 Ausschluss junger Menschen vom Arbeitsmarkt

Von der Krise und ihren Auswirkungen besonders hart betroffen sind junge Menschen. In den EU-Mitgliedstaaten ist nach wie vor eine hohe Jugendarbeitslosigkeit zu verzeichnen. Besonders schlecht stellt sich die Arbeitsmarktsituation für Jüngere in Südeuropa dar. Der Anteil erwerbsloser 15-24-Jähriger lag 2016 in Griechenland und Spanien bei über 40 %, in Italien bei 37 % sowie in Zypern und Portugal bei knapp 30 %.[97] Fast 17 Millionen junge Menschen im Alter von 20-34 Jahren in Europa befanden sich 2016

---

94 Vgl. *Bettio/Corsi/D'Ippoliti et al.*, The impact of the economic crisis on the situation of women and men and on gender equality policies, synthesis report, 2012, S. 125 ff., im Internet abrufbar unter: <http://www.ingenere.it/sites/default/fi les/ricerche/crisis%20report-def-7web.pdf> (zuletzt abgerufen am 5.9.2018).

95 Vgl. *Eurostat*, <http://ec.europa.eu/eurostat/statistics-explained/index.php/Wag es_and_labour_costs/de> (zuletzt abgerufen am 27.8.2017). Die Entgeltdifferenz wird berechnet als Differenz zwischen den durchschnittlichen Bruttostundenlöhnen von Frauen und Männern.

96 Vgl. *Eurostat*, <http://ec.europa.eu/eurostat/documents/2995521/7896995/3-0603 2017-AP-DE.pdf/b49bc03b-00be-448c-b12a-318012c61cda> (zuletzt abgerufen am 24.8.2018).

97 Vgl. *Eurostat*, <http://ec.europa.eu/eurostat/statistics-explained/index.php/Unem ployment_statistics> (zuletzt abgerufen am 24.8.2018).

weder in Beschäftigung, noch in Bildung oder Ausbildung (sog. NEET-Gruppe, „Not in Employment, Education or Training").[98] Überdurchschnittlich häufig von Ausschlüssen vom Arbeitsmarkt betroffen sind dabei junge Frauen, Migrant/inn/en und junge Personen mit Behinderung.[99]

2.3 Weitere Prekarisierungstendenzen – Teilzeit, befristete Beschäftigung, Leiharbeit

In den letzten Jahrzehnten haben europaweit atypische Beschäftigungsverhältnisse, die vom ertragsstarken sog. Normalarbeitsverhältnis (unbefristet, Vollzeit) abweichen, zugenommen.[100] Atypische Arbeit, etwa in Form von Teilzeit, befristeter Beschäftigung oder Leiharbeit geht mit einem erhöhten Prekaritätsrisiko einher.[101]

Gegenwärtig sind in der EU etwa 44 Millionen Menschen in Teilzeit[102] und 26 Millionen Menschen befristet beschäftigt.[103] Teilzeitarbeit ist nach wie vor eine Frauendomäne. So ist die Teilzeitquote unter berufstätigen Frauen mit über 32 % mehr als dreimal so hoch wie die unter Männern (mit etwa 9 %). Frauen und junge Menschen sind außerdem besonders häufig nur befristet beschäftigt.[104]

---

98 Vgl. *Eurostat*, <https://ec.europa.eu/eurostat/statistics-explained/index.php/Stat istics_on_young_people_neither_in_employment_nor_in_education_or_training> (zuletzt abgerufen am 5.9.2018).

99 Vgl. hierzu etwa *Eurofound*, NEETs – Young People not in employment, education or training: Characteristics, costs and policy responses in Europe, 2012, S. 55, im Internet abrufbar unter: <https://www.eurofound.europa.eu/de/publications/report/2012/labour-market-social-policies/neets-young-people-not-in-employment-education-or-training-characteristics-costs-and-policy> (zuletzt abgerufen am 24.8.2018).

100 Siehe hierzu schon früh *Mückenberger*, Die Krise des Normalarbeitsverhältnisses, ZfS 1985, 415 ff.

101 Vgl. etwa *Nebe*, Spaltung des Arbeitsmarkts durch Krisengesetzgebung – eine kritische Analyse des Arbeits- und Sozialrechts vor und nach der Krise, SR 2013, 7.

102 Siehe *Eurostat*, <http://ec.europa.eu/eurostat/documents/2995521/7311571/3-19052016-BP-DE.pdf/cb0f77cc-0ece-4dda-b771-052ed591be10> (zuletzt abgerufen am 24.8.2018).

103 Vgl. *Eurostat*, <http://ec.europa.eu/eurostat/web/products-eurostat-news/-/DDN-20170502-1>; *Eurostat*, <http://ec.europa.eu/eurostat/statistics-explained/index.php/Employment_statistics/de> (zuletzt abgerufen am 24.8.2018).

104 Vgl. *Eurostat*, <http://ec.europa.eu/eurostat/web/products-eurostat-news/-/DDN-20170502-1> (zuletzt abgerufen am 24.8.2018).

Im Zuge der Wirtschaftskrise war zunächst ein Rückgang von befristeter Beschäftigung und Leiharbeit in den EU-Mitgliedstaaten zu verzeichnen. Dies ist wesentlich darauf zurückzuführen, dass befristet Arbeitende
und Leiharbeitnehmer/innen im Konjunkturabschwung stark von Perso-
nalabbau betroffen waren.[105] In den letzten Jahren war wiederum ein deutlicher Anstieg atypischer Beschäftigungsformen zu beobachten.[106]

In mehreren EU-Ländern wurden arbeitsrechtliche Maßnahmen zur
weiteren Deregulierung und Flexibilisierung des Arbeitsmarkts ergriffen,
die eine Ausweitung unsicherer ertragsschwacher atypischer Arbeit vorantreiben.[107]

2.4   Ungenügende berufliche Teilhabe behinderter Menschen und Älterer

Das sozialstaatlich aufgegebene Ziel der vollen beruflichen Inklusion von
Menschen mit Behinderung[108] ist in den EU-Mitgliedstaaten längst nicht
verwirklicht. Die Erwerbstätigenrate von Menschen mit Behinderungen
liegt in der EU lediglich bei etwa 48 % und ist erheblich geringer als die
von Menschen ohne Behinderung.[109] Die Arbeitslosenquote von Personen
mit Behinderung ist fast doppelt so hoch wie die von Personen ohne Behinderung.[110] Außerdem ist die Beschäftigungsquote der Frauen mit Behinderung deutlich niedriger als die der Männer mit Behinderung.[111]

Ebenfalls nur ungenügend realisiert ist die berufliche Teilhabe älterer
Menschen. Die Beschäftigungsquote unter den 55-64-Jährigen lag 2015
bei etwa 55 %. Nur etwa die Hälfte der älteren Arbeitskräfte war somit

---

105 Vgl. dazu etwa *Nebe*, Spaltung des Arbeitsmarkts durch Krisengesetzgebung,
     a.a.O., 10.
106 Vgl. *Eurostat*, <http://ec.europa.eu/eurostat/statistics-explained/index.php/Em
     ployment_statistics/de> (zuletzt abgerufen am 24.8.2018).
107 Siehe hierzu *ETUI*, Benchmarking Working Europe, a.a.O., S. 90.
108 Vgl. dazu näher Teil A, 3. Kapitel.
109 Vgl. *Grammenos*, European comparative data on Europe 2020 & People with
     disabilities, 2017, S. 80, im Internet zu finden unter: <http://www.disability-
     europe.net/theme/eu2020> (zuletzt abgerufen am 24.8.2018).
110 Vgl. *Grammenos*, European comparative data, a.a.O., S. 85.
111 Vgl. *Grammenos*, European comparative data, a.a.O., S. 51.

erwerbstätig, in der Altersgruppe der 60-64-Jährigen sogar nur etwa ein Drittel.[112]

2.5 Einsparungen in der Gleichstellungspolitik und Zunahme von Diskriminierungen

Im Zuge von Haushaltskonsolidierung bzw. Austeritätspolitik wurden in zahlreichen EU-Mitgliedstaaten Einsparungen im Gleichstellungsbereich vorgenommen.[113] So waren etwa staatliche Gleichstellungsstellen von teilweise drastischen Mittelkürzungen betroffen. In vielen EU-Ländern wurden öffentliche Mittel zur beruflichen Eingliederung von Menschen mit Behinderung reduziert und spezielle inklusionsfördernde Beschäftigungsprogramme eingeschränkt.[114]

Studien weisen darauf hin, dass Benachteiligungen im Arbeitsleben in Zeiten der Krise zugenommen haben. So wurden in den letzten Jahren gehäuft Diskriminierungs- und Belästigungsvorfälle bei der Arbeit festgestellt.[115] Laut einer Eurobarometer-Umfrage nahm die Mehrheit der Unionsbürger im Jahr 2012 an, dass die Wirtschaftskrise zu mehr Diskriminierung am Arbeitsmarkt geführt hat.[116] Ein hoher Anteil der Befragten vertrat die Ansicht, dass Ältere (67 %), Personen mit Behinderung (53 %), Migrant/inn/en mit anderer ethnischer Herkunft (52 %) oder homosexuelle Menschen (36 %) verstärkt Nachteilen im Erwerbsleben ausgesetzt sind.

---

112 Siehe dazu <https://ec.europa.eu/eurostat/statistics-explained/index.php?title=Employment_statistics#Employment_rates_by_sex.2C_age_and_educational_attainment_level> (zuletzt abgerufen am 5.9.2018).

113 Siehe näher dazu *Bettio/Corsi/D'Ippoliti et al.*, The impact of the economic crisis on the situation of women and men and on gender equality policies, a.a.O., S. 136 ff.

114 Vgl. dazu *European Foundation Centre*, Assessing the Impact of European Government's Austerity Plans on the Rights of People with Disabilities, 2012, S. 6 ff., im Internet zu finden unter: <http://www.efc.be/publication/assessing-the-impact-of-european-governments-austerity-plans-on-the-rights-of-people-with-disabilities-key-findings/> (zuletzt abgerufen am 24.8.2018).

115 Siehe näher dazu etwa *ILO*, Gleichheit bei der Arbeit: Die andauernde Herausforderung, 2011, im Internet abrufbar unter <http://www.ilo.org/wcmsp5/groups/public/@ed_norm/@relconf/documents/meetingdocument/wcms_154783.pdf> (zuletzt abgerufen am 24.8.2018).

116 Vgl. *European Commission*, Special Eurobarometer 393, Discrimination in the EU 2012, 2012, S. 104 ff., im Internet abrufbar unter: <http://ec.europa.eu/commfrontoffice/publicopinion/archives/ebs/ebs_393_en.pdf> (zuletzt abgerufen am 24.8.2018).

2.6 Aktueller Bedarf für eine effektive transnationale Regulierung

Festzuhalten ist, dass infolge der Krise Rückschritte hinsichtlich der Gleichstellungssituation von benachteiligten Gruppen zu verzeichnen sind. Trotz umfassender rechtlicher Antidiskriminierungsvorgaben sind berufsbezogene Ungleichheiten und Benachteiligungen in den EU-Mitgliedstaaten weit verbreitet.

Umso dringlicher stellt sich die Frage, ob und unter welchen Voraussetzungen transnationale SDe effektive sozialstaatsadäquate Normsetzungs-und Normumsetzungsleistungen im Feld der Nichtdiskriminierung erbringen.

3. Kapitel: EU-sozialverfassungsrechtliche Ziele zur Antidiskriminierung

Im folgenden Kapitel wird der sozialstaatliche Beurteilungsmaßstab entwickelt, an dem die von transnationalen SDen erzielten Outcomes und Reaktionen gemessen werden. Ein Prüfmaßstab sozialstaatlicher Anforderungen zur Antidiskriminierung ergibt sich aus dem europäischen Recht. Im EU-Primärrecht hat sich ein dem nationalen DRIS vergleichbares Sozialstaatsprinzip auf dem Gebiet abhängiger Arbeit niedergeschlagen, das durch die Werte Menschenwürde, Solidarität und Demokratie konturiert wird. Das arbeitsbezogene Sozialstaatsprinzip und die drei genannten Werte strahlen unmittelbar auf das Feld diskriminierungsschützender Regulierung aus.

3.1 Gemeinsamer Bestand arbeitsbezogener Verfassungsnormen der EU-Mitgliedstaaten

3.1.1 Varianz europäischer Sozialstaatsmodelle

Die Sozialstaaten in Europa[117] werden nach geläufiger Typologie in den Sozialwissenschaften differenziert in „liberale" (z.B. Großbritannien), „konservativ-korporatistische" (z.B. Deutschland, Österreich, Frankreich) oder „skandinavisch-sozialdemokratische" Modelle.[118]

Ungeachtet der Varianz europäischer Sozialstaatsmodelle und ihrer Korrekturbedürftigkeit aus der Perspektive diskriminierter Gruppen[119]

---

117 Der in den meisten europäischen Ländern geläufigere Begriff des „Wohlfahrtsstaats" ist eher auf Umverteilung fokussiert, während der deutsche Begriff „Sozialstaat" in erster Linie den sozial gestaltenden Staat meint, vgl. *Kaufmann*, Sozialpolitik und Sozialstaat, Soziologische Analysen, 2009, S. 133.

118 Vgl. dazu *Esping-Andersen*, Die drei Welten des Wohlfahrtskapitalismus: Zur Politischen Ökonomie des Wohlfahrtsstaats, in: *Lessenich/Ostner* (Hrsg.), Welten des Wohlfahrtskapitalismus. Der Sozialstaat in vergleichender Perspektive, 1998, S. 19-56.

119 Feministische Analysen haben darauf hingewiesen, dass wohlfahrtsstaatliche Regulierungen in Europa über die verschiedenen Sozialstaats"kulturen" hinweg in Hinblick auf benachteiligte Gruppen defizitär sind. So sind sozialstaatliche Garantien etwa vornehmlich erwerbsarbeitszentriert und Reproduktions- und Sorgetätigkeiten, die überwiegend von Frauen ausgeübt werden, häufig nicht oder nur unzureichend abgesichert. Siehe weiterführend zur feministischen Wohlfahrtsstaatskritik z.B. *Sauer*, Staat, Demokratie und Geschlecht, 2003, S. 5.; *Klammer*, Vom „Ernährermodell" zum „Erwerbstätigenmodell", in: *Kraus/Geisen* (Hrsg.),

weisen die EU-Mitgliedstaaten gemeinsame soziale Verfassungsziele im Bereich der abhängigen Arbeit auf. Arbeitsbezogene Sozialstaatlichkeit bildet ein tragendes Element aller europäischen Verfassungsstaaten.[120]

3.1.2 Gemeinsame Entwicklungslinien: von der „sozialen Frage" des 19. Jahrhunderts bis heute

Ihren historischen Ausgangspunkt[121] hat arbeitsbezogene sozialstaatliche Regulierung in Europa im Übergang von der Agrar- zur Industriegesellschaft im 19. Jahrhundert und der Bewältigung der damit aufkommenden „sozialen Frage" bzw. der „Arbeiterfrage".

Erste sozialpolitische Interventionen gegenüber der Privatwirtschaft betrafen die Einführung von Arbeitsschutzgesetzen (u.a. Begrenzung der Arbeitszeit und Verbot der Kinderarbeit) sowie die Absicherung von Lebensrisiken abhängig Beschäftigter durch staatlich organisierte Sozialversicherungssysteme (Unfallversicherung, Krankenversicherung und Rentenversicherung). Auch die katholische Kirche nahm sich der „sozialen Frage" an und formulierte mit der Enzyklika „Rerum Novarum" Papst Leos XIII. von 1891 ein sozialpolitisches Konzept, wonach gemäß dem Subsidiaritätsgedanken staatliche Eingriffe die Ausnahme bilden und

---

Sozialstaat in Europa, Geschichte, Entwicklung, Perspektiven, 2001, S. 273-285; *Langan/Ostner*, Geschlechterpolitik im Wohlfahrtsstaat, KJ 1991, 302-317; vgl. zu Defiziten bei der Inklusion von Migrant/inn/en in wohlfahrtsstaatliche Systeme *Mohr*, Stratifizierte Rechte und soziale Exklusion von Migranten im Wohlfahrtsstaat, Zeitschrift für Soziologie 2005, 383-398. In Anknüpfung an das Konzept des britischen Soziologen T.H. Marshall, demzufolge der Bürgerstatus gleichermaßen bürgerliche, politische und soziale Rechte einschließt, plädieren feministische Ansätze für einen erweiterten Staatsbürgerbegriff in der „postnationalen Konstellation". So wird gefordert, Kategorien wie Geschlecht, Alter oder Ethnie bei der Konzeptionalisierung von sozialer Staatsbürgerschaft einzubeziehen. Siehe weiterführend *Gerhard*, Bürgerrechte und Geschlecht, Herausforderung für ein soziales Europa, in: *Conrad/Kocka* (Hrsg.), Staatsbürgerschaft in Europa, 2001, S. 63-91 sowie *Marshall*, Bürgerrechte und soziale Klassen, Zur Soziologie des Wohlfahrtsstaates, 1992.

120 Vgl. *Häberle*, Europäische Rechtskultur. Versuch einer Annäherung in zwölf Schritten, 1994, S. 90.

121 Vgl. zu Vorläufern sozialer Fürsorge im Spätabsolutismus und rechtlichen Maßnahmen gegen „Pauperismus" in England zur Lösung der „Armenfrage" Kassimatis, Entstehungs- und Entwicklungsgeschichte des Sozialstaats, in: *Iliopoulos-Strangas* (Hrsg.), Soziale Grundrechte in Europa nach Lissabon, 2010, S. 24.

Wohlfahrt vorrangig von Kirchen und privaten Wohlfahrtsverbänden wahrgenommen werden soll.[122] Daneben wurden Arbeitervereine als Vorläufer gewerkschaftlicher Organisationen gegründet, die Maßnahmen aktiver Selbsthilfe in Form von Arbeitsniederlegungen und Unterstützungskassen ergriffen.[123] Europäische Sozialstaatlichkeit ist somit regulierungsgeschichtlich eng verbunden mit der emanzipatorischen Selbsthilfe[124] gesellschaftlich benachteiligter Gruppen.

Nach dem Zweiten Weltkrieg[125] wurden Sozialbestimmungen in Europa zunehmend konstitutionalisiert. Auf Arbeit bezogene Sozialstaatlichkeit, die normentypologisch unterschiedlich ausgestaltet sein kann,[126] spiegelt sich heute in nahezu allen europäischen Verfassungen[127] vornehmlich wider in der Anerkennung von Koalitionsfreiheit und Kollektivverhandlungen einschließlich Arbeitskampf, staatlicher Unterstützung in Notlagen durch Garantien sozialer Sicherheit sowie Gesundheitsvorsorge, die häufig auch den Arbeitsschutz umfasst.[128]

---

122 Weiterführend dazu *Sachße*, Subsidiarität, in: *Kreft/Mielenz* (Hrsg.), Wörterbuch Soziale Arbeit, 2013, S. 932.

123 Vgl. zur historisch ähnlich verlaufenden Entwicklung in England, Deutschland und Frankreich *Kaufmann*, Sozialpolitik, a.a.O., S. 28, 136 f.

124 Weiterführend zur Verknüpfung des Selbsthilfegedankens mit dem Sozialstaatsprinzip *Neumann*, Menschenwürde und Existenzminimum, NVwZ 1995, 428 f.; das Konzept der Selbsthilfe ist in jüngerer Zeit mit den Begriffen der „Befähigung" und des „aktivierenden Sozialstaats" als neuen Leitvorstellungen der Sozialpolitik wieder aufgegriffen und neu interpretiert worden. Vgl. kritisch zum damit verbundenen Paradigmenwechsel in der Sozialstaatsdebatte etwa *Kaufmann*, Sozialpolitik, a.a.O., S. 411 f.

125 Eine Hinwendung zum Sozialstaatsprinzip ließen bereits arbeitsbezogene soziale Ziele in der Weimarer Reichsverfassung von 1919, der Verfassung Griechenlands von 1927 und der Verfassung Spaniens von 1931 erkennen, siehe *Kassimatis*, Entstehungsgeschichte, a.a.O., S. 29.

126 „Sozialstaatlichkeit" kann sowohl Verfassungsziele wie auch Verfassungsaufträge, institutionelle Garantien oder soziale Grundrechte umfassen, vgl. *Weber*, Europäische Verfassungsvergleichung, 2010, S. 84.

127 Eine vergleichsweise späte und geringe Konstitutionalisierung haben arbeitsbezogene soziale Rechte in den skandinavischen Wohlfahrtsstaaten Schweden und Dänemark erfahren, siehe dazu *Iliopoulos-Strangas*, Klassifizierung – Aufstellung und Rechtsnatur der sozialen Grundrechte, in: *dies.* (Hrsg.), a.a.O., S. 913 ff.

128 Vgl. *Weber*, Europäische Verfassungsvergleichung, a.a.O., S. 86 f.; *Iliopoulos-Strangas*, Klassifizierung, a.a.O., S. 877 ff.; siehe auch die Beispiele für sozialstaatliche Gewährleistungen in den Verfassungen Osteuropas bei *Häberle*, Europäische Verfassungslehre, 2011, S. 481 ff.

Ein dem Art. 20 Grundgesetz (GG) entsprechendes Sozialstaatsgebot ist auch in einigen weiteren EU-Mitgliedstaaten auf Verfassungsebene verankert (z.B. Spanien, Portugal, Belgien oder Rumänien). Soweit nationale Verfassungen das Sozialstaatsprinzip nicht explizit enthalten, wird dieses über andere Verfassungswerte umschrieben oder erlangt über soziale Verfassungsaufträge an den Gesetzgeber Gültigkeit.[129]

Einher ging die Etablierung des Sozialstaats in Europa mit dem Aufschwung der Verfassungswerte der Menschenwürde, der Demokratie und der Gleichheit, die sich in den letzten Jahrzehnten weltweit zu konstituierenden Prinzipien entwickelt haben. Diese stehen nicht beziehungslos oder in Konflikt zum Sozialstaatsprinzip, sondern durchdringen dieses und bestimmen seinen Gehalt.[130] Der Schutz der Menschenwürde, der mittlerweile global als oberstes Gut anerkannt ist, wurde von seiner ursprünglich personenzentrierten Ausrichtung um soziale Inhalte angereichert.[131] Das Demokratieprinzip wurde über das politische System hinaus auf die gesellschaftliche Sphäre ausgeweitet. Eine Hinwendung zur „sozialen" Demokratie – als Gegensatz zur „liberalen" Demokratie –, wie sie in der Weimarer Republik von dem Staatsrechtler *Hermann Heller* konzipiert wurde,[132] verdeutlichen u.a. die rechtliche Anerkennung von Koalitionsbildung und -betätigung durch Gewerkschaften in den europäischen Verfassungsstaaten. Der Gleichheitsgrundsatz hat sich, von einem abstrakten Verständnis der Gleichheit vor dem Gesetz ausgehend, zu einem Prinzip „materieller" Chancengleichheit weiterentwickelt, das soziale Pflichten des Staates und soziale Rechte von Individuen einschließt.[133] Dies drückt sich nicht zuletzt in der Aufnahme von Gleichbehandlungsrechten bei der

---

129 Vgl. *Weber*, Europäische Verfassungsvergleichung, a.a.O., S. 85 m.w.N.

130 Zur Wechselwirkung der Werte Menschenwürde, Demokratie und Gleichheit mit dem Sozialstaatsprinzip siehe Kassimatis, Entstehungsgeschichte, a.a.O., S. 33.

131 Vgl. *Kassimatis*, Entstehungsgeschichte, a.a.O., S. 35.

132 Vgl. zur „sozialen" Demokratie als Gegensatz zur „liberalen" Demokratie *Heller*, Rechtsstaat oder Diktatur, in: *Kempen* (Hrsg.), Sozialstaatsprinzip und Wirtschaftsordnung, 1976, S. 55-70. Siehe zur in Deutschland geführten Kontroverse um den rechtlichen Gehalt von Art. 20 GG in Anknüpfung an Heller auch *Abendroth*, Zum Begriff des demokratischen und sozialen Rechtsstaates im Grundgesetz der Bundesrepublik Deutschland, in: *Kempen* (Hrsg.), Sozialstaatsprinzip, a.a.O., S. 70-97; vgl. weiterführend dazu auch *Römer*, *Abendroth* und *Schmitt*, 2009, S. 82 ff.

133 *Kassimatis*, Entstehungsgeschichte, a.a.O., S. 33.

Arbeit für Frauen, Menschen mit Behinderung und andere diskriminierte Gruppen in den Verfassungen einer Reihe von EU-Mitgliedstaaten aus.[134]

3.2 Eine arbeitsbezogene EU-Sozialverfassung

Ein Normbestand auf arbeitsrechtlichem Gebiet, der sozialstaatlichen Verfassungsvorgaben in den EU-Mitgliedstaaten entspricht, ist mittlerweile auch im Unionsrecht vorzufinden.

3.2.1 Herausbildung einer Sozialverfassung im europäischen Mehrebenensystem

Die arbeitsbezogenen Vorschriften im EU-Primärrecht[135] sind mit der Einheitlichen Europäischen Akte (1987), dem Sozialprotokoll von Maastricht (1992) sowie den Vertragsrevisionen von Amsterdam (1997) und Lissabon (2009) stetig ausgebaut worden.[136] Die soziale Zieldimension des Unionsrechts (auch) im Bereich der abhängigen Arbeit ist nicht zuletzt mit der Verankerung des Bekenntnisses zur „sozialen Marktwirtschaft" (in der englischen Fassung: *„social market economy"*, vgl. Art. 3 Abs. 3 S. 2 EUV[137]) im Lissaboner Vertrag gegenüber der EU-Wirtschaftsverfassung

---

134 Vgl. hierzu die Aufstellung bei *Iliopoulos-Strangas*, Klassifizierung, a.a.O., S. 870 ff.

135 Das EU-Primärrecht kann als Verfassungsrecht „jenseits des Staates" aufgefasst werden, vgl. *Rödl*, Europäische Arbeitsverfassung, a.a.O., S. 855. Zur Diskussion, ob dem Primärrecht trotz fehlender Staatsqualität der EU Verfassungsqualität zukommt, siehe näher *Müller/Christensen*, Juristische Methodik, Bd. II, 2012, S. 437 ff. Die Qualität des Primärrechts als Verfassungsrecht wird in der Literatur teilweise auch mit Blick auf das oft beklagte Demokratiedefizit der EU in Frage gestellt, vgl. etwa *Grimm*, Die Zukunft der Verfassung II. Auswirkungen von Europäisierung und Globalisierung, 2012, S. 123 f.

136 Siehe hierzu den Überblick bei *Rödl*, Europäische Arbeitsverfassung, in: von *Bogdandy/Bast* (Hrsg.), Europäisches Verfassungsrecht, 2009, S. 877 ff. Vgl. zu den (wenigen) frühen sozialpolitischen Vorschriften im EWG-Vertrag *Barnard*, EC „Social" Policy: From Employment Law to Labour Market Reform, in: *Craig/de Búrca* (eds.), Evolution of EU Law, 2011, S. 642 f.

137 Die verschiedenen Sprachfassungen der Verträge sind gleichermaßen rechtsverbindlich, vgl. Art. 55 EUV; vgl. weiterführend dazu *Müller/Christensen*, Juristische Methodik, Bd. II, a.a.O., S. 40 ff.

gestärkt worden.[138] Infolge der kontinuierlichen Anreicherung sozialer Ziele und Aufgaben wird von rechtswissenschaftlicher Seite mittlerweile von einer „Sozialverfassung"[139] der EU gesprochen.[140]

Die soziale Verfasstheit[141] des Staatenverbunds EU[142] ist dabei weniger konsistent als die Regulierung von Arbeitsbeziehungen im Rahmen souveräner Nationalstaaten. Sie muss vielmehr im Kontext des europäischen Mehrebenensystems gesehen werden.[143] Soziale Normgebung auf EU-Ebene[144] ist von vornherein begrenzt durch die Grundsätze der enumerati-

---

138 Hierin wird in der Literatur teilweise eine soziale (Neu)ausrichtung des Marktmodells der EU gesehen, vgl. etwa *Frenz*, Soziale Grundlagen in EUV und AEUV, NZS 2011, 81. Die neue Ausrichtung der EU auf eine „soziale Marktwirtschaft" strahlt im Unterschied zu dem in Art. 119 AEUV verwendeten Begriff der „offenen Marktwirtschaft", der aufgrund seiner systematischen Einordnung nur für die europäische Wirtschafts- und Währungspolitik gilt, auf das gesamte Unionsrecht aus.

139 Vgl. z.B. *Schiek*, Europäisches Arbeitsrecht, 2007, S. 117 ff.; *Barnard*, EU Employment Law, 2012, S. 253.

140 Zu einer Sozialverfassung der Arbeit sind in erster Linie einschlägige Normen des EU-Primärrechts zu zählen. Primärrecht hat als Rechtsquelle einen höheren Rang als EU-Sekundärrecht, was insbesondere daraus ersichtlich wird, dass der EuGH nach Art. 267 AEUV sekundärrechtliche Normen am Maßstab der Verträge prüfen und gegebenenfalls für ungültig erklären kann. Spezielleres Sekundärrecht kann Primärrecht in seinem Anwendungsbereich jedoch auch konkretisieren. Insoweit sind auch sekundärrechtliche Normen der arbeitsbezogenen EU-Sozialverfassung zuzuordnen. Weiterführend zur Normenhierarchie im Unionsrecht *Müller/Christensen*, Juristische Methodik, Bd. II, a.a.O., S. 440 f.

141 Die Begriffe „Sozialverfassung", „soziale Verfasstheit" oder „Sozialstaatlichkeit" der EU werden im Folgenden synonym verwendet.

142 Weiterführend zum Verständnis der EU als Staatenverbund im Kontext der Maastricht- und Lissabon-Urteile des deutschen Bundesverfassungsgerichts *Calliess*, in: *ders./Ruffert* (Hrsg.), EUV/ AEUV-Kommentar, 2011, Art. 1 EUV Rn. 36 ff.

143 Vgl. *Mückenberger*, Sozialverfassung, a.a.O., 374 ff.

144 In jüngere Zeit haben „weiche" Regulierungsformen wie die „Offene Methode der Koordinierung" (OMK), die erstmals mit dem Beschäftigungskapitel des Amsterdamer Vertrags im Primärrecht verankert wurde, an Bedeutung gewonnen. Die OMK hat nicht wie die sog. Gemeinschaftsmethode verbindliche Rechtsetzung zum Gegenstand, sondern verfolgt mittels unverbindlicher Leitlinien und Empfehlungen der Kommission und des Rates eine Abstimmung der Sozialpolitik in den Mitgliedstaaten. Die OMK wird u.a. in den Bereichen Beschäftigung, berufliche Bildung, Gesundheitswesen, soziale Inklusion, Alterssicherung und Umweltpolitik angewendet. Sie wird zum einen in Bereichen genutzt, in denen der Union keine Rechtsetzungskompetenzen zustehen. Zum anderen findet sie aber auch innerhalb der Zuständigkeiten der EU als Alternative zu verbindlicher Rechtsetzung Anwendung. Vgl. zu Gegenständen und Instrumenten der OMK Knauff, Recht und Soft Law im Mehrebenensystem, 2010, S. 305 ff.; zur Diskussion um den Nutzen der OMK sie-

ven Einzelermächtigung (Art. 5 Abs. 2 EUV) und der Subsidiarität (Art. 5 Abs. 3 EUV).[145] Der Union stehen im Bereich arbeitsrechtlicher Regelsetzung lediglich geteilte Kompetenzen mit den Mitgliedstaaten zu.[146] Zentrale Felder des kollektiven Arbeitsrechts wie Lohn und Arbeitskampf sind nach wie vor von einer Harmonisierung ausgenommen.[147]

Mit der Feststellung, dass das Unionsrecht auf eine „soziale Verfassung" ausgerichtet ist, ist zudem nicht ausgesagt, dass kein faktisches soziales Defizit der EU besteht. Zwischen den sozialen Zielen des primären EU-Rechts und der „Verfassungswirklichkeit" klafft nicht selten eine große Lücke. Erwähnt seien in diesem Zusammenhang nur die vieldiskutierten Entscheidungen des EuGH zum Verhältnis von sozialen Rechten und Binnenmarktfreiheiten („Viking/Laval/Rüffert")[148] oder die oben dargestellten Auswirkungen der Austeritätspolitik für beruflich benachteiligte Gruppen.

he näher *Valdès dal-Ré*, Quelles perspectives pour l' Europe Sociale? Retour sur le modèle social européen, in: *Escande-Varniol* u.a. (Hrsg.), Quel droit social dans une Europe en crise, 2012, S. 383 ff.; *Zeitlin*, Social Europe and Experimentalist Governance: Towards a New Constitutional Compromise?, in: *de Búrca* (ed.), EU Law and the Welfare State, In Search of Solidarity, 2005, S. 219 ff.

145 Weiterführend zum Subsidiaritätsprinzip im Unionsrecht *Calliess*, Subsidiaritäts- und Solidaritätsprinzip in der Europäischen Union, 1999.

146 Nach Art. 4 Abs. 2 lit. b) AEUV fällt die „Sozialpolitik hinsichtlich der in diesem Vertrag genannten Aspekte", somit auch arbeitsrechtlicher Normgebung, in die geteilte Zuständigkeit zwischen EU und Mitgliedstaaten.

147 Nach Art. 153 Abs. 5 AEUV erstrecken sich die Rechtsetzungskompetenzen der Union nicht auf das Arbeitsentgelt, das Koalitionsrecht, das Streikrecht sowie das Aussperrungsrecht.

148 Vgl. zur Kritik an der diesbezüglichen Rechtsprechung des EuGH, bei der insbesondere das Streikrecht als nachrangig gegenüber wirtschaftlichen Grundfreiheiten eingestuft wurde, statt vieler *Schmid*, Vom effet utile zum effet néoliberal, in: *Rödl/Fischer-Lescano/Schmid* (Hrsg.), Europäische Gesellschaftsverfassung. Zur Konstitutionalisierung sozialer Demokratie in Europa, 2009, S. 33 ff.; zur Diskussion um die Urteile siehe auch *Mangold*, Arbeitsrecht unter Druck, PROKLA 2010, 450 f.

3.2.2 Rechtsquellen einer arbeitsbezogenen europäischen Sozialverfassung[149]

Zu den Vorschriften im EU-Primärrecht, die eine Sozialverfassung der Arbeit konturieren, gehören Art. 2 und 3 EUV, die Prinzipien wie die Achtung der Menschenwürde, Demokratie, Gleichheit, Solidarität, sozialen Schutz und soziale Gerechtigkeit als grundlegende Werte und Ziele der Union aufführen. Weiter formuliert der AEUV zahlreiche arbeitsbezogene Bestimmungen, insbesondere die im Titel X. „Sozialpolitik" aufgeführten Ziele sowie Kompetenznormen zum Setzen arbeitsrechtlicher Mindeststandards (Art. 151 ff. AEUV),[150] Koordinierungsaufgaben der Union im Bereich der Beschäftigungspolitik (Art. 145 ff. AEUV) und die Möglichkeit, finanzielle Mittel durch den Europäischen Sozialfonds zur Förderung sozialer Kohäsion zu vergeben (Art. 162-164 AEUV). Erstmals mit dem Vertrag von Lissabon wurde in Art. 9 AEUV eine soziale Querschnittsklausel verankert, die die Union verpflichtet, bei sämtlichen Maßnahmen und Politiken die Folgen für Beschäftigungsniveau, sozialen Schutz, Bekämpfung sozialer Ausgrenzung, berufliche Bildung und Gesundheitsschutz als Abwägungskomponente einzubeziehen.[151]

Eine weitere Verstärkung hat die soziale Dimension des supranationalen Rechts durch die europäische Grundrechtecharta erfahren, die mit dem Vertrag von Lissabon in den Rang von gleichrangigem Primärrecht erhoben wurde (Art. 6 Abs. 1 EUV). Diese bindet sämtliche Organe und Einrichtungen der Union und die Mitgliedstaaten bei Durchführung des Unionsrechts.[152] Die Grundrechtecharta enthält v.a. in Titel III. „Gleichheit"

---

149 Weiterführend zu Gegenstandsbereich und Rechtsquellen einer arbeitsbezogenen EU-Sozialverfassung siehe *Mückenberger*, Sozialverfassung, a.a.O., 371 ff.

150 Im Unterschied zu anderen Gebieten ist eine „Vollharmonisierung" im Bereich des Arbeitsrechts ausgeschlossen, vgl. *Seifert*, in: *Schulze/Zuleeg/Kadelbach* (Hrsg.), Europarecht-Handbuch für die deutsche Rechtspraxis, 2015, § 39 Rn. 9.

151 In der Europarechtsliteratur wird die Vorschrift in ihrem Zusammenwirken mit weiteren Normen teilweise im Sinne eines Vorrangs sozialer Ziele im Primärrecht gegenüber Binnenmarkt und wirtschaftlichen Grundfreiheiten gedeutet, siehe bspw. *Vielle*, How the Horizontal Social Clause can be made to Work: The Lessons of Gender Mainstreaming, in: *Bruun/Lörcher/Schömann* (eds.), The Lisbon Treaty and Social Europe, 2012, S. 105 ff.

152 Art. 51 GRCh. Der EuGH hat die Bindung der Mitgliedstaaten bei „Durchführung von Unionsrecht" i.S.v. Art. 51 GRCh in seiner Rechtsprechung im Sinne von Einheit, Vorrang und *effet utile* des supranationalen Rechts weit ausgelegt, vgl. die Entscheidungen „Akerberg Fransson" und „Melloni" vom 26.2. 2013 (Rs. C-617/10, EuZW 2013, 302 und Rs. C-399/11, NJW 2013, 1215). Siehe zum

und Titel IV. „Solidarität" eine Vielzahl sozialer Grundrechte und Grundsätze, die arbeitsbezogene Gewährleistungen in den Verfassungen der EU-Mitgliedstaaten teilweise übertreffen.[153]

Weitere Rechtsquellen einer europäischen Sozialverfassung bilden die gemeinsamen Verfassungstraditionen der Mitgliedstaaten (Art. 6 Abs. 3 EUV), aus denen der EuGH in der Methode wertender Rechtsvergleichung[154] u.a. das Verbot der Altersdiskriminierung als allgemeinen Grundsatz des Primärrechts[155] hergeleitet hat.

Als Grundrechtekataloge fungieren über Art. 6 Abs. 3 EUV auch die EMRK und die völkerrechtlichen Menschenrechtsverträge, denen die Mitgliedstaaten beigetreten sind.[156] Die EMRK erlangt dabei aufgrund der Beitrittspflicht der EU (Art. 6 Abs. 2 EUV)[157] und ihrer Erwähnung in Art. 53 GRCh als Maßstab für das Handeln der Union besonderes Gewicht.[158] Art. 151 AEUV führt außerdem als normative Zielvorstellungen der EU die sozialen Rechte der Europäischen Sozialcharta und die 1989 als unverbindli-

---

Grundrechtsschutz im Unionsrecht und der in der Literatur umstrittenen Frage der horizontalen Drittwirkung von Rechten der GRCh *Kokott/Sobotta*, Die Charta der Grundrechte der Europäischen Union nach dem Inkrafttreten des Vertrags von Lissabon, EuGRZ 2010, 265-271.

153 *Iliopoulos-Strangas*, Klassifizierung, a.a.O., S. 924 f. m.w.N.

154 Der EuGH legt hierbei bei seiner Rechtsfindung weder einen Maximalstandard (maßgebend ist der weitgehendste Grundrechtsschutz in einem Mitgliedstaat) noch einen Minimalstandard (maßgebend ist der Mindestschutz) zugrunde, sondern prüft anhand einer „Negativ-Kontrolle", ob eine konkrete Maßnahme mit dem Grundrechtsstandard eines Mitgliedsstaats unvereinbar ist, vgl. *Streinz*, in: *ders.* (Hrsg.), EUV/AEUV-Kommentar, 2012, Art. 6 EUV Rn. 26.

155 Vgl. EuGH, Urteil vom 22.11.2005 – C-144/04 (Rs. Mangold), Slg. 2005, I-9981.

156 Vgl. zur Verschränkung des Grundrechtsschutzes zwischen GRCh und EMRK nach dem Vertrag von Lissabon *Holoubek*, Ein Grundrechtskatalog für Europa, in: *Becker/Hatje* u.a. (Hrsg.), Verfassung und Verwaltung in Europa, FS Schwarze, 2014, S. 112 ff.

157 Der Beitritt der EU zur EMRK ist vorläufig gescheitert. Der EuGH hat in einem Gutachten dem Beitritt eine Absage erteilt, vgl. EMRK-Gutachten (2/13) vom 18.12. 2014, im Internet abrufbar unter: <http://eur-lex.europa.eu/legal-content/DE/TXT/?qid=1504364392729&uri=CELEX:62013CG0002> (zuletzt abgerufen am 2.7.2018).

158 Zur EMRK als zentraler Rechts(erkenntnis)quelle der Unionsgrundrechte siehe *Kingreen*, in: *Calliess/Ruffert* (Hrsg.), EUV/ AEUV, a.a.O., Art. 52 GRCh Rn. 21 ff. Zur umstrittenen Frage, ob die EMRK und die Rechtsprechung des EGMR als Rechtsquelle und nicht nur als Rechtserkenntnisquelle in den EU-Grundrechtsschutz einbezogen sind, siehe näher *Borowski*, in: *Meyer* (Hrsg.), Charta der Grundrechte der Europäischen Union, 2014, Art. 52 Rn. 37; Jarass, EU-Grundrechte, 2005, § 2 Rn. 19 ff.

che Erklärung verabschiedete Gemeinschaftscharta der sozialen Grundrechte der Arbeitnehmer an.[159] Auf beide Dokumente wird auch bereits im fünften Erwägungsgrund der Präambel zum EUV Bezug genommen.

3.2.3 Ein Grundprinzip sozialstaatlicher Verfasstheit

Aus den aufgezeigten – nicht abschließenden – Primärrechtsquellen kann ein europäisches Grundprinzip der „Sozialstaatlichkeit"[160] auf dem Gebiet der abhängigen Arbeit abgeleitet werden, das sich auf die unionalen Verfassungswerte Menschenwürde, Solidarität und Demokratie stützt.[161] Sozialstaatlichkeit als „gemeineuropäisches" Verfassungsziel lässt sich über die unterschiedlichen Rechtskulturen in Europa hinweg als Auftrag zur Herstellung einer gerechten Sozialordnung umschreiben.[162] Dies schließt notwendig gesetzgeberische Korrekturen ein, um eine Balance zwischen Marktgeschehen und sozialer Gerechtigkeit herzustellen. Die Regulierung der Arbeitsbeziehungen kann somit nicht dem „freien Spiel der Marktkräfte" überlassen werden. Vielmehr sind staatliche Interventionen erforderlich, um wirtschaftliche Machtpositionen zu begrenzen und soziale Ungleichheiten auszugleichen.[163]

In der Literatur zum europäischen Verfassungsrecht bezeichnet der Begriff des „Grundprinzips" dabei den „Inbegriff" an normativen Vorgaben, der wesentliche Strukturentscheidungen des europäischen Primärrechts beinhaltet.[164] Hierunter werden die „Leitnormen" oder zu „Strukturmerk-

---

159 Gleichstellungsbezogene Normen der SozGR von 1989 betreffen v.a. die Gleichbehandlung von Männern und Frauen (Art. 16), den Schutz älterer Menschen (Art. 24, Art. 25) und die berufliche Gleichstellung von Personen mit Behinderung (Art. 26).

160 Eine Reihe von Autor/inn/en in der Literatur sieht mittlerweile ein Sozialstaatsprinzip im primären Unionsrecht als gegeben an, siehe etwa *Kotzur*, in: *Calliess/Ruffert* (Hrsg.), EUV/AEUV, a.a.O., Art. 151 AEUV Rn. 1; *Bryde*, Europäisches Grundrecht der Tarifautonomie und europäisches Sozialstaatsprinzip als Schranken europäischer Wirtschaftsregulierung, SR 2012, 13; *Weber*, Europäische Verfassungsvergleichung, a.a.O., S. 89 f.

161 Vgl. hierzu ausführlich *Mückenberger*, Sozialverfassung, a.a.O., 382 ff.

162 *Weber*, Europäische Verfassungsvergleichung, a.a.O., S. 84.

163 Vgl. *Häberle*, Europäische Verfassungslehre, 2011, S. 546 f.; *Eichenhofer*, Soziales Europa, VSSR 2014, 43.

164 Ipsen sprach insoweit bereits früh von einem „Inbegriff" des europäischen Primärrechts als materieller Verfassung der Gemeinschaft, *Ipsen*, Europäisches Gemeinschaftsrecht, 1972, S. 64.

malen" der EU gewordenen Werte gefasst, die die Unionsrechtsordnung als Ganze konstituieren und ihr Legitimität geben.[165] Ein so verstandenes Grundprinzip der Sozialstaatlichkeit als Teil eines „Verfassungskerns" grundlegender Leitvorstellungen[166] des Primärrechts bildet einen Maßstab für hoheitliches Handeln im Mehrebenensystem. Es kann insbesondere als Rechtmäßigkeitsmaßstab und Auslegungsmaxime für europäisches Primär- und Sekundärrecht herangezogen werden.[167] Europäische Sozialstaatlichkeit, die hier auf das Feld der Arbeit bezogen wird, entfaltet – unabhängig von der Frage ihrer positiven Justiziabilität – als verfassungsmäßige Zielbestimmung des Unionsrechts zumindest eine objektivrechtliche Dimension. V.a. müssen im Sinne des in Art. 7 AEUV formulierten Kohärenzgebots, das die Union bereichsübergreifend zu einer widerspruchsfreien Gestaltung ihrer Politik verpflichtet, andere gleichrangige Ziele des Primärrechts mit dem europäischen Prinzip „sozialer Verfasstheit" abgestimmt und in Einklang gebracht werden.[168]

3.2.4 Menschenwürde, Demokratie und Solidarität als Grundwerte

Das europäische Prinzip arbeitsbezogener Sozialstaatlichkeit wird in seinem Gehalt wesentlich bestimmt durch die Werte Menschenwürde, Demokratie und Solidarität.

---

165 Vgl. *von Bogdandy*, Grundprinzipien, in: *ders./Bast* (Hrsg.), a.a.O., S. 27; *Calliess*, in: *ders./Ruffert*, a.a.O., Art. 2 EUV Rn. 7. Eher zurückhaltend hinsichtlich der Bejahung grundlegender europäischer Verfassungsprinzipien in Hinblick auf die unterschiedlichen Rechtskulturen in Europa dagegen *Riedel*, Der gemeineuropäische Bestand von Verfassungsprinzipien zur Begründung von Hoheitsgewalt, in: *Müller-Graff/Riedel* (Hrsg.), Gemeinsames Verfassungsrecht in der Europäischen Union, 1998, S. 77.

166 Siehe zur Herausbildung grundlegender – der Ewigkeitsgarantie des Art. 79 Abs. 3 GG entsprechender – Prinzipien im Gemeinschaftsrechts, die nicht zur Disposition des Gesetzgebers stehen, schon früh *Frowein*, Die Herausbildung europäischer Verfassungsprinzipien, in: *Kaufmann u.a.* (Hrsg.), Rechtsstaat und Menschenwürde, FS Maihofer, 1988, S. 149 ff.

167 Zu europäischen Verfassungsprinzipien, denen eine Funktion als Rechtmäßigkeits- und Auslegungsmaßstab zukommt, siehe näher *Klamert*, Solidarität als Rechtsprinzip der Europäischen Union, in: *Knodt/Tews* (Hrsg.), Solidarität in der EU, 2014, S. 24 m.w.N.

168 Vgl. *Mückenberger*, Sozialverfassung, a.a.O., 381, 393.

3.2.4.1 Menschenwürde

Eine hervorgehobene Bedeutung im europäischen Verfassungsrecht kommt der *Menschenwürde* zu, die im Wertekatalog des Art. 2 EUV und dem Grundrechtekatalog der Charta (Art. 1 GRCh) jeweils an erster Stelle aufgeführt wird. Die Achtung der Menschenwürde wird in der Literatur als die „Zentralnorm der EU-Grundrechtsordnung" bezeichnet. Den Erläuterungen der EU-Grundrechte-Charta[169] zufolge stellt sie „nicht nur ein Grundrecht an sich, sondern das Fundament der Grundrechte" dar, das zum „Wesensgehalt" sämtlicher weiterer Rechte und damit auch sozialer Bestimmungen gehört.[170] Die Würde ist nicht auf spezifische Sachverhalte begrenzt, sondern strahlt auf alle Lebensbereiche aus.[171] Zentral für die Achtung der Menschenwürde ist der Gedanke der Unverfügbarkeit und der Selbstdisponibilität des Menschen.[172] Die Würdegarantie vermittelt in ihrer freiheitlichen Dimension Schutz von Integrität, Identität und Individualität des Menschen. Sie weist eine Gleichheits- und eine soziale Komponente auf.[173]

Der unionsrechtliche Menschenwürdeschutz betrifft das Feld der abhängigen Arbeit unmittelbar. Er verbietet u.a. unter dem Aspekt elementarer Rechtsgleichheit und dem Schutz von Integrität und Individualität Zwangsarbeit und andere mit dem Verlust des Rechts auf *Selbstbestimmung* einhergehende Formen ökonomischer oder sexueller Ausbeutung von Arbeitskraft.[174] Die Würdegarantie gewährleistet außerdem in ihrer so-

---

169 Die Erläuterungen zur Charta der Grundrechte stellen eine Auslegungshilfe für die Grundrechtsgewährleistungen dar, vgl. *Borowski*, in: *Meyer* (Hrsg.), Charta der Grundrechte, a.a.O., Art. 1 Rn. 26.

170 Vgl. die Erläuterungen zur Charta der Grundrechte vom 14.12.2007, ABl. EU 2007 C 303/17, Erläuterung zu Artikel 1 GRCh sowie *Borowski*, in: *Meyer* (Hrsg.), Charta der Grundrechte, a.a.O., Art. 1 Rn. 28.

171 *Berlth*, Art. 1 Grundrechtecharta – Die Menschenwürde im Unionsrecht, 2012, S. 148.

172 *Rixen*, in: *Heselhaus/Nowak*, Handbuch EU-Grundrechte, 2006, § 9 Rn. 9; *Mayer*, in: *Grabitz/Hilf/Nettesheim* (Hrsg.), Das Recht der Europäischen Union, 2015, Grundrechtsschutz und rechtsstaatliche Grundsätze, Rn. 90.

173 Vgl. zu den unterschiedlichen Komponenten der Menschenwürde *Borowski*, in: *Meyer* (Hrsg.), Charta der Grundrechte, a.a.O., Art. 1 Rn. 28 ff.

174 Vom Recht auf Selbstbestimmung ist wesentlich umfasst, über die Art und den Umfang des Einsatzes der eigenen Arbeitskraft selbst zu bestimmen, vgl. *Calliess*, in: *ders./Ruffert*, EUV/ AEUV, a.a.O., Art. 5 GRCh Rn. 9; siehe insoweit auch die Konkretisierungen des Schutzes der Menschenwürde in Art. 5 GRCh (Verbot der Sklaverei und Zwangsarbeit) und Art. 32 GRCh (Verbot der Kinderarbeit und Schutz der Jugendlichen am Arbeitsplatz).

zialen Komponente *sozialen Schutz*[175] etwa in Form von Schutz vor Diskriminierungen bei der Arbeit und hinreichender Absicherung arbeits- und lebensbedingter Risiken. Bekräftigt wird die Ausstrahlung der Menschenwürde auf das Feld der Arbeit durch die gemeinsamen Verfassungstraditionen der Mitgliedstaaten und internationale Abkommen, die Menschenwürde explizit im Kontext von Sozialstaatlichkeit und sozialen Rechten thematisieren.[176]

3.2.4.2 Demokratie

Ebenfalls von entscheidender Bedeutung für ein europäisches Grundprinzip „sozialer Verfasstheit" ist der Wert der Demokratie.[177] Das Demokratieprinzip im Feld der abhängigen Arbeit erfordert zum einen die politische Gestaltungsmacht des Staates, durch soziale Regulierung korrigierend in die Wirtschaftsordnung einzugreifen und ökonomische Partikularinteressen demokratisch-politischer Kontrolle zu unterstellen.[178]

Demokratie drückt sich zum anderen in der Möglichkeit abhängig Beschäftigter aus, die Arbeitsbeziehungen im Wege emanzipatorischer Selbsthilfe selbstbestimmt zu gestalten. Der demokratische Emanzipationsgedanke im Arbeitsrecht wurde bereits 1922 anschaulich von *Hugo*

---

175 Der an verschiedenen Stellen im Primärrecht erwähnte Wert des sozialen Schutzes ist nicht auf Garantien sozialer Sicherheit beschränkt, sondern erfasst ebenso andere Bereich wie Gesundheitsschutz oder die Verhütung beruflich bedingter Unfälle, *Kotzur*, in: *Calliess/Ruffert*, a.a.O., Art. 151 AEUV Rn. 6; *Eichenhofer*, Soziales Europa, a.a.O., 43. Sozialer Schutz ist ein historisch weit zurückreichender Leitbegriff in der Sozialstaatsdebatte, unter den ursprünglich die Beseitigung unmittelbarer Gefährdungslagen für Frauen und Kinder durch staatliche Arbeitsschutzbestimmungen gefasst wurde, vgl. *Kaufmann*, Sozialpolitik, a.a.O., S. 410 ff.

176 Siehe bspw. die Positivierungen in den Verfassungen Finnlands, Griechenlands, Italiens, Portugals und Spaniens sowie in internationalen Menschenrechtsdokumenten wie der Allgemeinen Erklärung der Menschenrechte, vgl. *Borowski*, in: *Meyer* (Hrsg.), Charta der Grundrechte, a.a.O., Art. 1 Rn. 2 ff.

177 Das Demokratieprinzip im Unionsrecht ist durch den Vertrag von Lissabon gestärkt worden. Positivierungen zur Demokratie finden sich v.a. in Art. 10 ff. EUV sowie in Titel II und IV. der Grundrechtecharta. Weiterführend zum Wert der Demokratie im Unionsrecht *Calliess*, in: *ders./Ruffert*, EUV/AEUV, a.a.O., Art. 2 EUV Rn. 20 ff.

178 Nach Häberle folgt aus dem gemeineuropäischen Sozialstaatsgedanken: „Wirtschaftliche Macht muss demokratischer Staatsgewalt untergeordnet sein.", vgl. *Häberle*, Europäische Verfassungslehre, a.a.O, S. 546.

Sinzheimer als der „lebendige Wille" der organisierten Arbeitnehmerbewegung beschrieben, „aus eigener Kraft an der Regelung aller wirtschaftlichen und sozialen Angelegenheiten teilzunehmen, sich nicht mehr auf fremde Kräfte zu verlassen, sondern das soziale Schicksal ihrer Angehörigen selbst zu gestalten."[179]

Demokratie gebietet unter einem weiteren Aspekt die kollektive Selbstregulierung der Arbeitsbeziehungen durch die am Wirtschaftsgeschehen beteiligten sachnahen Akteure, worin *Sinzheimer* einen Ausdruck der „sozialen Selbstbestimmung"[180] im Arbeitsleben sah.

Soziale Normbildung im Feld der Arbeit darf jedoch nicht allein autonomer Gestaltung überlassen werden. Es bedarf vielmehr angesichts des stets neu gefährdeten Gleichgewichts zwischen Arbeitgeber- und Arbeitnehmerseite und der Verfolgung von Partikularinteressen durch die Sozialpartner staatlicher Rahmenbedingungen, damit Selbstregulierung funktionieren und gemeinwohlverträglich erfolgen kann. Dieser Gedanke, den *Sinzheimer* bereits früh für den nationalen Regulierungskontext formulierte,[181] hat vor dem Hintergrund der Europäisierung und Transnationalisierung des Arbeitsrechts nichts an Aktualität eingebüßt.

Für das Verhältnis von staatlichem bzw. supranational staatlichem Handeln und kollektiver Selbstregulierung bedeutsam ist der in der Europarechtsliteratur geläufige Begriff der horizontalen Subsidiarität.[182]

Subsidiarität als grundlegendes Prinzip sozialpolitischer Gestaltung, wie es v.a. in der katholischen Soziallehre formuliert wurde, meint, dass soziale Aufgaben vorrangig von den sachnäheren unteren Ebenen im Gemeinwesen wahrgenommen werden. Sie beinhaltet andererseits zugleich eine positive Verpflichtungskomponente und begründet einen Anspruch der sachnahen Akteure auf Förderung durch die übergeordnete Gemeinschaft.[183] Staatliche Instanzen bieten – dem lateinischen Begriff „*subsidiu-*

---

179 *Sinzheimer*, Die Fortbildung des Arbeitsrechts (1922), in: *Kahn-Freund/Ramm* (Hrsg.), Hugo Sinzheimer, Arbeitsrecht und Rechtssoziologie, Gesammelte Aufsätze und Reden, Bd. 1, 1976, S. 78.
180 *Sinzheimer*, a.a.O., S. 83.
181 *Sinzheimer*, a.a.O., S. 86 f.
182 Vgl. dazu etwa *Bercusson*, European Labour Law, 2009, S. 526. Der Begriff der horizontalen Subsidiarität ist abzugrenzen vom Prinzip der vertikalen Subsidiarität, welches das Verhältnis von Union und Mitgliedstaaten betrifft; siehe näher zur Diskussion um das Prinzip der doppelten Subsidiarität im EU-Recht *Theiss*, Die Durchführung europäischer Sozialpartnervereinbarungen auf nationaler Ebene, 2005, S. 155 ff. m.w.N.
183 *Sachße*, Subsidiarität, in: *Kreft/Mielenz* (Hrsg.), a.a.O., S. 932.

um" entsprechend – Rückhalt und Beistand, um die primär Zuständigen bei der Wahrnehmung ihrer Aufgaben zu unterstützen.[184] Auf das Feld der Arbeit bezogen impliziert horizontale Subsidiarität damit zum einen den Vorrang autonomer substantieller Normgebung durch sachnahe gesellschaftliche Akteure (Sozialpartner, transnationale SDe). Zum anderen kommt (supra)staatlichen Akteuren eine proaktive Rolle zu, prozedurale Vorkehrungen zu treffen und die Sozialpartner auf derselben Ebene zu eigenverantwortlicher Normsetzung aufzufordern und zu befähigen.[185]

Der so umschriebene Grundwert arbeitsbezogener Demokratie hat sich an zahlreichen Stellen im EU-Primärrecht niedergeschlagen. Positivierungen enthält die Grundrechtecharta mit den individuellen und kollektiven Grundrechten auf Koalitionsfreiheit (Art. 12 GRCh), auf Information und Konsultation der Arbeitnehmer/innen (Art. 27 GRCh) sowie auf Kollektivverhandlungen und Kollektivmaßnahmen (Art. 28 GRCh).[186] Das Recht auf Kollektivverhandlungen wird auf allen geeigneten Ebenen, auch der europäischen, geschützt.[187] Das europäische Grundrecht auf Information und Konsultation[188] ist durch mehrere sekundärrechtliche Regelwerke[189] konkretisiert worden, die es etwa Europäischen Betriebsräten (EBRen) ermöglichen, Einfluss auf grenzüberschreitende Unternehmensentscheidungen zu nehmen.[190]

---

184 Vgl. weiterführend zum Subsidiaritätsprinzip, das 1931 von Papst Pius XI. in der Enzyklika „Quadragesimo anno" konkretisiert wurde, *Ronge*, Legitimität durch Subsidiarität, 1998, S. 136 ff.

185 Vgl. *Mückenberger*, Sozialverfassung, a.a.O., 388 f.

186 Zur in der Literatur umstrittenen Frage, ob Art. 27 GRCh neben der kollektiven auch eine individualrechtliche Dimension beinhaltet siehe *Rudolf*, in: *Meyer* (Hrsg.), Charta, a.a.O., Art. 27 Rn. 30.

187 Vgl. *Jarass*, EU-Grundrechte, a.a.O., § 29 Rn. 13.

188 Vom grundrechtlichen Schutzbereich des Art. 27 GRCh umfasst ist auch das in Art. 154 AEUV vorgesehene Anhörungsrecht der Sozialpartner im Bereich der Sozialpolitik, *Rudolf*, in: *Meyer* (Hrsg.), Charta, a.a.O., Art. 27 Rn. 4.

189 Vgl. insbesondere die Richtlinien 98/59/EG (Massenentlassungen, ABl. L 225/16 v. 12.8.1998), RL 2001/23/EG (Betriebsübergang, ABl. L 82/16 v. 22.3.2001), RL 2001/86/EG (Europäische Aktiengesellschaft, ABl. L 294/22 v. 10.11.2001), RL 2002/14/EG (Information und Konsultation, ABl. L 80/29 v. 23.3.2002) sowie RL 2009/38/EG (Europäische Betriebsräte, ABl. L 122/28 v. 16.5.2009).

190 Aus den gemeinsamen Verfassungstraditionen der Mitgliedstaaten und internationalen Verträgen (Art. 6 Abs. 3 EUV) lässt sich ferner ein europäisches Grundrecht auf Mitentscheidung der Arbeitnehmer/innen im Unternehmen herleiten; siehe näher dazu *Heuschmid*, Mitentscheidung durch Arbeitnehmer – ein europäisches Grundrecht?, 2009, S. 109 ff.

Das primäre Unionsrecht stützt als weiterer Ausdruck des Demokratie-gedankens die Selbstregulierungsfähigkeit der am Wirtschaftsprozess be-teiligten Akteure. So wurden erstmals mit dem Vertrag von Amsterdam Vorschriften des Sozialprotokolls von Maastricht in das europäische Pri-märrecht inkorporiert, die eine soziale Regulierungsbefugnis auf sekto-rübergreifende und sektorale SDe übertragen (ex Art. 138 f. EGV, heute: Art. 154/155 AEUV).

Die Bestimmungen, die selbst auf einer Einigung des Sozialen Dialogs beruhten,[191] ermöglichen es europäischen Sozialpartnern anstelle des Ge-setzgebers Vereinbarungen abzuschließen, die entweder in EU-Sekundär-recht überführt werden oder von den beteiligten Akteuren autonom auf der Ebene der Mitgliedstaaten umgesetzt werden. Die europäischen Arbeitge-ber- und Arbeitnehmerverbände müssen dabei, um den Erfordernissen demokratisch legitimierter Normgebung gerecht zu werden, Anforderun-gen der Repräsentativität genügen.[192]

Auch die in Art. 28 GRCh verankerte Garantie der Kollektivverhand-lungen gewährleistet einen Rahmen für soziale Selbstbestimmung, indem sie eine staatliche Schutzpflicht normiert, Maßnahmen im Schutzbereich des Grundrechts zu fördern und eine sozialverträgliche Normbildung der Sozialpartner sicherzustellen.[193]

Ferner überantworten sekundärrechtliche Regelwerke über Europäische Betriebsräte oder SE-Betriebsräte arbeitsrechtliche Regulierung den un-mittelbar beteiligten Akteuren. Die genannten Normenwerke haben das Prinzip horizontaler Subsidiarität aktiv übernommen.[194]

---

191 *Kotzur*, in: *Calliess/Ruffert*, EUV/ AEUV, a.a.O., Art. 152 AEUV Rn. 1.
192 Vgl. hierzu *Rust*, in: *von der Groeben/Schwarze/Hatje* (Hrsg.), Europäisches Unionsrecht, Kommentar, 2015, Bd. 3, Art. 154 AEUV Rn. 45, 54 ff.; die Frage der von der Kommission zu prüfenden Repräsentativität der Sozialpartner ist im Fall des Ausschlusses von UEAPME (Europäischer Verband des Handwerks und der kleinen und mittleren Unternehmen) aus den Verhandlungen der branchen-übergreifenden Rahmenvereinbarung über Elternurlaub 1996 bereits zum Gegen-stand europäischer Rechtsprechung geworden (vgl. EuG – UEAPME/ Rat, Rs. T-135/96, Slg 1998, II-2335).
193 *Jarass*, EU-Grundrechte, a.a.O., § 30 Rn. 24; *Lembke*, in: *von der Groeben/ Schwarze/Hatje* (Hrsg.), Unionsrecht, a.a.O., Art. 28 GRCh Rn. 9.
194 Siehe für EBRe näher Teil A, 4. Kapitel. Siehe zu weiteren normativen Anhalts-punkten für das Prinzip der horizontalen Subsidiarität im EU-Primärrecht *Deinert*, Der europäische Kollektivvertrag, 1999, S. 235 ff.

3.2.4.3 Solidarität

Zentrale Bedeutung für ein europäisches Grundprinzip arbeitsbezogener Sozialstaatlichkeit kommt ebenso dem Wert der Solidarität zu.

Das Rechtsprinzip der Solidarität hat in unterschiedlichen Regelungskontexten Eingang in das primäre Unionsrecht gefunden Als gesellschaftlicher Wert, der allen Mitgliedstaaten gemeinsam ist (Art. 2 EUV) oder als sozialpolitische Zielsetzung („Solidarität zwischen den Generationen", Art. 3 Abs. 3 S. 3 UAbs. 2 EUV), weist Solidarität (auch) eine arbeitsrechtliche Dimension auf.[195] Der Wert der Solidarität gewinnt für das Feld abhängiger Erwerbsarbeit unmittelbare Relevanz. Sozialgeschichtlich hat Solidarität ihren Ursprung in der gewerkschaftlichen Organisierung abhängig Beschäftigter und der konfliktorischen Interessenvertretung gegenüber den Arbeitgebern.[196]

Solidarität folgt damit aus der gleichen Lebens- und Interessenlage von Arbeitnehmer/inne/n und Überwindung von Konkurrenz durch gemeinsames Handeln.[197] Dieser Aspekt der Solidarität drückt sich in der europäischen Grundrechtecharta in den im vierten Teil unter der gleichnamigen Überschrift verankerten individuellen und kollektiven arbeitsbezogenen Grundrechten aus.

Solidarität erschöpft sich nicht in Rechten, sondern beinhaltet als weiteren Bestandteil eine Verpflichtungsdimension. Sie geht mit *Verantwortung* einher, sowohl in der Beziehung des Staates zu den Bürgern wie auch im Verhältnis der Bürger untereinander.[198] Die Präambel der Grundrechtecharta weist in ihrem sechsten Absatz ausdrücklich darauf hin, dass die Ausübung der dort formulierten Rechte „mit Verantwortung und mit Pflichten sowohl gegenüber den Mitmenschen als auch gegenüber der menschlichen Gemeinschaft und den zukünftigen Generationen verbunden

---

195 Weitere Komponenten betreffen die Solidarität zwischen den EU-Mitgliedstaaten und zwischen den mitgliedstaatlichen Gesellschaften. Letzteres kommt u.a.in der EU-Strukturpolitik (vgl. Art. 174 f. AEUV) zum Ausdruck, *Kadelbach*, Solidarität als europäisches Rechtsprinzip?, in: *ders.* (Hrsg.), Solidarität als Europäisches Rechtsprinzip?, 2014, S. 15.

196 Zu ideengeschichtlichen Kontexten des Solidaritätsgedankens Kunig, Solidarität als rechtliche Verpflichtung, in: *Becker u.a.* (Hrsg.),Verfassung und Verwaltung in Europa, a.a.O., S. 190 ff.; zur Idee der Solidarität in der katholischen Soziallehre *Große Kracht*, Katholische Kirche und soziale Solidarität in Europa, in: *Knodt/Tews*, Solidarität, a.a.O., S.41 ff.

197 Vgl. *Mückenberger*, Solidarität, in: *Kreft/Mielenz*, a.a.O., S. 739.

198 *Kadelbach*, Solidarität als europäisches Rechtsprinzip?, a.a.O., S. 16 ff.

ist." Bedeutung erlangt der Wert der solidarischen Verantwortung damit insbesondere für das Gebiet der Regulierung externer Effekte von Arbeitsmarktprozessen. Positivierungen hierzu finden sich u.a. in den in die Grundrechtecharta aufgenommenen Bekenntnissen der Union zum Umwelt- (Art. 37 GRCh) und Verbraucherschutz (Art. 38 GRCh).[199]

3.3 Arbeitsrechtlicher Diskriminierungsschutz als Teil einer EU-Sozialverfassung

Der arbeitsrechtliche Diskriminierungsschutz bildet einen Kernbereich der so skizzierten europäischen Sozialverfassung.

3.3.1 Dynamische Rechtsentwicklung

Diskriminierungsverbote im Arbeitsleben weisen im Vergleich zu anderen Regulierungsfeldern eine lange Tradition im europäischen Recht auf. Das Gebot der Entgeltgleichheit unabhängig vom Geschlecht (heute: Art. 157 AEUV) zählte zu den ersten sozialpolitischen Vorschriften, die 1957 in den – primär auf Binnenmarktintegration ausgerichteten – Vertrag zur Gründung der Europäischen Wirtschaftsgemeinschaft aufgenommen wurden. Angestoßen durch die Rechtsprechung des EuGH zur Lohngleichheit in der Rechtssache Defrenne[200] verabschiedete der europäische Gesetzgeber in den 1970er und 1980er Jahren mehrere Richtlinien, die den Grundsatz der Geschlechtergleichstellung auf weitere Bereiche wie den Zugang zur Beschäftigung, beruflichen Aufstieg, Arbeitsbedingungen sowie die betrieblichen Systeme der sozialen Sicherheit ausdehnten.[201]

---

199 Dazu *Mückenberger*, Sozialverfassung, a.a.O., 373.
200 EuGH, Urteil vom 8.4.1976, Rs. 43/75, Defrenne II, Slg. 1976, 455; EuGH, Urteil vom 15.6.1978, Rs. 149/77, Defrenne III, Slg. 1978, 1365.
201 RL 75/117/EWG zur Angleichung der Rechtsvorschriften der Mitgliedstaaten über die Anwendung des Grundsatzes des gleichen Entgelts für Männer und Frauen (ABl. L 45/19 v. 19.2.1975); RL 76/207/EWG zur Verwirklichung des Grundsatzes der Gleichbehandlung von Männern und Frauen hinsichtlich des Zugangs zur Beschäftigung, zur Berufsbildung und zum beruflichen Aufstieg sowie in Bezug auf die Arbeitsbedingungen (ABl. L 39/40 v. 14.2.1976); RL 86/378/EWG zur Verwirklichung des Grundsatzes der Gleichbehandlung von Männern und Frauen bei den betrieblichen Systemen der sozialen Sicherheit (ABl. L 225/40 v. 12.8.1986). Kontextualisieren lässt sich die Ausweitung des EU-Gleichstellungsrechts mit dem

Der 1997 von den EU-Mitgliedstaaten unterzeichnete Vertrag von Amsterdam öffnete mit seiner neu geschaffenen Kompetenzgrundlage nach Art. 13 EGV (heute: Art. 19 AEUV) schließlich den Weg für den Erlass der – in seinem Anwendungsbereich nicht auf das Erwerbsleben begrenzten – „Antirassismusrichtlinie" (RL 2000/43/EG)[202] und der sog. Rahmenrichtlinie zur Gleichbehandlung in Beschäftigung und Beruf (RL 2000/78/EG).[203] Das anfangs auf die Geschlechtergleichstellung fokussierte europäische Antidiskriminierungsrecht wurde damit auf weitere verbotene Differenzierungsmerkmale wie Alter, Religion, Behinderung und sexuelle Orientierung erstreckt.[204]

Bis heute stellt der arbeitsrechtliche Diskriminierungsschutz auf der Ebene der EU ein besonders dynamisches Rechtsgebiet dar. Der Grundsatz der Gleichbehandlung aufgrund des Geschlechts wurde – wiederum in Interaktion mit der Judikatur des EuGH – in jüngerer Zeit durch die sog. erneuerte Genderrichtlinie (RL 2006/54/EG)[205] sowie die RL 2010/41/EU[206] zur Verwirklichung der Gleichbehandlung von Männern und Frauen, die eine selbständige Tätigkeit ausüben, weiter präzisiert und fortentwickelt. Auch in die sog. Bilanzrichtlinie,[207] die Offenlegungspflichten für Unternehmen im

---

politischen Klima feministischer Bewegungen und des ersten Sozialpolitischen Aktionsprogramms der Kommission von 1974, das zur Setzung weiterer arbeitsrechtlicher Mindeststandards führte; vgl. zu letzterem *Krimphove*, Europäisches Arbeitsrecht, 2001, S. 15 ff.

202 ABl. L 180/22 v. 19.7.2000.

203 ABl. L 303/16 v. 2.12.2000.

204 Vgl. zur Entstehungsgeschichte der Richtlinien Ellis/Watson, EU-Antidiscrimination Law, 2012, S. 31 ff, 275 ff. Die Ausgestaltung der sekundärrechtlichen Vorschriften orientierte sich sowohl an der Rechtsprechung auf Gemeinschaftsebene wie auch an Vorbildern im nationalen Recht. So werden insbesondere Einflüsse aus Großbritannien und den Niederlanden als prägend für die europäischen Gleichbehandlungsrichtlinien angesehen. Beide Länder hatten als „klassische" Einwanderungsgesellschaften bereits in den 1960er und 1970er Jahren eine umfassende Gesetzgebung zum Verbot von Benachteiligungen in Beschäftigung und Beruf aufgrund der „Rasse" und der ethnischen Herkunft eingeführt. In Großbritannien existierte mit dem *Sex Discrimination Act* von 1975 vergleichsweise früh ein Rechtsrahmen für Bekämpfungen geschlechtsspezifischer Benachteiligungen in der Arbeitswelt, siehe *Hepple*, Equality at work, a.a.O., S. 145. Zu Einflüssen des US-amerikanischen Rechts auf den europäischen Diskriminierungsschutz siehe *Thüsing*, Europäisches Arbeitsrecht, 2011, S. 139 ff.

205 ABl. L 204/27 v. 26.7.2006.

206 ABl. L 180/1 v. 7.7.2010.

207 Richtlinie 2014/95/EU des Europäischen Parlaments und des Rates vom 22. Oktober 2014 zur Änderung der Richtlinie 2013/34/EU im Hinblick auf die Angabe

Bereich nachhaltiger Unternehmensführung enthält, wurden Aspekte beruflicher Gleichbehandlung integriert.[208]

3.3.2 Im Spannungsfeld zwischen wirtschafts- und sozialpolitischen Zielen

Ursprünglich stand supranationale Regulierung zur Antidiskriminierung in Europa im Spannungsfeld zwischen wirtschafts- und sozialpolitischen Zielen. Das Gebot der Entgeltgleichheit zwischen Männern und Frauen wurde 1957 vorrangig aus dem Motiv heraus in den EWG-Vertrag aufgenommen, dass Unternehmen in Mitgliedstaaten wie Frankreich, die bereits eine Gesetzgebung gegen Entgeltdiskriminierung hatten, Wettbewerbsnachteile am Gemeinsamen Binnenmarkt erleiden könnten.[209] Der EuGH hat später in seiner Rechtsprechung die menschenrechtliche Dimension der Gleichbehandlung von Arbeitnehmer/inne/n hervorgehoben und die Beseitigung von geschlechtsspezifischen Diskriminierungen als europäisches Grundrecht und als allgemeinen Grundsatz des Gemeinschaftsrechts anerkannt.[210] In Einklang mit dem zunehmenden Gewicht sozialpolitischer Vorschriften durch die Vertragsrevisionen von Maastricht und Amsterdam stellte der Gerichtshof schließlich grundlegend fest, dass auch hinsichtlich des Verbots der Entgeltdiskriminierung soziale Ziele überwiegen und dem wirtschaftlichen, wettbewerbspolitisch determinierten Zweck der Vorschrift eine nur nachgeordnete Bedeutung zukommt.[211]

---

nichtfinanzieller und die Diversität betreffender Informationen durch bestimmte große Unternehmen und Gruppen, ABl. L 330/1 (15.11.2014); vgl. zu positiven Effekten der Bilanzrichtlinie für die Umsetzung von Arbeits- und Sozialstandards *Kocher*, Corporate Social Responsibility und Transnationalisierung des Arbeitsrechts, in: *Calliess* (Hrsg.), Transnationales Recht, a.a.O., S. 494 f.

208 Weiterführend zur dynamischen Weiterentwicklung von Schlüsselkonzepten des europäischen Gleichbehandlungsrechts siehe *Ellis/Watson*, a.a.O., S. 142 ff.

209 *Hoskyns*, Integrating Gender, 1996, S. 52 ff. Siehe weiterführend zur anfänglichen Ausrichtung der Sozialpolitik der EU, die von Ideen des deutschen Ordoliberalismus geprägt war, *Barnard*, EC „Social" Policy: From Employment Law to Labour Market Reform, in: *Craig/de Búrca*, a.a.O., S. 644.

210 EuGH, Urteil vom 15.6.1978, C-149/77, Rn. 26/29, Defrenne III, Slg. 1978, 1365. Bereits in der vorausgegangenen Entscheidung in der Rs. Defrenne II hatte der EuGH dem Entgeltgleichheitsgebot eine Horizontalwirkung im privaten Arbeitsverhältnis zugesprochen.

211 EuGH, Urteil vom 10.2.2000, C-270/97, Rn. 60/57 (Rs. Sievers & Schrage), Slg. 2000, I-929.

Der Aufschwung arbeitsrechtlicher Diskriminierungsverbote im EU-Recht wird dennoch von Teilen der Literatur auf ihre Kompatibilität mit der Erreichung von Binnenmarktzielen zurückgeführt.[212] Gegen die sozialstaatliche Komponente der Nichtdiskriminierung im Erwerbsleben wird ferner eingewandt, dass diese primär auf Arbeitsmarktherstellung zielt und nur in Fällen „ökonomisch rationaler" Ungleichbehandlungen Marktergebnisse nach Kriterien sozialer Gerechtigkeit korrigiert.[213]

Eine mögliche marktfunktionale Regulierungsfunktion des arbeitsrechtlichen Diskriminierungsschutzes steht indessen seiner Zugehörigkeit zu einem Prinzip europäischer Sozialstaatlichkeit nicht entgegen. So durchzieht die Komplexität von Motiv- und Interessenlagen beteiligter Akteure, angefangen bei der Bismarckschen Sozialversicherung, die nicht nur auf Behebung sozialer Missstände, sondern auch auf Stabilität des politischen und wirtschaftlichen Systems gerichtet war, von Beginn an die Geschichte staatlicher Sozialpolitik. Normsetzung zur Gleichbehandlung auf EU-Ebene ist bis heute von zivilgesellschaftlichen Bewegungen angetrieben und einem deregulierenden Paradigma, wonach Chancengleichheit am Arbeitsmarkt über die Eigenlogik der Marktmechanismen hergestellt wird[214], entgegengesetzt.[215] Antidiskriminierung im Erwerbsleben zielt auf gleichberechtigte gesellschaftliche Teilhabe sowie auf Überwindung ungleicher Startchancen aus ungleichen Lebenslagen und betrifft somit einen Kernbereich sozialstaatlicher Regulierung.[216] Die Bekämpfung von unzulässigen Differenzierungen im Arbeitsleben hat dabei nicht primär ökonomische Umverteilung zum Gegenstand, sondern betrifft den Sozialstaat in seiner Funktion als sozial gestaltenden Staat.

---

212 Vgl. insbesondere die Kritik von *Somek*, Engineering Equality, An Essay on European Anti-Discrimination Law, 2011; ähnlich *Rödl*, der im arbeitsrechtlichen Diskriminierungsschutz jedoch nicht nur marktfunktionales Recht, sondern auch emanzipatorisches Potential sieht, vgl. *ders.*, Arbeitsverfassung, a.a.O., S. 895.

213 So etwa Britz, die lediglich „sozialstaatliche Sonderbereiche" des Antidiskriminierungsrechts wie den Schutz vor „ökonomisch rationalen" Differenzierungen aufgrund der Merkmale Geschlecht, Alter oder Behinderung annimmt, *Britz*, Diskriminierungsschutz und Privatautonomie, VVDStRL 2005, 379 f., 388.

214 So etwa die ökonomische Theorie von *Becker*, The Economics of Discrimination, 1971.

215 Vgl. allerdings zur durchaus möglichen Kompatibilität von Forderungen sozialer Bewegungen mit marktliberalen, auf arbeitsrechtliche Deregulierung und Flexibilisierung gerichteten Politikstrategien *Fraser*, Feminismus, Kapitalismus und die List der Geschichte, Blätter für deutsche und internationale Politik 2009, 51.

216 Zur Förderung von Chancengleichheit als Aufgabe des Sozialstaats *Huster/Rux*, in: BeckOK GG Art. 20 Rn. 212, 216 a.

Das europäische arbeitsbezogene Grundprinzip der Sozialstaatlichkeit und die Werte der *Menschenwürde, Demokratie* und *Solidarität* sowie – hieraus abgeleitet – *Selbstbestimmung, sozialer Schutz* und *Verantwortung* strahlen unmittelbar auf das Gebiet der Antidiskriminierung aus.

3.3.3 Menschenwürde als Ausgangspunkt

Ausgangspunkt des Schutzes vor Diskriminierungen ist der Wert der Menschenwürde. Unzulässige Differenzierungen im Erwerbsleben betreffen den europäischen Menschenwürdeschutz in seiner freiheitlichen, egalitären und sozialen Dimension.

Indem Personen einer Merkmalsgruppe zugerechnet und aufgrund dieser Zuschreibung nachteilig behandelt werden, verletzen Diskriminierungen bei der Arbeit das Recht auf Achtung der Individualität und Identität des Einzelnen.[217] Besonders schwerwiegend ist die Beeinträchtigung, wenn die unterschiedliche Behandlung an einem unveränderlichen Merkmal anknüpft, das individuell nicht beeinflusst werden kann.[218] Diskriminierungen und sexuelle Belästigungen im Arbeitsleben greifen in die persönliche Selbstbestimmung ein und fordern den Integritätsschutz der Würde des Menschen heraus.[219] Unter dem Aspekt von Gleichheit gebietet der Schutz vor Diskriminierungen die Anerkennung des allen Menschen gleichermaßen zukommenden personalen und sozialen Wert- und Achtungsanspruchs.[220] Als Ausdruck der egalitären sozialen Zieldimension der Menschenwürde fordert berufliche Gleichbehandlung die soziale Inklusion benachteiligter und deprivierter Gruppen.[221]

---

217 Weiterführend zur Verletzung des Rechts auf persönliche Selbstbestimmung durch Diskriminierungen *Blanke/Graue*, in: *Däubler/Bertzbach* (Hrsg.), AGG-Hk, a.a.O., Einl. Rn. 219 ff.

218 *Schiek*, AGG, a.a.O., Einl. Rn. 43.

219 Vgl. allerdings kritisch zu einem Verständnis von Diskriminierungen als Verletzung der Selbstbestimmung, das grundsätzlich von individueller Entscheidungsfreiheit ausgeht und damit gesellschaftliche Verhältnisse und Hierarchien ausblendet *Baer*, Würde oder Gleichheit, 1995, S. 255 ff.

220 Weiterführend zur Bedeutung des egalitären Aspekts der Menschenwürde für den Schutz vor Diskriminierungen Schwarzburg, Die Menschenwürde im Recht der Europäischen Union, 2012, S. 121 ff.

221 Siehe zu Inklusion als Aspekt der Menschenwürde und Zieldimension der Antidiskriminierung *Borowsky*, in: *Meyer* (Hrsg.), Charta, a.a.O., Art. 1 Rn. 29 a; *Schiek*, AGG, a.a.O., Einl. Rn. 44.

3.3.3.1 Grundlage arbeitsbezogener Diskriminierungsverbote

In Konkretisierung der unionsrechtlichen Würdegarantie formuliert das unter dem Titel „Gleichheit" angesiedelte Grundrecht nach Art. 21 GRCh ein umfassendes Diskriminierungsverbot, das das Feld der Arbeit einschließt.[222] Neben den in der primärrechtlichen Kompetenzgrundlage des Art. 19 AEUV aufgeführten geschützten Merkmalen (Geschlecht, Rasse, ethnische Herkunft, Religion, Weltanschauung, Alter, Behinderung und sexuelle Ausrichtung) werden in Art. 21 GRCh Abs. 1 neun weitere – nicht abschließende – Gründe aufgeführt, an die eine Ungleichbehandlung grundsätzlich nicht anknüpfen darf, darunter Sprache, Vermögen, Geburt, Hautfarbe, soziale Herkunft, genetische Merkmale und politische oder sonstige Anschauung.

Die Ausstrahlung des Wertes der Menschenwürde auf die Nichtdiskriminierung im Erwerbsleben wird gestützt durch internationale Abkommen mit Bezug zur Arbeit, die als Rechtserkenntnisquellen in den europäischen Grundrechtsschutz einbezogen sind, wie die Allgemeine Erklärung der Menschenrechte (AEMR), die UN-Frauenrechtskonvention (CEDAW) oder die UN-Behindertenrechtskonvention (UN-BRK), die Ungleichbehandlungen explizit als Würdeverletzung begreifen.[223]

Auch der EuGH hat die Fundierung besonderer Diskriminierungsverbote im Arbeitsleben auf dem Schutz der Würde des Menschen in seiner

---

222 Zum Schutz vor Diskriminierungen bei der Arbeit als Ausfluss der Menschenwürde vgl. *Veneziani*, Non-discrimination (Article 21) in: *Bercusson* (ed.), European Labour Law and the EU Charter of Fundamental Rights, 2006, S. 195.

223 Die AEMR thematisiert in ihrer Präambel im fünften Absatz die Gleichberechtigung von Mann und Frau als Ausdruck der gleichen Würde des Menschen. Ähnlich wird in der Präambel von CEDAW im sechsten Absatz darauf verwiesen, „dass die Diskriminierung der Frau die Grundsätze der Gleichberechtigung und der Achtung der Menschenwürde verletzt, die Frauen daran hindert, unter den gleichen Voraussetzungen wie Männer am politischen, sozialen, wirtschaftlichen und kulturellen Leben ihres Landes teilzunehmen (…)." Auch die UN-BRK stellt an mehreren Stellen den Schutz vor Diskriminierungen aufgrund von Behinderungen in den Kontext der Achtung der Menschenwürde, vgl. u.a. die Präambel lit. h) und lit. y) sowie Art. 1 UN-BRK. Überdies ist die Gleichbehandlung als Konkretisierung der Menschenwürdegarantie u.a. in den Verfassungen Frankreichs, Italiens und Portugals (hier explizit auf Rechte bei der Arbeit bezogen) verankert, vgl. *Borowski*, in: *Meyer*, Charta, a.a.O., Art. 1 Rn. 2 ff.

Rechtsprechung anerkannt.[224] Besonders anschaulich wird die Bedeutung der Menschenwürde als Schutzverstärkung und Auslegungsmaxime für das europäische Gleichbehandlungsrecht in den Schlussanträgen des Generalanwalts Maduro in der Rechtssache Coleman dargestellt.[225] Die Werte der Würde und der Selbstbestimmung liegen demnach den sekundärrechtlichen Normen zur Nichtdiskriminierung im Erwerbsleben zugrunde. „Als absolutes Minimum bringt die Würde des Menschen mit sich, dass alle Menschen als gleichwertig anerkannt werden." Eine Art, die Würde eines anderen zu berühren, sei, ihn aufgrund eines inkriminierten Merkmals im Arbeitsleben zu benachteiligen.

> „Jemanden aus Gründen wie der religiösen Überzeugung, dem Alter, einer Behinderung oder der sexuellen Ausrichtung schlechter zu behandeln, untergräbt diesen besonderen und einzigartigen Wert, den jeder Mensch aufgrund seines Menschseins hat".

Die Würde und das Selbstbestimmungsrecht von Menschen, die zu einer bestimmten Gruppe gehören, könne außerdem auch „auf subtilerem Wege" durch „assoziierte" Diskriminierungen verletzt werden, bei denen nicht die Merkmalsträger/innen selbst, sondern Dritte angegriffen werden, die mit ihnen eng verbunden sind.[226]

3.3.3.2 Schutz vor Belästigung

Der durch die Menschenwürde gebotene Schutz vor sexuellen Belästigungen innerhalb der Arbeitsbeziehungen hat seinen positiv-rechtlichen Niederschlag im EU-Primärrecht in Art. 31 GRCh gefunden.

Dieser gewährleistet ein Grundrecht[227] auf sichere und würdige Arbeitsbedingungen und stützt sich den Erläuterungen der Grundrechtecharta

---

224 Vgl. zur ungerechtfertigten Entlassung einer Person aufgrund von Transsexualität und der darin liegenden Verletzung der Menschenwürde, EuGH, Rs. C-13/94, Slg. 1996, I-2143, Rn. 22 (P/S and Cornwall County Council).

225 EuGH, Urteil vom 17.7.2008, Rs. C-303/06 (Coleman), Slg. 2008, I-5603; vgl. dazu Nebe, Diskriminierungsschutz erwerbstätiger Eltern behinderter Kinder, Anm. zu EuGH 17.07.2008, Rs. C-303/06, Diskussionsbeitrag Forum A1/2011 im Diskussionsforum <http://www.reha-recht.de>.

226 Schlussanträge des GA Maduro, Rs. C-303/06, Coleman/Attridge Law u.a., Slg. 2008, I-5603 Rn. 9 ff.

227 Die Frage, ob das in Art. 31 GRCh verankerte Recht auf gerechte und angemessene Arbeitsbedingungen ein einheitliches Grundrecht darstellt oder nur in einem Kernbereich ein subjektives Recht vermittelt, ist in der Literatur nach wie vor

zufolge auf Art. 26 der revidierten Europäischen Sozialcharta. Die dort verankerte Garantie der Würde am Arbeitsplatz („*dignity at work*") vermittelt für Art. 31 GRCh ein subjektives Recht für Arbeitnehmer/innen, vor herabsetzenden Verhaltensweisen, insbesondere sexuellen, rassistischen oder homophoben Belästigungen geschützt zu werden.[228]

3.3.3.3 Anerkennung von Vielfalt und soziale Inklusion

Unter einem weiteren Aspekt der Menschenwürde zielt der europäische Diskriminierungsschutz auf die Wahrung der individuellen und kollektiven Identität von Angehörigen beruflich benachteiligter Gruppen.[229] Die Überwindung von Ungleichbehandlungen im Erwerbsleben soll nicht zu vollständiger Assimilierung und zur „Einebnung" von Unterschieden führen. Dem europäischen Antidiskriminierungsrecht liegt vielmehr das Leitbild zugrunde, Vielfalt und Heterogenität innerhalb der Belegschaftsstrukturen anzuerkennen.

Die identitätsschützende Ausrichtung des primären Unionsrechts verdeutlicht bereits Art. 2 S. 2 EUV, der in engem systematischen Zusammenhang betont, dass Pluralismus und Nichtdiskriminierung zu den gesellschaftlichen Werten zählen, die allen EU-Mitgliedstaaten gemeinsam sind. Sie kommt ferner in dem Grundsatz der Achtung der Vielfalt, Religionen und Sprachen in Art. 22 GRCh zum Ausdruck. Auch die UN-BRK, die als integrierter Bestandteil des Unionsrechts im Rang zwischen EU-Primärrecht und Sekundärrecht angesiedelt ist,[230] führt die Anerkennung von Unterschiedlichkeit und Vielfalt von Menschen mit Behinderungen als allgemeinen Grundsatz des Übereinkommens (lit. d)) auf. Verschiedenheit

---

umstritten; bejahend *Rudolf*, in: *Meyer* (Hrsg.), Charta, a.a.O., Art. 31 Rn. 12; ablehnend dagegen *Krebber*, in: *Calliess/Ruffert*, a.a.O., Art. 31 GRCh Rn. 2.

228 *Rudolf*, in: *Meyer* (Hrsg.), Charta, a.a.O., Art. 31 Rn. 14; der Schutz vor Belästigungen durch Privatpersonen bei der Arbeit ist zudem durch die europäischen Richtlinien zur Gleichbehandlung in Beschäftigung und Beruf konkretisiert worden, vgl. Art. 2 Abs. 3 RL 2000/43/EG; Art. 2 Abs. 3 RL 2000/78/EG; Art. 2 Abs. 1 lit. c) und d) RL 2006/54/EG.

229 Gruppenidentitäten dürfen dabei nicht essentialisiert werden, sondern es muss grundsätzlich von der Veränderlichkeit der Gruppenzugehörigkeit durch die einzelnen Individuen ausgegangen werden, vgl. *Schiek*, AGG, a.a.O., Einl. Rn. 47 f.

230 Die UN-BRK geht Rechtsakten der Union vor. Diese sind außerdem in Einklang mit der UN-BRK auszulegen, vgl. EuGH, Urteil vom 11.4.2013, C-335/11 und C-337/11 (Rs. Ring und Skouboe Werge), Rn. 28 f., NZA 2013, 553.

als Zieldimension liegt ebenso der Gleichbehandlungsrahmenrichtlinie (RL 2000/78/EG) zugrunde, deren 25. Erwägungsgrund zufolge das Verbot der Diskriminierung wegen des Alters ein „wesentliches Element" zur „Förderung der Vielfalt im Bereich der Beschäftigung" darstellt.

Der aus der Menschenwürde folgende Gedanke sozialer Inklusion ist an mehreren Stellen im EU-Primärrecht verankert. Er findet sich u.a. wieder in der verfassungsrechtlichen Zielbestimmung nach Art. 3 Abs. 3 S. 3 EUV, die die Union verpflichtet, soziale Ausgrenzung und Diskriminierungen zu bekämpfen oder den Kompetenzvorschriften nach Art. 153 lit. h)-j) AEUV zur beruflichen Teilhabe ausgegrenzter und benachteiligter Personen. Konkretisierungen der sozialen Komponente der Menschenwürde enthalten auch die in der Grundrechtecharta aufgeführten Rechte zur beruflichen Teilhabe älterer und behinderter Menschen.[231]

3.3.3.4 Selbstbestimmung durch gleichberechtigte berufliche Teilhabe

Die Bedeutung des aus der Menschenwürde abgeleiteten Wertes der Selbstbestimmung für das Feld der Antidiskriminierung wird dadurch unmittelbar plausibel, dass eine gleichberechtigte berufliche Teilhabe die Grundlage für materielle Unabhängigkeit durch Aufnahme und Ausübung einer Erwerbstätigkeit bildet. Diskriminierungsfreie Zugänge zum Arbeitsmarkt sichern zudem die Möglichkeit der individuellen Entfaltung und Selbstverwirklichung in der Arbeit.

In diesem Sinn wird in den Schlussanträgen des Generalanwalts Maduro in der Rechtssache Coleman zur Selbstbestimmung ausgeführt, dass „Menschen in Bereichen, die für ihr Leben von grundlegender Bedeutung sind", durch unzulässige Differenzierungen nicht „wertvolle Wahlmöglichkeiten genommen" werden dürfen. Ein diskriminierungsfreier Zugang zu Beschäftigung und beruflicher Weiterentwicklung sei „für jeden von grundlegender Wichtigkeit, nicht nur als Mittel, um den Lebensunterhalt zu verdienen, sondern auch als wichtige Art der Selbstverwirklichung und Ausschöpfung der eigenen Fähigkeiten".[232]

---

231 Vgl. zu den Art. 25 und 26 GRCh als Ausdruck der sozialen Komponente der Menschenwürde auch *Borowsky*, in: *Meyer* (Hrsg.), Charta, a.a.O., Art. 1 Rn. 28.

232 Schlussanträge des GA Maduro, Rs. C-303/06, Coleman/Attridge Law u.a., Slg. 2008, I-5603 Rn. 11.

Der Wert der Selbstbestimmung hat sich im EU-Primärrecht ausdrücklich niedergeschlagen in den in Art. 25 GRCh und 26 GRCh normierten Grundsätzen[233] zum Schutz älterer und behinderter Menschen. Nach Art. 25 GRCh achtet die Union das Recht älterer Menschen auf ein würdiges und unabhängiges Leben (*„a life of dignity and independence"*), wovon eine selbstbestimmte Lebensführung trotz der Einschränkungen des Alters durch eine diskriminierungsfreie Teilnahme am Erwerbsleben umfasst ist.[234] Entsprechend verweist Art. 26 GRCh auf die Gewährleistung von Eigenständigkeit *(„independence"/„autonomy")* als Zweckdimension der gesellschaftlichen und beruflichen Integration von Menschen mit Behinderungen.[235] Die Zielsetzung der Selbstbestimmung des europäischen Gleichbehandlungsrechts verdeutlicht auch der 9. Erwägungsgrund der RL 2000/78/EG, der betont, dass „Beschäftigung und Beruf Bereiche [sind], die für eine volle Teilhabe der Bürger am wirtschaftlichen, kulturellen und sozialen Leben sowie die individuelle Entfaltung von entscheidender Bedeutung sind".

---

233 Den Erläuterungen der Charta und der überwiegenden Auffassung in der Literatur zufolge enthalten Art. 25 und Art. 26 GRCh lediglich Grundsätze und keine – subjektive Rechte begründenden – Grundrechte, vgl. *Kingreen*, in: *Calliess/ Ruffert*, EUV/AEUV, a.a.O., Art. 25 GRCh Rn. 1, Art. 26 GRCh Rn. 4; so auch Jarass, EU-Grundrechte, a.a.O., § 28 Rn. 2, Rn. 16; *Folz*, in: *Vedder/Heintschel von Heinegg* (Hrsg.), Europäisches Unionsrecht, Handkommentar, 2012, Art. 25 GRCh Rn. 3 und Art. 26 GRCh Rn. 2. Auch Grundsätze beinhalten indessen einen Auftrag an die öffentlichen Instanzen, auf die Verwirklichung der verfolgten Ziele durch gesetzgeberische und administrative Maßnahmen hinzuwirken. Sie wirken außerdem als Kontrollmaßstab für europäisches und nationales Recht; vgl. dazu sowie zur Abgrenzung von Grundrechten und Grundsätzen *Borowsky*, in: *Meyer* (Hrsg.), Charta, a.a.O., Art. 52 Rn. 45.
234 *Kingreen*, in: *Calliess/Ruffert*, a.a.O., Art. 25 GRCh Rn. 3.
235 Ebenso zählt die UN-BRK individuelle Autonomie, Freiheit, eigene Entscheidungen zu treffen und Unabhängigkeit zu den allgemeinen Grundsätzen des Übereinkommens.

3.3.4 Sozialer Schutz[236]

3.3.4.1 Proaktiver Ansatz des europäischen Schutzes vor Diskriminierung

Als Ausdruck des Wertes des sozialen Schutzes gewährleisten staatliche Instanzen im europäischen Mehrebenensystem einen umfassenden Rechtsrahmen zur Bekämpfung von Diskriminierungen im Erwerbsleben.[237] Individuelle und kollektive Rechte werden ergänzt durch institutionelle Unterstützung, etwa durch die Einrichtung von Gleichstellungsstellen in den Mitgliedstaaten[238] oder im Rahmen des Europäischen Instituts für Gleichstellungsfragen.[239]

Diskriminierungen sind nicht lediglich verboten, sondern dem Unionsrecht liegt ein proaktiver Ansatz[240] zur Vermeidung von Ausgrenzungen und zur tatsächlichen Verwirklichung von Gleichheit zugrunde. Dieser gebietet staatliche Interventionen und schließt positive Verpflichtungen

---

236 Die folgenden Ausführungen enthalten teilweise Überschneidungen mit dem Wert der Verantwortung. So drückt sich etwa in der „materiellen" Gleichheitskonzeption des Unionsrechts verantwortungsbewusstes Handeln (supra)staatlicher Instanzen aus, Diskriminierungen entgegenzuwirken. Die hier gewählte Zuordnung von Normen zur Antidiskriminierung zu beiden Werten orientiert sich zum einen an den Normadressaten. So ist der Wert des „sozialen Schutzes" von seiner historischen Genese her vornehmlich an staatliche Instanzen adressiert. Der Wert der Verantwortung hingegen richtet sich an staatliche wie nichtstaatliche Akteure. Hilfreich für die Abgrenzung beider Verfassungsprinzipien ist ferner die in der Rechtstheorie gebräuchliche Unterscheidung von Rechtssätzen in „Konditional"- und „Zweckprogramme". So stellen Vorschriften zum „sozialen Schutz" eher Konditionalsätze und „Wenn-dann"-Konstruktionen dar, während der Wert der Verantwortung darauf ausgerichtet ist, das Handeln der Normadressaten durch Zielvorstellungen zu programmieren und damit – in der Luhmannschen Terminologie – eher als Zweckprogramm einzustufen ist, vgl. zu den Begriffen des Konditional- und des Zweckprogramms *Luhmann*, Recht und Automation in der öffentlichen Verwaltung, 1966, S. 38 ff.

237 Siehe allerdings kritisch zu unterschiedlichen Schutzniveaus hinsichtlich der verschiedenen Differenzierungsmerkmale im EU-Recht, *Bell/Waddington*, Reflecting on Inequalities in European Equality Law, ELR 2003, 349-369.

238 Vgl. Art. 13 RL 2000/43/EG sowie Art. 20 RL 2006/54/EG.

239 Eingerichtet durch die Verordnung (EG) Nr. 1922/2006 des Europäischen Parlaments und des Rates vom 20. Dezember 2006 zur Errichtung eines Europäischen Instituts für Gleichstellungsfragen (ABl. L 403/9 v. 30.12.2006).

240 Weiterführend zu proaktivem, auf die Vermeidung von Diskriminierungen ausgerichteten Antidiskriminierungsrecht *Fredman*, Discrimination Law, 2002, S. 134 ff.

(*„positive duties"*),[241] „gruppenorientierte" Maßnahmen wie Quotenregelungen zur Verbesserung von Arbeitsmarkt- und Berufschancen[242] oder
die Bereitstellung von finanziellen Mitteln zur Gleichstellung im Europäischen Sozialfonds (ESF) ein.

Die Abkehr von einem rein reaktiven, auf individuelle Rechtsbehelfe
setzenden Diskriminierungsschutz im Unionsrecht verdeutlicht insbesondere die mit dem Amsterdamer Vertrag in die EU-Sozialverfassung inkorporierte Strategie des „Gender Mainstreaming". Diese verpflichtet die
Union den unterschiedlichen Lebenssituationen von Frauen und Männern
in sämtlichen Politik- und Handlungsfeldern Rechnung zu tragen.[243] Die
Geschlechterperspektive soll von vornherein in alle Entscheidungsprozes-
se einfließen und ist bei der Rechtsetzung im Rahmen einer Gesetzesfol-
genabschätzung zu berücksichtigen.[244] Auf die Vermeidung von Ungleichbehandlungen und die Umgestaltung institutioneller Prozesse zielt
ebenso die erstmals im Lissabonner Vertrag in Art. 10 AEUV verankerte
Querschnittsklausel zur Bekämpfung von Diskriminierungen.[245]

3.3.4.2 Materielle Gleichheit

Als Ausdruck des sozialen Schutzes wirkt die Union zusammen mit den
Mitgliedstaaten unter Berücksichtigung des Subsidiaritätsprinzips auf die
faktische Gleichstellung von im Erwerbsleben benachteiligten Personen
und Gruppen hin. Für ein über formale Gleichbehandlung hinausgehendes

---

241 Vgl. zu positiven Verpflichtungen, deren Adressat sowohl staatliche wie auch
nicht-staatliche Akteure sein können, *Fredman*, a.a.O., S. 176.

242 Weiterführend zu positiven Maßnahmen im Erwerbsleben, zu denen unterschiedliche Aktivitäten im Bereich der Berufsausbildung, die Gestaltung familien-
freundlicher Arbeitsbedingungen oder „harte" und „weiche" Quotenregelungen
zählen können, *Thüsing*, Arbeitsrechtlicher Diskriminierungsschutz, 2013, Rn.
399; vgl. auch die differenzierte Typologie positiver Maßnahmen bei *Mc Crudden*, Rethinking Positive Action, ILJ 1986, 223 ff.

243 Die Strategie des Gender Mainstreaming ist im EU- Primärrecht nach dem Vertrag von Lissabon in der Querschnittsklausel zur Gleichstellung von Frauen und
Männern (Art. 8 AEUV) positiviert.

244 Vgl. *Blanke/Graue*, in: *Däubler/Bertzbach* (Hrsg.), AGG-Hk, a.a.O., Einl. Rn.
213; *Eichenhofer*, in: *Streinz*, a.a.O., Art. 8 AEUV Rn. 8.

245 Weiterführend zum Gehalt der an die Union adressierten Norm *Frenz*, Soziale
Grundlagen, a.a.O., 85.

„materielles" Gleichheitskonzept,[246] das positive Maßnahmen gegen Diskriminierung umfasst und nach dem gemeinsamen Verfassungsverständnis der Mitgliedstaaten zum „klassischen" Aufgabenbereich des Sozialstaats zählt,[247] lassen sich im EU-Primär- und Sekundärrecht zahlreiche Anknüpfungspunkte finden.

Bereits Art. 2 EUV zählt das Prinzip der Gleichheit zu den fünf konstituierenden Werten, auf die der Verfassungsverbund der EU sich gründet. Die Norm beschränkt sich ihrem Gehalt nach nicht auf formale Gleichheit, sondern impliziert ein weitergehendes „materielles" Gleichbehandlungsgebot im wirtschaftlichen und sozialen Bereich zugunsten von Frauen und anderen benachteiligten Gruppen.[248] Verstärkend führt Art. 2 S. 2 EUV Nichtdiskriminierung und die Gleichheit von Frauen und Männern als strukturgebende Merkmale der europäischen Gesellschaftsordnung auf.

Die soziale Zielbestimmung nach Art. 3 Abs. 3 S. 3 EUV verpflichtet die Union und ihre Organe, soziale Ausgrenzung und Diskriminierungen zu bekämpfen und die Geschlechtergleichstellung zu fördern (in der englischen Sprachfassung:

> „The Union shall combat social exclusion and discrimination [..], and shall promote equality between men and women.").

Schon die Einordnung der Norm als grundlegendes Ziel des Unionsrechts impliziert Effekte in der sozialen Wirklichkeit.[249] Die Aufgabe, die Gleichstellung von Frauen und Männern zu fördern, beinhaltet erkennbar eine sozialstaatliche Verpflichtungsdimension und lässt sich – entspre-

---

246 Zu dem „materiellen Gleichheitskonzept" im Unionsrecht zählen auch das Gebot, angemessene Vorkehrungen für Menschen mit Behinderungen zu treffen und das Verbot mittelbarer Diskriminierungen im Arbeitsleben. Diese richten sich jedoch (auch) an nicht-staatliche Akteure, weshalb sie im Folgenden nicht dem Wert des sozialen Schutzes, sondern dem Prinzip der Verantwortung zugeordnet werden.

247 So werden insbesondere positive Maßnahmen wie Beschäftigungsquoten in einer großen Anzahl der Mitgliedstaaten auf das verfassungsrechtliche Sozialstaatsprinzip gestützt, *Nußberger*, in: *Tettinger/Stern* (Hrsg.), Kölner Gemeinschaftskommentar zur Europäischen Grundrechtecharta, 2006, Art. 23 Rn. 74. Siehe weiterführend zur Verantwortung des Sozialstaates für die Herstellung faktischer Gleichheit auch *Kingreen*, Das Sozialstaatsprinzip im Europäischen Verfassungsverbund, 2003, S. 205 f.

248 *Heintschel von Heinegg*, in: *Vedder/Heintschel von Heinegg* (Hrsg.), Europäisches Unionsrecht, a.a.O., Art. 2 EUV Rn. 9. Siehe zum arbeitsrechtlichen Schutz vor Diskriminierungen als Ausprägung des Wertes der Gleichheit auch *Calliess*, in: *ders./Ruffert*, a.a.O., Art. 2 EUV Rn. 23.

249 *Von Bogdandy*, Grundprinzipien, in: *ders./Bast* (Hrsg.), Europäische Verfassungslehre, a.a.O., S. 29.

chend dem in Art. 3 Abs. 2 S. 2 Grundgesetz (GG) verankerten Verfassungsauftrag zur Durchsetzung der tatsächlichen Gleichberechtigung zwischen Frauen und Männern – im Sinne eines Gebotes zu „substanzieller" Gleichheit im Erwerbsleben interpretieren.[250]

Ebenso enthält die Querschnittsklausel zur Gleichstellung von Frauen und Männern nach Art. 8 AEUV einen konkreten an die Union gerichteten Handlungsauftrag, der positive Maßnahmen zur Vermeidung und zum Ausgleich beruflicher Benachteiligungen einschließt.[251]

Das Ziel, in der sozialen Wirklichkeit bestehende Ungleichheiten zu beseitigen, hat sich ferner in Art. 157 Abs. 4 AEUV niedergeschlagen, der den Mitgliedstaaten ermöglicht, in Hinblick „auf die effektive Gewährleistung der vollen Gleichberechtigung von Männern und Frauen" „spezifische Vergünstigungen beizubehalten oder zu beschließen". Die Vorschrift wird flankiert durch sekundärrechtliche Regelungen zur Zulässigkeit positiver Maßnahmen für beruflich benachteiligte Gruppen in den EU-Mitgliedstaaten.[252]

Die sozial schützende Ausrichtung des EU-Primärrechts im Feld der Antidiskriminierung wird durch die europäische Grundrechtecharta verstärkt und bekräftigt. Dem Grundrecht auf Nichtdiskriminierung nach Art. 21 GRCh lassen sich – im systematischen Zusammenhang mit den anderen unter dem Titel „Gleichheit" verankerten Rechten betrachtet – an staatliche Instanzen gerichtete positive Schutzpflichten[253] entnehmen, gegen unzulässige Differenzierungen im Arbeitsleben vorzugehen.[254]

Deutlicher noch auf die Verwirklichung tatsächlicher Gleichstellung ausgerichtet ist Art. 23 GRCh, der in seinem Absatz 1 bestimmt, dass die

---

250 Auf die Strukturähnlichkeit mit Art. 3 Abs. 2 S. 2 GG und die sozialstaatliche Dimension der Vorschrift verweist ausdrücklich *Ruffert*, in: *Calliess/Ruffert*, a.a.O., Art. 3 EUV Rn. 34.

251 *Rebhahn*, in: *Schwarze*, EU-Kommentar, 2012, Art. 8 AEUV Rn. 5 sowie *Frenz*, Soziale Grundlagen, a.a.O., 84 f.

252 Vgl. Art. 3 RL 2006/54/EG in Bezug auf die Geschlechtergleichstellung sowie Art. 5 RL 2000/43/EG und Art. 7 RL 2000/78/EG für die Merkmale „Rasse", Behinderung ethnische Herkunft, Religion, Weltanschauung, Alter und sexuelle Ausrichtung.

253 Die Gewährleistungen der Grundrechtecharta weisen unterschiedliche Verpflichtungsebenen auf. Sie können sowohl Abwehrrechte wie auch Schutzpflichten beinhalten, *Ladenburger*, in: *Tettinger/Stern* (Hrsg.), a.a.O., Art. 51 Rn. 17 f.; *Borowsky*, in: *Meyer* (Hrsg.), Charta, a.a.O., Art. 51 Rn. 31 ff.

254 Vgl. *Veneziani*, Non-discrimination (Article 21), in: *Bercusson* (ed.), European Labour Law, a.a.O., S. 210 f., ähnlich auch *Jarass*, EU-Grundrechte, a.a.O., § 25 Rn. 24; eher ablehnend hinsichtlich der Bejahung positiver Schutzpflichten dagegen *Rossi*, in: *Calliess/Ruffert*, EUV/AEUV, a.a.O., § 21 GRCh Rn. 10.

Gleichheit von Männern und Frauen in der Arbeit sicherzustellen ist [in der englischen Sprachfassung: *„Equality between women and men must be ensured in all areas, including employment, work and pay. "*].[255] Das darin enthaltene Gleichheitsgebot ist in Einklang mit den Verfassungsüberlieferungen der Mitgliedstaaten auszulegen. Eine Reihe von Verfassungen der Mitgliedstaaten formulieren sozialstaatliche Gesetzgebungsaufträge zur Gleichstellung der Geschlechter in der Arbeitswelt und fordern eine auf faktische Gleichheit zielende staatliche Politik.[256]

Weitere Impulse für das unionsrechtliche Gleichheitskonzept geben völkerrechtliche Verträge wie die UN-Frauenrechtskonvention (CEDAW) und die UN-Konvention zur Bekämpfung rassistischer Diskriminierungen (CERD), die positive Maßnahmen nicht als Ausnahme, sondern als integralen Bestandteil der Diskriminierungsverbote begreifen und eine über Chancengleichheit hinausgehende Zieldimension der Ergebnisgleichheit verfolgen.[257]

Die EU-Sozialverfassung bietet zudem Anhaltspunkte, dass positive Maßnahmen nicht nur zulässig, sondern unter Umständen sogar geboten sind. Hinweise für eine Pflicht staatlicher Instanzen, Quotenregelungen und andere gruppenorientierte Maßnahmen zur beruflichen Gleichstellung einzuführen, geben sowohl die bereits zitierten grundlegenden Bestimmungen des EUV und AEUV wie auch die im Primärrecht in Bezug genommenen internationalen Abkommen und die gemeinsamen Verfassungstraditionen der Mitgliedstaaten.[258] So geht insbesondere der EGMR

---

255 Vgl. zur Konzeption der Vorschrift und ihren Implikationen für das europäische Gleichstellungsrecht *Nußberger*, in: *Tettinger/Stern*, Gemeinschaftskommentar Grundrechtecharta, a.a.O., Art. 23 Rn. 95 ff; *Schiek*, in: *Peers et al.* (eds.), The EU Charter of Fundamental Rights, 2014, Art. 23 Rn. 23.50-23.65.

256 Vgl. *Hölscheidt*, in: *Meyer* (Hrsg.), Charta, a.a.O. Art. 23 Rn. 1 und Art. 52 Abs. 4 GRCh.

257 Vgl. zur Bindung der Union an CEDAW ausführlich *Schadendorf*, Die EU und die menschenrechtlichen Verträge ihrer Mitgliedstaaten: Divergierende Schutzniveaus am Beispiel der CEDAW, ZaöRV 2014, 262 ff. Der EuGH hat bislang in seinen Entscheidungen, die v.a. Fördermaßnahmen zugunsten von Frauen im öffentlichen Dienst betrafen, die Grenzen für positive Maßnahmen eher eng gezogen. Insbesondere werden diese als Ausnahmen vom Gleichbehandlungsgrundsatz gesehen und einer Verhältnismäßigkeitsprüfung unterstellt, so bspw. EuGH, Urteil vom 17.10.1995, C-450/93 (Rs. Kalanke), Slg. 1995, I-3051; Urteil vom 11.11.1997, C-409/95 (Rs. Marshall), Slg. 1997, I-6363; Urteil vom 28.3.2000, C-158/97 (Rs. Badeck u.a.), Slg. 2000, I-1875.

258 Schiek sieht in Art. 23 S. 1 GRCh – im Unterschied zu S. 2 der Norm, der positive Maßnahmen lediglich zulässt, – Anhaltspunkte für eine Pflicht, positive Maß-

in seiner Rechtsprechung davon aus, dass in Fällen struktureller Diskriminierungen gezielte Fördermaßnahmen zu ergreifen sind. Einzelne Verfassungen der EU-Mitgliedstaaten (bspw. Griechenlands oder Spaniens) verpflichten den Staat ausdrücklich, positive Maßnahmen zur Gleichstellung zu ergreifen.[259]

3.3.4.3 Geschlechtergerechte Vereinbarkeit und soziale Sicherheit

Gestützt wird der Wert des sozialen Schutzes in der Grundrechtecharta durch Art. 33 GRCh, der auf eine geschlechtergerechte Vereinbarkeit von Familien- und Berufsleben zielt. Dieser garantiert in Abs. 2 ein Recht auf besonderen Kündigungsschutz aus einem mit der Mutterschaft zusammenhängenden Grund sowie einen Anspruch auf bezahlten Mutterschaftsurlaub und Elternurlaub nach Geburt oder Adoption eines Kindes.[260] Sekundärrechtliche Normen regeln ferner einheitliche Mindeststandards für den Gesundheitsschutz von Schwangeren, Wöchnerinnen und stillenden Arbeitnehmerinnen.[261]

Ebenfalls Ausfluss des Unionsziels des sozialen Schutzes ist Art. 34 GRCh, der einen diskriminierungsfreien Zugang für Arbeitnehmer/innen zu Systemen der sozialen Sicherheit gewährleistet.[262]

3.3.5 Solidarität und Verantwortung

3.3.5.1 Vielfalt als Ausgangspunkt von Solidarität

Ebenfalls zentrale Bedeutung für das Feld der Antidiskriminierung kommt dem Grundwert der Solidarität zu. Die Überwindung von Trennlinien ent-

---

nahmen zu ergreifen, vgl. *Schiek*, in: *Peers et al.* (eds.), The EU Charter, a.a.O., Art. 23 Rn. 23. 57 ff.

259 *De Vos*, Mehr als formale Gleichstellung. Positive Maßnahmen nach den Richtlinien 2000/43/EG und 2000/78/EG, 2007, S. 38 ff.

260 Ablehnend hinsichtlich des Anspruchs einer Bestellmutter auf Mutterschaftsurlaub, ohne näher auf Art. 33 GRCh einzugehen, allerdings EuGH, Urteil vom 18.3.2014, C-363/12, NZA 2014, 525.

261 RL 92/85/EG, ABl. L 348/1 v. 28.11.1992. Siehe weiterführend dazu *Nebe*, Betrieblicher Mutterschutz ohne Diskriminierung – Die RL 92/85/EWG und ihre Konsequenzen für das deutsche Mutterschutzrecht, 2006.

262 *Jarass*, EU-Grundrechte, a.a.O., § 32 Rn. 7.

lang von personenbezogenen Merkmalen und Beschäftigungssituationen bildet eine wesentliche Grundlage für gemeinsames Handeln von Arbeitnehmer/inne/n im Bereich der Verhandlung von Arbeitsbedingungen. Die Einsicht in das Bestehen gemeinsamer Interessenlagen unabhängig von Kategorien wie Alter, Geschlecht oder Nationalität stellt seit den historischen Anfängen der Gewerkschaftsbewegung eine wichtige Voraussetzung für die kollektive Selbstorganisation der Beschäftigten dar.[263] Infolge des arbeitsgesellschaftlichen und soziokulturellen Wandels in den entwickelten Industriestaaten[264] ist es für solidarisches Handeln in den Arbeitsbeziehungen umso mehr erforderlich, Pluralismus und Diversität in den Blick zu nehmen. Vor dem Hintergrund von geänderten Arbeits- und Geschlechterarrangements und zeitdiagnostisch konstatierten Individualisierungs- und Differenzierungstendenzen innerhalb der Belegschaften[265] sind Achtung und Akzeptanz von Vielfalt zum unverzichtbaren Bestandteil gewerkschaftlicher Organisierung geworden.[266] Ungeachtet von Unterschiedlichkeit gemeinsam und solidarisch zu handeln, trägt nicht nur den Bedürfnissen von Individuen nach sozialer Anerkennung Rechnung, sondern verweist auch zukunftsgerichtet auf die Überwindung ökonomischer Benachteiligungen diskriminierter Gruppen.[267]

---

263 Vgl. dazu *Kittner*, Arbeitskampf. Geschichte, Recht, Gegenwart, 2005, S. 390.

264 Siehe dazu etwa *Aulenbacher*, Die soziale Frage neu gestellt – Gesellschaftsanalysen der Prekarisierungs- und Geschlechterforschung, in: *Castel/Dörre* (Hrsg.), Prekarität, Abstieg, Ausgrenzung. Die soziale Frage am Beginn des 21. Jahrhunderts, 2009, S. 75 ff.

265 Die zunehmende Individualisierung und Differenzierung kann sich als Hindernis für gemeinsames Handeln erweisen. Vgl. zu Gefährdungen kollektiver Solidarität durch Vereinzelung und „negativen Individualismus" *Hofmann*, Die (Un)solidarischen-Partizipation und Selbstorganisation der Unorganisierbaren, in: *Castel/Dörre* (Hrsg.), Prekarität, a.a.O., Zur Einführung, S. 320 f.

266 Zu Vielfalt als Ausgangspunkt gewerkschaftlicher Solidarität *Mückenberger*, Solidarität, a.a.O., S. 741.

267 Nach Honneth lassen sich soziale Konfliktlagen als Kämpfe um Anerkennung charakterisieren. In der Auseinandersetzung mit Honneth hat Fraser darauf hingewiesen, dass die Überwindung von Diskriminierungen ein mehrdimensionales Konzept von Gerechtigkeit verlangt, das Forderungen nach Anerkennung mit Ansprüchen auf soziale Gleichheit verbindet; vgl. *Fraser/Honneth*, Umverteilung oder Anerkennung? Eine politisch-philosophische Kontroverse, 2003.

Solidarität im Zusammenhang mit der Überwindung von Ungleichbehandlungen kann ferner nicht auf arbeitsgesellschaftliche Solidarität[268] begrenzt werden. Staatliche und nichtstaatliche Akteure sind vielmehr angehalten, sozial verantwortlich zu handeln, um Ausgrenzungen am Arbeitsmarkt entgegenzutreten und die berufliche und gesellschaftliche Teilhabe marginalisierter und exkludierter Gruppen zu ermöglichen. Angesichts anhaltender Prekarisierungstendenzen in den europäischen Ländern geht Solidarität wesentlich mit der Verantwortung von betrieblichen und gewerkschaftlichen Interessenorganisationen einher, Segmentierungen innerhalb der Unternehmensbelegschaften entgegenzuwirken.[269] Letzteres hat sich im EU-Sekundärrecht etwa in den auf Normbildungen des Sozialen Dialogs beruhenden Gleichbehandlungsrichtlinien zugunsten von Teilzeitarbeitnehmer/inne/n (1997) und befristet Beschäftigten (1999) niedergeschlagen.

3.3.5.2 Soziale Verantwortung staatlicher und nicht-staatlicher Akteure

Die Union nimmt in Zusammenwirken mit sachnahen Akteuren wie Sozialpartnern und Nichtregierungsorganisationen (NROs) die Verantwortung wahr, Diskriminierungen im Erwerbsleben zu bekämpfen. Die arbeitsrechtlichen Gleichbehandlungsrichtlinien sprechen den Aspekt der sozialen Verantwortung nicht-staatlicher Akteure bei der Realisierung von Gleichstellungszielen ausdrücklich an. So werden die Mitgliedstaaten verpflichtet, den Dialog mit Sozialpartnern und NROs zu fördern, um Gleichbehandlung in der sozialen Realität zu verwirklichen.[270] Insbesondere sollen Arbeitnehmer und Arbeitgeber in Einklang mit den nationalen Gepflogenheiten und Verfahren unter Schonung von Autonomieräumen dazu aufgefordert werden, auf geeigneten Ebenen Antidiskriminierungsverein-

---

268 Zur Krise des traditionellen arbeitsgesellschaftlichen Solidaritätsbegriffs vgl. *Mückenberger*, Solidarität, a.a.O., S. 740 f.; *Hofmann*, in: *Castel/Dörre* (Hrsg.), Prekarität, a.a.O., S. 319 f.

269 Weiterführend zu Prekarisierung in der Arbeitswelt und gewerkschaftlichen Strategien *Schröder/Urban* (Hrsg.), Gute Arbeit, Profile prekärer Arbeit – Arbeitspolitik von unten, 2014.

270 Art. 11 und Art. 12 RL 2000/43/EG; Art. 13 und Art. 14 RL 2000/78/EG; Art. 21 und Art. 22 RL 2006/54/EG.

barungen abzuschließen.[271] Als weiterer Ausdruck des Wertes sozialer Verantwortung wird Verbänden die Möglichkeit gegeben, sich im Namen von Diskriminierungsopfern oder zu deren Unterstützung an gerichtlichen Verfahren zu beteiligen.[272]

3.3.5.3 Berufliche Teilhabe älterer und beeinträchtigter Menschen

Das europäische Primärrecht enthält an mehreren Stellen Positivierungen des Grundwertes der Solidarität in Zusammenhang mit der Bekämpfung von arbeitsbezogenen Ungleichbehandlungen.

Nach Art. 3 Abs. 3 S. 3 EUV fördert die Union die Solidarität zwischen den Generationen. Die Zielbestimmung spricht damit die Verantwortung zu intergenerationeller Gerechtigkeit an und weist auf die besondere Schutzbedürftigkeit älterer Menschen hin.[273]

Die in Art. 25 GRCh und Art. 26 GRCh gewährleisteten Rechte für ältere und behinderte Menschen sind, obgleich unter den Titel „Gleichheit" eingeordnet, ebenfalls Ausfluss der Solidarität. Diese impliziert zum einen einen Gestaltungsauftrag an die Gemeinschaft, auf die Verwirklichung gleicher beruflicher Teilhabechancen hinzuwirken, wie auch verantwortungsbewusstes, solidarisches Handeln in den Arbeitsbeziehungen[274] und zwischen Arbeitnehmer/inne/n.[275]

Das in Art. 25 GRCh verankerte Recht auf eine selbstbestimmte Teilnahme am Arbeitsleben achtet die Fähigkeiten älterer Menschen, ihre berufliche Erfahrung zur Unterstützung jüngerer Erwerbstätiger einzubrin-

---

271 Der in Umsetzung der europarechtlichen Vorgaben normierte § 17 AGG ist explizit mit „soziale Verantwortung der Beteiligten" überschrieben; vgl. zur Beteiligung der Sozialpartner nach den Gleichbehandlungsrichtlinien ausführlich *Deinert*, Sozialer Dialog und Zielvereinbarungen als Wege zur Antidiskriminierung, in: *Rust/Däubler/Falke u.a.* (Hrsg.), Die Gleichbehandlungsrichtlinien der EU und ihre Umsetzung in Deutschland, 2003, S. 381 ff.

272 Art. 7 Abs. 2 RL 2000/43/EG; Art. 9 Abs. 2 RL 2000/78/EG; Art. 17 Abs. 2 RL 2006/54/EG.

273 *Ruffert*, in: *Calliess/Ruffert*, a.a.O., Art. 3 EUV Rn. 35; *Heintschel von Heinegg*, in: *Vedder/Heintschel von Heinegg* (Hrsg.), Unionsrecht, a.a.O., Art. 3 EUV Rn. 15.

274 Zur (horizontalen) Schutzpflichtendimension der Vorschriften, die den beruflichen Bereich einschließt, *Jarass*, EU-Grundrechte, a.a.O., § 28 Rn. 2 und 14; für derivative Teilhabe- und Leistungsrechte *Marauhn*, in: *Heselhaus/Nowak* (Hrsg.), Handbuch der Europäischen Grundrechte, 2006, § 42 Rn. 24.

275 Kritisch zur Einordnung unter dem Titel „Gleichheit", *Jarass*, EU-Grundrechte, a.a.O., § 28 Rn. 2.

gen. Der Grundsatz enthält einen Handlungsauftrag an supranationale und staatliche Instanzen, die gleichberechtigte berufliche Teilhabe Älterer zu fördern. Dabei können gesetzliche Maßnahmen zur Beschäftigungsförderung und zur Barrierefreiheit bei altersbezogenen Beeinträchtigungen angezeigt sein, um eine berufliche Eingliederung zu ermöglichen.[276] Das in Art. 26 GRCh verankerte Recht auf gesellschaftliche Teilhabe behinderter Menschen stützt sich den Erläuterungen der Charta zufolge auf Art. 15 der Europäischen Sozialcharta (ESC). Dieser verpflichtet die Vertragsstaaten, geeignete Maßnahmen zur beruflichen Ausbildung und zur Vermittlung behinderter Menschen auf Arbeitsplätze zu ergreifen. Der ebenfalls in die Norm inkorporierte Art. 26 der Gemeinschaftscharta der sozialen Grundrechte der Arbeitnehmer fordert staatliche Instanzen auf, konkrete Anpassungsmaßnahmen in Bezug auf berufliche Bildung, Ergonomie und Zugänglichkeit zu treffen. Art. 26 GRCh impliziert außerdem eine behindertengerechte Arbeitsplatzgestaltung und Ablauforganisation.[277]

Zur Solidarität im Kontext der Überwindung von Diskriminierungen trägt ferner die Vergabe von Mitteln im Europäischen Sozialfonds für Gleichstellungsmaßnahmen bei.[278]

Der aus der Solidarität folgende europäische Grundwert der Verantwortung wird durch sekundärrechtliche Konkretisierungen flankiert und gestützt. Das in den arbeitsrechtlichen Gleichbehandlungsrichtlinien enthaltene Verbot der mittelbaren Diskriminierung[279] berücksichtigt als „gruppenbezogenes" Recht strukturelle Benachteiligungen am Arbeitsmarkt.[280] Es knüpft an die soziale Realität an und soll verhindern, dass staatliche Akteure, Arbeitgeber/innen und Sozialpartner gesellschaftliche Nachteile

---

276 Vgl. *Mann*, in: *Tettinger/Stern* (Hrsg.), a.a.O., Art. 25 Rn. 17; *Fuchs*, in: *Holoubek/Lienbacher* (Hrsg.), GRC-Kommentar, a.a.O., Art. 25 Rn. 17.

277 Vgl. *Pürgy*, in: *Holoubek/Lienbacher* (Hrsg.), GRC-Kommentar, a.a.O., Art. 26 Rn. 4 ff.

278 In der aktuellen ESF-Förderperiode (2014-2020) liegt ein Schwerpunkt der Mittelvergabe auf Maßnahmen zur Gleichstellung zwischen Frauen und Männern und zur Inklusion arbeitsmarktferner Gruppen.

279 Art. 2 Abs. 2 lit. b) RL 2000/43/EG; Art. 2 Abs. 2 lit. b) RL 2000/78/EG; Art 2 Abs. 1 lit. b) RL 2006/54/EG. Eine mittelbare Diskriminierung liegt danach vor, „wenn dem Anschein nach neutrale Vorschriften, Kriterien oder Verfahren Personen [...] gegenüber anderen Personen besonders benachteiligen können."

280 Zur Zwischenstellung des Verbots mittelbarer Diskriminierung zwischen individueller und gruppenbezogener Gleichheit siehe *Blanke/Graue*, in: *Däubler/Bertzbach* (Hrsg.), AGG-Hk., a.a.O., Einl. Rn. 234.

von bestimmten Gruppen verfestigen.[281] Die gesetzliche Verpflichtung von Arbeitgeber/inne/n, Barrierefreiheit am Arbeitsplatz durch „angemessene Vorkehrungen" für Menschen mit Behinderungen sicherzustellen,[282] unterstreicht die sozialstaatliche Dimension[283] des europäischen Rechts.[284] Zu den individuell erforderlichen Maßnahmen, die Arbeitgeber treffen müssen, um ihrer sozialen Verantwortung nachzukommen, können eine Umgestaltung der Räumlichkeiten, eine Anpassung der Arbeitsmittel, der Arbeitsorganisation oder der Arbeitszeit[285] zählen.[286] Angemessene Vorkehrungen tragen, indem sie Zugangsschranken zum Arbeitsmarkt abbauen, ebenso wie positive Maßnahmen zudem wesentlich zur *Selbstbestimmung* der Individuen bei.

3.3.5.4 Verantwortung für arbeitsmarktferne Gruppen

Als Ausfluss der Verpflichtungsdimension der Solidarität übernimmt die Union Verantwortung für gesellschaftliche Voraussetzungen und Folgen von Arbeitsmarktprozessen, die Ungleichheiten hervorrufen oder perpetuieren. Staatliche Instanzen wirken im europäischen Mehrebenensystem ak-

---

281 *Grünberger/Sagan*, Diskriminierende Sozialpläne, EuZA 2013, 333.
282 Art. 5 RL 2000/78/EG. Demnach haben Arbeitgeber die geeigneten und im konkreten Fall erforderlichen Maßnahmen zu ergreifen, um den Menschen mit Behinderung den Zugang zur Beschäftigung, die Ausübung eines Berufes, den beruflichen Aufstieg und die Teilnahme an Aus- und Weiterbildungsmaßnahmen zu ermöglichen, es sei denn die Vorkehrungsmaßnahmen würden den Arbeitgeber unverhältnismäßig belasten. Die Belastung ist dann nicht unverhältnismäßig, wenn sie durch öffentliche Mittel kompensiert wird; vgl. dazu den 21. Erwägungsgrund der RL 2000/78/EG.
283 Zu angemessenen Vorkehrungen als Ausdruck des Sozialstaatsprinzips *Fürst*, Behinderung zwischen Diskriminierungsschutz und Rehabilitationsrecht, 2008, S. 142 .
284 Weiterführend zu angemessenen Vorkehrungen als proaktivem individualisiertem Recht in Abgrenzung zu positiven Maßnahmen und dem Verbot mittelbarer Diskriminierung *Kocher/Wenckebach*, § 12 AGG als Grundlage für Ansprüche auf angemessene Vorkehrungen, SR 2013, 19 ff.
285 Auch eine Arbeitszeitverkürzung kann eine gebotene Vorkehrungsmaßnahme i. S. v. Art 5 RL 2000/78/EG sein; vgl. EuGH, Urteil v. 11.4.2013, C-335/11 und C-337/11 (Rs. Ring und Skouboe Werge), Rn. 55 ff.
286 Vgl. zu angemessenen Maßnahmen den 20. Erwägungsgrund der RL 2000/78/EG.

tiv negativen Effekten des Marktgeschehens wie Marginalisierungs- und Exklusionsprozessen[287] entgegen.[288]

Positiv-rechtlich drückt sich dies vornehmlich in der verfassungsrechtlichen Zielbestimmung nach Art. 3 Abs. 3 S. 3 EUV aus, die die Union verpflichtet, soziale Ausgrenzung zu bekämpfen, der ähnlichen sozialpolitischen Zielformulierung in Art. 151 AEUV und den Kompetenzvorschriften nach Art. 153 lit. h) und j) AEUV, die auf berufliche und soziale Eingliederung arbeitsmarktferner Personen zielen.[289] Der Grundsatz solidarischer Folgenverantwortung hat sich auch in den in der Grundrechtecharta normierten Rechten zur sozialen Inklusion älterer und behinderter Menschen niedergeschlagen.

3.3.6 Demokratie

Schließlich strahlt der Grundwert der Demokratie auf das Feld der Bekämpfung von Diskriminierungen aus.

3.3.6.1 Gleichberechtigte Entscheidungsteilhabe

Die Effektivierung von arbeitsrechtlichen Diskriminierungsverboten in der Praxis erfordert die Selbstregulierung durch sachnahe Akteure,[290] die im Unionsrecht durch europäische Sozialpartner wahrgenommen werden kann. Im Rahmen der arbeitsrechtlichen Normsetzung durch repräsentierende Koalitionen müssen Autonomie und Selbstbestimmung beruflich benachteiligter Gruppen und Personen gewahrt sein. Da nur die Betroffenen selbst in der Lage sind, Ungleichheiten und Unterschiede der Lebenslagen adäquat zu definieren und zu beurteilen, gebietet das Demokratie-

---

287 Grundlegend zur Exklusionsdebatte in den Sozialwissenschaften Kronauer, Exklusion. Die Gefährdung des Sozialen im hoch entwickelten Kapitalismus, 2010.

288 Zum Zusammenhang zwischen finanzmarktkapitalistischer „Landnahme" und Prekarität sowie Exklusion *Dörre*, Prekarität im Finanzmarktkapitalismus, in: *Castel/Dörre* (Hrsg.), Prekarität, a.a.O., S. 41 ff.

289 Die in Art. 153 lit. h) AEUV normierte Unionskompetenz zum Erlass von Mindestvorschriften zur beruflichen Eingliederung zielt auf sog. Randgruppen am Arbeitsmarkt wie jüngere, ältere und behinderte Menschen, vgl. *Eichenhofer*, in: *Streinz*, EUV/AEUV, a.a.O., Art. 153 AEUV Rn. 23.

290 Siehe dazu *Deinert*, Sozialer Dialog und Zielvereinbarungen als Wege zur Antidiskriminierung, a.a.O., S. 397.

prinzip, dass Frauen, Migrant/inn/en, Ältere oder behinderte Menschen an normbildenden Verfahren und Entscheidungsprozessen gleichberechtigt teilnehmen können.[291] Um sozialstaatsadäquate demokratisch legitimierte Norm*inhalte* zu erreichen, müssen *prozedurale* Rechte geschaffen werden, die die Betroffenen befähigen, ihre eigenen Interessen selbst zu artikulieren und durchzusetzen.[292] Der Demokratiegedanke erfordert dabei insbesondere den Abbau von Unterrepräsentanzen bestimmter Personengruppen in Sozialpartnerorganisationen und normsetzenden Gremien.

Die mögliche Spannungslage, die zwischen kollektiver Selbstbestimmung der am Wirtschaftsleben beteiligten Akteure und den unzureichend vertretenen Interessen benachteiligter Arbeitnehmer/innen entstehen kann, macht es ferner notwendig, autonom gesetzter Regulierung durch staatliche Schutzvorkehrungen Grenzen zu ziehen. Eine demokratisch legitimierte sozialverträgliche Normsetzung im Feld der Antidiskriminierung ist in besonderem Maße auf eine Kontrolle erzielter kollektivvertraglicher Ergebnisse durch staatliche bzw. supranationale Instanzen angewiesen.[293]

3.3.6.2 Partizipation und Kontrolle der Gemeinwohlverträglichkeit von kollektiver Selbstregulierung

Das primäre Unionsrecht überantwortet Regulierungsaufgaben zur Antidiskriminierung der sozialen Selbstbestimmung Sozialer Dialoge. Konkretisierungen des Grundwertes der Demokratie enthalten auch die arbeitsrechtlichen Gleichbehandlungsrichtlinien, die Sozialpartner und NROs explizit an der Verwirklichung von Gleichstellungszielen im Arbeitsleben beteiligen.[294]

Ebenso sind Positivierungen zu demokratischer Entscheidungsteilhabe und Partizipation beruflich benachteiligter Personen und Gruppen im eu-

---

291 *MacKinnon* führt in ihrer feministischen Staatstheorie aus, dass der männlich geprägte Rechtsdiskurs die Lebensrealität von Frauen ignoriere und rechtliche Schutznormen für Frauen patriarchalische gesellschaftliche Strukturen perpetuieren, *MacKinnon*, Toward a feminist theory of the State, 1989, S. 242 ff.

292 Vgl. *Habermas*, Faktizität und Geltung, Beiträge zur Diskurstheorie des Rechts und des demokratischen Rechtsstaats, 1997, S. 493 ff.

293 Zur Notwendigkeit einer grundrechtlichen Kontrolle von Kollektivverträgen bei Repräsentanzdefiziten vgl. *Schiek*, in: *Däubler* (Hrsg.), TVG, 2012, Einl. Rn. 218 ff.

294 Weiterführend zur Partizipation von NGOs *König*, Dialog mit NGOs, in: *Rust/Däubler/Falke u.a.* (Hrsg.), Die Gleichbehandlungsrichtlinien der EU, a.a.O., S. 368 ff.

ropäischen Primärrecht wie im Sekundärrecht vorzufinden. Das in Art. 12 GRCh verankerte Grundrecht auf Koalitionsfreiheit entspricht den Erläuterungen der Charta zufolge in seinem Gehalt Art. 11 Abs. 1 EMRK.[295] Demnach müssen Beitritt, Mitgliedschaft und Mitwirkung in Arbeitnehmer- und Arbeitgeberverbänden ohne unzulässige Differenzierungen nach Geschlecht, Hautfarbe, Religion und anderen persönlichen Merkmalen gewährleistet sein.[296] Die UN-BRK, die das Konzept eines menschenrechtlichen *Empowerments* verfolgt, verpflichtet staatliche Akteure explizit sicherzustellen, dass Menschen mit Behinderungen ihre Arbeitnehmer/innen- und Gewerkschaftsrechte gleichberechtigt mit anderen ausüben können (vgl. Art. 27 Abs. 1 lit. c) UN-BRK).[297]

Weiter geht das in Art. 28 GRCh verankerte Recht auf Kollektivverhandlungen mit einer staatlichen Schutzpflicht einher, auf eine demokratisch legitimierte autonome Normsetzung hinzuwirken.[298] Die Überlassung von Regelungsaufgaben an sachnahe Akteure muss im Kontext der Überwindung von Diskriminierungen dahingehend ausgestaltet sein, dass Arbeitnehmer- und Arbeitgeberorganisationen die Interessen derer, die sie vertreten, angemessen repräsentieren.[299]

Eine gleichberechtigte Entscheidungsteilhabe beruflich benachteiligter Gruppen in normbildenden Gremien haben ebenso sekundärrechtliche Normen über Europäische Betriebsräte im Blick. So schreibt Art. 6 Abs. 2 lit. b) der RL 2009/ 38/ EG ausdrücklich eine ausgewogene Repräsentanz nach Tätigkeit, Arbeitnehmerkategorien und Geschlecht bei der Zusammensetzung des EBR vor. Schließlich gewährleisten staatliche Instanzen im Mehrebenensystem zum Schutz der individuellen Selbstbestimmung von Arbeitnehmer/inne/n eine Kontrolle der Gemeinwohlverträglichkeit

---

295 Vgl. zu demokratischer Teilhabe im Fall eines Ausschlusses psychisch Kranker vom Wahlrecht auch EGMR, Urt. v. 20.5. 2010, Beschwerde Nr. 38832/ 06 (Rs. Kiss).

296 Art. 11 EMRK i.V. m. Art. 14 EMRK; vgl. insoweit auch Art. 3 Abs. 1 lit. d) RL 2000/78/EG, der den Anwendungsbereich der Gleichbehandlungsrahmenrichtlinie explizit auf die gleichberechtigte Mitgliedschaft und Mitwirkung in Arbeitnehmer- und Arbeitgeberorganisationen erstreckt.

297 Weiterführend zu Implikationen der UN-BRK für eine gleichberechtigte Entscheidungsteilhabe *Kohte*, Die Bedeutung der UN-Behindertenrechtskonvention für das Wahlrecht der Beschäftigtenvertretungen in Deutschland, in: *Däubler/ Zimmer* (Hrsg.), FS Lörcher, a.a.O., S. 110-124.

298 Zum sozialstaatlichen Erfordernis einer demokratischen Binnenstruktur der Arbeitnehmerkoalitionen *Däubler*, in: *ders.* (Hrsg.), TVG, a.a.O., Einl. Rn. 92.

299 In diesem Sinn *Lembke*, in: *von der Groeben/Schwarze/Hatje* (Hrsg.), a.a.O., Art. 28 GRCh Rn. 9.

der durch kollektive Selbstregulierung erzielten Ergebnisse. So hat der EuGH bereits mehrfach festgestellt, dass Arbeitnehmer/innen- und Arbeitgeber/innenvertreter in den Mitgliedstaaten sekundärrechtliche Normen zur Antidiskriminierung zu beachten haben und das in Art. 28 GRCh gewährleistete Recht auf Kollektivverhandlungen in Einklang mit dem unionsrechtlichen Schutz vor Diskriminierungen auszuüben ist.[300]

---

300 Hierbei nimmt der EuGH allerdings einen weiten Ermessensspielraum der Sozialpartner an. Vgl. zur Bindung nationaler Kollektivverträge an unionsrechtliche Diskriminierungsverbote bei der Arbeit EuGH, Urteil vom 8.9.2011, C-297/10 und C-298/10 (Rs. Hennigs und Mai), Slg. 2011, I-7965; EuGH, Urteil vom 13.9.2011, C-447/09 (Rs. Prigge), Slg. 2011, I-8003; EuGH, Urteil vom 6.12.2012, C-152/11 (Rs. Odar), NJW 2013, 587; weiterführend zur Bindung der Sozialpartner an arbeitsrechtliche Diskriminierungsverbote *Grünberger/Sagan*, Diskriminierende Sozialpläne, a.a.O., 334 ff.

4. Kapitel: Rechtliche Rahmenbedingungen der fünf Dialogformen

Im folgenden Kapitel werden die rechtlichen Rahmenbedingungen der fünf Formen transnationaler SDe, die im Fokus dieses Buchs stehen, näher beleuchtet.

4.1 EBR – Gründungsvereinbarungen – hohe Regulierungsdichte

4.1.1 Entwicklungsdynamik

Europäische Betriebsräte (EBRe) als Institution zur grenzüberschreitenden Information und Konsultation von Arbeitnehmer/inne/n haben seit Verabschiedung der RL 94/45/EG[301] (EBR-RL) eine dynamische Entwicklung durchlaufen.[302] Die Zahl aktiver EBR-Gremien in multinationalen Unternehmen, die unter den Anwendungsbereich der EBR-RL fallen,[303] beträgt mittlerweile über 1100.[304]

Der europäische Normungsrahmen für EBR-Gründungsvereinbarungen orientiert sich am Prinzip der „regulierten Selbstregulierung".[305] Gesetzliche Vorgaben werden zugunsten sachnaher Aushandlungslösungen nicht-

---

301 RL 94/45/EG des Rats vom 22.9.1994 über die Einsetzung eines Europäischen Betriebsrats oder die Schaffung eines Verfahrens zur Unterrichtung und Anhörung der Arbeitnehmer in gemeinschaftsweit operierenden Unternehmen und Unternehmensgruppen (ABl. L 254/64 v. 30.9.1994); geändert durch die RL 97/74/EG vom 15.12.1997 zur Ausdehnung der Richtlinie 94/45/EG auf das Vereinigte Königreich (ABl. L 10/22 v. 16.1.1998); geändert durch die RL 2006/109/EG vom 20.11.2006 zur Anpassung der Richtlinie 94/45/EG anlässlich des Beitritts Bulgariens und Rumäniens (ABl. L 363/416 v. 20.12.2006); neu gefasst durch die RL 2009/38/EG des Europäischen Parlaments und des Rates vom 6.5.2009 (ABl. L 122/28 v. 16.5.2009).

302 Der Verabschiedung der EBR-RL gingen mehrere Regulierungsinitiativen der EU-Kommission sowie ein gescheiterter Verhandlungsprozess der europäischen Sozialpartnerverbände des sektorübergreifenden Sozialen Dialogs voraus, siehe weiterführend dazu *Fuchs/Marhold*, Europäisches Arbeitsrecht, 2010, S. 302 ff.

303 Vgl. zum Anwendungsbereich der EBR-RL *Riesenhuber*, Europäisches Arbeitsrecht, 2009, § 28 Rn. 9 ff.

304 Aktuelle Statistiken über EBRe sind abrufbar unter: <http://www.ewcdb.eu/stats-and-graphs> (zuletzt abgerufen am 2.7.2018).

305 Vgl. *Müller/Platzer/Rüb*, Globale Arbeitsbeziehungen in globalen Konzernen? Zur Transnationalisierung betrieblicher und gewerkschaftlicher Politik, 2004, S. 73. Siehe näher zur Konzeption der regulierten Selbstregulierung, die vornehmlich auf den deutschen Verfassungsrechtler Hoffmann-Riem zurückgeht, *Hofherr*, Europäische Sozialpolitik und die Idee der Selbstregulierung, S. 63 ff.

staatlicher Akteure (SDe) zurückgenommen. Zwingende Verfahrensregelungen und substantielle Mindestvorschriften flankieren die privatautonome Normgebung.

4.1.2 Vereinbarungsautonomie und zwingende staatliche Auffanglösung

Der konzeptionelle Gedanke der weiten Gestaltungsfreiheit der Kollektivakteure kommt u.a. in Art. 14 Abs. 1 lit. a) der novellierten EBR-RL
2009/38/EG[306] zum Ausdruck. Dieser regelt eine Bestandsschutzgarantie
für „freiwillige" EBR-Gründungsvereinbarungen, die vor Inkrafttreten der
ersten EBR-RL am 22. September 1996 abgeschlossen wurden (sog. Art.
13 Vereinbarungen).

Nach diesem Zeitpunkt ist ein erzwingbares Verfahren zur SD-Normbildung vorgeschrieben. Auf Initiative der Arbeitnehmer- oder der Arbeitgeberseite hin ist ein multinationales besonderes Verhandlungsgremium
von Arbeitnehmervertreter/inne/n zu bilden, welches die Aufgabe hat, mit
der zentralen Unternehmensleitung eine schriftliche EBR-Gründungsvereinbarung[307] auszuhandeln.[308]

Die konkrete Ausgestaltung der SD-Normen[309] unterliegt weitgehend
der Autonomie der Parteien, wobei Mindestinhalte zwingend gesetzlich
vorgeschrieben sind. So müssen die privatautonomen Lösungen etwa Befugnisse, Zusammensetzung und Ausstattung des EBR festlegen.[310]

Art. 7 Abs. 1 RL 2009/38/EG statuiert, dass subsidiäre gesetzliche Vorschriften eingreifen, wenn die zentrale Leitung die Aufnahme von Verhandlungen verweigert oder wenn binnen drei Jahren keine Vereinbarung
zustande kommt. Die Auffangregelung über den EBR kraft Gesetzes (vgl.
Anhang I der RL) legt u.a. fest, dass mindestens einmal jährlich eine Sitzung mit der zentralen Leitung stattzufinden hat, bei der diese den EBR

---

306 Vgl. zu den Neuerungen der novellierten EBR-RL *Zimmer*, Rechtliche Konzeption und Wirklichkeit: Europäische Betriebsräte als Verhandlungsakteure, in: *Alewell* (Hrsg.), Rechtstatsachen und Rechtswirkungen im Arbeits- und Sozialrecht,
2013, S. 138 ff.

307 Vgl. zum alternativen dezentralen Verfahren zur Unterrichtung und Anhörung
der Arbeitnehmer/innen *Blanke*, EBRG, 2006, § 19 Rn. 1 ff.

308 Vgl. Art. 5 RL 2009/38/EG.

309 Siehe näher zum juristischen Meinungsstand hinsichtlich der Rechtsnatur und der
rechtlichen Wirkung der Vereinbarungen *Joost*, in: MünchHandb.- ArbR, 2009,
§ 274 Rn. 98.

310 Vgl. v.a. Art. 6 Abs. 2 RL 2009/38/EG.

über Themen wie die voraussichtliche Entwicklung der Geschäfts-, Produktions-, Absatz- und Beschäftigungslage, Verlagerungen der Produktion, Fusionen oder Schließungen zu unterrichten und anzuhören hat.

Ferner verpflichtet die EBR-RL die Mitgliedstaaten, für Streitfälle um die Konstitutierung von EBRen und die Einhaltung getroffener Vereinbarungen rechtliche und gerichtliche Durchsetzungsmittel zur Verfügung zu stellen.[311]

4.1.3 Horizontale Subsidiarität und „bargaining in the shadow of the law"

Der EU-Regulierungsrahmen für EBR-Gründungsvereinbarungen folgt dem Gedanken proaktiver horizontaler Subsidiarität.[312] Die sachnahen Sozialpartner agieren vor dem Hintergrund starker unionsrechtlicher Vorkehrungen, die zur Normsetzung und -durchsetzung auffordern und befähigen. Regulierungsinitiative, Aushandlungsprozess und -ergebnis der SD-Normgebung sind staatlicherseits reguliert. Supranationales bzw. staatliches Recht greift nur dann ein, wenn vorrangige privatautonome Verhandlungen scheitern.

Die zwingende Auffanglösung der EBR-RL setzt Anreize für ein problemlösungs- und einigungsorientiertes „bargaining in the shadow of the law" der Sozialpartner.[313] Der Regulierungsansatz des „Verhandelns im Schatten des Gesetzes" geht davon aus, dass die bloße Existenz von erzwingbaren Rechten sozialen Ausgleich und Konsensfindung zwischen den Beteiligten fördert, ohne dass diese tatsächlich angewendet werden müssten.[314]

---

311 Siehe hierzu v.a. Erwägungsgrund Nr. 36 und Art. 11 Abs. 2 RL 2009/38/EG, wonach die Mitgliedstaaten administrative und/oder gerichtliche Verfahren sowie wirksame Sanktionen zur Durchsetzung der sich aus der RL ergebenden Verpflichtungen gewährleisten müssen.

312 Vgl. *Mückenberger/Nebe*, Formwandel von Staatlichkeit, ZIAS, a.a.O., 93.

313 Siehe *Mückenberger/Nebe*, Formwandel von Staatlichkeit, ZIAS, a.a.O., 93.

314 Weiterführend zum – ursprünglich aus dem Familienrecht stammmenden – Konzept des „bargaining in the shadow of the law" *Mnookin/Kornhauser*, Bargaining in the Shadow of the Law: The Case of Divorce, The Yale Law Journal, 1979, 950-997; *Bercusson*, European Labour Law, a.a.O., S. 149 ff.; *Mückenberger*, Dimensionen des Wandels des deutschen Arbeitsrechtssystems angesichts Postfordismus und Globalisierung, in: *Dingeldey/Holtrup/Warsewa* (Hrsg.), Wandel der Governance der Erwerbsarbeit, 2015, S. 86.

Eine den Grundlagen für EBR-Gründungsvereinbarungen vergleichbarer subsidiärer staatlicher Zwang bei privatautonomer Nichteinigung fehlt bei den anderen Formen transnationaler SDe. Es stellt sich somit die Frage, ob sich diese konstitutionelle Besonderheit auf die SD-Leistungsfähigkeit im Feld der Antidiskriminierung positiv auswirkt.

4.2 SDe nach AEUV – Nähe und Ferne zu Staatlichkeit

4.2.1 EU-Rahmen nach Art. 154/155 AEUV

Sektorübergreifende und sektorale SDe[315] werden auf der primärrechtlichen Rechtsgrundlage der Art. 154 und 155 AEUV normsetzend tätig. Europäische Gewerkschaften und Arbeitgeberverbände[316] erhalten durch den EU-Rahmen die Option zur Herstellung vertraglicher Beziehungen einschließlich des Abschlusses von Vereinbarungen (vgl. 155 Abs. 1 AEUV). Dabei werden zwei Wege eröffnet, die Rechtswirkung wechselseitig verbindlicher Vereinbarungen über die vertragsschließenden Akteure hinaus zu erweitern.[317] So können erzielte SD-Normen zum einen autonom umgesetzt werden (Art. 155 Abs. 2 S. 1 Alt. 1 AEUV). Zum anderen besteht die Möglichkeit, die Sozialpartnervereinbarungen durch Ratsbeschluss auf

---

315 Siehe zur SD-Form nach AEUV näher *Mückenberger*, Towards Procedural Regulation of Labour Law in Europe. The Case of Social Dialogue, 2004, im Internet unter: <http://epub.sub.uni-hamburg.de/epub/volltexte/2011/9501/pdf/CP02_Mueckenberger.pdf> (zuletzt abgerufen am 5.9.2018).

316 Siehe näher zu den von der EU-Kommission als repräsentativ anerkannten Sozialpartnerverbänden des sektorübergreifenden SD *Barnard*, Social Policy, EU Employment Law, a.a.O., S. 72 f.; vgl. zu den Sozialpartnerverbänden auf Branchenebene Europäische Kommission, Der sektorale soziale Dialog in Europa. Aktuelle Entwicklungen, 2010, S. 16 ff.

317 Nach überwiegender Ansicht in der juristischen Literatur bildet die vertragliche Beziehung nach Art. 155 Abs. 1 AEUV den Oberbegriff für über unverbindliche Stellungnahmen und Absprachen hinausgehende gegenseitig verpflichtende Übereinkünfte der Sozialpartner. Nur die auf Rechtswirkung gegenüber Dritten zielende Vereinbarung kann nach Art. 155 Abs. 2 AEUV durchgeführt werden; vgl. *Rust*, in: *von der Groeben/Schwarze/Hatje*, Europäisches Unionsrecht, a.a.O., Art. 155 AEUV Rn. 12 ff.; *Krebber*, in: *Calliess/Ruffert*, EUV/AEUV, a.a.O., Art. 155 AEUV Rn. 2; *Eichenhofer*, in: *Streinz*, EUV/AEUV, a.a.O., Art. 155 AEUV Rn. 1; *Theiss*, Die Durchführung europäischer Sozialpartnervereinbarungen auf nationaler Ebene, 2005, S. 54 f.

Vorschlag der Kommission in bindendes EU-Recht zu überführen (Art. 155 Abs. 2 S. 1 Alt. 2 AEUV).

Beide Implementationsmodi weisen ein unterschiedliches Maß an staatlicher Nähe auf.[318]

4.2.2 Durch Ratsbeschluss umgesetzte SD-Vereinbarungen

4.2.2.1 Bedeutungszunahme des Implementationsmodus

Die rechtliche Möglichkeit, Sozialpartnervereinbarungen durch Ratsbeschluss umzusetzen, hat seit ihrer Aufnahme in das Sozialprotokoll von Maastricht (1992) in der Praxis erhebliche Bedeutung erlangt.[319] Auf sektorübergreifender Ebene wurden auf diesem Weg u.a. SD-Regulierungen über atypische Beschäftigung zu zwingendem, innerstaatlich umzusetzenden EU-Richtlinienrecht.[320] Auch auf Branchenebene haben in jüngerer Zeit Interaktionen zwischen transnationalen SDen und EU-Instanzen bei der Normenimplementation zugenommen. Seit dem Beschluss der EU-Kommission von 1998,[321] der eine neue institutionelle Basis für den sektoralen SD schuf und die bis dahin bestehenden „Paritätischen Ausschüsse" und informellen Arbeitsgruppen durch neu strukturierte, vereinheitlichte Ausschüsse ersetzte, ist ein Zuwachs an verbindlichen Vereinbarungsergebnissen auf Branchenebene zu verzeichnen.[322] In den letzten Jahren wurden u.a. sektorspezifische SD-Regulierungen zum Gesundheitsschutz unter staatlicher Mitwirkung umgesetzt.[323]

---

318 Vgl. auch *Nebe*, Transnationalisierung, a.a.O., S. 504 f.

319 Siehe zur sozialwissenschaftlichen Diskussion um die Leistungsfähigkeit des Regulierungsmodus näher etwa *Falkner*, The Council or the social partners? EC social policy between diplomacy and collective bargaining, Journal of European Public Policy, 2000, 705 ff.; *Rhodes*, Das Verwirrspiel der „Regulierung": Industrielle Beziehungen und „soziale Dimension", in: *Leibfried/Pierson* (Hrsg.), Standort Europa, a.a.O., S. 130 ff.

320 Siehe dazu näher Teil B, 3. Kapitel.

321 Beschluss 98/500/EG der Kommission vom 20.5.1998 über die Einsetzung von Ausschüssen für den sektoralen Dialog zur Förderung des Dialogs zwischen den Sozialpartnern auf europäischer Ebene (ABl. L 225/27 v. 12.8.1998).

322 Vgl. *Degryse*, Dialogue social sectoriel européen: une ombre au tableau?, a.a.O., S. 15 ff.; *Mückenberger/Nebe*, Formwandel von Staatlichkeit, ZIAS, a.a.O., 94.

323 *Degryse*, Dialogue social sectoriel européen, a.a.O., S. 16.

4.2.2.2 Durchführung gemäß Art. 155 Abs. 2 S. 1 Alt. 2 AEUV

SD-Vereinbarungen, die zu EU-„Hard Law" werden, können im Rahmen der Einbindung der Sozialpartner in ein sozialpolitisches EU-Gesetzgebungsverfahren[324] abgeschlossen oder von diesen autonom initiiert werden.[325]

Die Durchführung schriftlich fixierter SD-Verhandlungsergebnisse[326] durch EU-Rechtsakt setzt einen gemeinsamen Antrag der Vertragsparteien an die Kommission voraus.[327] Anders als bei einer autonomen Umsetzung sind die SD-Norminhalte dabei auf den sozialpolitischen Kompetenzrahmen der EU-Gesetzgebung nach Art. 153 AEUV begrenzt.[328]

Ob und inwieweit es EU-Kommission und Rat frei steht, die Durchführung abzulehnen,[329] ist in der juristischen Literatur umstritten. Nach h.M. sind die EU-Instanzen nicht verpflichtet, dem Antrag der Sozialpartner Folge zu leisten. Die Kommission sei jedenfalls befugt, die Repräsentativität der vertragschließenden Akteure und die Vereinbarkeit der SD-

---

324 Art. 154 Abs. 4 AEUV ermöglicht es europäischen Sozialpartnern nach der Anhörung zu einem sozialpolitischen Legislativvorschlag der EU-Kommission, das Normsetzungsverfahren an sich zu ziehen; vgl. weiterführend dazu *Theiss*, Die Durchführung europäischer Sozialpartnervereinbarungen, a.a.O., S. 22 ff.

325 Zum autonomen Normsetzungsinitiativrecht der Sozialpartner siehe *Schiek*, in: *Däubler*, TVG, 2016, Einl. Rn. 883; *Rust*, in: *von der Groeben/Schwarze/Hatje*, Europäisches Unionsrecht, a.a.O., Art. 155 AEUV Rn. 43. Von den für eine Durchführung in „Hard Law" vorgesehenen SD- Vereinbarungen wurde bislang lediglich das Abkommen zum Gesundheitsschutz im Friseursektor (2012) autonom initiiert, vgl. dazu *Degryse*, Dialogue social sectoriel européen, a.a.O., S. 17.

326 Aus dem Wortlaut des Art. 155 Abs. 2 AEUV, der von „Unterzeichnerparteien" spricht, wird überwiegend in der juristischen Literatur ein Schriftformerfordernis abgeleitet, vgl. z.B. *Eichenhofer*, in: *Streinz*, EUV/AEUV, a.a.O., Art. 155 AEUV Rn. 7; *Krebber*, in: *Calliess/Ruffert*, EUV/AEUV, a.a.O., Art. 155 AEUV Rn. 5; *Rust*, in: *von der Groeben/Schwarze/Hatje*, Europäisches Unionsrecht, a.a.O., Art. 155 AEUV Rn. 44.

327 Vgl. *Benecke*, in: *Grabitz/Hilf/Nettesheim*, Das Recht der Europäischen Union, 2015, Art. 155 Rn. 7; *Krebber*, in: *Calliess/Ruffert*, EUV/AEUV, a.a.O., Art. 155 AEUV Rn. 25.

328 Vgl. etwa *Barnard*, a.a.O., S. 75.

329 In der Praxis weigerte sich die Kommission 2012 erstmals, eine sektorale SD-Vereinbarung zum Gesundheitsschutz zur Durchführung an den Rat weiterzuleiten; siehe näher dazu *Bandasz*, A framework agreement in the hairdressing sector: the European social dialogue at a crossroads, Transfer 2014, 505-520.

Normen mit dem Unionsrecht zu prüfen.[330] Wie bereits oben dargelegt wurde, können autonome kollektivvertragliche Regulierung und der Schutz vor Diskriminierungen in einem Spannungsverhältnis zueinander stehen. Es ist daher davon auszugehen, dass der Kommission in ihrer Funktion als „Hüterin des Unionsrechts"[331] die Aufgabe zukommt, die Rechtmäßigkeit der Sozialpartnervereinbarungen in Hinblick auf die europäischen Antidiskriminierungsvorgaben zu prüfen.[332]

4.2.2.3 Anschluss an zwingendes Recht und Lücken im „shadow of the law"

Durch den Ratsbeschluss, der bislang ausschließlich in der Handlungsform der Richtlinie erging,[333] werden die autonomen Sozialpartnervereinbarungen Bestandteil des sekundären Unionsrechts. Sie nehmen an dessen Vorrang vor nationalem Recht der EU-Mitgliedstaaten teil.[334] Der inkorporierende staatliche Akt verleiht den SD-Normen über die vertragschließenden europäischen Sozialpartnerverbände und deren Mitglieder hinausgehende unionsweite rechtliche Geltung gegenüber Arbeitnehmer/inne/n und Ar-

---

330 *Arnold*, Der Soziale Dialog nach Art. 139 EG, 2008, S. 121, 127; *Barnard*, a.a.O., S. 76; *Benecke*, in: *Grabitz/Hilf/Nettesheim*, a.a.O., Art. 155 AEUV Rn. 7 f.; *Krebber*, in: *Calliess/Ruffert*, EUV/AEUV, a.a.O., Art. 155 AEUV Rn. 26 f.; *Theiss*, Die Durchführung europäischer Sozialpartnervereinbarungen, a.a.O., S. 121. *Bercusson* geht unter Berufung auf den Wortlaut des Art. 155 Abs. 2 AEUV (in der englischen Fassung: „*shall be implemented*") davon aus, dass EU-Kommission und Rat verpflichtet sind, auf Antrag der Sozialpartner die Vereinbarung durchzuführen, *ders.*, European Labour Law, a.a.O., S. 159. Eine Befugnis der EU-Instanzen, die erzielten Einigungsergebnisse autonomer Kollektivakteure mit geändertem Inhalt umzusetzen, wird nach überwiegender Auffassung abgelehnt. Vgl. zu dieser bislang kaum praxisrelevanten Frage *Theiss*, Die Durchführung, a.a.O., S. 179 ff.
331 Vgl. Art. 17 EUV.
332 In diesem Sinn auch *Höland*, Partnerschaftliche Setzung und Durchführung von Recht in der Europäischen Gemeinschaft, ZIAS 1995, 442 ff.; *Eichenhofer*, in: *Streinz*, EUV/AEUV, a.a.O., Art. 155 AEUV Rn. 18.
333 Der „Beschluss des Rates" nach Art. 155 Abs. 2 S. 1 Alt. 2 AEUV bildet nach h.M. den Oberbegriff für die in Art. 288 AEUV vorgesehenen Legislativakte, vgl. *Schiek*, in: *Däubler*, TVG, 2012, Einl. Rn. 785 ff.; für eine Beschränkung des Ratsbeschlusses auf die Form der Richtlinie etwa *Arnold*, Der Soziale Dialog nach Art. 139 EG, 2008, S. 101 f.
334 Vgl. *Krebber*, in: *Calliess/Ruffert*, EUV/AEUV, a.a.O., Art. 155 AEUV Rn. 30.

beitgeber/inne/n.[335] In Richtlinien umgesetzte Vereinbarungen unterliegen der Auslegung durch den EuGH, wodurch ihre einheitliche Anwendung in den Mitgliedstaaten sichergestellt ist.[336] Durch den Ratsbeschluss erlangen die Sozialpartnervereinbarungen Anschluss an zwingende staatliche Durchsetzungsmechanismen. Die SD-Normen können auf nationaler und europäischer Ebene mit Hilfe öffentlicher Gerichte durchgesetzt werden.

Anders als bei EBR-Gründungsvereinbarungen besteht jedoch kein verpflichtendes Verfahren zur Normsetzung. Die in der Praxis häufig nicht verhandlungsbereiten europäischen Arbeitgeberverbände[337] können von der Arbeitnehmerseite nicht zu normbildenden Aktivitäten gezwungen werden. Das Erzielen verbindlicher Vereinbarungen ist vom Einvernehmen der Sozialpartner abhängig.[338] Ein unionsrechtlicher Verhandlungsanspruch oder gar eine Abschlusspflicht beteiligter Kollektivakteure besteht nach h.M. für SD-Normen nach Art. 155 AEUV nicht.[339] Auch die Frage, ob die Vereinbarungen im Wege von Arbeitskampfmaßnahmen auf europäischer Ebene durchgesetzt werden können, wird unter Hinweis auf Art. 153 Abs. 5 AEUV, der diesen Bereich aus den Kompetenzen des Unionsgesetzgebers herausnimmt, überwiegend verneint.[340] Der Möglichkeit, den Abschluss der SD-Normen durch nationale Kollektivmaßnahmen zu erzwingen, stehen in vielen EU-Mitgliedstaaten rechtliche Hürden entgegen.[341] Insoweit fehlt es für später in EU-Recht inkorporierte SD-Norminhalte an einem *„shadow of the law"*.

---

335 Vgl. *Mückenberger*, Sozialverfassung, a.a.O., 376.

336 *Schiek*, in: *Däubler*, TVG, 2016, Einl. Rn. 904; die Vereinbarung wird integraler Bestandteil der Richtlinie und ist vom EuGH in Einklang mit dem gesamten Gemeinschaftsrecht auszulegen, vgl. *Rust*, in: *von der Groeben/Schwarze/Hatje*, Europäisches Unionsrecht, a.a.O., Art. 155 AEUV Rn. 73 ff.

337 Vgl. dazu z.B. *Rhodes*, Das Verwirrspiel der „Regulierung": Industrielle Beziehungen und „soziale Dimension", a.a.O., S. 128; *Balme/Chabanet*, European Governance and Democracy, a.a.O., S. 106.

338 Vgl. *Mückenberger/Nebe*, Formwandel von Staatlichkeit, ZIAS, a.a.O., 94.

339 Vgl. *Krebber*, in: *Calliess/Ruffert*, EUV/AEUV, a.a.O., Art. 155 AEUV Rn. 8.

340 Siehe z.B. *Eichenhofer*, in: *Streinz*, EUV/AEUV, a.a.O., Art. 155 AEUV Rn. 9; *Theiss*, Die Durchführung europäischer Sozialpartnervereinbarungen, a.a.O., S. 61 f.; a.A. *Däubler*, Die Koalitionsfreiheit im EG-Recht, in: *Isenhardt/Preis* (Hrsg.), FS Hanau, 1999, S. 496.

341 Vgl. *Hepple*, Labour Laws, a.a.O., S. 187; *Theiss*, Die Durchführung europäischer Sozialpartnervereinbarungen, a.a.O., S. 62; für eine Zulässigkeit mitgliedstaatlicher Arbeitskämpfe in Hinblick auf europäische SD-Vereinbarungen aus den grundrechtlichen Gewährleistungen nach Art. 28 GRCh *Rödl*, Arbeitsverfassung, a.a.O., S. 902.

Ein Verhandlungs- und Einigungsanreiz für die Sozialpartner kann im Rahmen von Art. 154/155 AEUV allenfalls dadurch entstehen, dass ein alternativer EU-Legislativakt „droht" und privatautonome Verhandlungen aus Sicht betroffener Arbeitgeber- und Arbeitnehmerverbände eine bessere Interessendurchsetzung erwarten lassen.[342]

4.2.3 Autonomer Implementationsmodus

Im Jahr 2001 verkündeten die branchenübergreifenden europäischen Sozialpartner anlässlich des Gipfels von Laeken in einer gemeinsamen Erklärung eine neue Phase des bipartistischen Sozialen Dialogs.[343] In der Folgezeit wurden auf sektorübergreifender und sektoraler Ebene zahlreiche Vereinbarungen abgeschlossen, die nach Art. 155 Abs. 2 S. 1 Alt. 1 AEUV autonom umgesetzt wurden.[344]

4.2.3.1 Umstrittene Rechtswirkungen

Die rechtlichen Wirkungen autonom umgesetzter Sozialpartnervereinbarungen sind in der juristischen Literatur umstritten.

Nach verbreiteter Ansicht kann die autonome Durchführung nicht zu rechtsverbindlichen Normen auf EU-Ebene führen. Den Mitgliedstaaten und nationalen Sozialpartnern steht es frei, ob und inwieweit sie die SD-Vereinbarungen umsetzen.[345] In Teilen der Literatur wird das Modell vertreten, den Vereinbarungen durch den Abschluss mehrstufiger Kollektivverträge innerstaatlich zu rechtlicher Geltung zu verhelfen. Die europäischen Sozialpartner können demnach im Rahmen ihrer verbandsrechtlichen Befugnisse ihre Mitglieder verpflichten, die SD-Norminhalte in nati-

---

342 Siehe näher zu möglichen Konstellationen eines „bargaining in the shadow of the law" im Rahmen der Art. 154/155 AEUV *Bercusson*, European Labour Law, a.a.O., S. 148 ff.; *Hofherr*, Europäische Sozialpolitik, a.a.O., S. 50 ff.

343 Vgl. *Bercusson*, European Labour Law, a.a.O., S. 545.

344 Siehe näher dazu *Blanpain*, European Labour Law, 2012, S. 198 ff.

345 So etwa *Barnard*, a.a.O., S. 74; *Frenz*, Handbuch Europarecht, Bd. 6, 2011, Rn. 3960; *Hepple*, Labour Laws, a.a.O., S. 234; *Krebber*, in: *Calliess/Ruffert*, EUV/ AEUV, a.a.O., Art. 155 AEUV Rn. 21; ähnlich auch *Blanpain*, European Labour Law, a.a.O., S. 199.

onale Kollektivverträge aufzunehmen.[346] Vereinzelt wird angenommen, dass die Sozialpartnervereinbarungen ohne Transformationsakt im Recht der Mitgliedstaaten wirken wie ein nationaler Kollektivvertrag.[347] Rechtliche Bindungswirkung und Geltung der SD-Normen über den Einflussbereich der europäischen Sozialpartner hinaus fielen demnach von Land zu Land unterschiedlich aus.[348] Nach anderer Ansicht unterstehen die Vereinbarungen bei einer autonomen Durchführung in (analoger) Anwendung supranationaler kollisionsrechtlicher Vorschriften der Rom I-Verordnung[349] einem einheitlichen nationalen Tarifstatut.[350] Einige Stimmen in der Literatur gehen davon aus, dass die nationale Durchführung der SD-Normen zwingend unionsrechtlich vorgegeben ist.[351] In diesem Zusammenhang wird eine Möglichkeit oder gar eine Pflicht erörtert, autonomen Sozialpartnervereinbarungen durch umsetzende Kollektivverträge und ergänzende staatliche Mittel wie Allgemeinverbindlichkeitserklärungen innerstaatlich zu umfassender Wirksamkeit verhelfen.[352]

4.2.3.2 Unsichere staatliche Anbindung

Der Überblick über den Meinungsstand verdeutlicht, dass autonom implementierte Sozialpartnervereinbarungen nicht dieselbe staatliche Nähe und gesicherte rechtliche Wirkungsmacht aufweisen wie in Richtlinienrecht überführte SD-Ergebnisse.

---

346 Vgl. *Höland*, Partnerschaftliche Setzung, a.a.O., S. 439 f.; *Franssen*, Legal Aspects of European Social Dialogue, 2002, S. 135 ff.

347 So das sog. Modell der parallelen Wirkungsstatute, vgl. dazu *Deinert*, Der europäische Kollektivvertrag, 1999, S. 440 ff.

348 Siehe näher zur unterschiedlichen Wirkung von Kollektivverträgen in den EU-Mitgliedstaaten *Rebhahn*, Das kollektive Arbeitsrecht im Rechtsvergleich, a.a.O., 764 ff.

349 Verordnung (EG) Nr. 593/2008 des Europäischen Parlaments und des Rates vom 17. Juni 2008 über das auf vertragliche Schuldverhältnisse anzuwendende Recht (Rom I) (ABl. L 177/6 v. 4.7.2008).

350 Vgl. etwa *Kocher*, Europäisches Arbeitsrecht, 2016, S. 62.

351 So etwa *Bercusson*, European Labour Law, a.a.O., S. 152 f.

352 In diesem Sinn EU-Kommission, Partnerschaft für den Wandel, KOM(2004) 557 endg., S. 7; siehe weiterführend auch *Waas*, Der soziale Dialog auf Gemeinschaftsebene in neuem Licht: Ein Blick auf „autonome Vereinbarungen" der Sozialpartner, in: *Höland/Hohmann-Dennhardt u.a.* (Hrsg.), Arbeitnehmermitwirkung, a.a.O., S. 145-161.

Nach überwiegender Auffassung in der juristischen Literatur fehlt es bei der autonomen Durchführung an einer supranational vorgegebenen unionsweiten rechtlichen Geltung der Sozialpartnervereinbarungen. Die Umsetzung der SD-Normen in den Mitgliedstaaten bleibt national fragmentiert und ist mit Rechtsunsicherheiten behaftet. Anders als bei einer Umsetzung durch Ratsbeschluss ist die über die europäischen Sozialpartner hinausreichende Rechtswirkung der Vereinbarungen für die Arbeitsverhältnisse unklar. Sofern SD-Resultate nicht in EU-Recht inkorporiert werden, ist außerdem juristisch umstritten, inwieweit die Einhaltung der Norminhalte von den Vertragsparteien oder Dritten auf nationaler oder europäischer Ebene gerichtlich durchgesetzt werden kann.[353] Ebenso wenig bestehen im autonomen Regulierungsmodus rechtliche Möglichkeiten der Sozialpartner, sich gegenseitig zur Aufnahme von Verhandlungen oder gar einer Einigung zu zwingen. „Autonom gebliebene" SD-Vereinbarungen sind somit nur relativ schwach an staatliches Recht und staatliche Durchsetzungspotentiale angebunden.

4.3 Substantielle EBR-Vereinbarungen – Selbstregulierung im unsicheren „Schatten" der EBR-RL

EBRe nehmen zunehmend über ihre gesetzlich verankerten Rechte auf Information und Konsultation hinausgehende Regulierungsfunktionen wahr. So ist seit einigen Jahren ein deutlicher Zuwachs an transnationalen SD-Vereinbarungen zu beobachten, die zwischen EBRen und Unternehmensleitungen abgeschlossen werden.[354]

4.3.1 Unsichere supranationale Rechtsgrundlage

Ob über EBR-Gründungsvereinbarungen und anschließende Verfahrensregulierungen hinausgehende Abkommen EBRe in der EBR-RL eine Rechtsgrundlage finden, wird in der juristischen Literatur unterschiedlich beurteilt.

---

353 Vgl. *Mückenberger/Nebe*, ZIAS, a.a.O., 94; *Arnold*, Der Soziale Dialog, a.a.O., S. 75 ff.

354 Siehe etwa *Telljohann/da Costa/Müller et al.*, European and international framework agreements: new tools of industrial relations, Transfer 2009, 505 ff.; *Müller/Platzer/Rüb*, Transnationale Unternehmensvereinbarungen und die Vereinbarungspolitik Europäischer Betriebsräte, WSI-Mitteilungen 2012, 457.

Teilweise wird vertreten, dass sich die Kompetenzen EBRe nach sekundärem EU-Recht und innerstaatlichen Umsetzungsnormen auf Information und Konsultation beschränken. Eine Ermächtigung EBRe zum Abschluss weitergehender Vereinbarungen sei gesetzlich nicht vorgesehen.[355] Die den Sozialpartnern eingeräumte Vereinbarungsautonomie sei funktional darauf begrenzt, Modalitäten der Unterrichtung und Anhörung festzulegen.[356]

Die Gegenansicht geht davon aus, dass substantielle EBR-Vereinbarungen von der EBR-RL erfasst sind. Eine über Information und Konsultation hinausgehende SD-Normsetzung sei aufgrund des gesetzlichen Primats der Verhandlungsautonomie zulässig.[357] Der EBR könne auch bei der Verlängerung einer EBR-Gründungsvereinbarung oder ihrer Anpassung an strukturelle Änderungen[358] Vertragspartei sein, was auf die Möglichkeit weitergehender Vereinbarungen hindeute. Sinn und Zweck der EBR-RL sei es ausdrücklich, einen Dialog zwischen Arbeitnehmervertreter/inne/n und zentraler Leitung herzustellen und eine Verhandlungskultur zu schaffen. Den Sozialpartnern könne daher die Kompetenz zum Abschluss inhaltlicher Vereinbarungen nicht abgesprochen werden.[359]

Nach einer weiteren Auffassung ermöglicht es der europäische Rechtsrahmen, substantielle EBR-Normen auf eine Ermächtigung in der EBR-Gründungsvereinbarung zu stützen. Es steht den Sozialpartnern demnach im Rahmen der Autonomie der EBR-RL frei, über Information und Konsultation hinausgehende Verhandlungskompetenzen EBRe in einem privaten Statuskontrakt zu normieren.[360]

---

355 So etwa *Ales/Engblom/Jaspers et al.*, Transnational Collective Bargaining: Past, Present and Future, 2006, S. 21, 33; *Rehberg*, Die kollisionsrechtliche Behandlung „europäischer Betriebsvereinbarungen", NZA 2013, 76; *Rupp*, in: *Annuß/Kühn u.a.*, EBRG, 2014, § 17 Rn. 19; *Oetker*, in: *Franzen/Gallner/Oetker* (Hrsg.), Kommentar zum europäischen Arbeitsrecht, 2016, Art. 6 RL 2009/38/EG Rn. 16.

356 Vgl. *Oetker*, in: *Franzen/Gallner/Oetker* (Hrsg.), Kommentar zum europäischen Arbeitsrecht, 2016, Art. 6 RL 2009/38/EG Rn. 16.

357 So *Blanke*, EBRG, a.a.O., § 18 Rn. 12; *Zimmer*, Soziale Mindeststandards, a.a.O., S. 287 ff.

358 Vgl. dazu Art. 13 RL 2009/38/EG.

359 Vgl. *Zimmer*, Soziale Mindeststandards, a.a.O., S. 288.

360 Vgl. *Schiek*, in: *Däubler*, TVG, 2016, Einl. Rn. 956; ähnlich *Heimann*, Substantielle Vereinbarungen Europäischer Betriebsräte: Praxis und Recht, 2014, S. 143, 154.

4.3.2 Unklare Kontrahierungs- und Durchsetzungsbedingungen

Die supranationale Rechtsgrundlage für substantielle EBR-Vereinbarungen ist somit nicht klar bestimmt.

Auch Verhandlungsverfahren, rechtlicher Status und Bindungswirkung der SD-Normen sind auf EU-Ebene nicht eindeutig geregelt.[361]

Die Anerkennung und Durchsetzung erzielter SD-Ergebnisse durch nationalstaatliche Rechtsstrukturen ist unsicher. Der Anschluss von EBR-Abkommen an zwingendes nationales Recht über Normen des Internationalen Privatrechts (IPR) begegnet Schwierigkeiten. Um eine nationale Rechtsordnung zu ermitteln, nach der sich der Rechtscharakter substantieller EBR-Vereinbarungen bemisst, ist nach überwiegender juristischer Auffassung auf die supranationalen kollisionsrechtlichen Vorschriften der Rom I-Verordnung zurückzugreifen. Insbesondere wenn die Vertragsparteien keine Rechtswahl getroffen haben, ist die Ermittlung des anwendbaren nationalen Rechts allerdings umstritten.[362] Darüber hinaus fehlt es an spezifischen mitgliedstaatlichen Normen, die die Rechtsqualität weitergehender EBR-Abkommen klären.[363] Der Zuerkennung rechtlich verbindlicher Wirkungen nach bestehenden nationalen kollektivvertraglichen Regelungen stehen u.a. aufgrund des unsicheren Mandats EBRe zum Abschluss substantieller Vereinbarungen Hürden entgegen.[364]

Regulierungspolitisch widerspricht eine Verhandlungsrolle für EBRe den Kollektivvertragssystemen vieler EU-Mitgliedstaaten, in denen die Aushandlung von Unternehmensvereinbarungen Gewerkschaften vorbehalten ist.[365]

Zudem sind nach verbreiteter Ansicht bei derzeitiger Rechtslage weitere nationale Umsetzungshandlungen auf Arbeitgeber- und Arbeitnehmer-

---

361 *Ales/Engblom/Jaspers*, Transnational Collective Bargaining, a.a.O., S. 27, 33.

362 Vgl. van *Hoek/Hendrickx*, International private law aspects and dispute settlement related to transnational company agreements, Final Report, 2009, S. 27; siehe näher zum Meinungsstand auch Heimann, Substantielle Vereinbarungen Europäischer Betriebsräte, a.a.O., S. 126 ff.; *Rehberg*, Die kollisionsrechtliche Behandlung „europäischer Betriebsvereinbarungen", a.a.O., 76 ff.

363 Vgl. *Zimmer*, Soziale Mindeststandards, a.a.O., S. 291; *Meißner/Ritschel*, Europäische Unternehmensvereinbarungen – Chancen für ein kollektives Arbeitsrecht, in: *Busch/Feldhoff/Nebe* (Hrsg.), Übergänge im Arbeitsleben und (Re)inklusion in den Arbeitsmarkt, 2012, S. 63.

364 Vgl. *Marhold*, Grenzüberschreitende Betriebsvereinbarungen, ZESAR 2013, 257.

365 Siehe etwa *European Commission*, Transnational Company Agreements: Realizing the Potential of Social Dialogue, SWD(2012) 264 final, S. 8 f.

seite notwendig, um den SD-Normen innerstaatlich zu Verbindlichkeit und rechtlicher Wirkung über die unmittelbar vertragsschließenden Akteure hinaus für die Arbeitsverhältnisse zu verhelfen.[366]

Ferner ist höchst unklar, ob die beteiligten Sozialpartner oder regelungsbegünstigte Arbeitnehmer/innen die Einhaltung der SD-Normen gerichtlich erzwingen können. Die Bestimmung einer gerichtlichen Zuständigkeit für weitergehende EBR-Abkommen, die sich nach den supranationalen Vorschriften der Brüssel I-VO[367] richtet, ist *de lege lata* mit großen Rechtsunsicherheiten behaftet.[368]

4.3.3 Ausstrahlung des „shadow of the law"

Festzuhalten ist, dass sich weitergehende EBR-Abkommen unter unklaren rechtlichen Bedingungen bewegen. Im Gegensatz zu EBR-Gründungsvereinbarungen und SDen nach AEUV fehlt es an einer gesicherten europäischen Rechtsgrundlage und einem Rahmen, der die rechtliche Geltung getroffener SD-Normen bestimmt.

Dennoch stützen sich weitergehende EBR-Vereinbarungen auf die institutionelle Basis und den rechtlichen Hintergrund der EBR-RL. Die gesetzliche Verpflichtung zur Konstituierung von EBRen veranlasst die geschaffenen Gremien, über den gesicherten supranationalen Rechtsrahmen hinaus aktiv zu werden. Auch für substantielle EBR-Vereinbarungen besteht somit noch ein „*shadow of the law*".[369]

---

366 Vgl. *Marhold*, Grenzüberschreitende Betriebsvereinbarungen, a.a.O., 255; *Ales/ Engblom/Jaspers*, Transnational Collective Bargaining, a.a.O., S. 33. Um die rechtlichen Durchsetzungschancen erzielter SD-Ergebnisse auf nationaler Ebene zu erhöhen, werden in der Praxis EBR-Abkommen zuweilen von nationalen Arbeitgeber- und Arbeitnehmervertreter/inne/n mitunterzeichnet, vgl. *European Commission*, SWD(2012) 264 final, a.a.O., S. 8.

367 EG-Verordnung Nr. 44/2001 des Rates über die gerichtliche Zuständigkeit und die Anerkennung und Vollstreckung von Entscheidungen in Zivil- und Handelssachen vom 22.12.2000 (ABl. L 12/1 v. 16.1.2001), neugefasst durch EU-Verordnung Nr. 1215/2012 des Parlaments und des Rates vom 12.12.2012 (ABl. L 351/1 v. 20.12.2012).

368 Siehe dazu van *Hoek/Hendrickx*, International private law aspects, a.a.O., S. 84 ff.

369 Vgl. auch *Ales/Engblom/Jaspers u.a.*, Transnational Collective Bargaining, a.a.O., S. 23.

4.4 Mischformen – ungeklärte Rechtslage und staatlicher Regulierungsanreiz

Eine ähnliche rechtliche Verfasstheit wie substantielle EBR-Abkommen weisen Mischformen auf, die von EBRen und gewerkschaftlichen Akteuren mit multinationalen Konzernen ausgehandelt werden.[370]

Die Dialogform der Mischformen ist ebenso wie substantielle EBR-Vereinbarungen auf eine unsichere supranationale Rechtsgrundlage und eine weitgehend ungeklärte Rechtslage verwiesen.[371] Regulierungsinitiative, Aushandlungsprozess und -ergebnis der SD-Normbildung sind auf EU-Ebene nicht spezifisch geregelt.

Der rechtliche Zwang zur Einrichtung EBRe bildet allerdings auch hier für die Verhandlungsakteure Anreiz, weitergehende soziale Regulierungen zu treffen. Insoweit agieren auch Mischformen im (unsicheren) „Schatten des Rechts".

4.5 TCAs – geringe staatliche Nähe

4.5.1 Bedeutungsaufschwung

In jüngerer Zeit haben TCAs, die nationale und/oder transnationale Gewerkschaftsverbände mit Unternehmensleitungen abschließen, im europäischen Raum einen Bedeutungsaufschwung erlebt.[372]

Anders als bei auf der Basis gesetzlicher Grundlagen errichteten EBRen werden bei TCAs auf der Arbeitnehmer/innen/seite freiwillig gebildete Koalitionen von Beschäftigten tätig. Sie ähneln damit in ihren Verhandlungs- und Vereinbarungsstrukturen am ehesten dem tradierten Tarifwesen und kollektivvertraglichen Systemen auf nationaler Ebene.[373]

---

370 Vgl. zu dieser SD-Form *Ales/Engblom/Jaspers*, Transnational Collective Bargaining, a.a.O., S. 26 f. Eine Mitunterzeichnung durch nationale Gewerkschaftsverbände kann die Legitimität und die rechtlichen Durchsetzungschancen der SD-Normen auf nationaler Ebene erhöhen.

371 Für Mischformen gilt ebenfalls das oben zu substantiellen EBR-Abkommen Gesagte. Hinsichtlich der Besonderheiten von SD-Unternehmensvereinbarungen, die von Gewerkschaften (mit)abgeschlossen werden, siehe sogleich unten.

372 Vgl. etwa *European Commission*, Mapping of transnational texts negotiated at corporate level, 2008, S. 9 ff.

373 Vgl. *Mückenberger/Nebe*, Formwandel von Staatlichkeit, ZIAS, a.a.O., 94.

Allerdings weisen TCAs nach derzeitiger Rechtslage einen sehr geringen Grad an staatlicher Rückbindung auf.

4.5.2 Keine spezielle Rechtsgrundlage und ungewisse Rechtswirkungen

Für TCAs fehlt es an einer speziellen unionsrechtlichen Rechtsgrundlage. Diese besteht lediglich in Gestalt grundrechtlicher Gewährleistungen. So schützt Art. 28 GRCh das Recht nationaler und europäischer Gewerkschaften sowie Arbeitgebern auf allen geeigneten Ebenen – die transnationale eingeschlossen – Kollektivverträge zu vereinbaren.[374] Im Bereich der Antidiskriminierung eröffnet Art. 28 GRCh i.V.m. Art. 11 RL 2000/43/EG und Art. 13 RL 2000/78/EG die Möglichkeit zum Abschluss von TCAs.[375]

Es existiert jedoch keinerlei EU-Regelwerk, in dem Rechtscharakter und rechtliche Verbindlichkeit und damit die transnationale Wirksamkeit erzielter SD-Aushandlungsergebnisse geklärt sind.[376]

Im Zusammenhang mit der Anwendung von rechtlichen Anschlussnormen des Internationalen Privatrechts (IPR) bestehen wie bei substantiellen EBR-Vereinbarungen und Mischformen große Rechtsunsicherheiten.[377]

Im Unterschied zu substantiellen EBR-Normen und Mischformen bewegen sich TCAs außerhalb des spezialgesetzlichen Rechtsrahmens der EBR-RL. Es besteht damit eine besonders geringe Nähe zu supranationalem bzw. staatlichem Recht.

4.6 Unterschiedliche Durchsetzungschancen

Wie aufgezeigt, sind die fünf Formen transnationaler SDe in höchst unterschiedlichem Maße mit supranationalen und staatlichen Rechts- und

---

374 Vgl. *Jarass*, EU-Grundrechte, a.a.O., § 29 Rn. 13; *Rödl*, Arbeitsverfassung, a.a.O., S. 902.

375 Vgl. *Ales/Engblom/Jaspers*, Transnational Collective Bargaining, a.a.O., S. 32.

376 *Mückenberger/Nebe*, Formwandel von Staatlichkeit, ZIAS, a.a.O., 94.

377 Die von juristischer Seite angenommene Notwendigkeit eines speziellen Verhandlungsmandats und weiterer Umsetzungshandlungen bilden zusätzliche Hürden für eine verbindliche Wirkung auf nationaler Ebene. Vgl. dazu van *Hoek/Hendrickx*, International private law aspects, S. 29 ff. Siehe zum Meinungsstand hinsichtlich rechtlicher Qualität der SD-Normen und Anwendbarkeit kollisionsrechtlicher Vorschriften auf Vereinbarungen internationaler gewerkschaftlicher Akteure auch Zimmer, Soziale Mindeststandards, S. 267 ff.

Durchsetzungsstrukturen verknüpft. Die rechtlichen Durchsetzungschancen und damit die Wirksamkeit der von SDen hervorgebrachten Normen sind somit jeweils unterschiedlich einzuschätzen.[378]

---

378 Der Literatur zufolge besteht zwischen der Anbindung von Rechtsnormen an staatliche Durchsetzungspotentiale und der Normeffektivität ein positiver Zusammenhang, siehe dazu etwa *Baer*, Rechtssoziologie, 2015, § 9 Rn.1; zum Begriff der rechtlichen Durchsetzungschance vgl. *Raiser*, Rechtssoziologie, 2013, S. 242 f. Siehe näher zum Verständnis von Effektivität im Rahmen dieser Arbeit Teil B, 2. Kapitel.

Teil B:
Empirische Analyse und sozialstaatliche Bewertung von Outcomes und Reaktionen

1. Kapitel: Ziele der Studie, Hypothesen

1.1 Forschungsziele und -fragen

Ziel der im Rahmen dieser Arbeit durchgeführten Studie war es, den durch transnationale SDe hervorgerufenen Form- und Leistungswandel von Staatlichkeit im Feld der Antidiskriminierung auf belastbarer empirischer Datengrundlage bewertbar zu machen. Aufschlüsse sollten darüber erzielt werden, ob und unter welchen rechtlich-institutionellen Bedingungen die fünf Dialogformen sozialstaatsgemäße Normsetzungs-, Implementations- und Diffusionsleistungen erzielen. Weiter interessierte auf Grundlage der empirischen Befunde normativ, ob und gegebenenfalls welche flankierenden Maßnahmen Staaten und die EU ergreifen müssten, um sozialstaatsgemäße Ergebnisse zu gewährleisten. Überdies sollten durch die erstmalige umfassende Untersuchung von diskriminierungsschützenden SD-Vereinbarungen rechtstheoretische Erkenntnisse über jüngere transnationale Normgebung gewonnen werden. Ausgangsannahme der Analyse war dabei, dass eine staatsferne Selbstregulierung durch SDe dem Regulierungsgebiet der Antidiskriminierung mit seinen besonderen Anforderungen regelmäßig nicht gerecht wird.

Der Untersuchung lagen folgende Forschungsfragen zugrunde:

1. Welche Formen und Verfahren transnationaler SDe haben sich herausgebildet?
2. Welche Regelungsaufgaben im Feld der Nichtdiskriminierung werden durch transnationale SDe wahrgenommen und wie geschieht dabei die Diffusion der Normen?
3. Entspricht das neuartige transnationale Regulierungsgeschehen zur Antidiskriminierung bei rechtsdogmatischer und rechtspolitischer Beurteilung sozialstaatlichen Werten?
4. Inwieweit werden die neuartigen transnationalen Normbildungsprozesse mit den formalen Rechtsstrukturen von Staaten und inter- bzw. supranationalen Organisationen in einer Weise verknüpft, die erwarten

lässt, dass sich ihre rechtliche Geltung[379] und Durchsetzbarkeit und damit ihre Wirksamkeit verstärken?

5. Lässt das analysierte transnationale Normbildungsgeschehen Konsistenz und Stabilität erwarten?

1.2 Hypothesendarlegung und -begründung

Auf der Basis der Forschungsfragen und des in Teil A skizzierten Rahmens der Analyse ließen sich die folgenden fünf Hypothesen formulieren.

Eingangs wurde der drohende Bedeutungsverlust des nationalen DRIS auf arbeitsrechtlichem Gebiet umrissen. Unter dem Eindruck von Globalisierung und Europäisierung büßen Nationalstaaten und die dort tätigen Kollektivakteure an Regelungsmacht ein. Gleichzeitig gewinnen transnationale SDe normsetzende Bedeutung auch im Feld der Antidiskriminierung.

Vor diesem Hintergrund konnte folgende Vermutung über die Entwicklung der SD-Normbildung und -durchsetzung zum Diskriminierungsschutz aufgestellt werden:

H1: SDe übernehmen im Feld der Antidiskriminierung zunehmend Funktionen sozialer Normbildung und -durchsetzung, die traditionell Nationalstaaten und ihren kollektiven Akteuren zukamen.

Hypothese 2 betrifft die von transnationalen SDen übernommenen Regelungsaufgaben.

Tradierte sozialstaatliche DRIS-Regulierung auf arbeitsrechtlichem Gebiet konzentrierte sich auf qualitative gemeinwohlbezogene Norminhalte. Quantitative Standardsetzung, bei der unmittelbar konfligierende Anliegen und Verteilungsinteressen von Arbeit und Kapital „auf dem Spiel stehen", blieb weitgehend der Selbstregulierung durch kollektive Akteure und Marktprozessen überlassen. Bestehende Forschungsliteratur verweist darauf, dass transnationale SDe auf qualitative konsensuale gemeinwohlbezogene Regelungsinhalte fokussieren.

Im Feld der Nichtdiskriminierung sind Verteilungsrelationen zwischen Kapital und Arbeit lediglich am Rande berührt (z.B. beim Thema der Entgeltgleichheit). Wie bereits aufgezeigt, ist sowohl auf Arbeitgeberseite als auch auf Arbeitnehmerseite das Interesse an Regulierungstätigkeit zur

---

379 Siehe näher zum Begriff der rechtlichen Geltung *Raiser*, Rechtssoziologie, a.a.O., S. 240; vgl. weiterführend auch *Römer*, Das Recht der Gesellschaft und der Bundesrepublik Deutschland, 2009, S. 53 f.

Nichtdiskriminierung gestiegen.[380] Antidiskriminierung wird zunehmend als wichtiger Bestandteil produktiver „Guter Arbeit" angesehen[381] und kann daher – in einem weiteren Sinne – den „gemeinschaftlichen Produktionsinteressen" (*Sinzheimer*)[382] der Sozialpartner zugeordnet werden. Vor diesem Hintergrund war zu vermuten, dass transnationale SDe mit ihrer gleichstellungsbezogenen Regulierung qualitative gemeinwohlbezogene konsensuale Anliegen verfolgen.

Der zweite Teil der Hypothese betrifft die von SDen vorgefundenen rechtlichen Spielräume für diskriminierungsschützende Normgebung. An vorheriger Stelle wurde die hohe supranationale und staatliche Regulierungsdichte im Feld der Antidiskriminierung nachgezeichnet.[383] Im Wechsel zwischen europäischen Vorgaben und Rechtsprechung und nationaler Regelsetzung und Judikatur ist ein engmaschiges Normengeflecht entstanden.[384] Die Literatur geht dabei davon aus, dass es einer Mitwirkung sachnaher privater Akteure bedarf, um die rechtlichen Vorgaben in der Praxis zu effektivieren. Regulierungsspielräume für transnationale SDe bestehen somit vornehmlich im Sinne vertikaler Subsidiarität.[385] Der Vollzug staatlicher Normen erfordert dezentrale Aktivitäten der problemnahen Sozialpartner.

Aufgrund der hohen Regelungsdichte war zu vermuten, dass transnationale SDe weniger rechtsinnovative Normbildungen[386] hervorbringen. Vielmehr war anzunehmen, dass sie bestehende Antidiskriminierungsregelungen aufgreifen und diese sachnah konkretisieren und umsetzen. Hieraus ergibt sich die Hypothese:

H2: SDe verfolgen im sozialstaatsrelevanten Feld des Diskriminierungsschutzes gemeinwohlorientierte nicht-antagonistische qualitative Anliegen. Sie gewinnen im hoch reglementierten Feld der Antidiskriminierung relativ große Bedeutung bei der Normumsetzung, wo der Vollzug staatlicher Rechtsakte die Mitwirkung sachnaher Akteure erfordert.

---

380 Siehe oben Teil A, 1. Kapitel.
381 Siehe dazu auch *Hepple*, Labour Laws, a.a.O., S. 13 ff.
382 *Sinzheimer* ging von „gemeinschaftlichen Produktionsinteressen" und „antagonistischen Verteilungsinteressen" zwischen Kapital und Arbeit aus, *ders.*, Das Rätesystem (1919), a.a.O., S. 330 f.
383 Vgl. v.a. Teil A, 3. Kapitel.
384 Siehe auch *Nebe/Mückenberger*, Neuantrag A7, a.a.O., S. 15.
385 Vgl. *Nebe/Mückenberger*, Neuantrag A 7, a.a.O.
386 Zum Verständnis von rechtlicher Innovation im Rahmen dieser Arbeit siehe näher Teil B, 2. Kapitel.

Hypothese 3 bezieht sich auf die Bewertung von Outcomes und Reaktionen anhand sozialstaatlicher Kriterien. Wie oben dargelegt, ergibt sich ein rechtlicher Prüfmaßstab sozialstaatlicher Anforderungen aus dem europäischen Recht. Es war zu vermuten, dass die Normbildungs-, Normumsetzungs- und Normverbreitungsleistungen der fünf SD-Formen in Hinblick auf diesen Beurteilungsmaßstab unterschiedlich ausfallen. Erwartet wurde, dass die SD-Ergebnisse sozialstaatliche Vorgaben zur Antidiskriminierung teilweise erfüllen, sie optimieren oder verfehlen.
Hypothese 3 lautet somit:

H3: Gemessen an sozialstaatlichen Vorgaben sind die normbildenden, - umsetzenden und -verbreitenden Leistungen der fünf SD-Formen unterschiedlich zu bewerten: Sie reichen von innovativer und wirksamer Optimierung sozialstaatlicher Ziele bis hin zur Verfehlung sozialstaatlicher Ziele.

Hypothese 4 betrifft die Effektivität der von SDen erzielten und verbreiteten Normen.

Nach dem Literaturstand war anzunehmen, dass transnationale kollektive Selbstregulierung zur Nichtdiskriminierung staatlicher Wirksamkeitsverstärkungen bedarf. Wie im vorangegangenen Kapitel aufgezeigt, sind die fünf SD-Formen in unterschiedlichem Maß mit den Rechts- und Durchsetzungsstrukturen von Staaten verknüpft. Eine besonders unsichere Anbindung an staatliche Durchsetzungspotentiale weisen autonom umgesetzte SD-Vereinbarungen nach AEUV und TCAs auf.

Vor diesem Hintergrund wurde vermutet, dass sich die staatliche Nähe bzw. Ferne von SDen auf Vorkehrungen für die Normenimplementation[387] auswirkt, die diese in ihren Outcomes vorsehen. Je mehr SDe unter dem „shadow of the law" agieren, so wurde vermutet, desto mehr treffen sie selbst Umsetzungsregelungen, die eine praktische Normwirksamkeit wahrscheinlich machen und umgekehrt. Weiter wurde angenommen, dass die staatliche Rückbindung der SD-Formen die Befolgung und faktische Wirkung erzielter Normen zur Nichtdiskriminierung beeinflusst. Praktische Wirksamkeitsdefizite wurden v.a. für autonom umgesetzte SD-Vereinbarungen nach AEUV und TCAs erwartet. Darüber hinaus wurde ein Zusammenhang zwischen der staatlichen Anbindung von SDen und der juristischen Wirksamkeit der durch sie ausgelösten Normendiffusion vermutet. So wurde angenommen, dass sich von autonom umgesetzten

---

387 Siehe zum Verständnis von Implementationsvorkehrungen im Rahmen dieser Arbeit näher Teil B, 2. Kapitel.

SD-Vereinbarungen nach AEUV und TCAs erzeugte Normen und Normkonzepte weniger in andere verbindliche Regelwerke und „Hard Law"-
Kontexte verbreiten als Ergebnisse von EBR-Gründungsvereinbarungen
und staatlich implementierten SD-Vereinbarungen nach AEUV.
Hieraus ergibt sich die Hypothese:

H4: Nach geltendem Recht leidet die Wirksamkeit von durch SDe hervorgebrachten und -verbreiteten Normen zur Nichtdiskriminierung insbesondere dort an Durchsetzungsschwächen, wo ihre Anbindung an staatliche Durchsetzungsmechanismen fehlt. Das ist insbesondere bei autonomen SD-Vereinbarungen nach Art. 155 AEUV und Transnational Company Agreements der Fall.

Hypothese 5 bezieht sich auf den durch transnationale SDe bewirkten
Leistungswandel von Staatlichkeit.

Der Stand der Literatur deutet darauf hin, dass transnational tätige Sozialpartner auf dem Regulierungsgebiet der Antidiskriminierung in besonderem Maße staatlicher Unterstützung bedürfen, um der Sozialstaatlichkeit
entsprechende Ergebnisse zu erzielen. Es war somit zu vermuten, dass eine sozialstaatsadäquate Normsetzung, -umsetzung und -verbreitung v.a.
bei Dialogformen vorzufinden ist, deren Anbindung an supranationales
und staatliches Recht und staatlicherseits bereit gehaltene Durchsetzungsmittel hoch ist.

Der zweite Teil der Hypothese betrifft die Notwendigkeit und die Perspektiven einer stärkeren Flankierung der SD-Regulierung.

Aufgrund der erwarteten Leistungsschwächen transnationaler SDe wurde davon ausgegangen, dass Staaten bzw. die EU unterstützende rechtliche
Maßnahmen ergreifen sollten. Ein geeigneter Regulierungsansatz wurde
dabei in einer proaktiv subsidiären Förderung SDe gesehen, die diese zu
einer problemadäquaten Aufgabenwahrnehmung zur Nichtdiskriminierung
befähigt.[388]

Wie eingangs dargelegt, ergeben sich aus der Pluralität von privater,
hybrider und staatlicher arbeitsbezogener Regulierung im transnationalen
Raum rechtliche Konfliktlagen und Abstimmungsbedarfe.[389] Es wurde daher angenommen, dass auch in Hinblick auf die Konsistenz und Stabilität
transnationaler SD-Normgebung unterstützende rechtliche Maßnahmen
angezeigt sind.

---

388 Vgl. Teil A, 1. Kapitel.
389 Vgl. Einleitung.

In jüngerer Zeit wurden auf europäischer Ebene mehrere Initiativen für eine rechtliche Flankierung transnationaler SDe ergriffen.[390] So forderte etwa das Europäische Parlament 2013 die Herstellung eines Normungsrahmens für TCAs ein.[391] Vor diesem Hintergrund ließ sich erwarten, dass Staaten und die EU SD-Regulierungsprozesse zur Nichtdiskriminierung in naher Zukunft durch geeignete rechtliche und institutionelle Vorkehrungen unterstützen werden.

Hypothese 5 lautet somit:

H5: a) SDe haben umso größere Fähigkeit zur Bildung und/oder Durchsetzung sozialstaatsadäquater Normen zur Antidiskriminierung, je mehr sie an staatliche Unterstützungs- und Durchsetzungsmechanismen angeschlossen sind –und umgekehrt. **b)** In Hinblick darauf werden Staaten sozialstaatlich akzeptable Normsetzung und -durchsetzung durch SDe hinnehmen und rechtlich flankierend unterstützen. Zur Behebung rechtlicher Schwächen diskriminierungsschützender SD-Regulierungsprozesse werden sie einen subsidiären normativen und institutionellen Rechtsrahmen schaffen, der der Sozialstaatlichkeit entsprechende Outcomes und Reaktionen sowie Stabilität und Konsistenz der so fortentwickelten hybriden transnationalen Normbildungsordnung sicherstellt.

---

390 Die EU-Kommission ergriff 2005 eine Initiative zur Schaffung eines optionalen EU-Rahmens für SDe nach AEUV und TCAs, vgl. dies., Mitteilung der Kommission - Sozialpolitische Agenda, KOM (2005) 33 endg. v. 9.2.2005. Vgl. dazu näher unten Teil C.

391 Vgl. Europäisches Parlament, Entschließung zu den grenzüberschreitenden Kollektivverhandlungen und zum transnationalen sozialen Dialog v. 12.9.2013, 2012/2292(INI).

2. Kapitel: Methodisches Vorgehen

Den aufgeworfenen Fragen nach den Folgen formgewandelter Staatlichkeit im Feld der Antidiskriminierung wurde im Rahmen dieser Arbeit mit rechtswissenschaftlichen Methoden normativ und rechtsempirisch[392] unter Heranziehung von kombinierten Methoden der quantitativen und qualitativen Sozialforschung[393] nachgegangen.[394]

Bei der Erforschung des transnationalen SD-Regulierungsgeschehens wurden Dokumentenauswertung, Expert/inn/eninterviews, vertiefende Fallstudien und Diffusionsanalyse eingesetzt. Die verwendeten empirischen Daten stammen überwiegend aus dem Forschungsprojekt „Formwandel von Staatlichkeit durch transnationalen Sozialen Dialog" des Sfb 597 „Staatlichkeit im Wandel", das unter wissenschaftlicher Mitarbeit der Verfasserin im Zeitraum 2012 bis 2015 durchgeführt wurde.

2.1 Vorbemerkung: Effektivitätsanalyse

In Hinblick auf die Frage, ob SD-Normgebung zur Nichtdiskriminierung als effektiv einzustufen ist, ist eine eingrenzende methodische Vorbemerkung nötig.

Hilfreich für das Verständnis des Terminus „Effektivität" ist die Definition von O.R. Young, die dieser für den Bereich internationaler umweltrechtlicher Standards entwickelte.[395] Die Effektivität rechtlicher Normen lässt sich demzufolge an drei Bedingungen messen. Die erste Bedingung („output") betrifft die gesetzten Standards und der Norm entsprechende regulative und administrative Maßnahmen seitens der Normadressaten, um diese praktisch umzusetzen. Die zweite Bedingung stellt darauf ab, ob die Regeladressaten die Norm einhalten und ihr Verhalten tatsächlich än-

---

392 Die Rechtswissenschaft lässt sich methodologisch in Rechtsdogmatik als Normwissenschaft und Rechtssoziologie als Erfahrungswissenschaft unterteilen. Letztere bedient sich Methoden der empirischen Sozialforschung, vgl. *Rehbinder*, Rechtssoziologie, 2009, S. 1.

393 Zur Diskussion in der empirischen Sozialforschung um quantitative und qualitative Methoden siehe grundlegend *Lamnek*, Qualitative Sozialforschung, 2010.

394 Vgl. im Folgenden auch *Nebe/Mückenberger*, Neuantrag A 7, a.a.O., S. 22 ff.

395 Siehe dazu *Young* (ed.), The Effectiveness of International Environmental Regimes. Causal Connections and Behavioral Mechanism, 1999.

dern.[396] Als dritte Bedingung für Effektivität muss nach Young ein der Norm entsprechender gesellschaftlicher „impact" zu beobachten sein, also praktische Auswirkungen, die in Richtung der Erreichung des Normzwecks gehen.[397]

Die vorliegende Wirksamkeitsanalyse konzentrierte sich auf die von transnationalen SDen hervorgebrachten bindenden Vereinbarungen und die von ihnen getroffenen Implementationsvorkehrungen (Outcomes) sowie die durch sie ausgelösten Diffusionsergebnisse in anderen Regelwerken und Entscheidungsebenen (Reaktionen). Untersucht wurde auch, ob diskriminierungsschützende SD-Normen von den Normadressaten tatsächlich eingehalten werden.

Die Analyse beschränkte sich damit auf die ersten beiden Dimensionen von Effektivität nach dem Verständnis von Young. Eine Untersuchung des praktischen „impact" von SD-Normen würde aufgrund vielschichtiger Ursache – Wirkungszusammenhänge anspruchsvolle und komplexe Methoden erfordern[398] und musste daher ausgeklammert bleiben.

2.2 Rechtsempirische Dokumentenanalyse

Zur Erforschung der SD-Leistungen zum Diskriminierungsschutz[399] wurde eine umfassende rechtsempirische Dokumentenanalyse durchgeführt.

Unter Dokumenten können schriftliche Texte verstanden werden, die als Aufzeichnung oder Beleg für einen Vorgang oder einen Sachverhalt dienen.[400] Der Vorteil der Dokumentenanalyse gegenüber anderen Metho-

---

396 Young bezeichnet diese Bedingung als „outcome". In der Literatur wird hierfür auch häufig der Begriff der Normcompliance verwendet. Siehe weiterführend zur Compliance-Forschung *Zürn/Joerges* (eds.), Law and governance in postnational Europe. Compliance beyond the Nation-State, 2005.

397 Vgl. *Young*, Effectiveness of international environmental regimes: existing knowledge, cutting-edge themes and research strategies, PNAS 2011, 19854.

398 Vgl. dazu näher *Young*, Regime Effectiveness, in: *ders.* (ed.), The Effectiveness, a.a.O., S. 256 ff.

399 Der Fokus der Untersuchung lag nicht nur auf dem Schutz vor Diskriminierungen aufgrund persönlicher Merkmale (wie z.B. Geschlecht, Alter oder Behinderung), sondern auch auf der Bekämpfung von Benachteiligungen aufgrund statusbezogener Merkmale (wie z.B. Teilzeitbeschäftigung, befristete Beschäftigung oder Leiharbeit).

400 Vgl. *Wolff*, Dokumenten- und Aktenanalyse, in: *Flick u.a.* (Hrsg.), Qualitative Forschung. Ein Handbuch, 2000, S. 502.

den wird zumeist darin gesehen, dass der Forscher anders als etwa beim Interview unabhängig von weiteren Personen agiert und dadurch Ergebnisverzerrungen verringert werden können.[401] Andererseits konstituieren Rechtsdokumente „eine Realität eigener Art" und sind kein genaues Abbild sozialer Wirklichkeit.[402] Bei der vorliegenden Dokumentenauswertung musste außerdem methodologisch reflektiert werden, dass unter Umständen über schriftliche Rechtstexte hinaus eine mündliche Vereinbarungspraxis transnationaler SDe existiert.[403]

2.2.1 Allgemeines Vorgehen

Bei der Dokumentenanalyse kamen rechtsdogmatische, juristisch-hermeneutische[404] und quantitative sozialwissenschaftliche Techniken zum Einsatz. In der Erhebungsphase wurden die bindenden Vereinbarungen zur Antidiskriminierung und die von SDen getroffenen Implementationsvorkehrungen ermittelt. Bei der Normsetzung maßgebliche Akteurskonstellationen wurden identifiziert.[405] Das Dokumentenmaterial wurde dabei von der Forschungsgruppe an der Universität Bremen mit Hilfe eines standardisierten Kategorienschemas strukturiert, gesichtet und anschließend in einer Projektdatenbank zusammengeführt.[406] Dadurch war es in dieser Arbeit möglich, die SD-Vereinbarungen zur Antidiskriminierung anhand untersuchungsrelevanter Kriterien quantitativ auszuwerten. In einem weiteren Schritt wurden die Outcomes von der Verfasserin einer eingehenden näheren Sichtung und Untersuchung unterzogen. Ergänzend zur Doku-

---

401 Vgl. *Lamnek*, Sozialforschung, a.a.O., S. 456.

402 Vgl. zu Nachteilen der Dokumentenanalyse *Rehbinder*, Rechtssoziologie, a.a.O., S. 55 f.

403 Unter Umständen existiert ein erheblicher mündlicher SD-Outcome zur Nichtdiskriminierung, der im Rahmen der Analyse nicht erfasst wurde; siehe näher zu einer mündlichen Vereinbarungspolitik transnationaler SDe auf Unternehmensebene *Müller/Platzer/Rüb*, Transnationale Unternehmensvereinbarungen und die Vereinbarungspolitik Europäischer Betriebsräte, WSI-Mitteilungen 2012, 460 ff.

404 Siehe näher zur Hermeneutik als Methode des Verstehens und der Auslegung von Texten *Mayring*, Qualitative Inhaltsanalyse, 2003, S. 27 ff.

405 Vgl. zum Vorgehen bei der Dokumentenanalyse auch *Nebe/Mückenberger*, Neuantrag A 7, a.a.O., S. 23 ff.

406 An der Dokumentenauswertung und -codierung waren – neben den beiden Projektleitenden – vier wissenschaftliche Mitarbeiter/innen sowie mehrere studentische Mitarbeitende beteiligt.

mentenanalyse wurde rechts- und sozialwissenschaftliche Sekundärliteratur zu diskriminierungsschützenden SD-Normen herangezogen und ausgewertet.

Die bei der Dokumentenanalyse durchgeführten Arbeitsschritte werden im Folgenden näher beschrieben.

2.2.2 Quantitative systematische Dokumentenanalyse[407]

Für SD-Regelungsaktivitäten auf diskriminierungsschützendem Gebiet sowie dreier weiterer arbeitsrechtlicher Felder[408] wurde eine umfassende Projektdatenbank erstellt. Hierfür wurden die erschlossenen SD-Dokumente mittels einer systematischen Dokumentenanalyse aufbereitet. Mit der regelgeleiteten Dokumentenanalyse werden *Lamnek* zufolge „Schriftstücke wie Akten, Formulare usw. mit einem festen, standardisierten Kategorienschema untersucht".[409] An die Stelle der subjektiven Interpretation von Dokumenten tritt ihre systematische Erfassung nach zuvor festgelegten Kriterien.[410] Auf diesem Weg konnte umfangreiches SD-Textmaterial im längerfristigen Zeitverlauf erhoben und intersubjektiv nachvollziehbar durchgearbeitet werden.[411]

2.2.2.1 Datenbasis

Als Datenbasis diente eine Vollerhebung aller SD-Dokumente, die in den Datenbanken der Europäischen Kommission[412] und des Europäischen

---

407 Der Begriff der systematischen Dokumentenanalyse bezeichnet in der empirischen Sozialforschung eine Spezialform der Inhaltsanalyse. Ich (S.M.) verwende hier diesen Begriff, weil er Forschungsgegenstand und -methode besonders präzise umschreibt.

408 Neben dem Arbeitsfeld Antidiskriminierung wurden die ebenfalls sozialstaatsrelevanten arbeitsrechtlichen Gebiete Information und Konsultation, Gesundheitsschutz am Arbeitsplatz und Work-Life-Balance untersucht.

409 *Lamnek*, Sozialforschung, a.a.O., S. 456

410 Vgl. *Kißler*, Recht und Gesellschaft: Einführung in die Rechtssoziologie, 1984, S. 58.

411 Zu Vorteilen inhaltsanalytischer Verfahren siehe näher *Diekmann*, Empirische Sozialforschung, 1998, S. 486 f.

412 Die Datenbanken der EU-Kommission sind im Internet frei zugänglich. Die Dokumente transnationaler Sozialer Dialoge nach AEUV sind abrufbar unter:

Gewerkschaftsinstituts (European Trade Union Institute, ETUI)[413] erfasst sind.[414] Die Datenbanken enthalten Vereinbarungen, gemeinsame Stellungnahmen, Erklärungen, Arbeitshilfen und andere SD-Resultate der letzten Jahrzehnte. Aufgrund von Hinweisen interviewter Expert/inn/en und in der einschlägigen Literatur wurden im Projektzeitraum noch weitere Texte transnationaler SDe erschlossen, so dass für die Auswertungen in den Arbeitsfeldern insgesamt 2537 Dokumente zur Verfügung standen.

Die für diese Studie herangezogenen SD-Datenbanken können keinen Anspruch auf Vollständigkeit beanspruchen. Sie enthalten jedoch die umfassendste und aktuellste Sammlung der durch transnationale SDe hervorgebrachten Dokumente.[415] Es konnten daher aussagekräftige Ergebnisse in Hinblick auf die SD-Leistungen zur Antidiskriminierung erwartet werden.

2.2.2.2 Kategorienbildung

In einem weiteren Arbeitsschritt wurden die für die Untersuchung leitenden Fragen und Hypothesen anhand eines Kategoriensystems operationalisiert.[416] Als Kriterien für die Systematisierung der SD-Resultate wurden u.a. bestimmt:[417]

<http://ec.europa.eu/social/main.jsp?catId=521&langId=de>. Die in Kooperation mit der Internationalen Arbeitsorganisation unterhaltene Datenbank zu transnationalen Unternehmensvereinbarungen ist im Internet verfügbar unter: <http://ec.europa.eu/social/main.jsp?catId=978&langId=de> (jeweils zuletzt abgerufen am 1.7.2018).

413 Die Dokumente der EBR-Datenbank des ETUI sind online zu finden unter: <http://www.ewcdb.eu/> (zuletzt abgerufen am 1.7.2018).

414 Die Erhebung fand im Zeitraum 2012-2015 statt. Die Projektdatenbank wurde letztmalig im Januar 2015 um neue Dokumente angereichert.

415 Vgl. *Nebe/Mückenberger*, Neuantrag A7, a.a.O., S. 25.

416 Weiterführend zum Vorgehen bei der Kategorienbildung in der empirischen Sozialforschung siehe *Früh*, Inhaltsanalyse, 2011, S. 72 ff.

417 Im Rahmen des Projekts an der Universität Bremen wurden noch weitere Untersuchungskriterien festgelegt. Die folgende Darstellung beschränkt sich auf die für die vorliegende Arbeit relevanten Kategorien.

- Dokumententyp[418]
- Unterzeichnerparteien auf Arbeitgeber- und Arbeitnehmerseite
- SD-Formen[419]
- Branche und Unternehmenssektor[420]
- thematisch einschlägiges Arbeitsfeld (u.a. Antidiskriminierung)[421]
- Implementationsregelungen und -bedingungen[422]

Einzelne Kategorien wurden während der Untersuchung durch typische Beispiele aus den SD-Dokumenten veranschaulicht. Wo Abgrenzungsprobleme innerhalb von Kategorien auftraten (wie etwa bei Implementationsvorkehrungen), wurden in der Forschungsgruppe Regeln erstellt, um die Zuordnung des Textmaterials zu erleichtern.[423]

Normbildende Vereinbarungen (Outcomes)

Zentrales Untersuchungskriterium für die vorliegende Arbeit war die Klassifizierung als normbildende Vereinbarung[424] im Unterschied zu bloßen Ab-

---

418 Die Typisierung der SD-Dokumente orientierte sich an der Studie von *Dufresne/Degryse/Pochet* zum sektoralen Sozialen Dialog; vgl. näher dazu *Pochet*, A Quantitative Analysis, in: *Dufresne et al.* (eds.), The European Sectoral Social Dialogue. Actors, Developments and Challenges, 2006, S. 85 f. Outcomes im Sinne der vorliegenden Untersuchung waren lediglich die Dokumententypen „Agreement" und „Procedural Text".

419 Einzelne SD-Formen (z.B. Mischformen) waren nicht in der A7-Projektdatenbank als eigene Kategorie erfasst, sondern wurden von der Verfasserin zu Zwecken dieser Arbeit feldspezifisch anhand der Unterzeichnerparteien mittels Excel ermittelt.

420 Die Einteilung der Sektoren orientierte sich an den europäischen Ausschüssen für den branchenbezogenen SD, vgl. dazu Europäische Kommission, Der sektorale Soziale Dialog in Europa, 2010, S. 118 ff.

421 Bei der quantitativen Dokumentenanalyse erfasst wurden nur SD-Texte, die diskriminierungsschützende Regelungen enthalten. Nicht untersucht wurde hingegen, ob und inwieweit die Texte diskriminierende Inhalte aufweisen.

422 Bei EBR-Gründungsdokumenten wurden nur die vergleichsweise guten rechtlichen Implementationsbedingungen der SD-Form festgehalten. Die Implementationsregelungen, die in diskriminierungsschützenden Outcomes enthalten sind, wurden später von der Verfasserin im Rahmen der feldspezifischen Auswertungen ermittelt.

423 Vgl. zu diesem Vorgehen z.B. *Diekmann*, Sozialforschung, a.a.O., S. 489 ff.

424 Die Analyse konzentrierte sich auf bindende Vereinbarungen, weil v.a. hier eine Ausstrahlungswirkung auf praktisches Verhalten zu erwarten war; nur solche Vereinbarungen wurden als normbildend eingestuft; vgl. weiterführend in diesem Zusammenhang *Popitz u.a.*, Soziale Normen, 2006.

sichtserklärungen und anderen unverbindlichen SD-Dokumenten.[425] Die Ergebnisse der fünf Dialogformen bewegen sich häufig in einer rechtlichen Grauzone zwischen Bindung und Nicht-Bindung, zwischen „Hard Law" und „Soft Law".[426] Für die Frage rechtlicher Bindung oder Nichtbindung vertraglicher Regulierung entscheidend ist gemeinhin der Rechtsbindungswille der beteiligten Akteure.[427] So legen etwa grenzüberschreitende Normenwerke wie die *Principles of European Contract Law (PECL)*[428] für die Vertragsqualität die durch Auslegung zu ermittelnde vertraglich gewollte Bindung der Parteien zugrunde. Diese kann ausdrücklich oder konkludent im Vertragstext niedergelegt sein. Maßgebend ist dabei der Parteiwille, wie er aus Sicht eines vernünftigen Erklärungsempfängers verstanden wird.[429]

Vor diesem allgemeinen Hintergrund[430] wurden im Projektrahmen folgende typische Beispiele für die Einstufung der SD-Texte als bindende Vereinbarung festgelegt:

---

425 Dieser Analyseschritt war rechtsdogmatischer und juristisch-hermeneutischer Art. Auch die ILO-Empfehlung Nr. 91 versteht unter Kollektivverträgen (nur) schriftliche Vereinbarungen der Sozialpartner über Arbeitsbedingungen, denen rechtliche Bindungswirkung zukommt; die ILO-Empfehlung Nr. 91 ist im Internet abrufbar unter: <http://www.ilo.org/dyn/normlex/en/f?p=NORMLEXPUB: 1:0> (zuletzt abgerufen am 24.7.2018).

426 Vgl. *Nebe/Mückenberger*, Neuantrag A 7, a.a.O., S. 22. Siehe näher zur juristischen Diskussion um den Rechtscharakter von SD-Texten auch *Thüsing*, International Framework Agreements – Rechtliche Grenzen und praktischer Nutzen, RdA 2010, 91 f.

427 Für die Auslegung arbeitsrechtlicher Kollektivverträge kommen dabei (auch) zivilrechtliche Regeln zur Anwendung, vgl. dazu *Liedmeier*, Die Auslegung und Fortbildung arbeitsrechtlicher Kollektivverträge, 1991, S. 44 f.

428 Die Prinzipien sind Zusammenstellung gemeinsamer Vertragsgrundsätze der EU-Mitgliedstaaten. Sie stellen eine Auslegungshilfe zur Interpretation grenzüberschreitender Verträge dar. Die Prinzipien sind im Internet abrufbar unter: <https://www.trans-lex.org/400200/_/pecl/> (zuletzt abgerufen am 24.7.2018).

429 Vgl. Art. 2: 101 sowie Art. 2: 102 PECL; letzterer bestimmt: „The intention of a party to be legally bound by contract is to be determined from the party's statements or conduct as they were reasonably understood by the other party".

430 Auch bisherige Studien zum transnationalen SD rekurrieren hinsichtlich der Abgrenzung zwischen bindenden und nichtbindenden Vereinbarungen auf den durch Auslegung zu ermittelnden Rechtsbindungswillen der Parteien; so etwa unter Heranziehung von Art. 133, 157 Bürgerliches Gesetzbuch (BGB) *Hauch*, International Framework Agreements, 2015, S. 108 ff.; ähnlich *Papadakis/Casale/ Tsotroudi*, International framework agreements as elements of a cross-border industrial relations framework, in: *Papadakis* (ed.), Cross-Border Social Dialogue and Agreements: An emerging global industrial relations framework?, 2008, S. 77 f.; *Buntenbroich*, Menschenrechte und Unternehmen, 2007, S. 74 ff.

- Nach dem Wortlaut des Dokuments werden explizite Regelungen zur Verbindlichkeit getroffen.[431]
- Der Text enthält konkrete Formulierungen von Rechten und Pflichten.[432]
- Die Vereinbarungsakteure bringen ihren Bindungswillen durch Klauseln zu Kündigung und festgelegten Kündigungsfristen zum Ausdruck.[433]
- Es wird für den Konfliktfall ein Gerichtsstand festgelegt, was darauf schließen lässt, dass die Parteien die getroffenen Norminhalte für justiziabel halten.[434]
- Der Text enthält eine Rechtswahlklausel.[435]
- Das Dokument trifft eine Regelung, wonach günstigere nationale Arbeitsnormen von der Vereinbarung unberührt bleiben.[436]

Der Rechtsbindungswille sektorübergreifender und sektoraler SDe konnte sich auch schlüssig darin ausdrücken, dass eine Normimplementation nach Art. 155 Abs. 2 AEUV eingeleitet wurde.[437] Gegen eine Bindungswirkung sprach hingegen, wenn der Text als bloße Stellungnahme oder Absichtser-

---

431 Hierin ebenfalls ein starkes Indiz für Verbindlichkeit sehend etwa *Hauch*, International Framework Agreements, a.a.O., S. 111.

432 Ebenso *Hauch*, International Framework Agreements, a.a.O., S. 108. Die Rechte und Pflichten konnten auch in einseitigen Verpflichtungen, Einwirkungspflichten der vertragsschließenden Sozialpartner oder drittbegünstigenden Regeln bestehen.

433 Kündigungsklauseln ergeben nur Sinn, wenn eine vertragliche Bindung besteht; so auch *Buntenbroich*, Menschenrechte, a.a.O., S. 76 f.; *Hauch*, International Framework Agreements, a.a.O., S. 111.

434 Vgl. *Franssen*, Legal aspects, a.a.O., S. 124; vgl. indirekt auch *Thüsing*, der im ausdrücklichen Ausschluss des Rechtswegs ein Argument gegen eine rechtliche Verbindlichkeit sieht, *ders.*, International Framework Agreements, a.a.O., 92.

435 Auch die Bestimmung einer anwendbaren Rechtsordnung lässt darauf schließen, dass die vertragsschließenden Akteure die getroffenen Norminhalte für justiziabel halten.

436 Derartige Klauseln lassen darauf schließen, dass die Vertragsparteien eine Bindungswirkung annehmen; siehe näher zu entsprechenden Klauseln im Rahmen transnationaler SDe *Sciarra/Fuchs/Sobczak*, Towards a Legal Framework for Transnational Company Agreements, 2014, S. 28 f., im Internet abrufbar unter: <https://collective.etuc.org/sites/default/files/Report%20TCA%20DE_low.pdf> (zuletzt abgerufen am 24.7.2018).

437 Vgl. auch *Franssen*, Legal Aspects, a.a.O., S. 123; ähnlich *Pochet*, A Quantitative Analysis, a.a.O., S. 85. Im übrigen konnte der Frage, ob die beteiligten Akteure mit der Normenimplementation beginnen und dadurch ihren Bindungswillen zum Ausdruck bringen, bei der Dokumentenanalyse nicht weiter nachgegangen werden. Ebenfalls ausgeklammert bleiben mussten weitere typische Mittel zur Auslegung privatrechtlicher Verträge wie die Berücksichtigung der Begleitumstände des Vertragsschlusses oder späterer Erfüllungshandlungen.

klärung ausgestaltet war und/oder eine rechtliche Wirkung explizit ausgeschlossen wurde.[438] Ein Argument gegen einen Rechtsbindungswillen war es auch, wenn als Zweck des Dokuments bestimmt wurde, eine bloße Diskussionsgrundlage zwischen den Parteien zu bilden.

Die aufgeführten Indizien für und gegen eine rechtliche Bindung vertragschließender Akteure sind nicht abschließend. Angesichts der beobachteten Vielfalt der Formulierungen transnationaler SD-Texte musste der Charakter als normbildende Vereinbarung für jedes Dokument gesondert beurteilt werden.[439] Grenzfälle bei der Zuordnung wurden in den folgenden Materialdurchgängen im Forschungsteam besprochen.[440]

Implementationsvorkehrungen für die praktische Normwirksamkeit

Ein weiteres zentrales Kriterium für die vorliegende Wirkungsanalyse der SD-Normgebung zur Nichtdiskriminierung stellten von den Vereinbarungsakteuren vorgesehene Implementationsvorkehrungen dar.

Untersucht wurde, ob Regelungen für eine effektive Kontrolle, Überwachung und Sanktionierung getroffen werden, die eine Normeinhaltung wahrscheinlich machen.[441] Regulierungstheoretisch wurde davon ausgegangen, dass eine Anbindung an staatliche Sanktionsinstanzen die faktische Normwirkung erhöht und im Bereich abhängiger Arbeit einseitige Erklärungen der Wirtschaftsseite regelmäßig nicht genügen, um eine Normbefolgung sicherzustellen.

Die Kategorie wurde durch folgende typische Textbeispiele präzisiert:

---

438 Vgl. *Franssen*, Legal Aspects, a.a.O., S. 119.
439 Siehe auch *Buntenbroich*, Menschenrechte, a.a.O., S. 80; European Commission, Mapping of transnational texts, a.a.O., S. 7 f.
440 Siehe auch die feldspezifischen Textbeispiele für die Zuordnung in Anhang 1.
441 Siehe zu effektiven Kontrollen und Sanktionen als Faktor für die faktische Wirksamkeit von Normen allgemein *Raiser*, Grundlagen der Rechtssoziologie, a.a.O., S. 259 f.; vgl. weiterführend auch *Römer*, Das Recht der Gesellschaft, a.a.O., S. 54 f.

- Es wird für den Konfliktfall ein Gerichtsstand festgelegt.[442]
- Es wird für den Konfliktfall ein anwendbares Recht bestimmt.
- Der Text enthält verbindliche Regelungen für ein unabhängiges Monitoringverfahren[443]/Monitoring unter Drittbeteiligung (z.B. staatliche Akteure, NROs)[444]/unabhängige Audits.[445]
- Der Text enthält verbindlich formulierte Schiedsklauseln[446]/Mediationsklauseln.
- Es werden konkrete Regelungen für ein individuelles Beschwerdeverfahren bei Verstößen gegen die Vereinbarung getroffen.

Im Verlauf der Dokumentenanalyse wurden Implementationsregeln von bloßen Follow-up-Vorkehrungen, die auf einen geringeren Umsetzungsgrad schließen lassen, abgegrenzt. Follow-up-Regelungen betrafen z.B. Schulungs- oder Trainingsmaßnahmen über die Norm, die Einrichtung eines Überwachungsgremiums, das bloße Empfehlungen aussprechen kann, unternehmensseitige Berichte oder vage Erklärungen der Parteien zur Normumsetzung.[447]

Bei der Einordnung von Textstellen in die „höhere" Kategorie der Implementationsvorkehrung wurde eher ein strenger Beurteilungsmaßstab angewandt. Zuordnungsprobleme wurden in der Forschungsgruppe besprochen.

2.2.2.3 Materialdurchlauf und computergestützte Datenauswertung

In einem weiteren Schritt der Dokumentenanalyse wurde ein standardisierter Erhebungsbogen für die einzelnen SD-Dokumente entworfen. Fer-

---

442 Siehe insoweit auch die Empfehlungen bisheriger Studien für effektive Umsetzungsvorkehrungen, so z.B. Expert Group, Transnational Company Agreements, Report, 2012, S. 113, im Internet abrufbar unter: <http://ec.europa.eu/social/main.jsp?catId=707&intPageId=214&langId=en> (zuletzt abgerufen am 24.7.2018).
443 Unilaterale Maßnahmen der Arbeitgeberseite waren hierfür nicht ausreichend. Es musste zumindest eine Beteiligung der Arbeitnehmer/innen/seite gewährleistet sein.
444 Zur positiven Auswirkung unabhängiger Monitoringmechanismen auf die Normcompliance siehe näher *Fichter/Helfen/Sydow*, Employment relations in global production networks: Initiating transfer of practices via union involvement, Human Relations 2011, 614 ff.
445 Zu Monitoringsystemen und Audits im Bereich transnationaler arbeitsrechtlicher Regulierung siehe näher etwa *Zimmer*, Soziale Mindeststandards, a.a.O., S. 205 ff.
446 Vgl. dazu auch *Thüsing*, International Framework Agreements, a.a.O., 92.
447 Siehe dazu auch die Textbeispiele in Anhang 1.

ner wurde von weiteren Mitarbeitenden des Projekts ein Kodierleitfaden (Codebuch) erstellt, der Kategorien, Definitionen und Zuordnungsregeln enthielt.[448]

Die erschlossenen SD-Dokumente wurden vom Forschungsteam durchgearbeitet, vercodet und für die computergestützte Auswertung aufbereitet. In einer Datenbereinigung wurde der manuell in eine Excel-Tabelle überführte Datensatz feldspezifisch von der Verfasserin um aufgefundene Fehler (Kodier- und Übertragungsfehler usw.) bereinigt.[449] Erkannte Doppelungen von SD-Texten wurden aus der Datei entfernt und von der weiteren Analyse ausgeschlossen.[450] Schließlich wurden die so aufbereiteten Daten von der Verfasserin über die Excel-Tabelle geordnet und quantitativ ausgewertet. Ausgezählte Häufigkeiten (z.B. Verteilung der Outcomes auf einzelne SD-Formen) wurden grafisch dargestellt, um hieraus Schlussfolgerungen im Sinne der Hypothesen zu ziehen.

2.2.3 Feldspezifische Analyse der Outcomes

Bei der feldbezogenen Dokumentenanalyse wurden die Outcomes von der Verfasserin auf ihre Regelungsinhalte zur Antidiskriminierung und die Qualität getroffener Implementationsvorkehrungen hin untersucht. Hierdurch konnten nähere Aufschlüsse über die von SDen wahrgenommen Regelungsaufgaben und wahrscheinliche praktische Wirkung der Normen erlangt werden. Außerdem wurden die Dokumente auf weitere an der Regelsetzung beteiligte Akteure (neben den Unterzeichnern) hin gemustert.

Die bei der feldspezifischen Dokumentenauswertung eingesetzten Techniken bestanden wiederum in Textanalyse, aber auch in Kontextanalyse, um nähere Informationen über Entstehungsbedingungen sowie Akteurs- und

---

448 Vgl. zu diesem Vorgehen etwa *Rössler/Geise*, Standardisierte Inhaltsanalyse: Grundprinzipien, Einsatz und Anwendung, in: *Möhring/Schlütz* (Hrsg.), Handbuch standardisierte Erhebungsverfahren in der Kommunikationswissenschaft, 2013, S. 278 ff.

449 Eine gewisse verbleibende Fehlerquote kann angesichts des umfangreichen Datenmaterials und der größeren Zahl von Bearbeiter/inne/n nicht ausgeschlossen werden.

450 Beibehalten wurde nach Möglichkeit die Original-Sprachversion des Dokuments.

Machtkonstellationen diskriminierungsschützender SD-Normgebung zu gewinnen.[451]

2.3 Expert/inn/eninterviews

Hauptinstrument in den rechtsempirischen Erhebungen war neben der Dokumentenanalyse die Befragung. Diese kam in Form von qualitativen Expert/inn/eninterviews mit Praktiker/inne/n und Rechtskundigen auf dem Gebiet des SD zum Einsatz.

Expert/inn/engespräche als Interviewform werden in der Sozialforschung verwendet, um „Spezialwissen" der Interviewpartner/innen „über die zu erforschenden sozialen Sachverhalte" zu erschließen.[452] Es lassen sich drei zentrale Dimensionen von Expert/inn/enwissen unterscheiden, die erfragt werden können:

1. technisches Wissen, das Fachwissen im engeren Sinn,
2. Prozesswissen, etwa zu Handlungsabläufen, organisationalen Konstellationen und Ereignissen, in denen der Experte direkt involviert ist und
3. Deutungswissen in Form von subjektiven Einschätzungen, Sichtweisen und Interpretationen des Befragten.[453]

Der methodologische Vorteil von Interviews besteht u.a. darin, dass sie auch dort, wo die direkte Beobachtung sozialer Prozesse forschungspraktisch nicht durchführbar ist, indirekt Aufschluss liefern können.[454] Andererseits ist zu beachten, dass bei dieser Form der Datenerhebung erhebliche Verzerrungen der Wirklichkeit eintreten können, die durch Interviewsituation, Interviewerverhalten oder verzerrendes Befragtenverhalten entstehen.[455]

---

451 Vgl. näher zur Kontextanalyse in der empirischen Sozialforschung *Mayring*, Inhaltsanalyse, a.a.O., S. 77 ff.

452 Vgl. *Gläser/Laudel*, Experteninterviews und qualitative Inhaltsanalyse, 2010, S. 12.

453 Vgl. *Bogner/Menz*, Das theoriegenerierende Experteninterview, in: *dies./Littig* (Hrsg.), Das Experteninterview. Theorie, Methode, Anwendung, 2005, S. 43 f.

454 Vgl. *Röhl*, Rechtssoziologie, 1987, S. 107.

455 Vgl. *Rehbinder*, Rechtssoziologie, a.a.O., S. 57 f.

2.3.1 Ziele der Befragungen

Mit den Expert/inn/eninterviews sollten Informationen und Einschätzungen über Entwicklung, verfolgte Regelungsanliegen und Wirksamkeitsfaktoren transnationaler SD-Regulierung zur Antidiskriminierung ermittelt werden. Die Bedingungen für eine sozialstaatsgemäße SD-Normsetzung, -umsetzung und -verbreitung sollten erhellt werden. Die Interviewgespräche dienten auch dazu, zusätzliche normbildende Dokumente zu erschließen und Zugänge zu weiteren Expert/inn/en zu eröffnen. Erkenntnistheoretisch verfolgten die Befragungen das übergreifende Ziel, die Hypothesen zu testen. Im Sinne eines multimethodischen Ansatzes (Triangulation) sollten die im Wege der Dokumentenanalyse erlangten Ergebnisse überprüft und vervollständigt werden. Die Triangulation, die hier v.a. in Form der Kombination mehrerer Methoden[456] eingesetzt wurde, wird in der Sozialforschung verwendet, um die Breite und Tiefe gewonnener Erkenntnisse zu erhöhen.[457] Der Einsatz verschiedener Verfahren auf denselben Forschungsgegenstand ermöglicht es, die jeweils spezifischen Schwächen einer Methode durch die Stärken der anderen Methode zu reduzieren bzw. auszugleichen.[458]

2.3.2 Datenerhebung

2.3.2.1 Befragungsform und Interviewleitfaden

Die angewandte Interviewtechnik orientierte sich am problemzentrierten Interview.[459] Dieses stellt eine offene und halbstandardisierte Form der Befragung dar. Der Interviewer stützt sich auf einen Leitfaden, der als Orientierungshilfe dient und eine Vergleichbarkeit der Gesprächsergebnisse ermöglicht. Vor diesem Hintergrund wurde im Projektrahmen auf Basis der Hypothesen ein Leitfaden mit Interviewfragen erstellt.[460] Dieser wurde von der Verfasserin zusätzlich ins Englische und Französische übersetzt. Der Leitfaden wurde in einem Pilotinterview auf seine Handhabbarkeit

---

456 Weiterführend zu unterschiedlichen Typen der Triangulation *Flick*, Qualitative Sozialforschung. Eine Einführung, 2006, S. 330 f.
457 Vgl. *Flick*, Qualitative Sozialforschung, a.a.O., S. 332.
458 Vgl. *Gläser/Laudel*, Experteninterviews, a.a.O., S. 105.
459 Weiterführend dazu siehe *Diekmann*, Sozialforschung, a.a.O., S. 450 f.
460 Siehe Anhang 4.

und Verständlichkeit getestet. Die Fragen wurden in den Interviews flexibel gehandhabt und an den jeweiligen Gesprächsverlauf angepasst.[461]

2.3.2.2 Auswahl der Interviewpartner/innen

Als Expert/inn/en mit relevantem Sach- und Erfahrungswissen im Feld transnationaler SD-Regulierung zur Antidiskriminierung kamen v.a. Wissenschaftler/innen, Vertreter/innen europäischer Sozialpartner, der EU-Kommission sowie europäischer Gleichstellungsstellen in Betracht.[462] Auf Grundlage der Vorüberlegungen der Untersuchung und einer ersten Sichtung der SD-Dokumente zum Diskriminierungsschutz wurde von der Verfasserin eine Liste relevanter Interviewpartner/innen erstellt, die im Prozessverlauf ergänzt wurde. Auch forschungspraktische Gesichtspunkte wie leichter Zugang und Interviewbereitschaft waren bei der Festlegung der Befragten mitausschlaggebend.[463]

Insgesamt wurden von der Verfasserin im Zeitraum März 2014 bis November 2015 vierzehn Expert/inn/engespräche mit Wissenschaftler/inne/n und Praktiker/inne/n[464] geführt. Elf Interviews wurden mit Expert/inn/en auf dem Gebiet gleichstellungsspezifischer SD-Regulierung geführt. Außerdem wurden drei feldübergreifende Expert/inn/en zum transnationalen SD befragt.

Als feldspezifische Interviewpartner wurden Vertreter/innen europäischer Sozialpartner ausgewählt, die an der Aushandlung von Outcomes beteiligt waren und/oder deren organisationsmäßiger Zuständigkeitsbereich das Thema Antidiskriminierung umfasste. Um die verschiedenen Perspektiven auf SD-Normgebung zur Antidiskriminierung auszuleuchten, wurden Arbeitnehmer- wie Arbeitgeberrepräsentant/inn/en interviewt.

---

461 Vgl. zum Vorgehen auch *Gläser/Laudel*, Experteninterviews, a.a.O., S. 150 f.
462 Siehe auch *Nebe/Mückenberger*, Neuantrag A 7, a.a.O., S. 22.
463 Zu einigen der interviewten Expert/inn/en ließ sich der Zugang unproblematisch über persönliche Kontakte der Projektleitung herstellen. Demgegenüber blieben mehrere Interviewanfragen (u.a. bei der EU-Kommission und dem Netzwerk Rechtsexpertinnen und Rechtsexperten zur Nichtdiskriminierung in Utrecht) unbeantwortet oder wurden abgelehnt.
464 Die Übergänge zwischen Wissenschaft und Praxis waren teilweise fließend. So waren etwa zwei interviewte Wissenschaftler/innen als Berater/innen für EBR-Gremien tätig. Bei der vorgenommenen Abgrenzung von wissenschaftlichen Expert/inn/en und Praktiker/inne/n wurde die aktuelle berufliche Position der Expert/inn/en zugrunde gelegt.

Ferner wurde darauf geachtet, dass Praktiker/innen verschiedener SD-Formen (sektorübergreifender SD, sektoraler SD, Unternehmensebene)[465] in das Sample gelangen.

Des Weiteren wurden zwei Wissenschaftlerinnen aus dem Kreis des Europäischen Netzwerks von Rechtsexpertinnen und -experten der EU-Kommission auf dem Gebiet der Antidiskriminierung befragt.[466] Zusätzlich zu den von der Autorin selbst geführten Befragungen wurden für diese Arbeit acht weitere im Sfb-Forschungsprojekt erhobene Interviews sekundäranalytisch ausgewertet. Insgesamt wurden somit 22 Interviews in diese Studie einbezogen.

Interviewpartner/innen der nicht von der Verfasserin geführten Gespräche waren wissenschaftliche SD-Expert/inn/en, europäische Arbeitnehmerrepräsentant/inn/en, sowie jeweils ein Vertreter der EU-Kommission (Abteilung Beschäftigung und Soziales) und der Europäischen Stiftung zur Verbesserung der Lebens- und Arbeitsbedingungen (Eurofound).

Im Sinne der Repräsentativität der Aussagen wurde bei der finalen Samplezusammenstellung darauf geachtet, dass drei wesentliche Blickwinkel von Expert/inn/en – Wissenschaft, Arbeitgeberseite und Arbeitnehmerseite – annähernd gleichgewichtig vertreten sind.[467]

2.3.2.3 Interviewdurchführung

Die von der Verfasserin geführten Interviews dauerten zwischen 30 und 90 Minuten und waren bis auf vier Telefoninterviews persönliche Gespräche.[468] Die Interviews wurden in mehreren europäischen Ländern (Deutschland, Belgien, Frankreich) in deutscher, englischer und französischer Sprache geführt und fanden meist an der Arbeitsstelle des jeweiligen Experten statt.[469] Der Fragebogen wurden den Gesprächspartner/inne/n auf Wunsch vorab zugesandt. Vor Interviewbeginn wurde den Befragten die Anonymi-

---

465 Die Expert/inn/en besaßen häufig Spezialwissen zu mehreren SD-Formen.

466 Eine Expertin war zum Zeitpunkt der Befragung nicht mehr Mitglied des Netzwerks.

467 Eine Übersicht über die geführten und ausgewerteten Expert/inn/eninterviews findet sich in Anhang 2.

468 Die nicht selbst erhobenen Interviews waren bis auf einen Fall persönliche Gespräche.

469 Bis auf einen Fall, in dem zwei Arbeitgeberrepräsentant/inn/en zusammen befragt wurden, wurden die Interviews als Vieraugengespräche durchgeführt.

sierung ihrer Aussagen zugesichert. Die Gespräche wurden mit Einwilligung der Interviewpartner/innen per Tonbandgerät aufgezeichnet.[470]

2.3.3 Datenauswertung

Im Anschluss an die Gespräche wurden die Interviews transkribiert. Das Transkript wurde den Befragten auf Wunsch hin zugesandt, um Ergänzungen und Korrekturen einbringen zu können. In einigen Fällen wurden Nachfragen zu getroffenen Aussagen telefonisch oder per E-Mail mit den Interviewpartner/inne/n geklärt.

In einem weiteren Auswertungsschritt wurde von der Verfasserin ein Interviewbericht erstellt.[471] Dokumentiert wurden darin allgemeine Informationen zum Interview (u.a. Datum, Dauer, Ort des Gesprächs, Position der Expert/inn/en). In dem Bericht wurden außerdem die Hypothesen festgehalten.[472] Im nächsten Schritt erfolgte anhand der Hypothesen eine Strukturierung, Extraktion und Zusammenfassung des verschriftlichen Interviewmaterials.[473] Dabei wurden zunächst die für die interessierenden Fragestellungen relevanten Textstellen in den Transkripten identifiziert. Zentrale Aussagen der Expert/inn/en wurden den Hypothesen zugeordnet, als (sprachlich geglättete) wörtliche Zitate im Interviewbericht erfasst und in einer kurzen Stellungnahme bewertet. Schließlich wurden die in den Interviewzusammenfassungen enthaltenen Ergebnisse von der Verfasserin miteinander verglichen und hypothesenbezogen interpretiert.

---

470 Auf Wunsch wurde in einem Fall auf eine Aufnahme verzichtet. Die Fragen wurden von dem Experten schriftlich per E-Mail beantwortet. Über das geführte Telefongespräch wurde von der Verfasserin ein stichpunktartiges Gedächtnisprotokoll erstellt.

471 Die im Folgenden beschriebenen wesentlichen Auswertungsschritte wurden auch bei den nicht selbst erhobenen Interviews angewandt. Sofern von diesen lediglich ein Transkript vorlag, wurden die Interviews von der Verfasserin im Rahmen dieser Arbeit feldspezifisch zusammengefasst und in Bezug auf die Hypothesen ausgewertet.

472 Siehe dazu die Vorlage für einen Interviewbericht in Anhang 5.

473 Vgl. dazu auch *Gläser/Laudel*, Experteninterviews, a.a.O., S. 197 ff.

2.4 Fallstudien

Ausgewählte Normbildungsfälle zur Nichtdiskriminierung wurden vertieft auf ihre Entstehungs-, Wirksamkeits- und Verbreitungsbedingungen hin untersucht. Übergreifendes Ziel der vergleichenden Fallanalysen war es wiederum, die aufgeworfenen Hypothesen zu prüfen. Nach dem Prinzip der Methoden-Triangulation sollte die Validität der mittels rechtsempirischer Dokumentenanalyse und Expert/inn/eninterviews gewonnenen Erkenntnisse erhöht werden.

2.4.1 Fallauswahl

Mit der Unternehmensebene wurde der gegenwärtig dynamischste Pol transnationaler SD-Regulierung im europäischen Raum näher in den Blick genommen.[474] Die Auswahl der Normbildungsfälle erfolgte auf Basis der Sichtung der Outcomes und einschlägiger Sekundärliteratur zu diskriminierungsschützenden SD-Normen. Untersucht wurden SD-Vereinbarungen, die nach sozialstaatlichen Kriterien als positiv einzustufen waren. Dabei wurden verschiedene SD-Formen berücksichtigt und unterschiedliche Branchen und Länderkontexte in die vergleichende Betrachtung einbezogen. Die gelenkte Variation einzelner Fallmerkmale[475] sollte die Erkenntniskraft der Ergebnisse im Hinblick auf den vermuteten Zusammenhang zwischen staatlicher Rückbindung und sozialstaatsadäquater SD-Normsetzung erhöhen.

Wie die Dokumentenanalyse ergab, war die Anzahl an SD-Outcomes mit Regelungsschwerpunkt zur Antidiskriminierung relativ gering, was die Auswahl geeigneter Fälle eingrenzte. Überdies wurden sozialstaatsadäquate Ergebnisse vorwiegend bei französischen Konzernen festgestellt. In zwei Fällen wurden daher Vereinbarungen ausgewählt, die bei Unternehmen mit Hauptsitz in Frankreich erzielt wurden.

Angesichts der kleinen Fallzahl sind die Fallanalysen allein nur beschränkt aussagefähig. Sie können aber zusammen mit den aus Dokumentenanalyse und Expert/inn/eninterviews gewonnenen Befunden verallgemeinerungsfähige Schlüsse zulassen.

Folgende konkrete Normbildungsfälle wurden untersucht:

---

474 Vgl. *Rüb/Platzer/Müller*, Transnationale Unternehmensvereinbarungen. Zur Neuordnung der Arbeitsbeziehungen in Europa, 2011, S. 248.
475 Vgl. dazu *Gläser/Laudel*, Experteninterviews, a.a.O., S. 98.

1. Im Fall A ergab die Literatursichtung, dass in dem betreffenden Konzern seit einigen Jahren eine EBR-Arbeitsgruppe zu Diversity besteht, die mit Vertreter/inne/n des EBR und des Managements besetzt ist. Aus der Arbeit der speziellen EBR-Struktur heraus wurde in jüngster Zeit ein Outcome gegen sexuelle Belästigung am Arbeitsplatz erzielt.

2. Im Fall B wurde ein vergleichbar weitgehendes TCA zur Geschlechtergleichstellung vereinbart. In dem betreffenden Konzern waren zuvor bereits weitere sozialstaatsadäquate Vereinbarungsergebnisse zur Nichtdiskriminierung erzielt worden. Der Fall stellte damit ein Best-Practice-Beispiel dar.

3. Im Fall C wurde ein TCA ausgewählt, das vor einigen Jahren zur Gleichstellung von Frauen und von Menschen mit Behinderungen abgeschlossen wurde. Die Vereinbarung wies vergleichsweise detaillierte und verbindliche Norminhalte und Implementationsregelungen auf.

2.4.2 Methoden

Bei den vertiefenden Fallstudien wurden als Erhebungsmethode vornehmlich Expert/inn/eninterviews eingesetzt. In Fall A wurde ergänzend im Prozessverlauf eine teilnehmende Beobachtung durchgeführt.

Zusätzlich wurden – neben der Analyse der Vereinbarungstexte – Hintergrundinformationen zu den Fällen ausgewertet. Die herangezogen Informationsquellen waren meist über das Internet verfügbar. Teilweise wurden Dokumente wie Artikel oder Broschüren von den Interviewpartner/inne/n zur Verfügung gestellt. Gesichtet und ausgewertet wurde auch vorhandene Literatur zu den einzelnen Outcomes.

2.4.2.1 Expert/inn/eninterviews

Als Befragungsform wurde wiederum auf das leitfadengestützte Interview zurückgegriffen. Für die Erforschung der Entstehungs-, Kontext- und Wirkungsbedingungen der Normbildungsfälle wurde ein spezifischer hypothesenbasierter Interviewleitfaden entwickelt.[476] Der Fragebogen wurden flexibel gehandhabt und an den Interviewverlauf angepasst.

---

476 Siehe Anhang 4.

Befragtenauswahl

Die Befragtenauswahl sollte verschiedenen Sichtweisen auf den Normbildungsfall Rechnung tragen und in dem Sinne repräsentativ sein, dass relevante Akteursgruppen zu Wort kommen.[477]
Demgemäß wurde darauf geachtet, dass pro Fall mindestens ein/e Vertreter/in des Managements sowie ein/e beteiligte/r Arbeitnehmerrepräsentant/in interviewt wurden. Die Auswahl der Expert/inn/en auf Arbeitnehmerseite erfolgte zumeist auf Grundlage der aus den Vereinbarungstexten gewonnenen Informationen über die am Aushandlungsprozess beteiligten Personen. In einigen Fällen wurden die Interviewpartner/innen von anderen befragten Expert/inn/en vermittelt.
Die Erfassung verschiedener Meinungen und Sichtweisen von Arbeitgeber- und Arbeitnehmerseite war in einem Fall nicht realisierbar. So lehnte die Unternehmensleitung in Fall A eine Beteiligung an der vorliegenden Studie ab.[478]
Ferner wurde bei der Auswahl der Interviewpartner/innen berücksichtigt, dass möglichst die Perspektive der von beruflichen Benachteiligungen potentiell oder tatsächlich Betroffenen abgedeckt werden soll. Insbesondere wurde darauf geachtet, dass mindestens eine weibliche Person zu den SD-Regulierungsaktivitäten befragt wurde. Im Fall B konnten trotz aller Bemühungen nur männliche Interviewpartner gewonnen werden. Mehrere vorrangig angefragte, am Verhandlungsprozess beteiligte Arbeitnehmerrepräsentantinnen lehnten eine Gesprächsteilnahme ab.[479]

Interviewdurchführung und -auswertung

Die Interviews fanden im Zeitraum Juli 2014 bis Dezember 2015 statt und wurden in vier europäischen Ländern, überwiegend am Sitz des Unternehmens durchgeführt. Von insgesamt zwölf interviewten Expert/inn/en wurden zehn persönlich und zwei telefonisch befragt. Die Interviews waren meist Vieraugengespräche. Im Fall C wurden drei Expert/inn/en der Arbeitnehmerseite in einem Gespräch zusammen befragt.

---

477 Vgl. dazu *Flick*, Sozialforschung, a.a.O., S. 106 ff.
478 Mehrere Interviewanfragen bei verschiedenen Vertreter/inne/n des HR-Managements wurden abgelehnt oder blieben unbeantwortet. Auch eine weitere Interviewanfrage bei der allgemeinen Abteilung für Unternehmenskommunikation wurde negativ beantwortet.
479 Eine Übersicht über die geführten Interviews findet sich in Anhang 3.

Interviewdurchführung und -auswertung entsprachen dem bereits beschriebenen, bei den allgemeinen Experteninterviews angewandten Vorgehen.

2.4.2.2 Teilnehmende Beobachtung

Die teilnehmende Beobachtung ist ein qualitatives Verfahren direkter Datenermittlung, das „unmittelbar zum tatsächlichen Verhalten" vordringt. Ihr Einsatz kann sinnvoll sein, um latente Handlungsabläufe, Verhaltensweisen, Strukturen und Zusammenhänge im interessierenden Feld zu erhellen, die über andere Methoden nur bedingt zugänglich sind.[480] Typische Probleme dieser Methode sind selektive Wahrnehmungen und Interpretationen des Forschers sowie verzerrendes, reaktives Verhalten der beobachteten Personen.[481]

Ziele, Durchführung und Datenauswertung

Im Fall A ergab sich die Gelegenheit, an einer vorbereitenden internen Sitzung des EBR am Ort des Unternehmenssitzes teilzunehmen.

Die teilnehmende Beobachtung ermöglichte es, über die aus den Interviews ermittelten subjektiven Einschätzungen hinaus, tiefere Einblicke in die SD-Praxis zur Antidiskriminierung zu gewinnen. Die Art der Beobachtung war offen und passiv-zurückgenommen.[482] Die Eindrücke von der Beobachtung wurden von der Verfasserin während der EBR-Sitzung schriftlich festgehalten. Die angefertigten Notizen wurden anschließend – ergänzend zu übrigen Fallinformationen – hypothesenbezogen ausgewertet.

2.5   Diffusionsanalyse

2.5.1 Allgemeines Vorgehen, Ziele

Als Reaktion wurde untersucht, ob und wie innovative SD-Normen und Normkonzepte als inhaltliche Anregung oder gar mit rechtlicher Geltung

---

480 Vgl. *Rehbinder*, Rechtssoziologie, a.a.O., S. 59.
481 Vgl. dazu *Röhl*, Rechtssoziologie, a.a.O., S. 120.
482 Vgl. zu Beobachtungstechniken *Flick*, a.a.O., S. 200 ff.

in andere Regelwerke und Regelungs- und Entscheidungsebenen (z.B. Gerichte, EU-Institutionen, Sozialpartner) hinüber „wandern".[483]

Bei der Ermittlung von Diffusion der Normen und Normkonzepte wurden SD-Textanalyse, Expert/inn/eninterviews und Fallstudien eingesetzt. Darüber hinaus wurde eine juristische Datenbankrecherche durchgeführt, um Verbreitungsprozesse in europäische und nationale Rechtskontexte nachzuverfolgen.

Die Analyse war explorativ angelegt und diente dazu, das bislang wenig erschlossene Diffusionsgeschehen im Feld diskriminierungsschützender SD-Regulierung zu erkunden. Analytisch sollten die hypothetischen Vermutungen über den positiven Zusammenhang zwischen staatlicher Nähe transnationaler SDe und juristischer Wirksamkeit und sozialstaatlicher Leistungsfähigkeit der durch sie ausgelösten Normendiffusionen überprüft werden. Schließlich sollten gemäß der Triangulation die mittels verschiedener Methoden gewonnenen Ergebnisse verglichen und synthetisiert werden, um Erkenntnisgewinn und Ergebnissicherheit zu erhöhen.

2.5.2 Diffusionsverständnis

Die Diffusionsforschung ist seit langem Gegenstand unterschiedlicher Wissenschaftszweige wie der der Soziologie, der Politikwissenschaft, der Wirtschaftswissenschaft oder der Kommunikationswissenschaft.[484] Konzeptionelle Ansätze für juristische Normdiffusion finden sich außerdem in der jüngeren rechtswissenschaftlichen Innovationsforschung.[485] Für diese Analyse konnten Anregungen aus vorhandenen diffusionstheoretischen Studien gewonnen werden. Im übrigen waren aber Modelle, methodisches Vorgehen und Ergebnisse anderer Forschungsstränge wie z.B. der Betriebswirtschaftslehre, die sich damit beschäftigt, wie Produktinnovationen in Märkten diffundieren, nur bedingt auf die vorliegende Untersuchung übertragbar.[486]

Das hier zugrunde gelegte Diffusionsverständnis bedurfte vielmehr einer spezifischen Eingrenzung in Hinblick auf die interessierende Frage

---

483 Vgl. auch *Nebe/Mückenberger*, Neuantrag A 7, a.a.O., S. 20.

484 Vgl. *Karnowski*, Diffusionstheorien, 2011, S. 33 ff.

485 Vgl. *Hoffmann-Riem* (Hrsg.), Innovationen im Recht, 2016; Hornung, Grundrechtsinnovationen, 2015.

486 Siehe auch *Nebe/Mückenberger*, Neuantrag A 7, a.a.O., S. 22.

nach dem durch transnationale SDe auf dem Gebiet der Antidiskriminie-rung hervorgerufenen Leistungs- und Wirksamkeitswandel.

Nach geläufiger Definition von Rogers ist unter Diffusion „the process by which an innovation is communicated through certain channels over time among the members of a social system " zu verstehen. Diffusion stellt demnach eine spezielle Form der Kommunikation dar, deren Inhalte sich auf eine neue bzw. als neuwertig aufgefasste Idee beziehen.[487] Dabei hat der Innovationsbegriff vielfältige, je nach Disziplin unterschiedliche Interpretationen erfahren. Im Bereich rechtlicher Innovationen wird davon ausgegangen, dass der Neuerung eine gewisse „Qualität", „Merklichkeit" oder „Signifikanz" zukommen muss.[488] Innovative juristische Normen bauen der Literatur zufolge zumeist auf existierenden regulativen Ideen und Normen auf, bilden diese erheblich um, gestalten und kombinieren sie neu und entwickeln sie weiter.[489] Weiterhin wird in zeitlicher Hinsicht das Moment der Innovation von der vorgelagerten Phase der bloßen Invention (Erfindung oder Entdeckung) abgegrenzt.[490] Weitgehende Einigkeit besteht darin, dass rechtliche Neuerungen nicht rein objektiv bestimmbar sind, son-dern immer auch ein Element subjektiver Zuschreibung beinhalten.[491]

Gemäß dem konkreten Erkenntnisinteresse standen hier in SD-Doku-menten vorgefundene Normkonzepte und Regelungsideen zum Diskrimi-nierungsschutz im Fokus der Analyse, die bei normativer Beurteilung als innovativ und als sozialstaatsadäquat einzustufen waren. Neuerungen transnationaler SDe wurden angenommen, wenn diese bestehende Anti-diskriminierungsvorschriften signifikant weiterentwickelten. Innovativ war es auch, wenn SDe neuartige Normen schufen, die auf derselben Re-gelungsebene staatlicherseits noch nicht reguliert waren.

Von Diffusion kann der Literatur zufolge ferner erst dann gesprochen werden, wenn sich eine Innovation erfolgreich innerhalb der relevanten sozialen Gruppe oder Struktur – hier somit rechtliche und rechtspolitische Kontexte – durchsetzt.[492] Der Übernahmeprozess durch andere Akteure lässt sich nach Rogers analytisch in fünf Phasen untergliedern:

---

487 *Rogers*, Diffusion of Innovations, 2003, S. 5.
488 *Hornung*, Grundrechtsinnovationen, a.a.O.,S. 143; *Hoffmann-Riem*, Innovationen im Recht: Zur Einführung, in: *ders.* (Hrsg.), Innovationen, a.a.O., S. 16.
489 *Hornung*, Grundrechtsinnovationen, a.a.O., S. 144.
490 *Hornung*, Grundrechtsinnovationen, a.a.O., S. 140.
491 Vgl. *Hoffmann-Riem*, Innovationen, a.a.O., S. 16.
492 Vgl. *Hornung*, Grundrechtsinnovationen, a.a.O., S. 343.

1. Knowledge (Kenntnis von der Innovation),
2. Persuasion (positive Einstellung hierzu),
3. Decision (Übernahmeentscheidung),
4. Implementation (tatsächliche Nutzung der Innovation) und
5. Confirmation (Bestätigung der Übernahme).[493]

Dementsprechend wurde hier Diffusion angenommen, wenn innovative SD-Normen und Normkonzepte anderweit positiv reagierend rezipiert und angepasst wurden.[494]

In Anlehnung an politikwissenschaftliche Diffusionskonzepte[495] interessierten Verbreitungsprozesse, bei denen regulative Ideen der Sozialpartner grundsätzlich freiwillig von anderen normsetzenden und -umsetzenden Akteuren übernommen wurden. So wurde etwa die Durchführung von SD-Vereinbarungen nach AEUV durch EU-Kommission und Rat als Diffusionsergebnis gewertet. In Abgrenzung dazu wurde die supranational vorgegebene nationale Umsetzung von auf SD-Outcomes basierenden Richtlinien prinzipiell dem zwingenden Normenvollzug und nicht der Normverbreitung zugeordnet.[496] Die positive Übernahme und Weiterentwicklung innovativer SD-Normen und Normkonzepte in richterlicher Spruchpraxis wurde wiederum als Diffusion eingestuft.

2.5.3 Konkretes Vorgehen

Informationen zur Verbreitung innovativer diskriminierungsschützender SD-Regelungsansätze wurden zum einen über die Expert/inn/eninterviews ermittelt. Hierbei wurden auch fördernde wie hindernde Faktoren für erfolgreiche Diffusion von SD-Vereinbarungen zur Antidiskriminierung er-

---

493 Weiterführend *Karnowski*, Diffusionstheorien, a.a.O., S. 14 ff.
494 Legt man das Modell von Rogers zugrunde, konzentrierte sich die vorliegende Analyse auf die ersten vier Phasen des Diffusionsprozesses. Die fünfte Phase (Bestätigung oder Rückgängigmachung der Innovationsübernahme) blieb ausgeklammert.
495 Vgl. *Holzinger/Jörgens/Knill*, Transfer, Diffusion und Konvergenz: Konzepte und Kausalmechanismen, Politische Vierteljahresschrift 2007, S. 15.
496 Eine Ausnahme konnte es sein, wenn bei der nationalen Richtlinienumsetzung weitergehende positive „Übertragungseffekte" erzielt wurden. So konnte Diffusion angenommen werden, wenn freiwillige Regelungen zur Antidiskriminierung getroffen wurden, die vom europäischen Normgeber nicht intendiert waren. Derartige Fälle von Normverbreitung standen allerdings nicht im Fokus der vorliegenden Analyse.

fragt. Zusätzlich dazu wurde die „Wanderung" einzelner SD-Normen in den vertiefenden Fallanalysen untersucht. Neben Expert/inn/eninterviews wurden dabei Dokumente wie unternehmensinterne Berichte, Pressemitteilungen oder vorhandene Literatur herangezogen und ausgewertet. Überdies wurden Diffusionsprozesse ausgewählter, dokumentenanalytisch ermittelter SD-Normen und Normkonzepte in einer systematischen Internetrecherche erforscht.

Internetrecherche

Die Internetrecherche wurde im Frühjahr 2014 durchgeführt und letztmalig im Februar 2017 aktualisiert.[497] Ziel der Recherche war es, herauszufinden, ob und wie sich innovative SD-Normen und Konzepte auf transnationaler Ebene im rechtlich-institutionellen Umfeld verbreiten. Daneben interessierte aber auch, inwieweit die SD-Ergebnisse in EU-Mitgliedstaaten durch staatliche Regelsetzer oder Sozialpartner reagierend rezipiert werden.

In einem ersten Schritt wurden zehn innovative Regelungsansätze für die Recherche ausgewählt.[498] Die Selektion erfolgte auf Basis der Sichtung der SD-Texte. Einbezogen wurden neben Normen und Normkonzepten, die in Outcomes vorgefunden wurden, auch eine Regelungsidee, die als unverbindlicher Aktionsrahmen ausgestaltet war. Die Auswahl bildete verschiedene SD-Formen ab, um die Diffusion in Hinblick auf die differente staatliche Rückkopplung transnationaler SDe vergleichend untersuchen zu können. Der Schwerpunkt der Analyse lag auf rechtlichen Schlüsselkonzepten des Diskriminierungsschutzes (positive Maßnahmen, angemessene Vorkehrungen, Belästigung),[499] die von SDen innovativ weiterentwickelt wurden. Des Weiteren wurden Regelungsansätze ausgewählt, bei denen transnationale SDe Antidiskriminierungsnormen für ihre Regulierungsebene neu bildeten.

Im einem weiteren Arbeitsschritt wurden Suchbegriffe für die Recherche formuliert. Dabei wurden zu jedem Konzept mehrere passende Schlagworte bzw. Keywords gebildet. Die Suchvarianten umfassten sowohl den Titel von Vereinbarungstexten als auch die interessierenden Normen und Normkonzepte. Um die Suche zu präzisieren, wurde bei konzernbezogenen SD-Normen und Konzepten jeweils der Unternehmensna-

---

497 Die Verfasserin wurde bei der Durchführung der Internetrecherche von einem studentischen Mitarbeiter des Sfb- Projekts unterstützt.

498 Die ausgewählten Normen und Konzepte sind in Anhang 6 aufgeführt.

499 Siehe näher zu Schlüsselkonzepten des rechtlichen Diskriminierungsschutzes *Ellis/ Watson*, EU-Antidiscrimination Law, 2012, S. 142 ff.

me angeführt. Weiterhin wurden mehrere Sprachversionen (deutsch, englisch, französisch) der Suchbegriffe formuliert.

Die Schlagworte wurden in einer probeweisen Abfrage bei EUR-Lex auf ihre Ergiebigkeit hin getestet und, sofern notwendig, modifiziert. Beispiele für ausgewählte Suchbegriffe:

Europäische Rahmenvereinbarung Belästigung und Gewalt am Arbeitsplatz / European framework agreement violence and harassment at work / Accord- cadre européen harcèlement et violence au travail

Europäische Rahmenvereinbarung inklusive Arbeitsmärkte / European framework agreement inclusive labour markets / Accord- cadre européen marché du travail inclusif

[Konzernname] angemessene Vorkehrungen / [Konzernname] reasonable accommodation / [Konzernname] aménagements raisonnables

Anschließend wurde eine systematische Internetrecherche durchgeführt.[500] Nach den vordefinierten Keywords durchsucht wurden u.a. europäische und internationale Rechtsdatenbanken (EUR-Lex,[501] PreLex,[502] NORMLEX[503] u.a.) und Webseiten von EU-Agenturen (Eurofound, Europäisches Institut für Geschlechtergleichstellung (EIGE)). Die Verbreitung in nationale rechtliche Kontexte wurde vornehmlich über deutsche juristische Datenbanken (juris, beck-online) und ein französisches juristisches Webportal (Légifrance) ermittelt. Zusätzlich dazu erfolgte eine Abfrage bei google.de.[504]

Die Abfrage erfolgte nach den Spezifika der Webseiten. Restriktionen im Suchverlauf wurden nur dann vorgenommen, wenn es aufgrund einer Vielzahl von Treffern (mehr als 50 Ergebnisse) notwendig war. In solchen Fällen wurde die Suche mit Filtern nach Sachgebiet präzisiert. Bei einzelnen Datenbanken wie EUR-Lex wurden die Schlagworte mit Operatoren wie AND verknüpft, um die Suche einzugrenzen. Umgekehrt wurden bei

---

500 Eine Übersicht über die verwendeten Datenbanken und Webseiten findet sich in Anhang 6.

501 Eur-Lex enthält eine umfassende Sammlung von Rechtsvorschriften, Gerichtsurteilen sowie von weiteren Rechts- und Politikdokumenten der EU.

502 Die PreLex-Webseite enthält eine Sammlung aller vorbereitenden und amtlichen Dokumente (Vorschläge, Empfehlungen, Mitteilungen), die die EU- Kommission Rat und Parlament sowie anderen EU-Organen übermittelt. Die Datenbank ist im Internet abrufbar unter: <http://eur-lex.europa.eu/collection/legislative-proced ures.html?locale=de> (zuletzt abgerufen 27.8.2018).

503 Die Normlex- Datenbank der ILO enthält u.a. Informationen zu internationalen Arbeitsstandards und der Spruchpraxis der ILO- Überwachungsorgane.

504 Die Suche bei google.de wurde auf die ersten drei Trefferseiten begrenzt.

geringer Trefferzahl Trunkierungen (*) angewendet, um die Suchmenge zu erweitern.

Die so ermittelten Verbreitungsergebnisse[505] wurden mit Fundstelle auf einer vorab für jedes SD-Regelungskonzept erstellten Ergebnistabelle schriftlich festgehalten.[506]

Tabelle 1: Ergebnistabelle der Datenbankrecherche (Auszug)

Suchbegriffe	
Datenbank / Webseite	**Treffer** (Urheber/ Titel / Jahr des Dokuments)
EUR-Lex	

In einem weiteren Schritt wurden die ermittelten Texte abgespeichert, ausgedruckt sowie von der Verfasserin dokumentenanalytisch gesichtet, um nähere Aufschlüsse über die Qualität der Diffusion zu erzielen.

Zusätzliche Erkenntnisse über die Verbreitung der 10 ausgewählten SD-Normen und Konzepte bei anderen transnationalen SDen wurden durch die feldspezifische Dokumentensichtung gewonnen.

2.6 Rechtliche Beurteilung der Outcomes und Reaktionen

In einem weiteren Arbeitsschritt wurden die Outcomes und Reaktionen anhand sozialstaatlicher Vorgaben rechtswissenschaftlich beurteilt. Dabei wurden die SD-Normen und Normverbreitungen den EU-sozialver-fassungsrechtlichen Zielen zur Antidiskriminierung gegenübergestellt und daraufhin beurteilt, ob sie diese erfüllen, optimieren oder verfehlen.

Das Vorgehen bei diesem Analyseschritt war rechtsdogmatischer und rechtsvergleichender Art.[507]

---

505 Erfasst und heruntergeladen wurden nur die Dokumente, in denen die betreffende SD-Regulierung ausdrücklich zitiert wurde und/oder das betreffende Normkonzept wortwörtlich übernommen wurde.

506 Beispiele für Verlauf und Ergebnisse der Recherche finden sich im Anhang 6.

507 Weiterführend zur Rechtsvergleichung siehe *Baer*, Rechtssoziologie, a.a.O., § 3 Rn. 18 ff.

2.7 Zusammenfassung

Das SD-Regulierungsgeschehen zum Diskriminierungsschutz wurde mit rechtswissenschaftlichen und sozialwissenschaftlichen Methoden erforscht.

Die empirischen Daten wurden mittels Dokumentenanalyse, Expert/inn/eninterviews und vertiefenden Fallstudien gewonnen. Zusätzlich wurde zur Ermittlung von Reaktionen eine juristische Datenbank- und Internetrecherche durchgeführt. Die erhobenen Daten wurden anhand der Hypothesen ausgewertet und interpretiert.

Die Befunde der Untersuchung werden in den folgenden Kapiteln präsentiert.

3. Kapitel: Outcomes

3.1 Allgemeine Übersicht über die SD-Leistungen

Bei der Dokumentenauswertung wurden 299 bindende SD-Vereinbarungen ermittelt, die diskriminierungsschützende Normen enthalten. Die Anzahl der Outcomes zur Antidiskriminierung blieb damit hinter den Ergebnissen auf anderen arbeitsrechtlichen Gebieten, die dem tradierten sozialstaatlichen DRIS-Bereich angehören, zurück.[508] Dies deutet darauf hin, dass transnationale selbstregulierende Prozesse zur Nichtdiskriminierung besonderen Hindernissen begegnen.

Dennoch ließ sich in der Analyse eine beachtliche Zunahme an SD-Ergebnissen zur Antidiskriminierung seit den 1990er Jahren feststellen (s. **Abb. 2**). Immerhin 20 % aller ausgewerteten SD-Dokumente enthielten entsprechende Norminhalte. Der Großteil der Outcomes (über 70 %) war mit staatlichen Rechts- und Durchsetzungsstrukturen eng verknüpft[509] und/oder wies Implementationsvorkehrungen auf, die auf eine praktische Normwirksamkeit hindeuten.

Die normsetzende Produktivität der einzelnen SD-Formen fiel unterschiedlich aus (s. **Abb. 1**).

---

508 Im Rahmen des Sfb-Forschungsprojekts wurden 504 Vereinbarungen ermittelt, die Fragen des Gesundheitsschutzes am Arbeitsplatz behandelten. Eine hohe Zahl von 1630 Outcomes betraf das Thema Information und Konsultation in Betrieb und Unternehmen.

509 Eine enge Verknüpfung mit supranationalen und staatlichen Rechts- und Durchsetzungsstrukturen besteht für EBR-Gründungsvereinbarungen, die unter dem „*shadow of the law*" der EBR-RL erzielt wurden sowie für Ergebnisse SDe nach AEUV, die in sekundäres EU-Recht implementiert wurden.

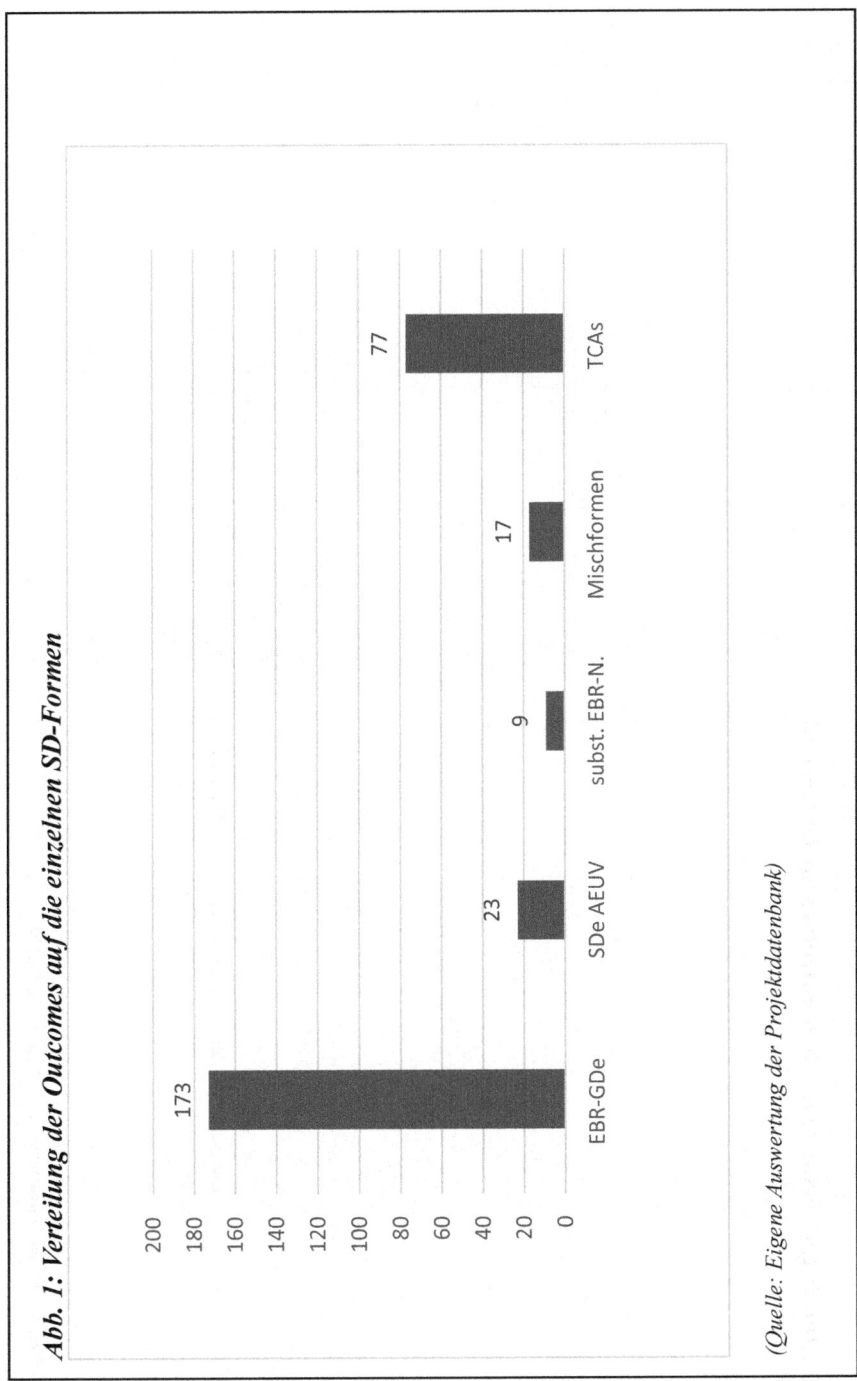

Abb. 1: Verteilung der Outcomes auf die einzelnen SD-Formen

(Quelle: Eigene Auswertung der Projektdatenbank)

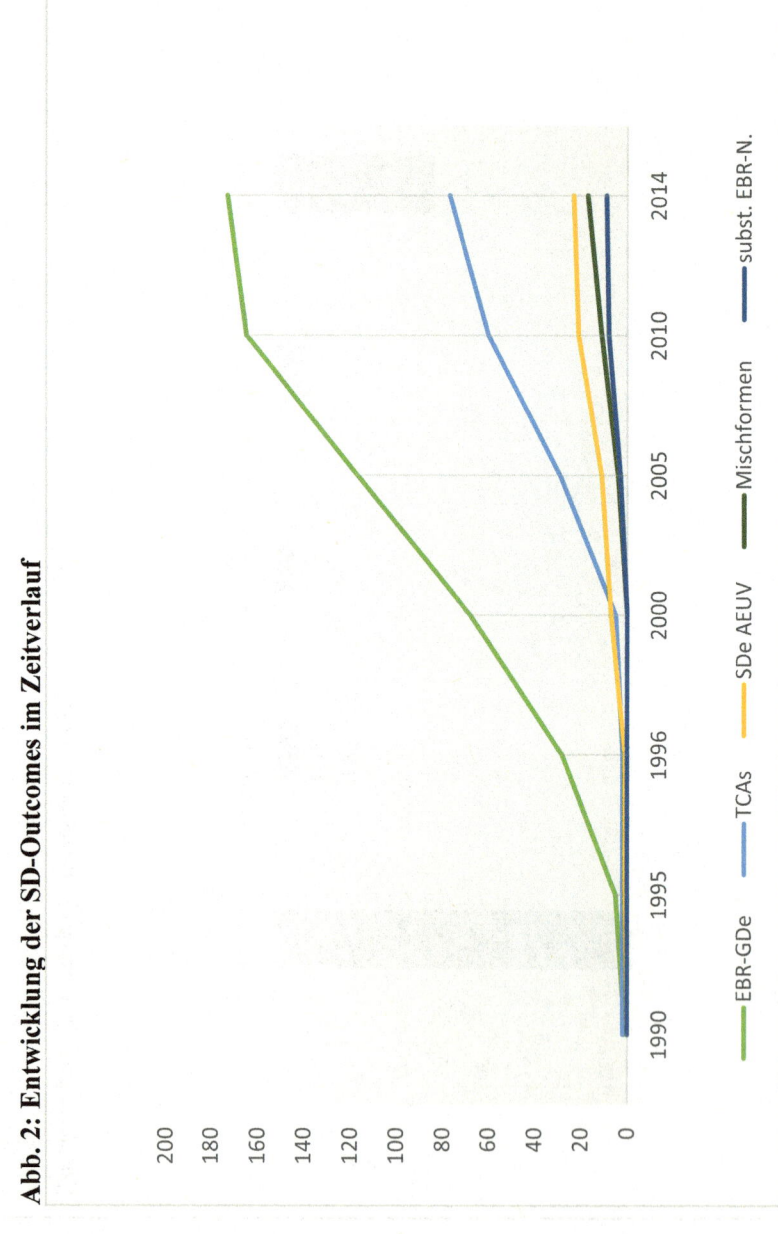

Abb. 2: Entwicklung der SD-Outcomes im Zeitverlauf

(Quelle: Eigene Auswertung der Projektdatenbank)

Die meisten Outcomes wurden bei EBR-Gründungsvereinbarungen erzielt. Seit Umsetzung der ersten EBR-RL im Jahr 1996[510] ist ein signifikanter Zuwachs an Vereinbarungsergebnissen zu verzeichnen (vgl. **Abb. 2**). Dies ist ein erstes Indiz für die Wirksamkeit des „shadow of the law". Die gleichstellungsbezogenen Normbildungsaktivitäten SDe nach AEUV bleiben auf einem relativ verhaltenen Niveau. Bei den staatsferneren Dialogformen (substantielle EBR-Normen, Mischformen und TCAs) fällt der rasante Anstieg und die relativ hohe normbildende Kraft der von Gewerkschaften abgeschlossenen TCAs auf.

3.2 EBR-Gründungsvereinbarungen

3.2.1 Überblick über die Outcomes

173 dokumentenanalytisch ermittelte EBR-Gründungsvereinbarungen weisen diskriminierungsschützende Regelungen auf. Dies entspricht einem Anteil von 12 % der ausgewerteten EBR-Gründungsdokumente. Die Outcomes wurden überdurchschnittlich häufig in multinationalen Unternehmen erzielt, die ihren Hauptsitz in den USA, Großbritannien und Frankreich haben (s. **Abb. 3**). Normbildungsaktivitäten ließen sich somit v.a. bei Konzernen feststellen, in deren Ursprungsland eine intensive Regulierungtradition zur Nichtdiskriminierung besteht. Zahlreiche Vereinbarungsergebnisse waren im Metallsektor sowie in den Bereichen Lebensmittel und Chemie zu verzeichnen (s. **Abb. 4**).[511] Ein relativ hoher Anteil der Outcomes (ca. 40 %) wurde von nationalen und/oder transnationalen Gewerkschaftsverbänden mit unterzeichnet.[512]

---

510 Schon nach Verabschiedung der ersten EBR-RL im Jahr 1994 ist eine Zunahme an Vereinbarungen festzustellen. Auch dies lässt sich als Hinweis darauf interpretieren, dass der „shadow of the law" wirkt.

511 Ein Teil der Forschungsliteratur geht davon aus, dass Einflüsse des Sektors, des Landes der Unternehmenszentrale sowie Lerneffekte im Sinne einer Imitation guter Praxis weitere Faktoren sind, die – neben den Vorschriften der EBR- RL – die Ausgestaltung von EBR-Gründungsvereinbarungen prägen, vgl. *Gilman/Marginson*, Negotiating European Works Councils: Contours of constrained choice, Industrial Relations Journal 2002, 46 ff.

512 Weitere ersichtliche Unterzeichner auf Arbeitnehmer/innen/seite waren ein Besonderes Verhandlungsgremium und eine – öfter nicht näher spezifizierte – Arbeitnehmer/innen/vertretung. Selten fungierten nationale Betriebsratsgremien als Vereinbarungspartei einschlägiger Normen.

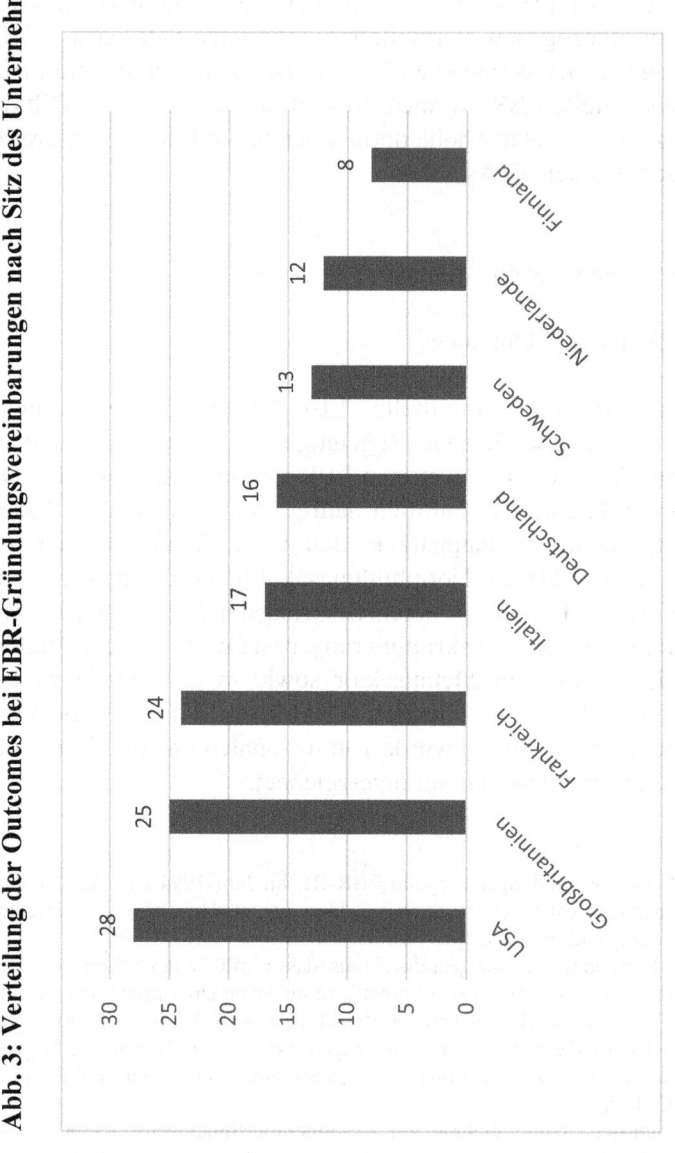

Abb. 3: Verteilung der Outcomes bei EBR-Gründungsvereinbarungen nach Sitz des Unternehmens[513]

(Quelle: Eigene Auswertung der Projektdatenbank)

---

513 In der Grafik abgebildet sind die acht Länder mit den häufigsten Vereinbarungsaktivitäten zur Antidiskriminierung.

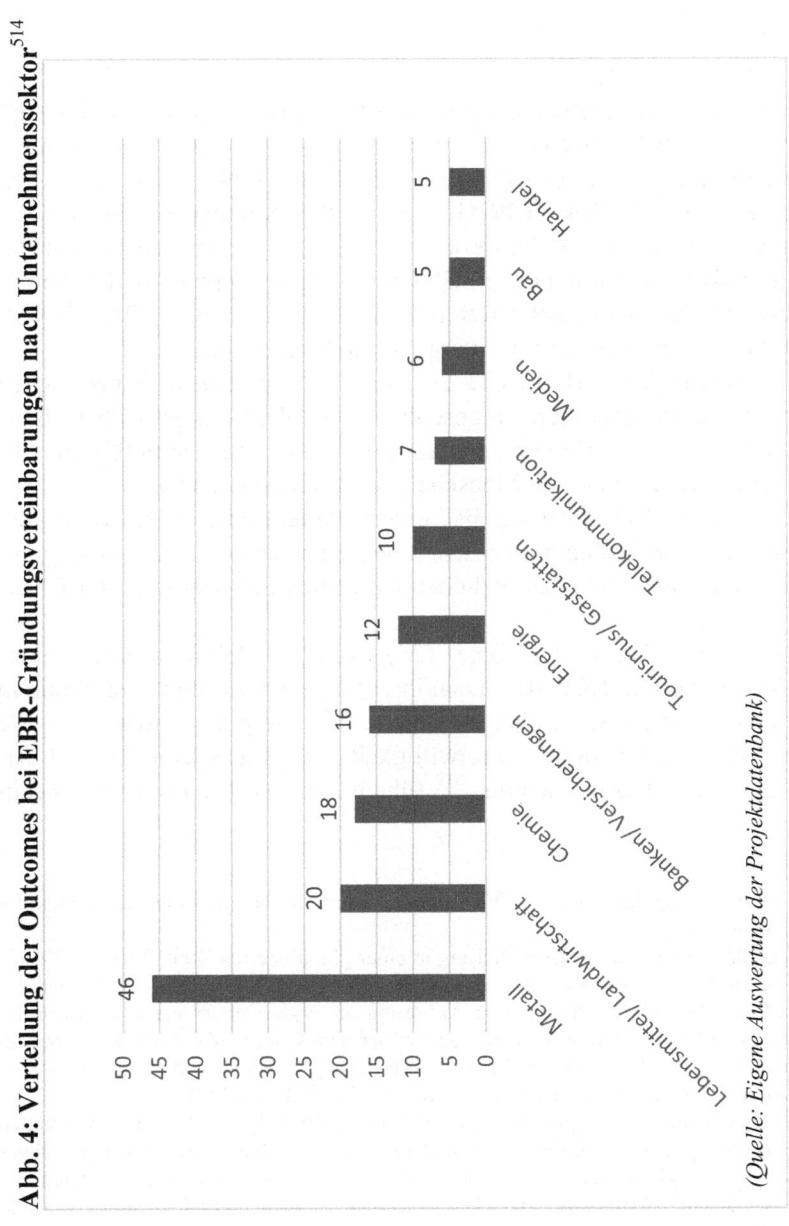

Abb. 4: Verteilung der Outcomes bei EBR-Gründungsvereinbarungen nach Unternehmenssektor[514]

(Quelle: Eigene Auswertung der Projektdatenbank)

514 Die Grafik zeigt die zehn Sektoren mit den meisten ermittelten SD-Normen zur Antidiskriminierung.

3.2.2 Freiwillige EBR-Gründungen – diskriminierungsschützende Ansätze

Wenige Outcomes (4) wurden vor Verabschiedung der ersten EBR-RL im September 1994 abgeschlossen. Zu den ersten einschlägigen Normen zählt die freiwillige Bildung eines europaweiten Gremiums zur Unterrichtung und Anhörung beim Lebensmittelkonzern BSN (später Danone) in den 1980er Jahren (vgl. Dok. EBR-GD_10[515]). Die Arbeitgeberseite und die Internationale Lebensmittelgewerkschaft (IUL) einigten sich hierbei darauf, Initiativen zur tatsächlichen Gleichstellung von Frauen und Männern zu ergreifen. Aus dem EBR-Gremium heraus wurde bereits 1989 ein SD-Pionierabkommen zur Geschlechtergleichstellung erzielt.[516]

Eine Vereinbarung (EBR-GD_20), die 1992 in einem französischen Unternehmen im Metallbereich geschlossen wurde, sieht grenzüberschreitende Informations- und Beratungsrechte europäischer betrieblicher Akteure zur Beschäftigung von Menschen mit Behinderungen vor.[517]

Eine weitere Vereinbarung bei einem italienischen Konzern (EBR-GD_38) regelt im Rahmen der Errichtung eines europäischen Dialoggremiums die Bildung eines zusätzlichen nationalen SD-Komitees zur Chancengleichheit.

Eine größere Zahl an Outcomes (25) wurde im Zeitraum nach Verabschiedung der ersten EBR-RL bis zu ihrer vorgeschriebenen Umsetzung in nationales Recht im September 1996 erzielt.[518] Diese Vereinbarungen, die in der Phase „erzwungener Freiwilligkeit" auf Basis von Art. 13 RL 94/45/EG abgeschlossen wurden,[519] führen zumeist das Thema Chancen-

---

515 Die im Folgenden zitierten Dokumentennummern stammen aus der Projektdatenbank.

516 Vgl. dazu *Pries*, Erwerbsregulierung in einer globalisierten Welt, 2010, S. 208.

517 Die vertragschließenden Akteure lehnen sich explizit an nationale Vorgaben zur betrieblichen Unterrichtung und Anhörung an. Vgl. weiterführend zu Informations- und Konsultationspflichten gegenüber dem Comité d' entreprise als zentralem Organ der betrieblichen Interessenvertretung in Frankreich *Barten*, Das System der Arbeitnehmervertretung in Frankreich, 2001, S. 157 ff.

518 Im Zeitraum nach Verabschiedung der ersten EBR- RL bis zu ihrer nationalen Umsetzung wurden insgesamt mehr als 400 Gründungsvereinbarungen abgeschlossen, vgl. *Lecher/Platzer u.a.*, Verhandelte Europäisierung. Die Einrichtung Europäischer Betriebsräte zwischen gesetzlichem Rahmen und sozialer Dynamik, 2001, S. 167.

519 Nach Angaben des Europäischen Gewerkschaftsinstituts handelt es bei mehr als 1/3 der aktiven EBRe um „gesetzesverdrängende" Gründungen nach Art. 13 RL

gleichheit bzw. vereinzelt auch Diversity (vgl. z.B. EBR-GD_284) als Gegenstand der Unterrichtung und Anhörung auf der jährlichen EBR-Sitzung auf. Eine Gründungsvereinbarung aus dem Jahr 1996 (EBR-GD_191), die bei Danone ausgehandelt wurde, spricht dem EBR weitergehende Verhandlungsbefugnisse zu beruflichen Gleichstellungsfragen zu.

Die entsprechende Bestimmung hierzu lautet:

> "5. The Committee [der EBR] is a consultative body, that is a place for exchange of views and dialogue. It is designed to review periodically [the company's] position and development; to faciliate a dialogue on those topics with trade union representatives; to suggest initiatives in line with the company's social policies; to negotiate joint statements and measures."

Dem geschäftsführenden Ausschuss werden Befugnisse zur Normumsetzung übertragen:

> "16. The steering group shall... ensure their follow up."

Wenige frühe Outcomes (4) enthalten normbildende Regelungen über eine ausgewogene Gremienvertretung von Frauen und anderen Beschäftigtengruppen.

In einer vergleichsweise verbindlich formulierten Klausel, die 1996 in einem irischen Unternehmen aus dem Transportsektor getroffen wurde (EBR-GD_427), heißt es hierzu:

> "7. Every effort should be made to promote a fair balance in diversity of colour, gender and ethnicity of the [EWC]."

Bei immerhin über 50 % der Gründungsvereinbarungen, die vor dem Eingreifen zwingender gesetzlicher Vorgaben ausgehandelt wurden, wurden Implementationsvorkehrungen wie Gerichtsstandsbestimmungen, Vorschriften zum anwendbaren Recht oder (sehr vereinzelt) verbindliche Schiedsklauseln (vgl. z.B. EBR-GD_446) identifiziert.

SDe nehmen somit in früher Regulierung ansatzweise Regelungsanliegen zur verantwortungsbewussten kollektiven Partizipation zur Nichtdiskriminierung sowie zur chancengleichen Entscheidungsteilhabe wahr. Herausgehobene normbildende Aktivitäten wurden beim Konzern Danone vorgefunden, der längere Zeit eine arbeits- und sozialpolitische Vorreiterrolle einnahm.[520] Insgesamt lässt sich jedoch festhalten, dass die Leistun-

---

94/45/EG, siehe unter: http://www.ewcdb.<eu/stats-and-graphs> (zuletzt abgerufen am: 1.7.2018).

520 Vgl. dazu *Pries*, Erwerbsregulierung, a.a.O., S. 208.

gen der Sozialpartner vor Inkrafttreten der ersten EBR-RL quantitativ und qualitativ begrenzt bleiben.

3.2.3 Durchreglementierte Vereinbarungen – steigende Normqualität

Seit der Etablierung zwingender rechtlicher Vorgaben für die EBR-Gründung haben gleichstellungsbezogene SD-Regelungsaktivitäten stetig zugenommen.[521] Auch in ihren Norminhalten lassen die SD-Ergebnisse eine deutliche Weiterentwicklung erkennen.

3.2.3.1 Erweiterte gleichstellungsspezifische Partizipationsrechte

Die überwiegende Anzahl der SD-Dokumente, die unter dem „shadow of the law" geschlossen wurden, formuliert Unterrichtungs- und Anhörungsrechte des EBR für länderübergreifende Antidiskriminierungsfragen und -maßnahmen. Dabei werden zumeist – gleichrangig zu in den gesetzlichen Auffangregelungen der EBR-RL festgelegten Materien[522] – „berufliche Chancengleichheit" und „Vielfalt" als Themen des regelmäßigen Dialogs der Sozialpartner genannt. Eine größere Anzahl der Outcomes normiert zudem spezielle Informations- und Beratungspflichten zur Beschäftigungssituation und -entwicklung von Frauen im Unternehmen (vgl. z.B. EBR-GD_893). Dies weist auf eine steigende Bedeutung transnationaler betrieblicher Interessenvertretungen bei der Realisierung einer geschlechtergleichstellungsorientierten Personalpolitik hin.[523] Eher selten werden in den Dokumenten Benachteiligungen anderer Gruppen wie Menschen mit

---

521 Bei einer geringen Anzahl späterer Gründungsvereinbarungen handelte es sich um neu- bzw. nachverhandelte sog. Art. 13-Vereinbarungen. Vgl. zur gesetzlichen Anpassungsmöglichkeit fortgeltender Art. 13-Vereinbarungen Blanke, EBRG, 2006, § 41 Rn. 25.

522 Zu regelmäßig in den untersuchten Outcomes aufgeführten Themen zählten z.B. die wirtschaftliche und finanzielle Lage des Unternehmens, Produktionsverlagerungen oder Massenentlassungen. Auch Umweltschutzfragen oder das Thema Gesundheitsschutz am Arbeitsplatz wurden häufig als Gegenstand der Unterrichtung und Anhörung genannt.

523 Zur Notwendigkeit kollektiver Mitwirkung im Rahmen einer gleichstellungsorientierten Personalpolitik siehe *Nebe*, Vereinbarkeit von Familie und Beruf – ein Thema für Tarifvertrags- und Betriebsparteien?, in: *Creutzfeldt/Thüsing/Hanau* (Hrsg.), FS Bepler, 2012, S. 447 f.

Behinderung (vgl. z.B. EBR-GD_895) oder atypisch Beschäftigter (so etwa EBR-GD_1585) als besonderer Berichts- und Diskussionsgegenstand von EBR-Treffen aufgeführt.

Eine Vereinbarung, die 2009 unter Beteiligung europäischer Gewerkschaften bei einem italienischen Konzern im Metallbereich geschlossen wurde (EBR-GD_1626), sieht – vor den übrigen Themen – einen umfassenden und detaillierten Beratungskatalog zur Nichtdiskriminierung vor. Dort heißt es:

> "2.2 [The company] undertakes to consult with and inform the EWC as regards of the following matters:
>
> - principle of non-discrimination
> - equality of women and men in all fields covered by the European Treaty
> - protection of the disabled
> - protection against any form of harassment"

Die in zahlreichen Texten vorgefundene Verankerung von gleichheitsbezogenen Unterrichtungs- und Anhörungsbefugnissen geht über die zwingenden subsidiären Bestimmungen der EBR-RL, welche das Thema Antidiskriminierung nicht explizit benennen, hinaus. Auch die Gleichbehandlungsrichtlinien sehen keine entsprechenden Informations- und Konsultationsrechte für europäische betriebsrätliche Akteure vor.[524] Die Sozialpartner weiten also mit ihrer Praxis rechtliche Vorgaben für einen effektivierenden Dialog zum Diskriminierungsschutz in innovativer Weise auf die Tätigkeit EBRe aus.[525]

In Outcomes, die nach dem Eingreifen zwingender gesetzlicher Vorgaben ausgehandelt wurden, werden die Informations- und Konsultationsrechte zur Nichtdiskriminierung oft präziser und umfassender geregelt als

---

524 Die europäischen Gleichbehandlungsrichtlinien enthalten eine allgemeine Vorgabe, den SD zur Verwirklichung von Gleichstellungszielen zu fördern. § 21 Abs. 4 RL 2006/54/EG normiert eine regelmäßige Informationspflicht von Arbeitgeber/inne/n über die Gleichbehandlung von Frauen und Männern gegenüber nationalen betrieblichen Interessenvertretungen.

525 In der juristischen Literatur wird teilweise davon ausgegangen, dass diskriminierungsschützende Aspekte von dem in den Auffangvorschriften der EBR-RL angeführten Beratungsrecht zur Beschäftigungslage und deren voraussichtlicher Entwicklung mit umfasst sind; so etwa *Blanke*, EBRG, 2006, § 32 Rn. 20. Insofern könnte man annehmen, dass SDe mit ihren Regelungen auch normumsetzend und -konkretisierend aktiv werden. Da das Thema Antidiskriminierung jedoch nicht ausdrücklich genannt ist, wird hier eher von einer innovativen Normbildungstätigkeit ausgegangen.

in zuvor abgeschlossenen Vereinbarungen.[526] In Einklang mit dem unionsrechtlichen Regelungskonzept von Information und Konsultation[527] legen viele SD-Texte fest, dass der EBR im Rahmen der regelmäßigen Sitzung[528] rechtzeitig unter Vorlage erforderlicher Unterlagen zu unterrichten und anzuhören ist, so dass er auf geplante gleichstellungsrelevante Entscheidungen und Maßnahmen Einfluss nehmen kann.

So heißt es beispielsweise in einer Vereinbarung bei einem US-amerikanischen Konzern aus dem Jahr 2000 (EBR-GD_895):

> „8. [Die schriftlichen Informationen] beziehen sich insbesondere auf...die Beschäftigungslage und ihre voraussichtliche Entwicklung (einschließlich "vorübergehende Beschäftigungen"),...Aktivitäten zur Sicherstellung gleicher Rechte und Möglichkeiten für alle Arbeitnehmer, insbesondere Frauen und Männer und Behinderte...Der [EBR] muss rechtzeitig unterrichtet und angehört werden.
>
> 9. Im Sinne dieser Vereinbarung bedeutet "Anhörung" einen Meinungsaustausch und Dialog...Der [EBR] hat somit die Möglichkeit der Einflussnahme auf die Entscheidungen der Unternehmensleitung, bevor diese getroffen werden."

In einer größeren Zahl von Outcomes werden detaillierte Vorgaben für eine ausreichend umfassende und zeitige Anhörung und Unterrichtung getroffen.

Ein SD-Text bei einem französischen Energiekonzern aus dem Jahr 2001 (EBR-GD_1027) enthält etwa die Bestimmung:

> "4. [Consultation] requires the EWC to have precise, written and relevant information on the topics included in the agenda...The EWC must be consulted before the implementation of the groups orientations relative to professional equality...The debate must allow the employee' s representatives to give their opinions with replies from the management.

---

526 Siehe zur Tendenz einer Erweiterung der Beteiligungsrechte in Vereinbarungen nach Eingreifen der gesetzlichen Vorgaben bereits *Blanke*, EBRG, 2006, Einleitung Rn. 49.

527 Weiterführend zum antizipativ und präventiv ausgerichteten europäischen Konzept der Information und Konsultation *Nebe/Ritschel*, The concept of information and consultation in European Directives, in: *Blanke et al.* (eds.), Recasting Worker Involvement? Recent Trends in Information, Consultation and Co-Determination of Worker Representatives in an Europeanized Arena, 2009, S. 157-173.

528 Näher zur SD- Regulierungspraxis hinsichtlich der Unterrichtung und Anhörung bei außergewöhnlichen Umständen mit beträchtlichen Auswirkungen auf die Beschäftigten *Blanke/Rose*, Die zeitliche Koordinierung der Informations- und Konsultationsansprüche Europäischer Betriebsräte und nationaler Interessenvertretungen bei grenzübergreifenden Umstrukturierungsmaßnahmen, RdA 2008, 68 ff.

7. [All] information documents needed by the EWC shall be sent out one month before each session ... All documents shall be sent out in ... the languages of the represented countries."

Jüngere Gründungsvereinbarungen legen häufig die präzisierte gesetzliche Definition der zweiten EBR-RL zu Information und Konsultation zugrunde (vgl. z.B. EBR-GD_1683; EBR-GD_1706; EBR-GD_1758).

Selten werden weitergehende Vereinbarungsrechte der Arbeitnehmer/innen/vertretung zur Antidiskriminierung festgelegt.

So heißt es in einer Regelung bei einem französischen Konzern 2005 (EBR-GD_1344):

"The European Works Council is established to encourage consultation, exchange of views and dialogue. Its purpose is to present initiatives illustrating the group's social policy, negotiate joint opinions and action platforms."

Eine Bestimmung, die 2007 bei einem italienischen Konzern im Bankensektor erzielt wurde, lautet (EBR-GD_1434):

"8. Information and consultation shall in particular relate to ... equal opportunities and non-discrimination...[As part of the consultation process] management and [EWC] can issue joint statements on common guidelines."

Weiter heißt es zur Implementation von Vereinbarungsergebnissen:

"The implementation of those joint statements will be subject of periodic monitoring between management and [EWC]."

Bei demselben Konzern wurde zudem die Gründung einer Kommission zu Chancengleichheit vereinbart, die paritätisch mit Vertretern der Beschäftigten und des Managements besetzt ist (Dok. EBR_3/128). Aus der Arbeit dieser Kommission resultierten im Jahr 2009 konzernweite Leitlinien zur Bekämpfung von Diskriminierungen (vgl. EBR_3/134).

Bei staatlicherseits regulierten diskriminierungsschützenden SD-Vereinbarungen geht die Anzahl der Treffen zunehmend über die gesetzlichen Anforderungen hinaus. So werden jährlich häufig zwei oder vereinzelt gar mehr (so z.B. EBR-GD_1341) EBR-Sitzungen für den gleichheitsbezogenen Dialog festgelegt.

Ferner sieht eine größere Zahl neuerer Gründungsvereinbarungen die Möglichkeit vor, spezielle Arbeitsgruppen zur Antidiskriminierung zu bilden. In einigen Fällen werden hierzu verbindliche Festlegungen mit Regelung der Kostenübernahme getroffen.

So lautet etwa eine SD-Norm bei einem belgischen Bankenkonzern im Jahr 2004 (EBR-GD_1269):

"VI. The following committees are established within the EWC: Social Affairs responsible for employment and forward planning of employment, equal opportunities ... Each committee will be made up of at least three members and a maximum of six members ... The members of the committees will have the time and facilities necessary for the fulfilment of their mission as well as appropriate technical and financial means ... the time devoted to meetings is considered actual working time, including travelling time."

Die Einrichtung zusätzlicher Dialogstrukturen zum Diskriminierungsschutz auf der Ebene EBRe ist im europäischen Recht nicht vorgesehen. Transnationale SDe werden hier neuartig normbildend tätig.

In einigen Outcomes werden Ansprüche zur Heranziehung von Sachverständigen[529] und zur Einholung externer Gutachten in Antidiskriminierungsfragen festgeschrieben (vgl. EBR-GD_1334; EBR-GD_1591).

Vereinzelt werden im Sinne einer effektiven Wahrnehmung gleichstellungsspezifischer Aufgaben betriebliche Zugangsrechte für EBR-Mitglieder zu allen Standorten des Unternehmens normiert[530] (vgl. z.B. EBR-GD_1475; EBR-GD_1591).

Es lässt sich festhalten, dass durchreglementierte EBR-Gründungsvereinbarungen sozialstaatlich akzeptable und manchmal sogar sozialstaatlich optimierende Regelungsinhalte aufweisen.

3.2.3.2 Chancengleiche Entscheidungsteilhabe: gute und schlechte Praxis

30 Outcomes enthalten Normen zur Überwindung von Unterrepräsentanzen in EBR-Gremien. Die Bestimmungen der kollektiven Akteure beziehen sich meist auf eine ausgewogene Vertretung der Geschlechter.

So heißt es etwa in einer Vereinbarung bei einem dänischen Unternehmen im Bereich Handel (EBR-GD_1653), die von einer europäischen Gewerkschaft mitunterzeichnet wurde:

"4. The allocation of seats [in the EWC] must take into account the desirability of an equal gender representation."

Ein SD-Dokument (EBR-GD_1572) eines schwedischen Medienkonzerns enthält die typische Klausel:

"4. If possible, the number of women and men should reflect their respective numbers among employees."

---

529 Die EBR-RL sieht die Möglichkeit vor, pro Beratungsgegenstand einen arbeitgeberseitig finanzierten Sachverständigen hinzuzuziehen, vgl. *Blanke*, EBRG, 2006, § 30 Rn. 4.

530 Vgl. zur Bedeutung von betrieblichen Zugangsrechten für eine effektive Wahrnehmung von EBR-Aufgaben auch *Schlinkhoff*, Der Europäische Betriebsrat kraft Vereinbarung, 2011, S. 108.

Ein Outcome, der 2010 bei einem französischen Bankenkonzern erzielt wurde, trifft folgende spezielle Regelung für den geschäftsführenden „engeren" Ausschuss (EBR-GD_1663):

> "4.1. [The committee] shall attempt as far as possible to achieve gender equality in terms of numbers."

Vereinzelt werden in SD-Dokumenten Teilhaberechte weiterer Gruppen wie Teilzeitbeschäftigter oder ethnischer Minoritäten thematisiert (vgl. etwa EBR-GD_758; EBR-GD_1262).

Die Textanalyse ließ erkennen, dass seit Einführung unionsrechtlicher Vorgaben für eine ausgewogene Repräsentanz nach Geschlecht und Arbeitnehmerkategorien im EBR 2009 einschlägige Klauseln tendenziell zunehmen.

In einigen wenigen Gründungsvereinbarungen wurden Norminhalte ermittelt, die über die Vorschriften der novellierten EBR-RL hinausweisen.

So wird in einer Vereinbarung, die 2002 bei einem US-amerikanischen Unternehmen im Metallbereich abgeschlossen wurde (EBR-GD_1076) das Ziel einer größtmöglichen Vielfalt bei der Zusammensetzung des EBR formuliert:

> "10. In order to comply with diversity principles of [the company] the EWC should ideally be as diverse as possible."

Weiter heißt es dort, dass die Beteiligung verschiedener Arbeitnehmergruppen für die Wettbewerbsfähigkeit des Unternehmens unerlässlich ist:

> "[The company's competitive] advantage depends on...its ability to create an inclusive environment in which all segments of its diverse workforce (gender, culture, language, socio-economic, health,...) are able to contribute at their full potential."

Insgesamt ist aber zu konstatieren, dass normbildende und -umsetzende Aktivitäten SDe zum Abbau von Unterrepräsentanzen, gemessen an der Gesamtzahl der Gründungsvereinbarungen, sehr begrenzt bleiben. Zudem werden selten konkrete verbindliche Zielvorgaben oder Mindestquoten[531] formuliert.[532]

---

531 Vgl. zu normativ geforderten Mindestquoten zum Abbau von (geschlechtsspezifischen) Unterrepräsentanzen in Sozialpartnergremien etwa *Raasch*, in: *Rust/ Falke*, AGG, 2007, § 5 Rn. 50 f.

532 Siehe kritisch zu den SD-Leistungen in diesem Bereich auch *Waddington*, European Works Councils. A Transnational Industrial Relations Institution in the Making, 2011, S. 69.

Ferner ergab die Dokumentendurchsicht, dass einige SD-Texte benachteiligende Regelungen enthalten, die eine Gremienmitwirkung von jungen Arbeitnehmer/inne/n, Frauen und atypisch Beschäftigten erschweren.[533] So benennen einzelne Gründungsvereinbarungen eine mehrjährige Unternehmenszugehörigkeit oder ein unbefristetes Arbeitsverhältnis als Bedingung für eine EBR-Mitgliedschaft (vgl. z.B. EBR-GD_826; EBR-GD_958).[534]

3.2.3.3 Soziale Verantwortung und qualitative Regelungsanliegen

In einigen Outcomes wurden Regelungen vorgefunden, welche die soziale Verantwortung der kollektiven Akteure bei der Verwirklichung gleichstellungspolitischer Ziele betonen.

So legt beispielsweise eine Gründungsvereinbarung bei einem britischen Bankenkonzern aus dem Jahr 2003 (EBR-GD_1188) fest:

"[EWC members] will represent all employees within their member state, regardless of level of seniority or status, gender, race, ethnic origin, religion, disability, age or sexual orientation."

In der Präambel eines SD-Dokuments bei einem italienischen Unternehmen (EBR-GD_1434) heißt es:

"[The company] and the employee representatives share...the commitment...to work against discrimination based on race, nationality, gender, age, handicap, religion, sexual orientation, political opinion or union affiliation."

Eine Vereinbarung bei einem französischen Versicherungsunternehmen aus dem Jahr 2009 (EBR-GD_1601) formuliert unter Bezugnahme auf die europäische Grundrechtecharta folgende Grundorientierung für den Dialog zwischen Management und Arbeitnehmerseite:

„Prinzip 9: [Das Unternehmen] untersagt sich jedwede Form der Diskriminierung aufgrund von Geschlecht, Rasse, Hautfarbe, Volkszugehörigkeit, genetischer Merkmale, Behinderung, sexueller Neigung, Sprache, Religion oder Überzeugungen, Gewerkschaftszugehörigkeit und -arbeit sowie politischer Meinungen. [Das Unternehmen] verpflichtet sich, dafür Sorge zu tragen, dass alle Arbeitnehmer in Hinblick auf Beschäftigung, Arbeit und Vergütung gleich behandelt werden."

---

533 Die genaue Anzahl dieser Regelungen wurde im Rahmen der Analyse nicht ermittelt. Sie dürfte aber nach den gewonnenen Eindrücken in einem nicht unerheblichen Bereich liegen.

534 Zur Mitwirkung atypisch Beschäftigter als Voraussetzung für eine effektive Aufgabenwahrnehmung zur Chancengleichheit im EBR siehe *Mangold*, Arbeitnehmerbeteiligung in Europa, AiB 2015, 35.

Die Sozialpartner sehen häufig ausdrücklich vor, dass quantitative antagonistische Themen (z.B. Lohnangelegenheiten) von der Kompetenz des EBR ausgenommen sind und der nationalen Ebene vorbehalten bleiben (vgl. z.B. EBR-GD_773; EBR-GD_975). Sehr vereinzelt nur werden gleichstellungsspezifische Fragen, bei denen quantitative Inhalte berührt sind, wie die Entgeltgleichheit zwischen Männern und Frauen oder die Lohngleichbehandlung atypisch Beschäftigter als Anliegen des Dialogs zwischen Management und Beschäftigtenvertretung genannt (vgl. etwa EBR-GD_1585; EBR-GD_1601).

3.2.3.4 Sozialstaatsadäquate Normen bei französischen Konzernen

Einige wenige Gründungsvereinbarungen, die bei öffentlich dominierten französischen Unternehmen mit Tätigkeitsschwerpunkt im Energiebereich[535] abgeschlossen wurden, enthalten besonders weitreichende Norminhalte zur Antidiskriminierung (vgl. EBR-GD_1027; EBR-GD_1334; EBR-GD_1591). In den Outcomes werden detaillierte Vorschriften für eine kontinuierliche Unterrichtung und Anhörung zu beruflicher Gleichstellung formuliert. Ferner werden jeweils verbindliche Vorgaben für eine geschlechtergerechte Gremienvertretung getroffen und Partizipationsmöglichkeiten mit umfassender arbeitgeberseitiger Kostenübernahme u.a. zur Hinzuziehung externer Sachverständiger, der Einholung von Gutachten sowie zum Zugang von EBR-Mitgliedern zu Unternehmensstandorten normiert.

Eine Vereinbarung (EBR-GD_1591) legt fest, dass Chancengleichheit als „Querschnittsthema" anderer Agendapunkte stets Gegenstand besonderer Ausführungen bei der Unterrichtung sein kann. Das Dokument regelt außerdem die Einrichtung einer ständigen Arbeitsgruppe zu Vielfalt und Chancengleichheit, die mit Mitgliedern des EBR und des Managements besetzt ist und für die zwei besondere jährliche Sitzungen festgelegt werden. Bei dem betreffenden Unternehmen wurden in der Folgezeit mehrere Outcomes mit Regelungsschwerpunkt zur Antidiskriminierung erzielt.

---

535 Bei den betreffenden Konzernen handelt es sich vorwiegend um ehemalige Staatsunternehmen, die im Zuge der europäischen Liberalisierung der Energiemärkte (teil)privatisiert wurden.

3.2.3.5 Effektive Umsetzungsvorkehrungen

Über 80 % der einschlägigen Gründungsvereinbarungen, die den *„shadow of the law"* im Hintergrund haben, enthalten Implementationsregelungen, die eine faktische Normwirkung anzeigen. In den meisten Dokumenten wird von den Vereinbarungsakteuren für den Konfliktfall ein anwendbares Recht[536] bestimmt und /oder eine Gerichtsstandsklausel normiert. Außerdem sehen manche Outcomes verbindliche Mediationsregelungen, Schieds- oder Schlichtungsklauseln vor.

Eine Vereinbarung bei einem in Luxemburg ansässigen Konzern (EBR-GD_1470) beinhaltet bspw. folgende Bestimmung zur Normumsetzung:

> „12. Ein paritätisches Schlichtungsorgan wird am Sitz [des Unternehmens] eingerichtet, um über eventuelle Streitfälle urteilen zu können, die durch die Durchführung der vorliegenden Vereinbarung entstehen können. Dieses Schlichtungsorgan setzt sich aus dem Vorsitzenden des EBR[537] und dem Sekretär der Arbeitnehmergruppe zusammen, die im gemeinsamen Einverständnis einen dritten unparteiischen Schlichter ernennen...Alle Streitfälle, für die keine Lösung durch das Schlichtungsorgan gefunden werden, fallen in den ausschließlichen Zuständigkeitsbereich der luxemburgischen Gerichte."

In einem anderen Gründungsdokument (EBR-GD_757) heißt es auszugsweise:

> "12. Any issue of interpretation or any alleged violations of the provisions of the present Agreement will be subject to arbitration by a panel of three arbitrators. One arbitrator will be appointed by Central Management, one arbitrator will be appointed by the EWC. The third arbitrator will be appointed by the Steering Bureau by mutual agreement. The arbitration panel will decide by a majority of votes and deliver its opinion within 15 days to the Central Management and the EWC.[538]"

Einige SD-Texte, die bei französischen Konzernen vereinbart wurden, legen Hinterlegungspflichten bei Behörden oder arbeitsgerichtlichen Stellen fest (vgl. z.B. EBR-GD_1601; EBR-GD_1280).[539]

---

536 Nach h.M. genießen die Parteien bei der EBR- Gründung Rechtswahlfreiheit, vgl. *Schlinkhoff*, Der Europäische Betriebsrat, a.a.O., S. 94.

537 Der Vorsitz des EBR liegt in dem betreffenden Konzern beim Management.

538 Der Outcome enthält noch weitere Vorgaben zum anwendbaren Recht und zu einem Gerichtsstand, die eine faktische Normwirkung indizieren.

539 Die Vereinbarungspraxis der kollektiven Akteure orientiert sich damit an nationalen Vorschriften in Frankreich hinsichtlich der Publizität von Kollektivvereinbarungen, vgl. dazu *Krieger*, Das französische Tarifvertragsrecht 1991, S. 157.

3.2.4 Fazit

Die Hypothese 1 kann vorläufig bestätigt werden. In der Dokumentenanalyse wurde – wesentlich bedingt durch die zwingenden unionsrechtlichen
Vorgaben zur EBR-Gründung – eine zunehmende Übernahme von gleichstellungsbezogenen Regelungsaufgaben durch SDe festgestellt.

Es konnten auch einige Anhaltspunkte dafür gewonnen werden, dass die
Hypothese 2 zutrifft. In einschlägigen EBR-Errichtungsvereinbarungen
werden vornehmlich qualitative konsensuale Norminhalte geregelt. Die
Wahrnehmung von quantitativ-antagonistischen Regelungsfunktionen wird
häufig explizit von der Kompetenz des EBR ausgenommen. Allerdings
werden bei der Dialogform der Gründungsdokumente weniger bestehende
rechtliche Antidiskriminierungsvorgaben konkretisiert und umgesetzt, sondern eher neue Normen gebildet.

Wie vorab angenommen wurde, sind die SD-Leistungen, gemessen an
sozialstaatlichen Kriterien, unterschiedlich zu bewerten (vgl. H3). Werte
der Verantwortung und der Demokratie werden durch die SD-Normen erfüllt. Vereinzelt werden SDe sogar sozialstaatlich optimierend regulierend
tätig. Mit einem Anteil von 12 % aller Gründungsvereinbarungen bleiben
die SD-Normbildungsaktivitäten zur Antidiskriminierung allerdings unvollständig. Das Ziel einer selbstbestimmten gleichberechtigten Entscheidungsteilhabe beruflich benachteiligter Gruppen wird bei der Dialogform
der Gründungsdokumente verfehlt.

Weiter ergaben sich Hinweise darauf, dass die Hypothese 4 bestätigt
werden kann. So enthalten EBR-Gründungsvereinbarungen mit gesetzlichem Rückhalt deutlich mehr und bessere Implementationsregelungen als
„freiwillige" Gründungsvereinbarungen.

Auch die Hypothese 5 a), die einen positiven Zusammenhang zwischen
staatlicher Anbindung und sozialstaatlicher Leistungsfähigkeit der SDe
vermutet, kann als vorläufig bestätigt angesehen werden. Eine sozialstaatsgemäße Normbildung und -umsetzung war vornehmlich bei Gründungsdo-
kumenten festzustellen, die unter dem „shadow of the law" agieren.

Auffallend ist, dass besonders weitreichende Norminhalte zur Nichtdiskriminierung bei öffentlich dominierten Konzernen mit Hauptsitz in
Frankreich erzielt wurden. Es deutet sich somit an, dass noch weitere Faktoren eine sozialstaatlich orientierte SD-Normgebung befördern können.

3.3 Soziale Dialoge nach Art. 154/ 155 AEUV

3.3.1 Überblick über die Outcomes

23 Vereinbarungen von SDen nach Art. 154/155 AEUV enthalten gleich-stellungsbezogene Regelungen. Im Rahmen sektorübergreifender SDe wurden – mit zeitlich abnehmender Tendenz – einige gewichtige Ergeb-nisse erreicht. So wurden von insgesamt sieben Outcomes branchenüber-greifender Sozialpartner vier – und damit mehr als die Hälfte – durch Ratsbeschluss in sekundäres EU-Recht überführt (s. **Abb. 5**). Auf Bran-chenebene dagegen wurde lediglich eine SD-Vereinbarung in staatliches Recht implementiert (s. **Abb. 5**).

Abb. 5: Sektorübergreifende und sektorale SD-Outcomes

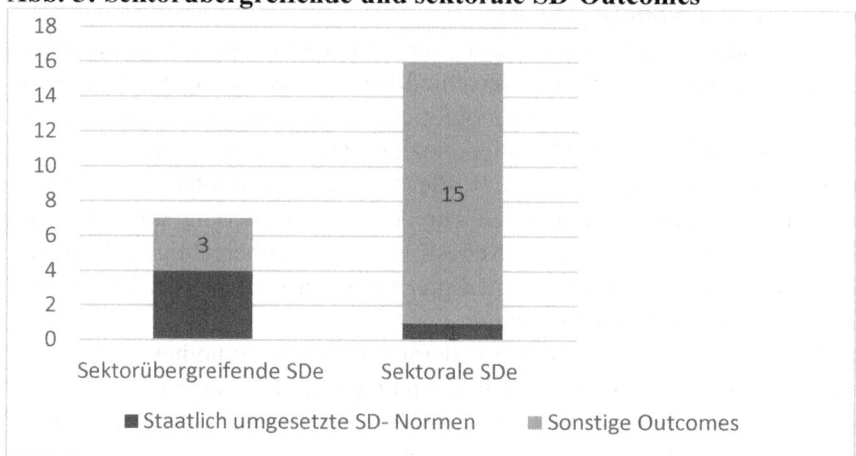

(Quelle: Eigene Auswertung der Projektdatenbank)

3.3.2 Sektorübergreifende SDe – Geschlechtergleichstellung und inklusive Arbeitsmärkte

Im Rahmen sektorübergreifender SDe wurden die Rahmenvereinbarungen zum Elternurlaub (1995/ 2009), zur Teilzeitarbeit (1997) und zu befriste-ten Arbeitsverträgen (1999) abgeschlossen, die anschließend nach Art. 155 Abs. 2 S. 1 Alt. 2 AEUV (ex Art. 139 Abs. 2 2. Var. EGV) in EU-Richtlinienrecht umgesetzt wurden. Die genannten Outcomes zielen auf die Gleichstellung der Geschlechter.[540] Sie wurden jeweils vor dem Hintergrund sozialpolitischer Legislativinitiativen der EU-Kommission abgeschlossen. Die staatlicherseits „drohende" Regulierung war für die privaten Akteure maßgeblicher Anreiz, in Verhandlungen einzutreten und zu einer Einigung zu kommen.[541] Auch bei der Dialogform nach AEUV zeigen sich somit erste Anhaltspunkte, dass der „*shadow of the law*" wirksam ist.

3.3.2.1 Europäische Mindeststandards für atypisch Beschäftigte

Angesichts der europaweiten Zunahme flexibilisierter Arbeitsverhältnisse formulieren die Outcomes zu Teilzeitarbeit und Befristung in den 1990er Jahren Mindeststandards[542] für Beschäftigtengruppen, die besonderen Prekaritätsrisiken unterliegen.[543] Zuvor waren mehrere Legislativvorschläge der EU-Kommission zur Reglementierung atypischer Arbeitsverhältnisse am Einstimmigkeitsvorbehalt im Rat gescheitert.[544] Erst unter Einschluss der Sozialpartner wurde eine entsprechende Regulierung auf europäischer Ebene erreicht.[545]

Diskriminierungsschutz für Teilzeitarbeitende

Zielsetzung der von UNICE (heute: BusinessEurope), CEEP und EGB unterzeichneten Rahmenvereinbarung (RV) zu Teilzeitarbeit (Dok. SD_ 156) ist

---

540 Die vier Rahmenvereinbarungen verweisen explizit auf die Verbesserung der Chancengleichheit zwischen Männern und Frauen als Zielsetzung (vgl. insbesondere Erwägungsgrund Nr. 4 der Vereinbarung zu Teilzeitarbeit, Erwägungsgrund Nr. 9 der Vereinbarung zu Befristung sowie jeweils die Präambeln der SD-Normen zum Elternurlaub).

541 Vgl. *Keller/Sörries*, Der neue Sozialdialog auf europäischer Ebene: Erfahrungen und Perspektiven, MittAB 1998, 723 f.; *Falkner*, EU Social Policy in the 1990s: Towards a Corporatist Policy Community, 1998, S. 114 ff.

542 Vgl. § 6 Nr. 1 der SD-Norm zu Teilzeitarbeit sowie § 8 Nr. 1 der Vereinbarung zu befristeten Arbeitsverträgen, wonach die getroffenen Bestimmungen immer überschritten, aber nicht unterschritten werden dürfen.

543 Weiterführend hierzu siehe *Zimmer*, Geringfügige Beschäftigung von Frauen – ein prekärer Zustand, in: *Hohmann-Dennhardt/Körner/Zimmer* (Hrsg.), Geschlechtergerechtigkeit, Festschrift für Heide Pfarr, 2010, S. 298 ff.; Nebe, Das befristete Arbeitsverhältnis im deutschen und europäischen Arbeitsrecht – vom sozialen zum richterlichen Dialog, in: *Schmidt* (Hrsg.), Jahrbuch des Arbeitsrechts, 2011, S. 93 f.

544 Vgl. *Falkner*, EU Social Policy, a.a.O., S. 129 f.

545 *Nebe*, Transnationalisierung, a.a.O., S. 508.

es, die Beseitigung von Diskriminierungen von Teilzeitbeschäftigten sicherzustellen und die Qualität der Teilzeitarbeit zu verbessern (vgl. § 1 RV).[546]

Das in § 4 verankerte Gleichbehandlungsgebot garantiert Teilzeitarbeitenden, dass sie in ihren Beschäftigungsbedingungen[547] nicht schlechter
behandelt werden als vergleichbare Vollzeitbeschäftigte, es sei denn, dass
es für die unterschiedliche Behandlung einen objektiven Grund gibt. Außerdem wird bestimmt, dass, wo dies angemessen ist, der Grundsatz der
zeitanteiligen Gleichbehandlung („*pro rata temporis*") gilt.[548]

Mit der Normierung eines speziellen Grundsatzes der Nichtdiskrimini-
rung von Teilzeitbeschäftigten erweitern die Sozialpartner in innovativer
Weise vorgefundene europäische Antidiskriminierungsvorschriften.[549] Ein
Diskriminierungsverbot wegen Teilzeit galt infolge der EuGH-Rechtsprechung[550] bislang nur über den „Umweg" der mittelbaren Diskrimini-
rung wegen des Geschlechts. Ein ausdrücklicher gemeinschaftsweiter
Gleichbehandlungsanspruch für alle Teilzeitarbeitnehmer/innen wurde
erstmals im SD regulatorisch verankert.[551]

In § 5 formulieren die Sozialpartner einen grundsätzlichen Anspruch
auf Wechsel von Teilzeit- in sichere Vollzeitarbeit und sehen gleichstellungsbezogene Mitwirkungsrechte für die Beschäftigtenvertretungen vor.
Die SD-Bestimmungen sind allerdings lediglich als Sollvorschriften ausgestaltet.

---

546 Die von den Sozialpartnern formulierten Ziele und Erwägungen sind bei der späteren
Richtlinienauslegung maßgeblich zu berücksichtigen, siehe dazu *Nebe*, Das befristete
Arbeitsverhältnis im deutschen und europäischen Arbeitsrecht, a.a.O., S. 101.

547 Der Begriff der Beschäftigungsbedingungen wird von den Sozialpartnern nicht
näher definiert; er wird im europäischen Recht weit ausgelegt; vgl. weiterführend
hierzu *Schmidt*, Die neue EG- Richtlinie zur Teilzeitarbeit, NZA 1998, 578.

548 Teilbare arbeitsbezogene Rechte wie Urlaubsdauer sind demnach mindestens
zeitanteilig zu gewähren. In Hinblick auf unteilbare Leistungen wie z.B. Zugang
zu Kantinen oder Betriebskindergärten sind Teilzeitbeschäftigte grundsätzlich
nicht nur anteilig, sondern absolut gleich zu behandeln, vgl. *Schmidt*, Die neue
EG-Richtlinie zur Teilzeitarbeit, a.a.O., 577.

549 Die Sozialpartner lehnten sich bei ihrer Regulierung an das europäische Regelungskonzept der mittelbaren Diskriminierung an, vgl. *Schmidt*, Die neue EG-
Richtlinie zur Teilzeitarbeit, a.a.O., 577.

550 Grundlegend EuGH, Urteil vom 31.3.1981, C 96/80 (Rs. Jenkins), Slg. 1981, 911
(Geringerer Stundenlohn für Teilzeitbeschäftige) sowie EuGH, Urteil vom
13.5.1986, C-170/84 (Rs. Bilka), Slg. 1986, 1607 (Ausschluss von Teilzeitbeschäftigten aus der betrieblichen Altersversorgung).

551 Siehe *Schmidt*, Die neue EG- Richtlinie zur Teilzeitarbeit, a.a.O., 578.

Die ausgehandelten Norminhalte der Rahmenvereinbarung wurden von Gewerkschaftsseite nicht nur als Erfolg bewertet.[552] Ohne Druckmittel wie ein transnationales Arbeitskampfrecht ließen sich ursprüngliche arbeitnehmerseitige Forderungen nach weitergehenden verbindlichen Regelungen zur Gleichbehandlung nicht durchsetzen.[553] Das erzielte Diskriminierungsverbot wurde häufig in Hinblick darauf als unzureichend angesehen, dass die Systeme sozialer Sicherheit nicht erfasst sind und in den Mitgliedstaaten die Möglichkeit eröffnet wird, den Zugang für Teilzeitarbeitende zu besonderen Beschäftigungsbedingungen von einer bestimmten Dauer der Betriebszugehörigkeit oder Lohn- und Gehaltsschwellen[554] abhängig zu machen. Kritisch eingewandt wurde ferner, dass der ausfüllungsbedürftige Rechtsbegriff des „objektiven Grundes" großen richterlichen Interpretationsspielraum belasse.[555] Das Recht einiger EU-Mitgliedstaaten enthielt zum Zeitpunkt der SD-Regulierung weiterreichende gesetzliche oder kollektivvertragliche Regelungen. So bestimmte etwa das französische Arbeitsrecht, dass Teilzeitbeschäftigte hinsichtlich einzelner Beschäftigungsbedingungen wie Urlaubsdauer Vollzeitbeschäftigten absolut gleichzustellen sind.[556]

Dennoch lässt sich festhalten, dass der erstmaligen expliziten Verankerung eines allgemeinen Gebots der Nichtdiskriminierung für Teilzeitbeschäftigte auf europäischer Ebene ein fortschrittlicher Wert zukommt.[557] Die SD-Regulierung wird Zielen der Verantwortung und Solidarität gegenüber atypisch und prekär Beschäftigten, die sich insbesondere in Art. 7 der in das primäre Unionsrecht inkorporierten EG-Sozialcharta von 1989 niedergeschlagen haben,[558] grundsätzlich gerecht. Der allgemeine Grund-

---

552 Vgl. näher zur Kritik aus gewerkschaftlicher Sicht *Kreimer-de Fries*, EU-Teilzeitvereinbarung – kein gutes Omen für die Zukunft der europäischen Verhandlungsebenen, AuR 1997, 314-317.

553 Vgl. *Kreimer-de Fries*, EU-Teilzeitvereinbarung, a.a.O., 315 f.

554 Vgl. hierzu § 4 Nr. 4 RV; in § 2 Nr. 2 RV ist außerdem die Option geregelt, Gelegenheitsarbeit von den diskriminierungsschützenden Bestimmungen auszunehmen.

555 Dazu sowie zu weiteren Kritikpunkten *Schmidt*, Die neue EG-Richtlinie zur Teilzeitarbeit, a.a.O., 578, 582 sowie *Keller/Sörries*, Der neue Sozialdialog auf europäischer Ebene, a.a.O.,720.

556 Vgl. Bericht der Kommissionsdienststellen über die Umsetzung der Richtlinie 97/81/EG des Rates vom 17. Dezember 1997 zu der von UNICE, CEEP und EGB geschlossenen Rahmenvereinbarung über Teilzeitarbeit, 2003, S. 22.

557 So auch *Schmidt*, Die neue EG-Richtlinie zur Teilzeitarbeit, a.a.O., 578.

558 Die in das primäre Unionsrecht inkorporierte Gemeinschaftscharta der Sozialen Grundrechte der Arbeitnehmer von 1989 fordert in Art. 7 ausdrücklich eine An-

satz der Nichtdiskriminierung bedarf allerdings näherer Auslegung und Konkretisierung, um sozialstaatliche Vorgaben befriedigend einzulösen.

Chancengleichheit für befristet Beschäftigte

Die sektorübergreifende Rahmenvereinbarung über befristete Arbeitsverträge (SD_204) zielt darauf ab, die Qualität befristeter Arbeitsverhältnisse, die als Ausnahme und nicht als Regelfall der Beschäftigung verstanden werden, durch Anwendung des Grundsatzes der Nichtdiskriminierung zu verbessern (vgl. insbesondere § 1 RV).[559]

§ 4 normiert ein – gegenüber der Rahmenvereinbarung zu Teilzeitarbeit fast wortgleiches – Diskriminierungsverbot, wonach von der Pflicht zur Gleichbehandlung befristet Beschäftigter nur bei Vorliegen eines sachlichen Grundes abgewichen werden kann.

Ein besonderes Diskriminierungsverbot für befristet Beschäftigte war in den Rechtsordnungen mehrerer Mitgliedstaaten wie Deutschland, Österreich oder Großbritannien bislang nicht enthalten.[560] Auf europäischer Ebene existierten keine spezialgesetzlichen Gleichbehandlungsregelungen wegen Befristung. Die transnationalen Sozialpartner füllen daher staatlicherseits nicht reglementierte Bereiche aus und werden innovativ normbildend tätig.

Flankiert wird der allgemeine Grundsatz der Nichtdiskriminierung durch positive Maßnahmen zur Chancengleichheit, die den Übergang aus prekärer in sichere Erwerbsarbeit erleichtern sollen. Die im SD verbindlich festgelegten Pflichten des Arbeitgebers zur Information über unbefristete Arbeitsplätze sowie zur Aus- und Weiterbildung befristet Arbeitender (vgl. § 6 RV) machten in einer Reihe von EU-Ländern rechtliche Anpassungen erforderlich.[561]

Im Sinne des sozialstaatlichen Wertes der Verantwortung betonen die vertragschließenden Akteure die Rolle nationaler und transnationaler So-

---

gleichung und Verbesserung der Arbeitsbedingungen von Teilzeitarbeitenden und befristet Beschäftigten im Wege des Fortschritts.

559 Vgl. zur arbeitnehmerschützenden Zielsetzung der Rahmenvereinbarung ausführlich *Nebe*, Das befristete Arbeitsverhältnis im deutschen und europäischen Arbeitsrecht, a.a.O., S. 101 ff.

560 Vgl. Report by the Commission services on the implementation of Council Directive 1999/70/EC of 28 June 1999 concerning the Framework Agreement on Fixed-term Work, SEC(2006) 1074 , S. 4 ff.

561 Weiterführend dazu siehe Report by the Commission services on the implementation of Council Directive 1999/70/EC, a.a.O., S. 30 ff.

zialpartner bei Umsetzung und Konkretisierung der SD-Bestimmungen (vgl. insbesondere § 8 Nr. 4 RV).

Ähnlich wie bei der Vorgängervereinbarung zu Teilzeit wurde das Aushandlungsresultat von den beteiligten Gewerkschaftsverbänden häufig als nicht zufriedenstellend bewertet. Vor dem Hintergrund, dass verbindliche Regelungen im Rahmen SDe nach AEUV nur im Konsenswege mit der Arbeitgeberseite herbeigeführt werden können, blieben mehrere zentrale gewerkschaftliche Forderungen nach einem höheren Schutzniveau für befristet Beschäftigte unerfüllt.[562] So konnten u.a. keine verbindlichen Informations- und Konsultationsansprüche der Beschäftigtenvertretungen zum Thema reguliert werden.[563]

Gleichwohl sind die SD-Norminhalte weitgehend als sozialstaatlich akzeptabel zu bewerten. Analog zur SD-Regulierung über Teilzeitarbeit bedarf der Grundsatz der Nichtdiskriminierung freilich näherer Spezifizierung, erfüllt aber im übrigen Anforderungen der Verantwortung und Solidarität gegenüber prekär Beschäftigten. Mit den positiven Maßnahmen zugunsten befristet Arbeitender werden sektorübergreifende SDe sogar sozialstaatlich optimierend tätig.[564]

3.3.2.2 Outcomes über den Elternurlaub – Nichtdiskriminierung aufgrund familiärer Pflichten

Erste Rahmenvereinbarung zu Elternurlaub

Als erstes Resultat der öffentlich-privaten Regulierungsmethode nach Art. 155 AEUV (ex Art. 118 b EGV) wurde 1995 die Rahmenvereinbarung über Elternurlaub erzielt. Die SD-Normbildung erfolgte nach Konsultationen der Sozialpartner zu einer EU-Regulierungsinitiative der Kommission über die Vereinbarkeit von Familie und Beruf. Die privatautonom ausgehandelten Regelungsinhalte waren gegenüber dem ursprünglichen Kommissionsvorhaben deutlich reduziert.[565] Gleichwohl gelang es – wie bei den Outcomes zu atypischer Beschäftigung – erst im Wege des SD zu ei-

---

562 Weiterführend dazu *Kaufmann*, Die europäische Sozialpartnervereinbarung über befristete Arbeitsverträge, AuR 1999, 332 ff.

563 § 7 Nr. 3 RV zur Information und Konsultation der Arbeitnehmer/innen/vertretung über befristete Arbeitsverhältnisse im Betrieb ist unverbindlich formuliert.

564 Vgl. *Nebe*, Das befristete Arbeitsverhältnis im deutschen und europäischen Arbeitsrecht, a.a.O., S. 114 f.

565 Siehe dazu *Keller/Sörries*, Der neue Sozialdialog, a.a.O., 719.

ner konsensfähigen, verbindlichen Regulierung zum Elternurlaub auf europäischer Ebene zu kommen.[566]

In dem Dokument (SD_116) werden Mindestnormen[567] für einen vom Mutterschutz getrennten Elternurlaub festgelegt, der von erwerbstätigen Männern und Frauen gleichermaßen in Anspruch genommen werden kann.[568]

Die Vereinbarung enthält mehrere Bestimmungen, die auf die Überwindung von Diskriminierungen aufgrund familiärer Pflichten zielen. So schreiben die Parteien einen ausdrücklichen Schutz vor Entlassung aufgrund der Inanspruchnahme des Elternurlaubs fest (§ 2 Nr. 4 RV) und treffen verbindliche Regelungen zum Erhalt bisher erworbener, mit dem Arbeitsvertrag verbundener Rechte (vgl. § 2 Nr. 6).[569]

Um einen benachteiligungsfreien beruflichen Wiedereinstieg zu ermöglichen,[570] wird vereinbart, dass nach Beendigung des Elternurlaubs die Rückkehr grundsätzlich an den alten oder, wenn dies nicht möglich ist, an einen gleichwertigen Arbeitsplatz beansprucht werden kann (vgl. § 2 Nr. 5 RV).

Die von den Sozialpartnern als Benachteiligungsverbot ausgestaltete Arbeitsplatzgarantie findet etwa im deutschen Arbeitsrecht bisher keine Entsprechung.[571]

Gleichbehandlungsansprüche wegen der Inanspruchnahme von Elternurlaub waren auf europäischer Ebene noch nicht spezialgesetzlich geregelt. SDe werden somit innovativ normbildend tätig.

Kritisiert wurde an der Rahmenvereinbarung, dass keine verbindliche Regelungen über eine geschlechtergerechte Unübertragbarkeit des Urlaubs-

---

566 Vgl. *Keller/Sörries*, Der neue Sozialdialog, a.a.O., 719.

567 Vgl. dazu insbesondere § 4 Nr. 1 RV, demzufolge die Mitgliedstaaten günstigere Bestimmungen einführen oder beibehalten können.

568 Ein entsprechendes individuelles Recht für beide Elternteile war zuvor zwar überwiegend, aber nicht durchgängig in den Mitgliedstaaten rechtlich garantiert, vgl. *Keller/Sörries*, Der neue Sozialdialog, a.a.O., 719.

569 § 2 Nr. 6 RV wurde in der Folge in der EuGH-Rechtsprechung im sozialstaatlichen Sinne als Ausdruck eines Grundsatzes des Sozialrechts der Gemeinschaft qualifiziert, der nicht restriktiv ausgelegt werden darf, vgl. EuGH, Urteil vom 22.10.2009, C-116/08 (Rs. Meerts), NZA 2010, 29.

570 Siehe näher zu faktischen Benachteiligungen v.a. von Frauen beim beruflichen Wiedereinstieg *Nebe*, Vereinbarkeit von Familie und Beruf, a.a.O., S. 450 f.

571 Die deutschen gesetzlichen Regelungen sehen lediglich eine Beschäftigungsgarantie nach dem Elternurlaub vor, kritisch dazu siehe etwa *Wenckebach*, Vereinbarkeit von Familie und Beruf, AiB 2013, 298.

anspruchs sowie die Berücksichtigung des Elternurlaubs in der Sozialversicherung erreicht wurden.[572]

Die diskriminierungsschützenden SD-Norminhalte werden indessen sozialstaatlichen Anforderungen des sozialen Schutzes gerecht. Sozialstaatlich aufgegebene Ziele der Chancengleichheit von Arbeitnehmer/inne/n mit Familienpflichten, die unionsrechtlich u.a. in dem in Art. 33 GRCh integrierten Art. 27 revESC[573] konkretisiert sind, werden erfüllt. Das festgelegte Rückkehrrecht, das in primärrechtlichen Vorgaben nicht explizit genannt wird,[574] stellt gar eine verbessernde sozialstaatliche Aktivität zur Antidiskriminierung dar.

Novellierte Elternurlaubsvereinbarung –
Stärkung diskriminierungsschützender Norminhalte

Im Jahr 2009 wurde die Rahmenvereinbarung zu Elternurlaub von Business Europe, UEAPME, CEEP und EGB – wiederum nach vorherigen Anhörungen der EU-Kommission – novelliert.[575]

Die diskriminierungsschützenden Regelungsinhalte werden in dem jüngeren Outcome (SD_602) deutlich gestärkt.

In § 1 legen die Sozialpartner fest, dass der Elternurlaub unter Berücksichtigung der „zunehmenden Vielfalt der Familienstrukturen" zu gewährleisten ist. In Einklang mit den europäischen Werten der Menschenwürde und des sozialen Schutzes[576] werden Benachteiligungen Alleinerziehender oder homosexueller Eltern somit explizit in den Blick genommen.[577] Im Vergleich zur Vorgängernorm von 1995 beziehen die Sozialpartner Teilzeit-, befristet Beschäftigte und Leiharbeitnehmer/innen ausdrücklich in

---

572 Siehe dazu *Kiesow*, in: *Schlachter/Heinig* (Hrsg.), Europäisches Arbeits- und Sozialrecht, 2016, § 17 Rn. 3.

573 Vgl. dazu *Lembke*, in: *von der Groeben/Schwarze/Hatje* (Hrsg.), a.a.O., Art. 33 GRCh Rn. 1.

574 Im Unterschied zum Entlassungsverbot aufgrund familiärer Belange wird ein Rückkehrrecht an den früheren Arbeitsplatz weder in Art. 33 GRCh noch in den in primäres Unionsrecht inkorporierten einschlägigen völkerrechtlichen Normen (revESC, ILO-Übereinkommen Nr. 156, EG-Sozialcharta) ausdrücklich garantiert.

575 Weiterführend zum Normbildungsprozess EGB, Die überarbeitete Rahmenvereinbarung über den Elternurlaub – Auslegungsleitfaden, S. 4 f., im Internet abrufbar unter: <https://www.etuc.org/sites/www.etuc.org> (zuletzt abgerufen am 1.7.2018).

576 Die Pluralität der Familienstrukturen findet auch in Art. 33 GRCh Berücksichtigung, vgl. *Rudolf*, in: *Meyer* (Hrsg.), Charta der Grundrechte, a.a.O., Art. 33 Rn. 14.

577 Siehe hierzu auch EGB, Die überarbeitete Rahmenvereinbarung über den Elternurlaub, a.a.O., S. 19.

den Anwendungsbereich ein (vgl. § 1 Nr. 3 RV). Die revidierte Rahmenvereinbarung wirkt so diskriminierenden rechtlichen Barrieren für den Zugang zum Elternurlaub entgegen, die in vielen europäischen Ländern bestehen.[578]

Zur geschlechtergerechten Aufteilung familiärer Sorgelasten geben die vertragschließenden Akteure erstmals zwingend vor, dass ein Teil des Urlaubs nicht übertragbar ist:

> „§ 2 Nr. 2: Um eine ausgewogenere Inanspruchnahme des Elternurlaubs durch beide Elternteile zu fördern, ist mindestens einer der vier Monate nicht übertragbar."

Weiter wird normiert, dass die Belange von Eltern behinderter oder langzeiterkrankter Kinder bei der Ausgestaltung des Elternurlaubs zu berücksichtigen sind (vgl. Erwägungsgrund Nr. 17 sowie § 3 Abs. 3 RV). Die Sozialpartner treffen insofern problemadäquate konkretisierende Regelungen zum europäischen menschenwürdebezogenen Schutz vor sog. assoziierter Diskriminierung.[579]

Der bereits in der Vorgängervereinbarung enthaltene Kündigungsschutz wegen Kinderbetreuung wird um ein ausdrückliches allgemeines Benachteiligungsverbot ergänzt:

> „§ 5 Nr. 4: Um sicherzustellen, dass die Arbeitnehmer ihr Recht auf Elternurlaub wahrnehmen können, treffen die Mitgliedstaaten und/ oder die Sozialpartner...die erforderlichen Maßnahmen zum Schutz der Arbeitnehmer gegen Benachteiligung oder Kündigung aufgrund der Inanspruchnahme des Elternurlaubs."

Die Bestimmungen zum Erhalt erworbener arbeitsrechtlicher Rechte während des Elternurlaubs[580] und der Rückkehranspruch an den früheren oder, wenn dies nicht möglich ist, einen gleichwertigen Arbeitsplatz, werden von den Sozialpartnern bekräftigt (vgl. 5 Nr. 1, Nr. 2 RV).

Zudem wird erstmals eine Klausel über die Finanzierung des Elternurlaubs in den Vereinbarungstext aufgenommen, um eine geschlechtergerechte Wahrnehmung familiärer Aufgaben zu fördern (vgl. insbesondere Art. 5 Nr. 5 RV).[581]

---

578 Vgl. dazu European Network of Legal Experts in the Field of Gender Equality, The implementation of parental leave directive 2010/18/ in 33 European Countries, 2015, S. 9.

579 Siehe dazu *Nebe*, Vereinbarkeit von Familie und Beruf, a.a.O., S. 453.

580 Siehe näher dazu *Kiesow*, in: *Schlachter/Heinig*, Europäisches Arbeits- und Sozialrecht, a.a.O., § 17 Rn. 41 ff.

581 Die SD-Bestimmung ist allerdings nicht zwingend formuliert.

Die ermittelten Regelungsinhalte werden sozialstaatlichen Zielen zur Antidiskriminierung gerecht. Normativen Vorgaben der Menschenwürde und des sozialen Schutzes wird entsprochen. Wie in der Vorgängervereinbarung fehlt es allerdings an flankierenden kollektiven Mitwirkungsrechten der Beschäftigtenvertretungen, um die Nichtdiskriminierungsregelungen wegen der Inanspruchnahme des Elternurlaubs in der Praxis zu effektivieren.[582] Insoweit bleiben die Outcomes, gemessen an sozialstaatlichen Kriterien, lückenhaft.

3.3.2.3 Hohe Wirkungseffizienz staatlich umgesetzter sektorübergreifender SD-Normen

Nach ihrer Überführung in Richtlinienrecht entfalten die SD-Vereinbarungen zu Elternurlaub und atypischer Beschäftigung eine hohe Durchschlagskraft. Die Outcomes gewinnen durch den Ratsbeschluss Anschluss an zwingende staatliche Durchsetzungsmechanismen. Der Ratsbeschluss verleiht den SD-Normen über die europäischen Sozialpartner und deren Mitglieder hinausgehende europaweite rechtliche Geltung in den Arbeitsverhältnissen.[583] Überdies weisen die Ergebnisse sektorübergreifender Sozialpartner im Unterschied zu nur branchen- oder konzernbezogener SD-Regulierung eine umfassende Reichweite auf.

Es lässt sich somit festhalten, dass im Rahmen sektorübergreifender SDe Outcomes mit hoher Wirkungseffizienz erzielt wurden.

3.3.2.4 Autonom umgesetzte Outcomes – innovative Regelungsansätze und Durchsetzungsschwächen

Neben den Vereinbarungen, die in Richtlinien mündeten, wurden im sektorübergreifenden SD drei Outcomes zur Antidiskriminierung geschlossen, die gemäß Art. 155 Abs. 2 S. 1 Alt. 1 AEUV (ex Art. 139 Abs. 2 Alt. 1 EGV) autonom umgesetzt wurden.

---

582 Zur Notwendigkeit flankierender kollektiver Mitwirkungsrechte der Arbeitnehmer/innen/vertretungen siehe Kohte, Return to work – europäische Impulse und deutsche Handlungsmöglichkeiten, in: *Hohmann-Dennhardt/Körner/Zimmer* (Hrsg.), Geschlechtergerechtigkeit, a.a.O., S. 502 f.

583 Siehe hierzu bereits Teil A, 4. Kapitel.

Benachteiligungsverbote wegen Telearbeit

Als erstes Ergebnis der autonomen Regulierungsmethode wurde im Jahr 2002 von EGB, CEEP, UNICE (heute: Business Europe) und UEAPME die Rahmenvereinbarung über Telearbeit erreicht. Die einschlägige SD-Normsetzung (SD_312) erfolgte aufgrund der Einbindung der Sozialpartner in eine soziale Regulierungsinitiative der EU-Kommission.[584] Auch hier bestand somit für die privaten Akteure ein äußerer Anreiz, zu einer verbindlichen Einigung zu kommen.

In den allgemeinen Erwägungen benennen die Sozialpartner die Verbesserung der Arbeitsmarktchancen für behinderte Menschen als gleichstellungsspezifische Zielsetzung von Telearbeit.[585]

Entsprechend bestehender nationaler Arbeitsregulierung[586] wird in § 4 ein spezieller Gleichbehandlungsgrundsatz für Telearbeitnehmer/innen geregelt. Die Vorschrift der Sozialpartner bleibt jedoch eher allgemein gehalten:

„Hinsichtlich der Beschäftigungsbedingungen genießen Telearbeitnehmer dieselben gesetzlich oder tarifvertraglich garantierten Rechte wie vergleichbare Arbeitnehmer in den Einrichtungen des Arbeitgebers."

Ferner werden konkretere Gleichbehandlungsregelungen für den Zugang zu Aus- und Weiterbildung sowie die Karriereentwicklung formuliert:

„Telearbeitnehmer haben denselben Zugang zu Aus- und Weiterbildungs- und Karriereentwicklungsmöglichkeiten wie vergleichbare Arbeitnehmer in den Einrichtungen des Arbeitgebers. Für Telearbeitnehmer gelten dieselben Beurteilungskriterien wie für diese anderen Arbeitnehmer."

Die Sozialpartner treten insoweit typischen beruflichen Benachteiligungssituationen bei Telearbeit[587] aktiv entgegen.

§ 11 legt verbindlich fest, dass ortsabwesende Telearbeitnehmer/innen die gleichen kollektivrechtlichen Mitwirkungsrechte genießen wie ihre Kollegen und insbesondere die Kommunikation mit den Arbeitnehmervertretungen sichergestellt sein muss. Damit werden spezifische, mit dem

---

584 Vgl. Europäische Kommission, Der sektorale Soziale Dialog in Europa, 2010, S. 98.
585 Vgl. Abs. 4 der Allgemeinen Erwägungen der RV.
586 Vgl. dazu Eurofound, Telework in the European Union, 2010, S. 16, im Internet unter: <http://www.eurofound.europa.eu/sites/default/files/ef_files/docs/eiro/tn 0910050s/tn0910050s.pdf> (zuletzt abgerufen am 1.7.2018).
587 Vgl. *Eurofound*, Telework in the European Union, a.a.O., S. 16.

Einsatz von Telearbeit verbundene Schwierigkeiten im Kontext betrieblicher Interessenvertretung weitreichend reguliert.[588]

Die Gleichbehandlung von Telearbeitnehmer/inne/n ist auf europäischer Ebene staatlicherseits nicht durch ein spezielles Regelwerk reglementiert. SDe werden somit neuartig normbildend tätig. Die erzielten SD-Normen werden normativen Anforderungen der Verantwortung gegenüber atypisch Beschäftigten und Zielen einer selbstbestimmten Wahrnehmung kollektiver Partizipationsrechte durch die von Benachteiligung Betroffenen prinzipiell gerecht.

Wie dargelegt wurde, sind einzelne Regelungsgehalte jedoch eher unbestimmt. Zudem weist der Outcome keine Implementationsvorkehrungen auf, die eine praktische Wirkung des Rechtstextes indizieren.[589]

Umfassendes SD-Verständnis von Belästigung

Nach vorherigen Konsultationen durch die EU-Kommission wurde 2007 die autonome branchenübergreifende Rahmenvereinbarung zu Belästigung und Gewalt am Arbeitsplatz unterzeichnet.

Der Outcome (SD_502) enthält in § 1 und § 3 eine normkonkretisierende Definition des in den europäischen Antidiskriminierungsrichtlinien verankerten Schlüsselkonzepts der Belästigung.[590]

§ 1 bringt ein weites Begriffsverständnis der europäischen Sozialpartner zum Ausdruck: Belästigungen können demnach schon bei „geringfügigen Fällen der Respektlosigkeit" vorliegen. Die Richtlinien stellen demgegenüber höhere Anforderungen an das Vorliegen einer Diskriminierung auf, indem nur Verhaltensweisen erfasst werden, die in der Lage sind, die Würde des Opfers zu verletzen und ein feindliches Umfeld zu schaffen.[591] In Übereinstimmung mit dem europäischen Gleichbehandlungsrecht[592] bestimmt die Vereinbarung weiter, dass Belästigungen in verschiedenen Formen auftreten und nicht nur wiederholte Verhaltensweisen, sondern auch einmalige Vorfälle den Belästigungstatbestand erfüllen können.[593]

---

588 Siehe auch *Eurofound*, Telework in the European Union, a.a.O., S. 16.

589 Der SD-Text enthält lediglich eine Follow-up-Regelung, die auf einen geringeren Umsetzungsgrad schließen lässt.

590 Vgl. Art. 2 Abs. 3 RL 2000/43/EG; Art. 2 Abs. 3 RL 2000/78/EG; Art. 2 Abs. 1 lit. c) RL 2006/54/EG.

591 Vgl. *Eggert-Weyand*, in: *Rust/Falke*, AGG, a.a.O., § 3 Rn. 39.

592 Siehe dazu *Eggert-Weyand*, in: *Rust/Falke*, AGG, a.a.O., § 3 Rn. 49.

593 In der Vereinbarung heißt es in § 1, dass arbeitsbezogene Belästigungen „in physischer, psychischer und/ oder sexueller Form", „als einmalige Vorkommnisse oder systematische Verhaltensweisen", „zwischen Kollegen, zwischen Führungs-

Die Sozialpartner greifen insoweit vorhandene Antidiskriminierungsvorschriften auf und entwickeln sie in einer neuen, umfassenderen Rege-
lungskonzeption weiter.[594]

In § 4 formulieren die Vereinbarungsakteure Eckpunkte für ein individuelles Beschwerdeverfahren für den spezifischen Umgang mit Belästigungen in Unternehmen. Die getroffenen Norminhalte sind indessen lediglich als „Soll"- und „Kann"-Bestimmungen formuliert. Zentrale Punkte,
die eine effektive Wahrnehmung von Beschwerderechten ermöglichen,
wie etwa ein Benachteiligungsverbot zugunsten von Beschwerdeführ-
er/inne/n, werden nicht geregelt.[595]

Die SD-Vereinbarung wird sozialstaatlichen Anforderungen eines wirksamen menschenwürdebezogenen Schutzes vor Diskriminierung somit nur
ansatzweise gerecht.

Ganzheitlicher SD-Regulierungsansatz zu integrativen Arbeitsmärkten

Die sektorübergreifende Rahmenvereinbarung über integrative Arbeitsmärkte aus dem Jahr 2010 (SD_626) zielt im Kontext der Wirtschaftskrise
auf gleichberechtigten Zugang, Verbleib, Rückkehr und berufliche Weiterentwicklung in einem inklusiven Arbeitsmarkt (vgl. § 2 RV).[596]

Anders als die übrigen Outcomes der sektorübergreifenden Sozialpartner fokussiert die Vereinbarung nicht in erster Linie auf die Geschlechtergleichstellung, sondern verfolgt die Verbesserung von beruflichen Teilhabechancen sämtlicher Personen, die diskriminierenden Zugangsschranken im Erwerbsleben ausgesetzt sind.[597]

---

kräften und Untergebenen oder durch Dritte", „in Form von geringfügigeren Fällen der Respektlosigkeit bis hin zu schwerwiegenderen Vorkommnissen" auftreten können.

594 Die Vereinbarung ist hier allerdings nicht eindeutig. So wird in § 3 des SD-
Textes das Regelungskonzept der Belästigung eher eng definiert.

595 Vgl. zu weitergehender nationaler kollektivvertraglicher SD-Praxis *Maschke*,
Trendbericht: Betriebs- und Dienstvereinbarungen für partnerschaftliches Verhalten, gegen Mobbing, Diskriminierung und sexuelle Belästigung, 2012, S. 7 ff., im
Internet abrufbar unter: <http://www.boeckler.de/pdf/mbf_bvd_hintergrund_
partner_verhalten.pdf> (zuletzt abgerufen am 1.7.2018).

596 Siehe näher zum Verhandlungsprozess, *Bir/Clauwaert*, European social partners
committed to inclusion, Transfer 2010, 559-561.

597 Vgl. hierzu insbesondere § 3 RV sowie den Interpretationsleitfaden des EGB zur
Vereinbarung, S. 11, im Internet abrufbar unter: <http://resourcecentre.etuc.org/
spaw_uploads/files/CES_travail%20inclusif_AL_BAT.PDF> (zuletzt abgerufen
am 5.9.2018).

Als wesentliches Hindernis für einen integrativen Arbeitsmarkt werden diskriminierende Einstellungsverfahren identifiziert und positive Maßnahmen in Form von besonderen Stellenausschreibungen gefordert, um am Arbeitsmarkt benachteiligte Personen für Bewerbungen zu gewinnen (vgl. insbesondere § 4 Nr. 2 RV).[598]

Im Sinne der Gleichberechtigung von Frauen und Männern heben die transnationalen kollektiven Akteure hervor, dass außerberuflich erworbene Fähigkeiten und Erfahrungen (wie z.B. Familienarbeit) positiv zu bewerten sind.[599]

Als geeignete Maßnahmen der Sozialpartner in Hinblick auf einen inklusiven Arbeitsmarkt werden Aufklärungskampagnen und individuelle Personalentwicklungspläne benannt. Die Unterzeichnerparteien fordern ferner dazu auf, „auf allen Ebenen" unter Einbeziehung staatlicher und zivilgesellschaftlicher Akteure Verhandlungen zur Verwirklichung integrativer Arbeitsmärkte zu führen (vgl. § 5 RV).[600]

In einem Anhang zum Vereinbarungstext sprechen die Sozialpartner Empfehlungen gegenüber staatliche Stellen aus, die Eingliederung arbeitsmarktferner Gruppen über ein finanzielles Anreizsystem für Arbeitgeber/innen sowie integrative Maßnahmen für Aus- und Weiterbildung zu fördern.

Die erzielten Norminhalte werden Vorgaben der Solidarität und Verantwortung gegenüber prekarisierten[601] und exkludierten Gruppen grundsätzlich gerecht. Der Rahmenvereinbarung liegt ein innovativer, ganzheitlicher Regulierungsansatz zur Überwindung von Ausgrenzungen vom und am Arbeitsmarkt zugrunde.[602] Die SD-Regelungen bleiben jedoch teilweise eher unverbindlich und allgemein gehalten. Ferner wurden in dem Text keine Implementationsvorkehrungen vorgefunden.[603]

---

598 Siehe näher dazu EGB, Interpretationsleitfaden, a.a.O., S. 14.

599 In diesem Sinne § 4 Nr. 3 RV; vgl. zu ähnlichen sozialstaatlichen kollektivvertraglichen Regelungen auf nationaler Ebene *Maschke/Zurholt*, Chancengleich und familienfreundlich, 2013, S. 33 f.

600 Weiterführend hierzu und zu weiteren getroffenen Norminhalten EGB, Interpretationsleitfaden, a.a.O., S. 16 ff.

601 Die RV verweist in ihrem Anhang explizit auf die vorangegangenen SD-Regulierungen zu atypischer Beschäftigung.

602 So auch *Bir/Clauwaert*, European social partners committed to inclusion, a.a.O., 560.

603 Die Sozialpartner geben vielmehr lediglich in einer Follow-up-Klausel ihren nationalen Mitgliedsverbänden vor, Bericht über die Normumsetzung zu erstatten.

Wirkungsdefizite autonom umgesetzter Outcomes

Festzuhalten ist, dass autonom umgesetzte sektorübergreifende SD-Vereinbarungen vereinzelt sozialstaatlich akzeptable, innovative Regelungen treffen. Sie lassen jedoch Durchsetzungsmängel erkennen. Die Outcomes enthalten keinerlei Implementationsregelungen, die auf eine Normeffizienz schließen lassen. Die Sichtung der Literatur ergab zudem, dass die Vereinbarungen nur unvollständig in den Mitgliedstaaten umgesetzt wurden. Sie wurden relativ selten auf nationaler Ebene in verbindliche kollektivvertragliche oder gesetzliche Normenwerke überführt.[604]

3.3.3 Sektorale Soziale Dialoge – gleichstellungsbezogene Mitwirkungsrechte

Im Rahmen sektoraler SDe wurden 16 verbindliche Ergebnisse zur Antidiskriminierung erzielt.

Der überwiegende Anteil der Outcomes (9) sind interne Geschäftsordnungen der Sozialpartner, die auf Grundlage des Beschlusses der Kommission vom 20. Mai 1998 – 98/ 500 EG zur Einrichtung von Ausschüssen des sektoralen SD[605] vereinbart wurden. In den Texten wird meist eine ausgewogene Geschlechterrepräsentanz bei der Zusammensetzung der Arbeitnehmer- und Arbeitgeberdelegationen festgeschrieben.

So heißt es etwa in der Geschäftsordnung des SD-Komitees im Sektor Landwirtschaft von 1999 (SD_207):

„3. In choosing their delegates the...social partner will endeavour in particular to appoint women to counter their underrepresentation in work hitherto."

Eine Vereinbarung der Sozialpartnerverbände im Sektor Gemeinschaftsverpflegung aus dem Jahr 2007 (SD_523) enthält folgende Regelung:

„[The social partners] will...invite their representatives to the various meetings and activities of the Committee, Steering Group and Ad Hoc Working Groups taking account the need for gender...balance."

---

604   Vgl. *Blanpain*, European Labour Law, a.a.O., S. 488; *Weiler*, Social Dialogue, a.a.O., S. 32 f.
605   Beschluss 98/500/EG der Kommission vom 20. Mai 1998 über die Einsetzung von Ausschüssen für den sektoralen Dialog zur Förderung des Dialogs zwischen den Sozialpartnern auf europäischer Ebene, ABl. L 225/27 vom 12.8.1998. In Art. 5 des Beschlusses ist ausdrücklich die Verabschiedung eigener Verfahrensregelungen der SD-Ausschüsse vorgesehen.

Antriebskraft für eine Aufnahme entsprechender Klauseln waren Aktivitäten der EU-Kommission, die bereits in ihrem Beschluss von 1998[606] – ein Jahr nach der Inkorporation der Strategie des Gender Mainstreaming in die EU-Sozialverfassung – den Abbau der Unterrepräsentanzen von Frauen in den Ausschüssen einforderte. SDe werden somit normumsetzend und -konkretisierend tätig. Feste Zielvorgaben oder Quotenregelungen werden von den Sozialpartnern jedoch nicht getroffen.

In einem Verfahrenstext aus dem Jahr 1998 (SD_193) wird die Einsetzung einer paritätischen Arbeitsgruppe zur Bekämpfung von Rassismus im Handel geregelt. Ein weiterer Outcome der kollektiven Akteure im Eisenbahnsektor (SD_500) sieht eine besondere Dialogstruktur zu Chancengleichheit vor.

Des Weiteren wurden sieben substantielle Vereinbarungen erreicht, die Bezüge zur Antidiskriminierung enthalten.

Die frühe Rahmenvereinbarung zur Verbesserung der entlohnten Beschäftigung in der Landwirtschaft von 1997 (SD_159) enthält Mindestvorschriften zu quantitativen Themen wie Entgelt, Urlaub und Arbeitszeit. § 18 normiert in diesem Zusammenhang eine Gleichbehandlungsklausel, wonach die empfohlenen SD-Bestimmungen nach dem Pro-rata-temporis-Grundsatz gleichberechtigt, unabhängig von Art und Dauer des Arbeitsvertrags und ohne Unterschied nach Alter, Geschlecht und Nationalität, gelten. Damit wird im gleichen Jahr des Abschlusses der Rahmenvereinbarung zu Teilzeitarbeit eine sektorspezifische Regelung zu – in der Landwirtschaft verbreiteten – atypischen Beschäftigungsformen wie Befristung oder Saisonarbeit getroffen. Das Dokument sieht eine konkrete Umsetzungsregelung vor, derzufolge die Durchführung der Vereinbarung vom zuständigen SD-Ausschuss überwacht wird.

Der Outcome der Sozialpartner über die Beschäftigungsförderung im europäischen Postsektor[607] aus dem Jahre 1998 (SD_181) garantiert bereits vor dem Erlass der Gleichbehandlungsrahmenrichtlinie 2000/78/EG in Artikel 2 Schutz vor ungerechtfertigter Diskriminierung hinsichtlich

---

606 Weiterführend zu Beschlüssen der EU-Kommission als Handlungsform des EU-Sekundärrechts siehe *Schroeder*, in: *Streinz*, EUV/AEUV, a.a.O., Art. 288 AEUV Rn. 132 ff.

607 Die Vereinbarung wurde im Kontext europäischer Liberalisierungspolitik im öffentlichen Sektor abgeschlossen; siehe weiterführend zur Historie des SD-Komitees im Postsektor *Dufresne*, The Evolution of Sectoral Industrial Relations Structures in Europe, in: *dies./Degryse/Pochet* (eds.), The European Sectoral Social Dialogue, a.a.O., S. 57 ff.

Einstellung und Entlassung aufgrund mehrerer Merkmale (Herkunft, Geschlecht, Familienstand, politische Meinung, Zugehörigkeit zu einer Gewerkschaft, Religion und Behinderung). Die Bestimmung ist jedoch, insbesondere hinsichtlich der vorgesehenen Rechtfertigungsmöglichkeit von Ungleichbehandlungen, wenig konkret. Die Parteien fordern ferner dazu auf, Maßnahmen zur beruflichen Chancengleichheit von Frauen und Männern zu ergreifen.

Im Jahr 2001 wurde von den Sozialpartnern im Sektor Handel eine Rahmenvereinbarung über Telearbeit (SD_283) abgeschlossen.[608] Die wenigen gleichstellungsbezogenen Inhalte der Vereinbarung bleiben sehr allgemein gehalten.

Das in eine Richtlinie[609] umgesetzte Seearbeitsüberkommen in der Seeschifffahrt von 2006[610] (SD_556), bezieht sich ausdrücklich auf die zu den ILO-Kernarbeitsnormen zählenden Konventionen Nr. 100 und Nr. 111 zur Bekämpfung von Diskriminierungen.

Die autonom umgesetzte SD-Vereinbarung über arbeitsvertragliche Mindeststandards im Profifussball von 2012 (SD_687)[611] thematisiert berufliche Benachteiligungen am Rande, indem festgelegt wird, dass Spieler und Vereine vertragliche Klauseln zur Bekämpfung von Rassismus und anderen Formen von Diskriminierung vereinbaren sollen:

> „16.1 The Clubs and the Players shall contractually commit to act against racism and other discriminatory acts in football."

Die Vereinbarung trifft verbindliche Vorgaben für eine Umsetzung in nationale Kollektivverträge sowie zur Überwachung des Implementationsprozesses.[612]

Es lässt sich zusammenfassen, dass sektorale SDe vornehmlich im Bereich chancengleicher Partizipation normkonkretisierend tätig werden. Trotz einer hohen SD-Aktivität zum Diskriminierungsschutz (über 100

---

608 Die Vereinbarung war ein Grenzfall zwischen unverbindlicher Absichtserklärung und verbindlicher Regulierung.

609 Richtlinie 2009/13/EG des Rates vom 16. Februar 2009 zur Durchführung der Vereinbarung zwischen dem Verband der Reeder in der Europäischen Gemeinschaft (ECSA) und der Europäischen Transportarbeiter-Föderation (ETF) über das Seearbeitsübereinkommen 2006 und zur Änderung der Richtlinie 1999/63/EG (ABl. L 124/30 (20.5.2009)).

610 Siehe näher dazu Europäische Kommission, Der sektorale Soziale Dialog, a.a.O., S. 72.

611 Vgl. hierzu *Degryse*, Dialogue social sectoriel européen, a.a.O., S. 21 f.

612 Vgl. insbesondere Art. 18 sowie Anhang 8 der Vereinbarung.

Dokumente) wurden bislang nur wenige normbildende Vereinbarungen erzielt. Anders als im sektorübergreifenden SD war auf der Branchenebene kein Outcome vorzufinden, welcher schwerpunktmäßig das Thema Antidiskriminierung behandelt.

3.3.4 Fazit

Die Hypothese 1 wird durch die Befunde zumindest teilweise gestützt. Sektorübergreifende SDe erzielten einige gewichtige Resultate zur Nichtdiskriminierung. Allerdings sind Vereinbarungsaktivitäten sektorübergreifender Sozialpartner, die in EU-„Hard Law" mündeten, in letzter Zeit zurückgegangen.[613] Auf Branchenebene zeigt sich lediglich in Ansätzen ein Übergang von Regulierungsverantwortung auf die transnational tätigen Kollektivakteure.

Die Hypothese 2 kann als überwiegend bestätigt angesehen werden. Sektorale SDe greifen bei ihrer Normsetzung meist auf bestehende Antidiskriminierungsvorgaben zurück und konkretisieren diese. Auf branchenübergreifender Ebene sind indes auch innovative Normbildungsleistungen der Sozialpartner zu verzeichnen. Wie vorab vermutet, regulieren SDe nach AEUV eher gemeinwohlbezogene qualitative Norminhalte. Lediglich bei SD-Ergebnissen zu atypischer Beschäftigung werden Gleichbehandlungsregelungen getroffen, die quantitativ-antagonistische Themen berühren.

Gemessen an sozialstaatlichen Zielen, ist die Qualität der SD-Leistungen unterschiedlich einzuschätzen (vgl. H3). Eine sozialstaatsadäquate Normsetzung und -durchsetzung ist vornehmlich bei sektorübergreifenden Vereinbarungen festzustellen, die in EU-Richtlinien überführt wurden. In Hinblick auf den Wert der Demokratie bleiben allerdings auch staatlich implementierte Outcomes unbefriedigend. Auf Branchenebene wurden kaum relevante Ergebnisse zur Nichtdiskriminierung erzielt.

Wie vorab vermutet, lassen autonom umgesetzte SD-Vereinbarungen Durchsetzungsdefizite erkennen (H4). SDe trafen in autonom implemen-

---

613 Zur Gleichbehandlung von Leiharbeitnehmer/inne/n konnte kein gemeinsames verbindliches SD-Abkommen erreicht werden, siehe näher hierzu *Ahlberg*, A Story of a Failure – But Also of Success: The Social Dialogue on Temporary Agency Work and the Subsequent Negotiations between the Member States on the Draft Directive, in: *dies./Bercusson/Bruun et al.* (eds.), Transnational Labour Regulation, A Case Study of Temporary Agency Work, S. 191 ff.

tierten Outcomes kaum Implementationsregelungen, die eine faktische Normwirkung anzeigen.

Ferner ergaben sich Hinweise darauf, dass die Hypothese 5 a) zutrifft. Staatlicherseits gesetzte Regulierungsanreize waren häufig (mit)ausschlaggebend dafür, dass SDe nach AEUV zur Normbildungsaktivität kamen. Sozialstaatsadäquate Regelungsinhalte wurden v.a. bei SD-Vereinbarungen erzielt, die durch Ratsbeschluss zwingendes EU-Recht wurden. Dort, wo auch diese Outcomes Regelungsdefizite aufweisen, ist dies wesentlich mit dem fehlenden *„shadow of the law"* erklärbar. Ohne ein transnationales Arbeitskampfrecht konnte die Arbeitnehmerseite zuweilen weitergehende Regelungen zur Nichtdiskriminierung nicht durchsetzen.

Der vorgefundene Regelungsschwerpunkt lässt zudem vorläufig schlussfolgern, dass sektorübergreifende SDe größere Fähigkeit zu gemeinwohlorientierter und sozialstaatlich adäquater Normgebung haben als die sektorale Ebene. Die branchenübergreifenden Kollektivakteure bündeln generell breitere Interessenlagen und Perspektiven der Arbeitgeber- und Arbeitnehmerseite als die speziellen Branchenorganisationen. Dies lässt sektorübergreifende SDe für allgemeinpolitische Themen und gesellschaftliche Regulierungsanliegen zur Nichtdiskriminierung tendenziell aufgeschlossener erscheinen.[614] Auf Arbeitgeberseite ist außerdem mit CEEP ein Akteur des öffentlichen Sektors beteiligt, welcher in Gleichstellungsfragen häufig eine Vorreiterrolle einnimmt.[615]

Es ist anzunehmen, dass die spezifische Akteurskonstellation auf sektorübergreifender Ebene ein weiterer Faktor ist, der diskriminierungsschützende SD-Normbildungsaktivität begünstigen kann.

3.4   Substantielle EBR-Vereinbarungen – geringe Regelungsaktivität

Bei der Dialogform der Substantiellen EBR-Vereinbarungen wurden neun Outcomes zur Nichtdiskriminierung erzielt.

Die Mehrzahl der Vereinbarungen (5), die auf Arbeitnehmerseite ausschließlich von EBRen unterzeichnet wurden, enthält eine Referenz auf die ILO-Kernarbeitsnormen (vgl. z.B. Dok. EBR_2/97; EBR_3/188). In

---

614 Siehe zu Potentialen sektorübergreifender Verhandlungsebenen zur Lösung gesamtgesellschaftlicher Problemlagen auch *Mückenberger*, Dimensionen des Wandels. a.a.O., S. 93.

615 Dieser Faktor hat sich indessen noch nicht in verbindlichen SD-Regulierungen zur Nichtdiskriminierung im öffentlichen Sektor niedergeschlagen.

manche Texte werden explizit die ILO-Übereinkommen 100 und 111 zur Nichtdiskriminierung inkorporiert (vgl. etwa EBR_3/205). EBRe greifen damit auf bestehende internationale Regelwerke zum Diskriminierungsschutz zurück und treten für ihre betriebliche Durchsetzung ein.[616]

Eine 2002 in einem schwedischen Unternehmen aus dem Metallsektor abgeschlossene Vereinbarung zur Nutzung elektronischer Kommunikationsmittel (EBR_2/47) spezifiziert das in den europäischen Gleichbehandlungsrichtlinien enthaltene Verbot der Belästigung. Die Versendung elektronischer Nachrichten gegenüber anderen Mitarbeiter/inne/n mit belästigendem Inhalt wird aufgrund mehrerer geschützter Merkmale untersagt:

> "2. Examples of illegal and/ or inappropriate use [of the telephone, the internet, intranet and e-mail] are:
>
> • Sending messages with sexual content/overtones or messages that would tend to disparage or harass others on the basis of gender, race, age, disability, religion, sexual orientation or national origin."

Bei Verstößen gegen die genannten Bestimmungen sollen Disziplinarmaßnahmen bis hin zur Entlassung eingreifen, was eine Normwirkung in der Praxis indiziert. SDe werden damit für den Schutz der Menschenwürde und ein respektvolles, solidarisches Miteinander am Arbeitsplatz problemadäquat regulierend tätig.

Eine Vereinbarung über „Soziale Rechte und soziale Verantwortung", die 2003 in einem US-amerikanischen Automobilkonzern abgeschlossen wurde (EBR_3/158), formuliert ein allgemeines Gebot der Nichtdiskriminierung:

> „[Das Unternehmen] duldet keine Belästigung oder unbillige Diskriminierung aufgrund von Geschlecht, Rasse, Hautfarbe, Überzeugung, Religion, Alter, ethnischer oder nationaler Herkunft, Familienstand/ Elternschaft, Behinderung oder sexueller Orientierung."

---

616 Die transnationale SD-Praxis beinhaltet innovative Elemente, da sie private Arbeitgeber/innen direkt bezüglich der ILO-Normen verpflichtet. Die ILO-Übereinkommen 100 und 111 sind als völkerrechtliche Abkommen primär staatengerichtet und bedürfen für eine Wirkung in privaten Arbeitsverhältnissen prinzipiell der konkretisierenden Verankerung im innerstaatlichen Recht, vgl. *Pärli*, Vertragsfreiheit, Gleichbehandlung und Diskriminierung im privatrechtlichen Arbeitsverhältnis, 2009, S. 105. Da die ILO-Abkommen zur Nichtdiskriminierung in den EU-Mitgliedstaaten konsentiert sind und im primären Unionsrecht sowie in der EuGH-Rechtsprechung Niederschlag gefunden haben, wird die Tätigkeit EBRe hier aber weniger als innovativ normbildend, sondern vielmehr als normumsetzend und -konkretisierend eingestuft.

Als Sanktionsmechanismus bei Normverstößen wird ein Beschwerderecht für Diskriminierungsopfer sowie ein diesbezügliches Benachteiligungsverbot gewährleistet.

Zwei weitere Outcomes (EBR_2/97; EBR_3/122) wurden 2007 und 2010 bei einem deutschen Energiekonzern zum Thema Umstrukturierung vereinbart.[617] Die Sozialpartner behandeln Nichtdiskriminierungsfragen am Rande, indem die ILO-Kernarbeitsnormen und die RL 1999/ 70/EG über befristete Arbeitsverträge als Mindeststandards für sozialverträgliche Umstrukturierungsmaßnahmen im Unternehmen genannt werden. Denkbare Optionen, die Folgen von Restrukturierung auf transnationaler Ebene gleichstellungsgerecht zu gestalten, wie z.B. die Einführung beschäftigungssichernder Qualifizierungsmaßnahmen speziell für Frauen und andere benachteiligte Gruppen[618] oder das Einräumen spezifischer Beteiligungsrechte für EB-Re,[619] werden von den Vereinbarungsakteuren nicht genutzt.

Im Jahr 2008 wurde von dem EBR eines französischen Unternehmens aus dem Bereich Handel eine Vereinbarung zur Gleichbehandlung älterer Arbeitnehmer/innen erzielt (EBR_2/19). Hierbei werden diskriminierungsfreie Einstellungen und die Einführung positiver Maßnahmen garantiert, um Bewerbungen von „Senioren" in den Konzerngesellschaften zu begünstigen.[620] Um „vorgefassten Meinungen und Vorurteilen" gegenüber Älteren entgegenzuwirken, werden Sensibilisierungsaktionen für die Mitarbeiter/innen vorgesehen. Weiterhin verpflichtet sich das Unternehmen, auf nationaler Ebene Aktivitäten zur Anpassung von Arbeitszeiten und Arbeitsplätzen an die Bedürfnisse älterer Arbeitnehmer/innen zu ergreifen.[621] In diesem Norminhalt kann eine angemessene Vorkehrung für eine

---

617 Die Vereinbarungen sehen jeweils eine konkrete Definition von Umstrukturierungsmaßnahmen im Unternehmen vor. Hierzu werden insbesondere Standortschließungen, Standortverlagerungen, Massenentlassungen, Stilllegungen und das Outsourcing wesentlicher Betriebsteile gezählt.

618 Vgl. zu entsprechenden kollektivrechtlichen Regelungen in Deutschland *Maschke/Zurholt*, Chancengleich und familienfreundlich, a.a.O., S. 48 f.

619 Siehe vergleichbar für gleichstellungssichernde Beteiligungsmöglichkeiten von Arbeitnehmervertretungen bei Privatisierungen *Lewalter*, Geschlechtergleichstellung bei Privatisierungen. Anforderungen und Handlungsoptionen aus rechtlicher Sicht, 2015, S. 137 f.

620 In Art. 1 der Vereinbarung wird ein „Senior" als Mitarbeiter definiert, „dem noch 15 Jahre bis zum gesetzlichen Rentenbeitrittsalter seines Landes bleiben."

621 Die Vereinbarung lautet im französischen Originalwortlaut: „Selon les dispositions locales, mettre en œuvre des actions d'aménagement des conditions et du temps de travail."

inklusive Gestaltung von Übergängen im Erwerbsleben gesehen werden, die über Art. 5 RL 2000/78/EG und das Merkmal „Behinderung" innovativ hinausweist.[622] SDe entfalten hiermit sozialstaatsgemäße Aktivitäten für eine selbstbestimmte gleichberechtigte Erwerbsteilnahme älterer Menschen. Werte der Solidarität und Verantwortung werden erfüllt. Allerdings weist die Vereinbarung keine Implementationsregelungen auf. Die Akteure geben lediglich in einer Follow-up-Klausel vor, dass noch zu definierende lokale Umsetzungsmaßnahmen getroffen werden und dem EBR gegenüber ein jährlicher Bericht abzugeben ist.[623]

Ein weiterer Outcome bei einem französischen Automobilzulieferer aus dem Jahr 2012 (EBR_3/205) befasst sich mit „Corporate Social Responsibility" (CSR).[624] Die Unterzeichnerparteien legen fest, dass – über gesetzliche Vorgaben hinaus – Maßnahmen zur Erhöhung des weiblichen Beschäftigtenanteils, zur Integration von Menschen mit Behinderung und zur Altersvielfalt in der Unternehmensgruppe eingeführt werden. In einer allgemein gehaltenen Regelung werden lokale Sozialpartner und der EBR mit dem Monitoring-Prozess betraut.

Zusammenfassend ist festzuhalten, dass bei zusätzlichen EBR-Abkommen vereinzelte sozialstaatsadäquate Normen vorzufinden sind. Mit neun Outcomes bleiben die verbindlichen Regelungsaktivitäten der SD-Form allerdings auf niedrigem Niveau. In keiner Vereinbarung wird die demokratische Teilhabe benachteiligter Gruppen an Gremien und Entscheidungsprozessen thematisiert. Zusätzliche Abkommen EBRe schreiben somit inhaltliche Regelungsdefizite, die bereits bei EBR-Gründungsdokumenten feststellbar waren, fort. Ferner enthalten nur zwei Outcomes Implementationsvorkehrungen.

---

622 Weiterführend zur Diskussion um eine Ausweitung des Regelungskonzepts angemessener Vorkehrungen und bereits bestehende mitgliedstaatliche Regelungen zur Berücksichtigung der Bedürfnisse älterer Arbeitnehmer/innen siehe *Bribosia/Rorive*, Reasonable Accommodation beyond Disability in Europe?, 2013, S. 11 ff., 62 f., im Internet unter: <http://ec.europa.eu/justice/discrimination/files/rea sonable_accommodation_beyond_disability_in_europe_en.pdf> (zuletzt abgerufen am 1.7.2018).

623 Ferner wird allgemein geregelt, dass die Beschäftigten und ihre Vertreter über die getroffenen Norminhalte informiert werden.

624 Siehe weiterführend zum Thema CSR EU-Kommission, Europäische Rahmenbedingungen für die soziale Verantwortung der Unternehmen, KOM(2001) 366 endg.

3.5 Mischformen – Normkonkretisierung und Durchsetzungsschwächen

17 SD-Vereinbarungen sind als Mischformen zu klassifizieren.[625] Mehrere Outcomes behandeln das Thema grundlegende Arbeitsrechte.[626] Die Sozialpartner formulieren meist unter Hinweis auf die ILO-Kernarbeitsnormen[627] ein allgemeines Diskriminierungsverbot und nehmen auf die Konventionen 100 und 111 Bezug (vgl. z.B. Dok. M_2/75; M_2/93; M_3/144; M_7/1).

In einem „Internationalen Rahmenabkommen", das 2005 bei einem Konzern aus dem Bereich Metall unter Beteiligung eines europäischen und eines internationalen Gewerkschaftsverbandes geschlossen wurde (M_2/75), heißt es etwa:

> „[Das Unternehmen] verpflichtet sich, im Einklang mit den ILO-Konventionen Nr. 100, 111 und 135[628] Chancengleichheit in Bezug auf Beschäftigung zu wahren und von jedweder Diskriminierung abzusehen, sofern nicht nationales Recht ausdrücklich die Auswahl anhand spezifischer Kriterien vorsieht. Arbeitnehmer dürfen in keiner Weise in Bezug auf Rasse, Geschlecht, Hautfarbe, Religion, politische Einstellung, Nationalität, sexuelle Neigung, soziale Herkunft und Gewerkschaftszugehörigkeit diskriminiert werden. [Das Unternehmen] setzt sich außerdem für die Integration von Behinderten im Arbeitsleben ein."

Eine EBR-Vereinbarung jüngeren Datums bei einem französischen Automobilkonzern, die zusätzlich von einem globalen Gewerkschaftsverband

---

625 Als Mischformen wurden in der Dokumentenanalyse die Texte erfasst, die sowohl von EBRen als auch von gewerkschaftlichen Akteuren unterzeichnet wurden.

626 In der Literatur wird zwischen International Framework Agreements (IFAs), die von globalen Gewerkschaften unterzeichnet werden und auf die weltweite Sicherung arbeitsrechtlicher Mindeststandards zielen und European Framework Agreements (EFAs) unterschieden. Letztere werden von EBRen und/oder europäischen Gewerkschaften ausgehandelt und sind in ihrem Anwendungsbereich auf Europa beschränkt, siehe hierzu die Definition von Eurofound, abrufbar unter: <http://www.eurofound.europa.eu/observatories/eurowork/industrial-relations-dictionary/international-framework-agreement> (zuletzt abgerufen am 1.7.2018). Bei der vorliegenden Dokumentenauswertung wurden sowohl IFAs als auch EFAs zur Antidiskriminierung erforscht.

627 Sieben Outcomes (dies entspricht 41 %) enthalten einen Verweis auf die ILO-Kernarbeitsnormen.

628 Das ILO-Übereinkommen 135 über Schutz und Erleichterungen für Arbeitnehmervertreter im Betrieb von 1971 regelt Benachteiligungsverbote gegenüber betrieblichen Interessenvertretungen.

unterzeichnet wurde (M_2/225), enthält ein weit gefasstes Gebot der Nichtdiskriminierung:[629]

"In accordance with ILO convention n°111, the Group does not discriminate on any grounds in its employment relations. In particular, it...treats all its employees with dignity, and does not discriminate on the grounds of gender, age, racial origin or real or supposed membership or non-membership of an ethnic group, social, cultural or national background, family circumstances, trade union activities, sexual orientation, disability, or political or religious views."

Die vertragschließenden Akteure sehen vor, konzernweite Aktionen zur Förderung von Diversität einzuleiten. Die sachnahen SDe nehmen somit allgemein konsentierte ILO-Normenwerke zur Nichtdiskriminierung auf und werden verantwortungsbewusst für benachteiligte Beschäftigtengruppen aktiv.

Zwei weitere Mischformen, die von europäischen Gewerkschaften bei französischen Konzernen mit ausgehandelt wurden, behandeln schwerpunktmäßig berufliche Gleichstellungsfragen.

Eine Vereinbarung bei einem Energiekonzern aus dem Jahr 2007 (M_3/191) betont in der Präambel die wirtschaftlichen Effizienzgewinne einer vielfaltsorientierten Personalpolitik:

„Als gesetzliche Forderung und Gebot der Menschlichkeit sind Vielfalt und Chancengleichheit auch von Vorteil für die wirtschaftliche...Leistungsfähigkeit des Konzerns [...].“

Die Sozialpartner schreiben umfassend fest, „jede Form der direkten und indirekten Diskriminierung zu verhüten und zu beseitigen" und führen mehrere geschützte Kategorien auf, die innovativ über europäisches Recht hinausweisen (Sitten und Gebräuche, Gesundheitszustand, äußere Erscheinung, Familienname,[630] Anschrift). Das Unternehmen verpflichtet sich, anhand von Indikatoren eine Bestandsaufnahme zur Beschäftigungssituation der Mitarbeiter/innen durchzuführen, um Ungleichheiten nach

---

629 Im ILO-Übereinkommen 111 genannte Ausnahmetatbestände sowie Möglichkeiten einer sachlich gerechtfertigten Ungleichbehandlung werden nicht aufgeführt; vgl. zu den (eng gefassten) Ausnahmetatbeständen für Ungleichbehandlungen der ILO-Abkommen und der diesbezüglichen Auslegungspraxis der ILO-Ausschüsse *Pärli*, Vertragsfreiheit, Gleichbehandlung, a.a.O., S. 101.

630 Die allgemeine Kategorie der Sitten und Gebräuche sowie Gesundheitszustand, äußeres Erscheinungsbild und Familienname zählen im französischen Arbeitsrecht zu den geschützten Diskriminierungsmerkmalen, siehe näher hierzu *Strauß*, Schutz vor Diskriminierung durch Privatpersonen im Straf-, Arbeits- und Zivilrecht, 2013, S. 59 ff., 114. SDe weiten somit nationale rechtliche Vorschriften in innovativer Weise konzernweit aus.

Alter, Geschlecht und Behinderung zu ermitteln. Auf dieser Grundlage sollen konkrete Maßnahmen und Zielvorgaben zur Überwindung direkter und indirekter Diskriminierungen entwickelt werden. Zur Realisierung der Entgeltgleichheit zwischen Männern und Frauen wird geregelt, dass bestehende Entgeltstrukturen geprüft und bei Bedarf Bezahlungs- und Einstufungssysteme überarbeitet werden.

Die SD-Bestimmungen werden sozialstaatlichen Maßstäben gerecht. Situationsanalysen und die Definition von Zielvorgaben bilden einen wichtigen Baustein im Rahmen einer proaktiven und effektiven betrieblichen Gleichstellungspolitik.[631]

Gemäß dem Prinzip der sozialen Verantwortung geben die Parteien vor, dass die vereinbarten Antidiskriminierungsregeln auch von Geschäftspartnern und Lieferanten einzuhalten sind:

> „6.2 [Die vorliegende Verpflichtung] muss auf all unsere Beziehungen mit unseren Abnehmern, Partnern und Unterlieferanten ausgedehnt werden."

Die Festlegung und Definition zu ergreifender Aktivitäten sowie deren Kontrolle wird einem eingerichteten EBR-Ausschuss zu Chancengleichheit und Vielfalt übertragen.[632] Die Wahrnehmung von Monitoringaufgaben durch EBR-Strukturen ist in der EBR-RL nicht geregelt und daher als innovative Praxis einzustufen. Die Vereinbarung enthält verbindliche Regelungen zum anwendbaren Recht und zur Hinterlegung bei arbeitsgerichtlichen Stellen, die eine faktische Normwirkung indizieren.

Im Jahr 2014 wurde bei einem französischen Konzern aus dem Bankensektor eine europäische Vereinbarung[633] zur Geschlechtergleichstellung erreicht (M_2/213). Darin werden positive Maßnahmen wie die Förderung betrieblicher Frauennetzwerke oder eine Zielvorgabe für einen Anteil von 25 % an Frauen in Führungspositionen in naher Zukunft geregelt.[634] Die unterzeichnenden Gewerkschaften werden zudem verpflichtet zu schulen und auf den Abbau geschlechtsspezifischer Unterrepräsentanzen hinzuwirken:

---

631 Vgl. *Maschke/Zurholt*, Chancengleich und familienfreundlich, a.a.O., S. 25 f.

632 Darüber hinaus sehen die Parteien die Einrichtung eines „Netzwerkes für Vielfalt" auf der Managementseite vor, das zur Normumsetzung im Konzern und seinen Tochtergesellschaften beitragen soll.

633 Die Vereinbarungsakteure legen den Geltungsbereich der Vereinbarung wie folgt fest: „It applies within the geographical perimeter of the European Works Council, to the branches and subsidiaries effectively controlled globally by the company."

634 Siehe weiterführend zu Gestaltungsmöglichkeiten bei positiven Maßnahmen zur Geschlechtergleichstellung *Raasch*, in: *Rust/Falke*, AGG, a.a.O., § 5 Rn. 47 ff.

"The trade union signatories are committed to setting an example within their own organizations. They will commit to promoting workplace equality locally ... by designating trade union and /or staff representatives, by putting systems in place that faciliate the inclusion of women ... by carrying out awareness and training initiatives among staff representatives on the themes of fighting against discrimination and promoting female-male equality."

Teile der Vereinbarung haben eher Empfehlungscharakter.

In einer Follow-up-Klausel wird geregelt, dass gegenüber dem EBR ein jährlicher Fortschrittsbericht über die Normumsetzung zu präsentieren ist.

Zwei weitere Outcomes (M_2/203; M_6/4) beschäftigen sich mit der Gleichbehandlung von Leiharbeitnehmer/inne/n.

In einer Vereinbarung bei einem belgischen Konzern im Bereich Chemie aus dem Jahr 2010[635] greifen die Sozialpartner explizit auf die diskriminierungsschützenden Vorgaben der EU-Leiharbeitsrichtlinie 2008/104/EG zurück. Gesetzliche Vorschriften werden wiederholt und spezifiziert. Die Akteure vereinbaren u.a., dass entliehene Arbeitnehmer/innen Anspruch auf Nutzung von Kantinen, Kinderbetreuungsmöglichkeiten und Transport zu denselben Bedingungen haben wie die übrigen Beschäftigten.[636]

Die fortlaufende Kontrolle der Normeinhaltung wird örtlichen Gremien der Sozialpartner übertragen. Außerdem wird geregelt, dass bei Normverstößen ein Bericht an die EBR-Vertreter zu übermitteln ist. Transnationale SDe schaffen damit eine Ebene des Vollzugs der Gleichbehandlungsvorschriften bei Leiharbeit durch betriebliche Akteure, die in der EU-Leiharbeits-RL nicht vorgesehen ist.[637] Die Parteien werden insofern nicht nur normumsetzend, sondern auch innovativ normbildend tätig.

Die andere Vereinbarung bei einem deutschen Konzern im Metallsektor von 2012, die von einem globalen Gewerkschaftsverband und einer weltweiten Arbeitnehmervertretung mit unterzeichnet ist,[638] trifft eine normkonkretisierende Regelung zum Grundsatz des gleichen Entgelts für entliehene Arbeitskräfte. Um Übergänge in sichere Erwerbsarbeit zu fördern, sehen die Parteien vor, dass Leiharbeitnehmer gemäß für die Standorte zu

---

635 Das Dokument ist von einer europäischen Branchengewerkschaft mit unterzeichnet.
636 Art. 6 RL 2008/104/EG sieht insoweit die Möglichkeit einer objektiv zu rechtfertigenden unterschiedlichen Behandlung vor. Eine solche Einschränkung ist in der SD-Regulierung nicht enthalten.
637 Die EU-Leiharbeitsrichtlinie regelt nur Informations- und Konsultationsansprüche betrieblicher Interessenvertretungen und sieht allgemein die Möglichkeit vor, normumsetzende kollektivvertragliche Vereinbarungen abzuschließen.
638 Die SD-Bestimmungen sollen laut der Vereinbarung im gesamten Konzern zur Anwendung kommen.

vereinbarender Kriterien nach 18 Monaten bevorzugt in die Stammbelegschaften übernommen werden. Die geregelte positive Maßnahme wird Werten der Verantwortung und Solidarität gegenüber atypisch und prekär Beschäftigten gerecht.

Insgesamt ist festzuhalten, dass Mischformen eher normumsetzend und normkonkretisierend zur Nichtdiskriminierung tätig werden. Die Dokumentenanalyse zeigte, dass weniger als die Hälfte der Outcomes (7) Implementationsvorkehrungen aufweisen. Die SD-Leistungen zur Normdurchsetzung sind somit lückenhaft.[639]

3.6 TCAs – normsetzende Kraft und innovative Regelungen

3.6.1 Allgemeine Übersicht

Bei der Dialogform der TCAs wurden 77 Outcomes ermittelt. TCAs sind somit vergleichsweise produktiv.[640]

Die meisten Outcomes wurden von globalen und/oder europäischen gewerkschaftlichen Akteuren ausgehandelt.[641] Zwei TCAs wurden von nationalen Gewerkschaften abgeschlossen. Besonders häufig wurden SD-Ergebnisse bei Konzernen mit Sitz in Frankreich erzielt (s. **Abb. 6**). Der bereits bei EBR-Gründungsvereinbarungen, substantiellen EBR-Abkommen und Mischformen beobachtete Regelungsschwerpunkt ist also auch bei TCAs festzustellen. Bei Unternehmen im Metall- und Energiesektor war die SD-Regulierungsaktivität zur Nichtdiskriminierung relativ hoch (s. **Abb. 7**).

---

639 Immerhin neun Vereinbarungen wurden auf Arbeitnehmerseite zusätzlich von nationalen Gewerkschaftsverbänden unterzeichnet, was die rechtliche Durchsetzungswahrscheinlichkeit auf nationaler Ebene erhöhen kann.

640 Neben verbindlichen SD- Resultaten wurden 73 weitere SD-Texte vorgefunden, die Regelungen zur Antidiskriminierung enthalten.

641 61 Outcomes wurden von globalen Gewerkschaftsverbänden erzielt. Bei 21 Vereinbarungen waren europäische Gewerkschaften beteiligt.

Abb. 6: Verteilung der Outcomes bei TCAs nach Unternehmenssitz

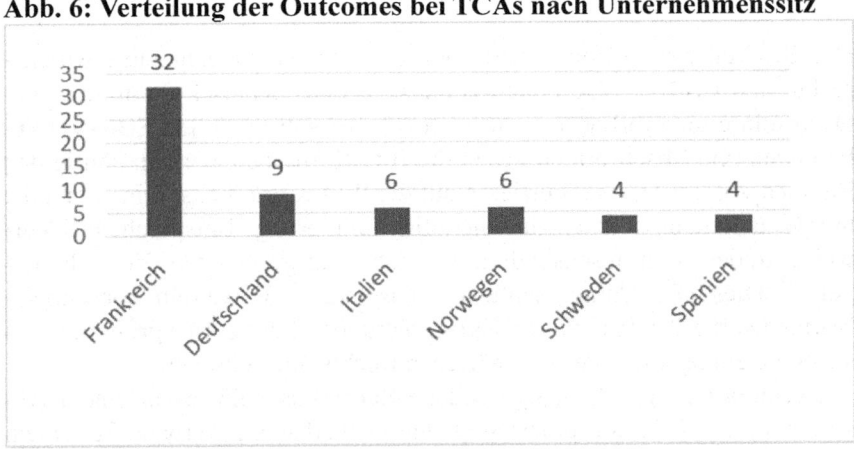

(Quelle: Eigene Auswertung der Projektdatenbank)

Abb. 7: Verteilung der Outcomes bei TCAs nach Unternehmenssektor

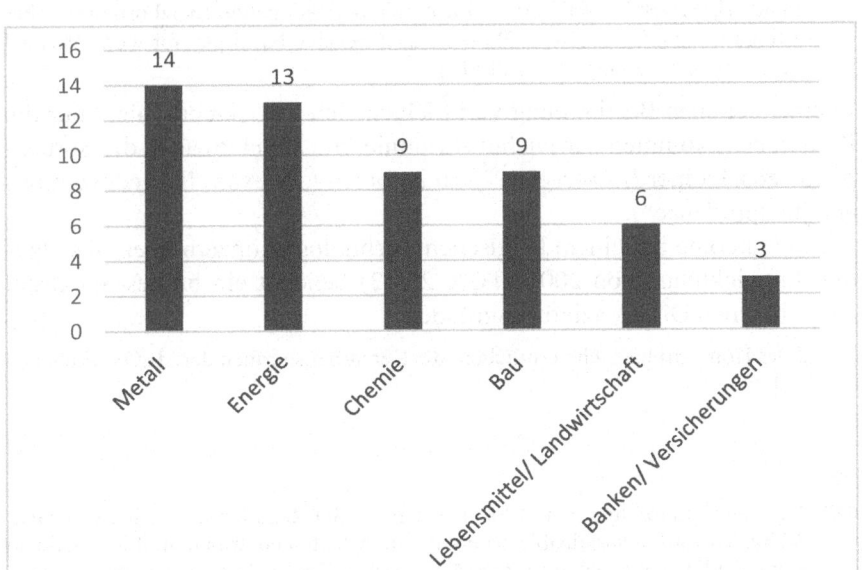

(Quelle: Eigene Auswertung der Projektdatenbank)

3.6.2 ILO-Kernarbeitsnormen und innovative geschützte Merkmale

Der Großteil der Outcomes behandelt die Themen fundamentale Arbeits-rechte und CSR.[642] SDe halten zumeist in einer Klausel ein allgemeines Diskriminierungsverbot fest. Ähnlich wie bei substantiellen EBR-Verein-barungen und Mischformen geben die ILO-Kernarbeitsnormen häufig den Rahmen vor. 56 TCAs rekurrieren auf die ILO-Kernarbeitsnormen und die hierzu zählenden Rechte zur Nichtdiskriminierung. Entsprechende Ver-weise finden sich insbesondere in global ausgerichteten Vereinbarun-gen.[643] Dies lässt darauf schließen, dass SDe auf weithin konsentierte Normenwerke der ILO zum Diskriminierungsschutz zurückgreifen, wenn sie den Geltungsraum des europäischen Rechts überschreiten.

Exemplarisch für die vorgefundene SD-Praxis heißt es in einem Ab-kommen, das 2008 mit einem globalen Gewerkschaftsverband bei einem italienischen Baukonzern ausgehandelt wurde (TCA_3/99):

> "The agreement is based on the signatories joint commitment to respect...the ILO Declaration on Fundamental Principles and Rights at Work […].

> All workers shall have equality of opportunity and treatment regardless of their ethnic origin, gender, religion, political opinion, nationality, social origin or other distinguishing characteristics. Workers shall receive equal pay for work of equal value (ILO Conventions 100 und 111)."

In einer seltenen Bestimmung verpflichten sich die Akteure, nicht nur die ILO-Übereinkommen zur Nichtdiskriminierung, sondern auch die Spruch-praxis zuständiger ILO-Organe[644] zu befolgen („relevant ILO conventions and jurisprudence").

Ein Outcome bei einem belgischen Technologiekonzern über „nachhal-tige Entwicklung" von 2007 (TCA_2/142) benennt ein breites Spektrum an verbotenen Differenzierungsgründen:

> „[Der Konzern] hat sich verpflichtet, die Kernarbeitsnormen der...ILO einzuhalten […].

---

642 Vgl. zum Einschluss von CSR-Themen in SD-Regulierung auch *Schömann/ Wilke*, Towards a sustainable economy: the potential contribution of international framework agreements, in: *Vitols/ Kluge* (eds.), The sustainable company, a.a.O., S. 167 ff.; *Thüsing*, International Framework Agreements, a.a.O., 78.

643 Über 90 % der ermittelten TCAs, die Bezugnahmen auf die ILO-Kernarbeits-normen enthalten, wurden von globalen Gewerkschaftsverbänden unterzeichnet.

644 Siehe näher zu den Kontroll- und Überwachungsmechanismen bezüglich der ILO-Übereinkommen *Pärli*, Vertragsfreiheit, Gleichbehandlung, a.a.O., S. 81 ff.

In Übereinstimmung mit den ILO-Konventionen 100 und 111 hat sich [der Konzern] zu einer integrativen Arbeitskultur verpflichtet ... [Der Konzern] akzeptiert keinerlei Form der Belästigung oder Diskriminierung aufgrund des Geschlechts, der Religionszugehörigkeit, der Rasse, der staatlichen oder ethnischen Herkunft, des kulturellen Hintergrundes, der sozialen Herkunft, einer Behinderung, der sexuellen Orientierung, des Familienstandes, des Alters oder der politischen Einstellung."

Eine Internationale Rahmenvereinbarung, die 2009 bei einem weltweit tätigen französischen Energieversorgungskonzern abgeschlossen wurde (TCA_2/76), regelt, dass die ILO-Übereinkommen 100 und Nr. 111 auch in Ländern anwendbar sein sollen, die die Konventionen nicht ratifiziert haben.[645] Die vertragschließenden Akteure weiten damit internationale Normenwerke innovatorisch auf Gebiete aus, in denen sie bislang nicht galten.[646]

Eine größere Zahl diskriminierungsschützender TCAs enthält ferner Bezüge auf weitere Instrumente internationaler Organisationen wie die Prinzipien des UN-Global Compact oder die OECD-Leitsätze für multinationale Unternehmen (vgl. z.B. TCA_2/101; TCA_2/231; TCA_6/10).

In einigen Texten wird die Einhaltung der Allgemeinen Erklärung der Menschenrechte von 1948 (AEMR) und der UN-Erklärung zur Abschaffung der Diskriminierung der Frauen von 1967 garantiert (vgl. etwa TCA_2/76; TCA_6/10).

In mehreren Vereinbarungen wurden Diskriminierungsmerkmale vorgefunden, die über die ILO-Normenwerke und europäisches Gleichbehandlungsrecht hinausgehen. So führen die Sozialpartner u.a. geschützte Gründe wie „Familienname", „Familienstand", „familiäre Herkunft", „regionale Herkunft", „Gesundheitszustand", „körperliche Merkmale", „Sitten" oder „Erscheinung" auf (vgl. etwa TCA_2/64; TCA_2/76; TCA_2/210; TCA_3/1). In einigen Dokumenten werden Benachteiligungsverbote der Arbeitenden wegen „unterschiedlichen Erfahrungen", „Qualifikation", „beruflicher Erstausbildung" oder „beruflichem Werdegang" verankert (TCA_2/95; TCA_3/1; TCA_6/21). Mit der Formulierung von verbotenen

---

645 Darunter befinden sich Länder wie Japan, Malaysia, Thailand oder die USA; der Ratifikationsstand ist im Internet abrufbar unter: <http://www.ilo.org/dyn/norm lex/en/f?p=1000:12001:::NO:::> (zuletzt abgerufen am 1.7.2018).

646 In Bezug auf die in den Übereinkommen 100 und 111 enthaltenen Prinzipien der ILO-Kernarbeitsnorm zur Nichtdiskriminierung wird in der juristischen Literatur teilweise vertreten, dass diesen der Rang von universell geltendem zwingenden Völkergewohnheitsrecht zukommt; vgl. weiterführend dazu *Zimmer*, Soziale Mindeststandards, a.a.O., S. 67 ff.

Differenzierungsgründen, die in inter- und supranationalen Normenwerken nicht ausdrücklich genannt sind,[647] werden SDe innovativ normbildend tätig.

Des Weiteren werden in einigen Vereinbarungen Diskriminierungsverbote von Frauen und Menschen mit Behinderung hinsichtlich der internen Arbeitnehmer/innen/mobilität im Konzern normiert (vgl. z.B. TCA_3/26; TCA_3/78).

Insgesamt ist allerdings festzustellen, dass die Nichtdiskriminierungsregelungen, die in TCAs über grundlegende Arbeitsrechte und CSR-Themen aufgenommen wurden, oft eher vage und allgemein gehalten sind. Nur selten werden konkrete Maßnahmen zur Bekämpfung von Benachteiligungen geregelt.

Zu den Regelwerken, die spezifischere Normen enthalten, zählt ein jüngerer Outcome bei einem französischen Automobilkonzern zu „sozialer Verantwortung", der von einer globalen und einer europäischen Gewerkschaft unterzeichnet wurde (TCA_6/21).[648] Darin werden Bestimmungen zu diskriminierungsfreien Einstellungsverfahren und beruflicher Weiterbildung und -entwicklung aufgrund vielfältiger geschützter Merkmale getroffen (Herkunft, Geschlecht, Gesundheitszustand, Arbeitsbedingungen und -zeiten, Erstausbildung).

Die Vertragsparteien heben die positive Wirkung von Chancengleichheit hervor:

> „3.1 Die Eingliederung verschiedener Profile ist eine Quelle für gegenseitige Bereicherung, soziales Gleichgewicht und wirtschaftliche Effizienz."

Eine CSR-Vereinbarung bei einem italienischen Energiekonzern (TCA_2/80) hält konkret dazu an, in Zusammenarbeit mit öffentlichen Institutionen Ziele zu erarbeiten, um den Anteil von Frauen an beruflichen Ausbildungsprogrammen zu erhöhen.

Ein globales Rahmenabkommen bei einem dänischen Bankenunternehmen von 2008 (TCA_2/74) sieht vor, den Frauenanteil in Führungspositionen durch ein länderübergreifendes Förderprogramm zu verbessern.

---

647 In der Auslegungspraxis der ILO-Ausschüsse zum Abkommen 111 ist mittlerweile ein relativ breites Spektrum an verbotenen Differenzierungsgründen anerkannt, vgl. dazu *Pärli*, Vertragsfreiheit, Gleichbehandlung, a.a.O, S. 105.

648 Zum Anwendungsbereich legen die Sozialpartner fest, dass die „derzeitigen und künftigen Tochtergesellschaften, auf die der Konzern einen beherrschenden Einfluss ausübt, entweder durch eine mehrheitliche Kapitalbeteiligung oder, wenn diese auf 50 % beschränkt ist, durch seine Verantwortung beim sozialen Management dieser Tochtergesellschaft" von der Vereinbarung erfasst werden.

Ein Outcome bei einem staatlich dominierten französischen Energie-konzern von 2004 (TCA_6/10) regelt, dass spezielle konzernweite Maß-nahmen zur Gestaltung von Arbeitsplätzen und Gebäuden zu ergreifen sind, um die berufliche Eingliederung von Menschen mit Behinderung zu fördern. Zur sozialen Verantwortung gegenüber ausgegrenzten Personen-gruppen treffen SDe folgende weitgehende Bestimmung:

> „1. Jedes Unternehmen des Konzerns muss über einen Aktionsplan mit präzisen Zielvorgaben für die Integration von Behinderten verfügen. Besonderes Augen-merk gilt dabei den Problemen des Zugangs zu den Standorten und zu den Diens-ten sowie den Partnerschaften mit den entsprechend sachverständigen Akteuren des gesellschaftlichen Umfelds. Hierfür benennt jedes Unternehmen einen der Ge-schäftsleitung zugeordneten Ansprechpartner, der mit der Verfolgung dieser Ver-pflichtung beauftragt ist. All diese Beauftragten können über ein spezielles Inter-net-Netz miteinander kommunizieren.
>
> 2. Die Konzerngesellschaften leiten für ihre Mitarbeiter im Publikumsverkehr Sensibilisierungsmaßnahmen im Hinblick auf den Kontakt mit Behinderten ein.
>
> 3. Wenn der Konzern als Generalunternehmer fungiert, achtet er darauf, dass Neubauten immer den Aspekt der Zugänglichkeit für Behinderte berücksichtigen.
>
> 4. Wo derartige Unternehmen existieren, sind die Konzerngesellschaften aufge-fordert, die Unternehmen des geschützten Bereichs in ihre Einkaufspolitik einzu-beziehen."

Die Sozialpartner vereinbaren ferner, auf die berufliche Inklusion von so-zial benachteiligten Jugendlichen durch Ausbildungs- und Stipendienpro-gramme in Kooperation mit staatlichen Stellen hinzuwirken. Prinzipien der Solidarität und Verantwortung gegenüber exkludierten Gruppen wer-den hier erfüllt und optimiert.

Ein weiterer auffallender Outcome bei einem weltweit tätigen italieni-schen Energiekonzern aus dem Jahr 2013 (TCA_2/ 227) schreibt die Gründung eines Weltbetriebsrats[649] fest. Die beteiligten Sozialpartner räumen der neuen globalen Dialogstruktur besondere Unterrichtungsrechte zur Chancengleichheit ein. Außerdem wird die Einsetzung eines paritä-tisch besetzten „Multilateralen Komitees" zur Chancengleichheit vorgese-hen, das Studien und Projekte initiieren und eine konzernweite Diversi-tätspolitik etablieren soll.

---

649 Das Gremium soll maximal 12 Mitglieder haben und mit nationalen Gewerk-schaftsrepräsentant/inn/en besetzt werden. Vertreten sind Länder, in denen der Konzern mehr als 500 Mitarbeiter beschäftigt.

Die Einrichtung von Dialogstrukturen der Sozialpartner zum Diskriminierungsschutz auf globaler Ebene ist staatlicherseits nicht geregelt und daher als innovative Normbildungsleistung zu qualifizieren.

3.6.3 Gleichstellungsgerechte Antizipation von Veränderungen

Einige TCAs wurden zum Thema Antizipation von Veränderungen[650] und vorausschauende Beschäftigungsplanung abgeschlossen.[651] Die entsprechenden Ergebnisse wurden bei Unternehmen mit Sitz in Frankreich erreicht.

Ein Outcome bei einem französischen Rüstungskonzern von 2009 (TCA_3/22) führt antizipative Maßnahmen auf, um mehr Frauen für technische Berufe zu gewinnen. Die Sozialpartner konkretisieren dabei die europäisch vorgegebenen arbeitgeberseitigen Informations- und Beratungspflichten über eine gleichstellungsspezifische Personalplanung. Sie legen unter Bezugnahme auf Art. 21 Abs. 4 RL 2006/54/ EG[652] fest, dass die zuständigen nationalen Interessenvertretungen regelmäßig über den Frauenanteil im Konzern, die Verteilung der Geschlechter auf verschiedene Beschäftigungsformen (insbesondere Befristung, Teilzeit), die Teilnahme von Frauen an Schulungen und die Geschlechterverteilung bei Führungspositionen zu unterrichten sind. Hierauf aufbauend sollen jährlich nationale Aktionspläne zur Gleichstellung erarbeitet werden. Überdies regulieren die Sozialpartner positive Maßnahmen wie ein karrierefördendes Mentoring für Frauen und eine individuelle Karriereberatung für ältere Arbeitnehmer/innen. Die Umsetzung der Norminhalte soll durch nationale be-

---

650 Vgl. zu grenzüberschreitenden Strategien gewerkschaftlicher Akteure zur Bewältigung des industriellen Wandels *Hauser-Ditz/Mählmeyer/Pries*, Europäische Betriebsräte. Grenzüberschreitende Koordination in der Automobilzulieferindustrie, 2015, S. 24 f.; siehe allgemein zum Konzept der Antizipation von Veränderungen EU-Kommission, Grünbuch: Umstrukturierung und Antizipierung von Veränderungen: Lehren aus den jüngsten Erfahrungen, 2012, im Internet abrufbar unter: <http://ec.europa.eu/transparency/regdoc/rep/1/2012/DE/1-2012-7-DE-F1-1.Pdf> (zuletzt abgerufen am 1.7. 2018).

651 Vereinzelt werden Auswirkungen von Restrukturierungs- und anderen Veränderungsmaßnahmen auch in Vereinbarungen zu CSR thematisiert (vgl. z.B. TCA_6/10).

652 Art. 21 Abs. 4 RL 2006/54/EG normiert arbeitgeberseitige Pflichten zu einer regelmäßigen Unterrichtung über die Gleichbehandlung von Frauen und Männern gegenüber betrieblichen Interessenvertretungen.

triebliche SD-Gremien und eine europäische „Antizipationskommission" der Vereinbarungsakteure überwacht werden.

Ein weiteres TCA bei einem französischen Konzern im Metallbereich (TCA_2/5) regelt die Einsetzung spezieller nationaler Dialogstrukturen der Sozialpartner, welche die Beschäftigungsstruktur analysieren, künftige Personalbedarfe und -ressourcen ermitteln und Aktionspläne aufstellen sollen. Die Bestandsanalysen sollen sich u.a. auf die Alterszusammensetzung der Belegschaft sowie die Teilnahme von Frauen und älteren Beschäftigten an Schulungen und Maßnahmen im Bereich der Arbeitnehmer/innen/mobilität beziehen. Die Parteien verpflichten sich ferner zu einer diversitätsorientierten Rekrutierung und geben die Entwicklung eines Programms zum intergenerationalen Austausch vor, um solidarischen Zusammenhalt und eine konstruktive Zusammenarbeit zwischen Älteren und Jüngeren im Konzern zu fördern. Um die geplanten antizipativen Maßnahmen zu harmonisieren, soll ein zusätzliches SD-Gremium auf europäischer Ebene errichtet werden, das mit Vertretern des Managements und des geschäftsführenden EBR-Ausschusses besetzt ist.

Ein Outcome, der 2011 von einer europäischen Gewerkschaft und einem französischen Versicherungskonzern ausgehandelt wurde (TCA_3/37), schreibt die Einrichtung einer europäischen Beobachtungsstelle für Berufsentwicklungen beim EBR vor. Die Sozialpartner legen Aktivitäten zum Erhalt der Beschäftigungsfähigkeit fest (z.B. betriebliche Aus- und Weiterbildungsprogramme) und sehen Begleitmaßnahmen für Beschäftigte vor, deren Arbeitsplatz bedroht ist (z.B. Beratungsgespräche, Jobbörsen, Teilzeitangebote). In einer allgemeinen Klausel bestimmen die Vereinbarungsakteure, dass Veränderungsprozesse und ihre Folgen für die Beschäftigten im Konzern ohne unzulässige Differenzierungen nach Geschlecht, genetischen Merkmalen, Behinderung, Hautfarbe und anderen Gründen zu bewältigen sind.

Transnationale SDe werden damit sozialstaatlich orientiert zur Verantwortung und Solidarität gegenüber Frauen, Älteren, Jüngeren und anderen Gruppen im Unternehmenswandel tätig. Die erzielten Norminhalte zum Diskriminierungsschutz bei beruflichen Anpassungserfordernissen bleiben jedoch unvollständig. Ähnlich wie bei substantiellen EBR-Vereinbarungen und Mischformen waren keine Outcomes vorzufinden, die Auswirkungen von Restrukturierungs- und anderen Änderungsmaßnahmen auf benachteiligte Personengruppen schwerpunktmäßig und detaillierter behandeln. Handlungsmöglichkeiten zur gleichstellungsgerechten Beschäftigungssicherung wie z.B. Quotierungsregelungen bei antizipierender Fortbildung und Umschulung für Frauen[653] oder für ältere und jüngere Arbeitnehmer/innen, die in organisatorischen Änderungssituationen besonders häufig von Entlassungen betroffen sind,[654] werden von den kollektiven Akteuren nicht ausgeschöpft. Ebenso wenig ergreifen SDe beschäftigungserhaltende Initiativen für Leiharbeitnehmer/innen[655] oder legen Zielvorgaben fest, um einer möglichen Ausuferung prekärer Beschäftigungsformen (wie Befristung) in Veränderungsprozessen entgegenzuwirken.[656]

3.6.4 Überwindung von prekärer Beschäftigung und quantitative Themen

Einzelne TCAs weisen Norminhalte zur Nichtdiskriminierung von atypisch Beschäftigten auf.

Eine frühe transnationale Rahmenvereinbarung, die 1997 von nationalen Gewerkschaften bei einem spanischen Erdölkonzern erreicht wurde (TCA_3/16), trifft eine konkrete Zielvorgabe für die Umwandlung von befristeten in unbefristete Arbeitsverträge.

In weiteren Outcomes wird der Grundsatz der (zeitanteiligen) Gleichbehandlung von Teilzeit- und befristet Beschäftigten bekräftigt sowie der Vorrang regulärer Vollzeitarbeit hervor gehoben (vgl. TCA_2/61; TCA_2/113; TCA_2/181). So heißt es beispielsweise in einer Vereinbarung über grundlegende Rechte und nachhaltige Unternehmensentwicklung von 2010:

> „[Der Konzern] erkennt die Wichtigkeit der Arbeitsplatzsicherheit sowohl für den Einzelnen als auch für die Gesellschaft an und räumt daher einer dauerhaften, unbefristeten und direkten Beschäftigung Vorrang ein."

In zwei weiteren Abkommen (TCA_3/116; TCA_3/150) wird betont, dass sich Teilzeit nicht diskriminierend auf das berufliche Fortkommen und die Lohn- und Gehaltsentwicklung auswirken darf.

---

653 Dazu *Maschke/Zurholt*, Chancengleich und familienfreundlich, a.a.O., S. 48 ff.

654 Vgl. dazu Europäisches Parlament, Entschließung vom 15. Januar 2013 mit Empfehlungen an die Kommission zu Unterrichtung und Anhörung von Arbeitnehmern, Antizipation und Management von Umstrukturierungen (2012/2061(INI)).

655 Vgl. zu bereits existierenden Maßnahmen der Sozialpartner für Leiharbeiter/innen bei Restrukturierungen wie Bevorzugungsregeln bei der Übernahme in Stammbelegschaften oder die Einrichtung spezifischer Stellenpools *Tarren/ Potter/Moore*, Restructuring in the Electricity Industry, 2008, S. 14 f.

656 Siehe zu entsprechenden kollektivvertraglichen Gestaltungsoptionen bei Privatisierungen *Lewalter*, Geschlechtergleichstellung, a.a.O., S. 113.

Ein Outcome eines französischen Tourismuskonzerns von 2004 (TCA_2/43) verbürgt eine grundsätzliche Gleichstellung – *pro-rata-temporis* – für Saisonarbeitnehmer/innen.

In der Zusammenschau muss aber festgehalten werden, dass eine sozialstaatsadäquate Regulierung zugunsten von atypisch und prekär Beschäftigten kaum anzutreffen ist. Bei der SD-Form der TCAs wurde bislang keine verbindliche Vereinbarung erzielt, die sich schwerpunktmäßig mit der Gleichbehandlung von Leiharbeiter/inne/n oder anderen atypisch Arbeitenden beschäftigt.[657]

Hinsichtlich der von SDen wahrgenommen Regelungsaufgaben ergab die Dokumentensichtung, dass eine Reihe von Outcomes Regelungen zu Arbeitszeiten und Löhnen treffen (vgl. z.B. TCA_2/113; TCA_2/130; TCA_2/142; TCA_2/144). Dieser Befund läuft der Erwartung, dass transnationale SDe sich bei ihrer Regulierung regelmäßig auf qualitative konsensuale Norminhalte beschränken, zuwider.

3.6.5 Sozialstaatsgemäße Ergebnisse bei französischen Konzernen

Nur wenige TCAs wurden speziell zum Thema Antidiskriminierung abgeschlossen. Darunter finden sich Outcomes wie die „Pioniervereinbarung" über Geschlechtergleichstellung bei Danone (1989) oder die Vereinbarung über Chancengleichheit bei Total (2005). Schwerpunktmäßige SD-Regulierung zum Diskriminierungsschutz wurde fast ausschließlich in Konzernen mit Sitz in Frankreich identifiziert.[658] Besonders häufig werden in den Vereinbarungen die Chancengleichheit zwischen Frauen und Männern und die berufliche Teilhabe von Menschen mit Behinderung thematisiert.

Ein Outcome (TCA_3/116), der von europäischen Gewerkschaftsverbänden unterzeichnet wurde, normiert positive Maßnahmen wie Werbeveranstaltungen in Schulen, um Frauen für Positionen zu gewinnen, in denen sie unterrepräsentiert sind. Das Unternehmen verpflichtet sich, die in-

---

657 Mittlerweile wurde, was in der Dokumentenanalyse nicht mehr berücksichtigt werden konnte, von der Internationalen Lebensmittelgewerkschaft (IUL) bei Danone eine transnationale Vereinbarung zur Begrenzung von prekärer Beschäftigung abgeschlossen, siehe hierzu die Pressemitteilung der IUL, abrufbar unter: <http://www.iuf.org/w/?q=de/node/4858> (zuletzt abgerufen am 1.7.2018).

658 Zur Wahrung der Anonymität der Expert/inn/en, die für die vertiefenden Fallstudien interviewt wurden, wird im Folgenden auf nähere Angaben zu den dargestellten Unternehmen (wie z.B. Branche) verzichtet.

ternationale Mobilität von weiblichen und behinderten Mitarbeiter/inne/n zu verbessern, um Karriereentwicklungsmöglichkeiten gerecht zu gestalten. Die Sozialpartner legen ferner fest, dass jährlich im Rahmen der EBR-Tagung länderbezogene Daten zur geschlechtsspezifischen Personalrekrutierung und zur Gehaltsentwicklung bei Frauen und Männern analysiert sowie nationale Gleichstellungsmaßnahmen synthetisiert werden sollen.[659]

Eine weitere SD-Vereinbarung wurde von einer globalen Gewerkschaft im Jahr 2007 zum Thema „Vielfalt" ausgehandelt (TCA_2/17). Im Sinne einer effektiven Mitwirkung sachnaher Akteure zur Nichtdiskriminierung stellen SDe Prinzipien und Rahmenregeln auf, die von nationalen Kollektivakteuren umzusetzen sind. Sie legen u.a. fest, dass auf regionaler Ebene Ausbildungsmodule einzurichten sind, um Personalverantwortliche für Diversitäts-Problematiken zu sensibilisieren. Nationale Gremien der Sozialpartner sollen die Verteilung bei Versetzungen und Beförderungen für jede Mitarbeiterkategorie (Alter, Geschlecht, Menschen mit Behinderung u.a.) prüfen und gegebenenfalls gleichstellungsgerecht korrigieren. Außerdem sehen SDe regelmäßige individuelle Karrieregespräche zur Sicherstellung einer chancengleichen beruflichen Fortentwicklung vor.[660]

Die Vereinbarungsakteure treffen zudem folgende weitgehende Bestimmung, um die Arbeitsbedingungen diversitätsgerecht zu gestalten:

> „Prinzip: Die unterzeichnenden Parteien fordern die Sozialpartner auf, gemeinsam an den Aspekten der Arbeitsbedingungen zu arbeiten, welche die Vielfalt in einem Unternehmen fördern..
>
> Umsetzung:...Die Arbeitszeit so gestalten, dass Lösungen für Sonderfälle möglich sind. Dies bezieht sich insbesondere auf...Alleinerziehende,...ältere Arbeitnehmer...Den Arbeitsplatz wann immer erforderlich anpassen, um die Beschäftigung der Mitarbeiter mit besonderen Problemen (bezogen auf das Alter, auf eine Behinderung usw.) zu erhalten."

Gleichstellungsbezogene Pflichten zur Anpassung der Arbeitszeit sowie des Arbeitsplatzes (auch) in Hinblick auf die besonderen Bedürfnisse Alleinerziehender und älterer Arbeitnehmer/innen sind auf EU-Ebene nicht gesetzlich geregelt.[661] Transnationale SDe werden insofern neuartig norm-

---

659 Dem EBR werden gleichzeitig Befugnisse zur Normenüberwachung übertragen.

660 Siehe näher zu Mitarbeitergesprächen als Instrument einer gleichstellungsfördernden Personalentwicklung *Maschke/Zurholt*, Chancengleich und familienfreundlich, a.a.O., S. 55 f.

661 Die europäische Regulierung zu Teilzeitarbeit sieht einen grundsätzlichen Anspruch auf Wechsel von Vollzeit in Teilzeit für Arbeitnehmer/innen vor. Bedarfe Alleinerziehender und Älterer werden nicht spezifisch reguliert. Der gesetzliche

bildend tätig. Ferner normieren die Parteien, dass die Repräsentanz weiblicher, junger und behinderter Beschäftigter bei Gewerkschaften und Arbeitnehmervertretungen im Konzern zu erhöhen ist. Verbindliche Quotierungsregelungen werden nicht getroffen. In einer Follow-up-Klausel wird die Normenkontrolle einer Arbeitsgruppe der Unterzeichnerparteien übertragen, die mindestens einmal jährlich zusammentritt.

Ein Outcome aus dem Jahr 2006, der von einem europäischen Gewerkschaftsverband unterzeichnet wurde (TCA_3/115), verbindet eingangs Antidiskriminierungsfragen mit wirtschaftlichen und sozialen Zielen:

> „Die Unterzeichner des vorliegenden Vertrags stellen fest, dass die berufliche Gleichstellung ein Recht und die Verschiedenheit der Mitarbeiter ein Faktor der allgemeinen Bereicherung, des sozialen Zusammenhalts und der wirtschaftlichen Effizienz für die Unternehmen ist."

Die Sozialpartner treffen Vorgaben für diskriminierungsfreie Stellenanzeigen, Lohngleichheit und berufliche Weiterentwicklung, um faktische Nachteile von Frauen zu bekämpfen. Sie halten außerdem fest, dass schwangere Arbeitnehmerinnen bei Einstellungen nicht diskriminiert werden dürfen. Die Bestimmungen zur Geschlechtergleichstellung bleiben jedoch eher allgemein gehalten.

Unter Verweis auf europäisches Recht werden zudem verbindliche Regelungen aufgestellt, die auf eine berufliche (Re)integration von Arbeitnehmer/inne/n mit Behinderung zielen. SDe sehen dabei u.a. positive Maßnahmen wie Sensibilisierungsaktionen und eine individuelle betriebliche Betreuung für Beschäftigte mit Behinderung[662] vor. Sie verpflichten sich ferner, Unterstützungsmaßnahmen im Bereich der Logistik zu ergreifen, um behinderten Arbeitnehmer/inne/n einen gleichberechtigten Zugang zu beruflichen Weiterbildungsprogrammen zu ermöglichen. Erforderliche Anpassungen des Arbeitsplatzes wie die Bereitstellung technischer Arbeitshilfen sollen in Zusammenarbeit mit den Betroffenen erfolgen. Die sozialstaatliche Verpflichtung von Arbeitgeber/inne/n zu angemessenen

---

Anpassungsanspruch ist zudem in erster Linie auf eine Verringerung der Arbeitszeit gerichtet. Die transnationalen Sozialpartner fordern demgegenüber ersichtlich weitergehend, auch die *Lage* der Arbeitszeit an die Bedürfnisse Alleinerziehender anzupassen.

662 § 98 des deutschen Neunten Sozialgesetzbuchs (SGB IX) regelt eine positive Maßnahme, wonach ein spezieller Behindertenbeauftragter vom Arbeitgeber zu bestellen ist, um schwerbehinderte Menschen in den Betrieb zu integrieren. Die SD-Regulierung sieht eine Einschränkung nach dem Grad der Behinderung nicht vor und geht insofern über innerstaatliches Recht hinaus.

Vorkehrungen wird hier sachadäquat konkretisiert und optimiert. Der partizipationsorientierte Ansatz der Vereinbarung geht innovativ über europäische Antidiskriminierungsvorgaben hinaus.[663] Eine aktive Mitwirkung der Betroffenen bei der Maßnahmeentwicklung ist im sekundären EU-Gleichbehandlungsrecht nicht geregelt.[664]

Zur Implementation sehen die Parteien vor, dass in jedem der im EBR vertretenen Länder umsetzende Kollektivverträge abgeschlossen werden sowie anhand ausgewählter Fortschrittsziele lokale Aktionspläne aufzustellen sind. Ein Ausschuss, der jährlich zusammentritt und mit Vertreter/inne/n der Unterzeichnerparteien sowie des geschäftsführenden Ausschusses des EBR besetzt ist, wird in einer Follow-up-Regelung mit der Weiterverfolgung der Vereinbarung beauftragt.[665]

Im Jahr 2012 wurde ein weiterer Outcome erreicht, der auf die Gleichbehandlung von Frauen und Männern fokussiert (TCA_3/150). Die Sozialpartner greifen in der Vereinbarung explizit auf supranationale Antidiskriminierungsvorgaben zurück. Um Unterrepräsentanzen von Frauen im Konzern abzubauen, wird geregelt, dass in naher Zukunft die Zielsetzung eines weiblichen Beschäftigtenanteils von mindestens 30 % in unbefristeten Arbeitsverhältnissen zu erfüllen ist. Die SD-Quotenvorgabe zur Erhöhung des Frauenanteils in sicherer unbefristeter Beschäftigung kann – jedenfalls aus der Perspektive deutscher Kollektivvertragspraxis[666] – als innovative Spezifizierung des Konzepts positiver Maßnahmen bewertet werden. Die Parteien vereinbaren ferner, ein Mentoringsystem zur Karriereförderung von Frauen zu etablieren. Unter Bezugnahme auf die RL 2010/18/EU werden die Gleichbehandlungsregelungen wegen Inanspruch-

---

663 Ein partizipationsorientierter Regulierungsansatz liegt supranationalen Vorschriften über eine mutterschutzgerechte Anpassung des Arbeitsplatzes zugrunde; siehe hierzu weiterführend *Nebe*, Betrieblicher Mutterschutz ohne Diskriminierungen, a.a.O., S. 138.

664 Ein partizipationsorientierter Ansatz liegt freilich der in das EU-Recht inkorporierten UN-BRK zugrunde. Art. 4 Abs. 3 UN-BRK gebietet, Menschen mit Behinderung durch die sie vertretenden Organisationen bei allen sie betreffenden Entscheidungsprozessen aktiv einzubeziehen. Da eine (individuelle) Mitwirkung betroffener Beschäftigter bei erforderlichen Anpassungen des Arbeitsplatzes nicht explizit vorgesehen ist, kann die SD-Bestimmung indes als innovative Normbildungsleistung gewertet werden.

665 Die Parteien sehen in einer Folgevereinbarung (TCA_3/138) vor, dass zusätzlich nationale Gremien der Sozialpartner Monitoringaufgaben wahrnehmen sollen.

666 Im Rahmen der Sichtung der Literatur wurden keine entsprechende nationale Regulierung aufgefunden.

nahme von Elternurlaub bekräftigt. Außerdem regulieren die Sozialpartner eine positive Maßnahme, wonach der Anteil von Frauen in Führungspositionen absehbar auf mindestens 25 % zu erhöhen ist. Im Sinne einer gendergerechten Entscheidungsteilhabe wird folgende Regelung getroffen:

> „Objective:... the signatory trade union organizations are committed to do their utmost so that the proportion of women during the renewal of EWC mandates...is at least equal to the proportion of women in each country's workforce."

Der Outcome enthält eine sog. Nicht-Rückschrittsklausel, wonach günstigere nationale Nichtdiskriminierungsregelungen von der Vereinbarung unberührt bleiben.

Zur Normenimplementation sollen in jedem Unternehmen mit mehr als 150 Beschäftigten Aktionspläne erarbeitet werden. Außerdem wird festgelegt, dass von einer Kommission, die mit Vertreter/inne/n des Managements und der unterzeichnenden europäischen und nationalen Gewerkschaften besetzt ist, eine jährliche Bilanz über die Umsetzung der Vereinbarung zu ziehen ist. Der Outcome enthält konkrete Implementationsregelungen wie Vorgaben zum anwendbaren Recht und zur Hinterlegung der Vereinbarung bei gerichtlichen Stellen am Konzernsitz.

Ein weiteres neueres TCA (TCA_3/210) wurde von europäischen Gewerkschaften zum Thema berufliche Eingliederung junger Menschen abgeschlossen.[667] Die Sozialpartner regulieren hierbei, dass ein ausgewogeneres Geschlechterverhältnis bei Einstellungen und Ausbildungsgängen in wissenschaftlich-technischen Berufen durch lokale Initiativen zu fördern ist. Des Weiteren treffen sie folgende Vorgabe für die Erhöhung des Frauenanteils im Konzern:

> „The parties also agree on the need to encourage the feminization of teams and gender mix at every level in the company and in all categories of staff. [The company] pursues the aim of hiring at least 25 % of women."

Weitere Gestaltungsmöglichkeiten, um Chancengleichheit in der beruflichen Ausbildung sicherzustellen, wie Bevorzugungs- oder Quotenregelungen für Frauen bei der Vergabe von Praktikums- und Ausbildungsplätzen,[668] werden von den Vereinbarungsakteuren nicht genutzt.

---

667 In den Anwendungsbereich einbezogen werden alle Unternehmen im Wirkungskreis des EBR.

668 Vgl. dazu *Maschke/Zurholt*, Chancengleich und familienfreundlich, a.a.O., S. 44 f.; *Raasch*, in: *Rust/ Falke*, AGG, a.a.O., § 5 Rn. 48.

3.6.6 Verantwortungsbewusstsein über die Unternehmensgrenze hinaus

Eine größere Zahl der Outcomes weitet vereinbarte Rechte zur Nichtdiskriminierung verantwortungsbewusst auf Beziehungen mit Lieferanten, Zulieferern und Subunternehmen aus. Die entsprechenden SD-Bestimmungen reichen von eher vagen Aufforderungen an Geschäftspartner, getroffene Norminhalte zu befolgen (vgl. z.B. TCA_2/65; TCA_2/ 144), bis hin zu konkreten Vorkehrungen, um Gleichstellungsziele über die Unternehmensgrenze hinaus zu realisieren. Einige Vereinbarungen legen fest, dass eine Selbstauskunft von Vertragsnehmern, Lieferanten und Zulieferern über vereinbarte gleichheitsbezogene Prinzipen zu verlangen ist, die bei der Auftragsvergabe berücksichtigt wird (vgl. etwa TCA_2/85; TCA_2/150). Ein TCA bei einem französischen Telekommunikationsunternehmen (TCA_3/6) enthält folgende Vorgabe in Bezug auf die Konzernpolitik zur Überwindung von Diskriminierungen:

> "[The] commitment of suppliers and providers to this policy is one of the selection criteria."

In einer europäischen CSR-Vereinbarung bei einem französischen Energiekonzern (TCA_3/26) halten die Sozialpartner fest:

> „Der Konzern informiert seine Lieferanten und Zulieferer über diese Vereinbarung ... Die Unternehmen des Konzerns sorgen dafür, dass lokale Unternehmen ..., die behinderte oder zu integrierende Personen beschäftigen, in den Unternehmen des Konzerns registriert werden können. Bei der Auftragsvergabe können in den Verträgen Solidaritätsklauseln eingefügt werden."

Eine Vereinbarung von 2012 (TCA_3/150) enthält folgende Klausel:

> "[The] company is committed to ensuring that its suppliers and sub-contractors comply with the principles of equality between women and men."

Vereinzelt werden Sanktionen bei Normverstößen bis hin zum Abbruch der Geschäftsbeziehungen vorgesehen (vgl. z.B. TCA_2/ 77; TCA_6/21). Die entsprechenden Regelungen sind allerdings zumeist eher allgemein gehalten. So heißt es etwa in einer Vereinbarung bei einem norwegischen Konzern (TCA_2/61):

> „Non-compliance with these standards will ultimately result in sanctions and potential termination of contractual relationship."

Eine Vereinbarung bei einem französischen Energiekonzern aus dem Jahr 2010 (TCA_2/181) enthält folgende seltene Bestimmung zur Überwindung informeller ungeschützter Beschäftigung[669] in Subunternehmen:

> „[Der Konzern] und alle Subunternehmer tragen die Verantwortung dafür, dass jede Arbeit in einem geeigneten Rechtsrahmen ausgeführt wird, und werden insbesondere nicht versuchen, Verpflichtungen des Arbeitgebers gegenüber abhängig Beschäftigten zu umgehen, indem das verschleiert wird, was eigentlich ein Beschäftigungsverhältnis ist, oder indem in großem Umfang auf Zeit- und Leiharbeit zurückgegriffen wird ... Subunternehmer werden ihre gesetzlichen und vertraglichen Pflichten gegenüber Arbeitnehmern gemäß dem Arbeits- und Sozialversicherungsrecht, den Vorschriften und den Tarifverträgen beachten, die sich aus dem regulären Beschäftigungsverhältnis ergeben (ILO-Übereinkommen C 102; Mindestnormen der sozialen Sicherheit)...Die Unternehmen werden sicherstellen, dass Arbeitnehmer nicht als Selbstständige eingestuft werden, wenn sie unter Bedingungen der direkten Beschäftigung arbeiten (Scheinselbständigkeit). [Der Konzern] erwartet von seinen Partnern, dass sie vergleichbare Grundsätze anwenden und betrachtet dies als...Basis für eine dauerhafte Geschäftsbeziehung."

Ein Outcome, der bei einem deutschen Möbelkonzern erreicht wurde (TCA_2/150), formuliert konkrete Verpflichtungen, um diskriminierungsschützende Standards bei Vertragspartnern und Zulieferern durchzusetzen:

> „Alle drei Jahre wird ein Audit bei...einem Lizenzpartner oder einem Zulieferer durchgeführt. Der [unterzeichnende globale Gewerkschaftsverband] kann den lokalen Gewerkschaften am Standort ermöglichen, an den Sitzungen des Monitoring-Komitees[670] teilzunehmen. Die Beteiligten erhalten alle zur Durchführung ihres Mandats notwendigen Informationen. [Der Konzern] trägt die Kosten des externen Audits."

Bei der Sichtung der Dokumente wurden keine Normen aufgefunden, die Benachteiligungen von Frauen und marginalisierten Gruppen in weltweiten Produktions- und Zuliefererstrukturen multinationaler Unternehmen spezifisch thematisieren. Diskriminierungen etwa von Heimarbeiterinnen oder Arbeitsmigrant/inn/en[671] bleiben in den Vereinbarungen ausgeblendet. Insofern nutzen die Sozialpartner Möglichkeiten, über die Konzerngrenze hinaus auf die Überwindung von Diskriminierung hinzuwirken, nicht.

---

669 Siehe näher zur Zunahme informeller Arbeit in der globalisierten Wirtschaft, die oftmals von Frauen geleistet wird, z.B. *Zimmer*, Soziale Mindeststandards, a.a.O., S. 34 ff.

670 Der einzurichtende Überwachungsausschuss soll paritätisch mit Vertretern der Geschäftsführung, des unterzeichnenden deutschen Betriebsrats, einer deutschen Gewerkschaft und eines globalen Gewerkschaftsverbandes besetzt werden.

671 Siehe dazu etwa *Zimmer*, Soziale Mindeststandards, a.a.O., S. 37 ff.

3.6.7 Mitwirkung von EBRen

Wie bereits an einigen dargestellten Regulierungsbeispielen deutlich wurde, sind EBRe häufiger an der Aushandlung und Durchsetzung von diskriminierungsschützenden TCAs beteiligt. Die Dokumentendurchsicht ergab, dass 25 Vereinbarungen explizite Hinweise auf eine Mitwirkung europäischer betriebsrätlicher Akteure enthalten. Einige Dokumente ließen erkennen, dass EBRe die Initiative zur Normsetzung ergriffen und/oder an den Verhandlungen beteiligt waren (vgl. TCA_2/231; TCA_3/37; TCA_3/115; TCA_3/116). SDe trafen zudem häufiger Regelungen, die existierende EBR-Strukturen in den Implementationsprozess einbinden. So werden EBRen Monitoringfunktionen übertragen und EBR-Vertreter/innen an der Kontrolle der Normumsetzung beteiligt (vgl. z.B. TCA_2/5; TCA_2/224; TCA_2/231; TCA_3/99; TCA_2/115). Einige Outcomes sehen vor, dass reguläre EBR-Sitzungen für die Weiterverfolgung der Norminhalte und Überwachung ihrer Einhaltung genutzt werden (siehe etwa TCA_2/43; TCA_2/116).

Auch die Literaturdurchsicht zeigte, dass EBRe öfter zu sozialstaatlich orientierten Ergebnissen der SD-Form beitrugen.

Der rechtliche Zwang zur Gründung EBRe schlägt somit positiv auf TCAs zur Nichtdiskriminierung durch. Dies kann als weiterer Hinweis darauf gelten, dass der *„shadow of the law"* wirkt.

3.6.8 Unzureichende Implementationsvorkehrungen

23 Vereinbarungen weisen Implementationsvorkehrungen auf, die auf eine praktische Normwirksamkeit hindeuten. Der Anteil der Outcomes mit effektiven Durchsetzungsregelungen beträgt damit weniger als 30 %. Einige Vereinbarungen enthalten Vorgaben zum anwendbaren Recht (vgl. TCA_2/64; TCA_2/142; TCA_3/150; TCA_2/228) und – vereinzelt – zu einem Gerichtsstand (vgl. TCA_2/64; TCA_2/142).

Ein Outcome aus dem Jahr 1997 (TCA_3/16) enthält detaillierte Regelungen für ein Mediations- und Schiedsgerichtsgerichtsverfahren bei Streitigkeiten. In der Vereinbarung heißt es auszugsweise:

> "The mediation procedure shall be compulsory when requested by one of the ... parties. By invoking the arbitration procedure the parties to the dispute ... agree to place the dispute to the hands of a third party and accept in advance any resolution arrived at by said third party ... One or more arbitrators shall be appointed by agreement ... The arbitrator issues a judgement. This judgement shall be binding

and take immediate effect ... it shall be registered [with the Labour Authority] and published."

Einige Texte sehen Beschwerderechte für Arbeitnehmer/innen bei Normverstößen vor (vgl. z.B. TCA_2/113; TCA_2/ 181). In einem weltweiten SD-Abkommen von 2010 (TCA_2/181) wird hierzu folgendes festgelegt:

> „In einem ersten Schritt wird die Beschwerde an das lokale Standortmanagement gerichtet. Arbeitnehmer können sich von einer Gewerkschaft vertreten lassen ... Wenn die Beschwerde nicht mit dem lokalen Management geregelt werden kann, sollte sie an die zuständige nationale Gewerkschaft weitergeleitet werden. Verstöße, die nicht ... auf nationaler Ebene geregelt werden können, werden von den Unterzeichnern der Vereinbarung in enger Zusammenarbeit mit den Mitgliedsgewerkschaften der Globalen Gewerkschaftsverbände in dem betreffenden Land bearbeitet und dem zuständigen Manager zur Kenntnis gebracht, der dafür Sorge tragen wird, dass zeitnah Korrekturmaßnahmen eingeleitet werden."

Ein internationales Rahmenabkommen aus dem Jahr 2008 (TCA_2/61) enthält verbindliche Regelungen für eine fortlaufende Überwachung der Normeinhaltung auf lokaler Ebene:

> "Both parties accept, that effective local monitoring of this agreement must involve the local management, the workers and their representatives ... The workers representatives will be given access to the ressources necessary for their involvement in the implementation and monitoring process. The company will ensure, that local representatives are provided with information, access to workers and rights of inspections necessary to effectively monitor compliance with this agreement."

In der Vereinbarung wird außerdem ein innerbetriebliches Beschwerdeverfahren reguliert, bei dem zunächst jeweils nationale Vertreter des Managements und der Gewerkschaften miteinander verhandeln bis schließlich in letzter Instanz von den Sozialpartnern in gegenseitigem Einverständnis ein Schiedsrichter der ILO bestellt werden kann. Sehr vereinzelt wird in Texten eine Option geregelt, wonach NROs in den Monitoring- und Überwachungsprozess eingebunden werden können (vgl. z.B. TCA_2/76). Ein Outcome von 2006 (TCA_2/133) sieht vor, dass die Vereinbarungsinhalte in „Managementsysteme und Controlling", internationale Konzernrevision und in „Zielvereinbarungen, die die Basis für das variable Gehaltssystem der Managing Directors sind", aufgenommen werden.

Denkbare Gestaltungsmöglichkeiten, um die Normeinhaltung auf dem Gebiet der Antidiskriminierung sicherzustellen, wie eine externe Überwachung durch unabhängige Zertifizierungsagenturen oder behördliche Stellen[672] werden von SDen nicht wahrgenommen. Insgesamt ist festzuhalten, dass in mehr als 2/3 der diskriminierungsschützenden TCAs keine adäquaten Implementationsregelungen vorgefunden wurden.

3.6.9 Leistungsstärken und -schwächen

Zusammenfassend ist zu konstatieren, dass TCAs zahlreiche bindende Vereinbarungen mit Gleichstellungsbezug hervorgebracht haben. Überdies sind bei der SD-Form innovative, sozialstaatlich orientierte Resultate zu verzeichnen. Die Anzahl von Outcomes, die schwerpunktmäßig Gleichstellungsfragen behandeln, bleibt allerdings begrenzt. Die Leistungen der Sozialpartner zur Normdurchsetzung bleiben deutlich unvollständig.

3.7 Fazit

Die Befunde der Dokumentenanalyse bei substantiellen EBR-Vereinbarungen, Mischformen und TCAs bestätigen weitgehend die Hypothesen.

Entsprechend der Hypothese 1 ließen sich zunehmende Regelungsaktivitäten der drei Dialogformen zur Antidiskriminierung feststellen. Allerdings wurden im Rahmen von zusätzlichen Abkommen EBRe nur wenige Normbildungsergebnisse erzielt.

Wie erwartet, treffen substantielle EBR-Vereinbarungen, Mischformen und TCAs gemeinwohlbezogene qualitative Regelungen (vgl. H2). Manche Dokumente ließen indes erkennen, dass die Sozialpartner bei ihrer Regulierung zur Nichtdiskriminierung (auch) ökonomische Absichten verfolgen. Bei TCAs waren einige SD-Resultate zu Themen wie Lohnhöhe und Arbeitszeit zu verzeichnen. Wie vorab vermutet, werden die drei SD-Formen eher normumsetzend und normkonkretisierend im Feld der Antidiskriminierung tätig. Die Sozialpartner rekurrieren häufig auf internationale und europäische Regelwerke zur Nichtdiskriminierung und spezifizieren diese. V.a. bei TCAs waren aber auch innovative Normbildungsleistungen zu verzeichnen.

Die Hypothese 3, wonach SDe sozialstaatliche Ziele teilweise erfüllen, sie optimieren oder verfehlen, kann als bestätigt angesehen werden. Die

---

672 Vgl. dazu die existierenden Beispiele aus nationaler kollektivvertraglicher Praxis bei *Maschke/Zurholt*, Chancengleich und familienfreundlich, a.a.O., S. 131 ff., 141 ff.

erzielten SD-Normen werden Werten der Menschenwürde, der Verantwortung und Solidarität gerecht. In einigen Fällen werden SDe sozialstaatlich optimierend regulierend tätig. Im Bereich der Demokratie, insbesondere der Anforderung einer chancengleichen Partizipation, bleiben die SD-Leistungen jedoch hinter sozialstaatlichen Anforderungen zurück. Bei substantiellen EBR-Vereinbarungen wurden keine und bei Mischformen und TCAs nur vereinzelte Regelungen vorgefunden, die auf die Überwindung faktischer Unterrepräsentanzen von Frauen und anderen diskriminierten Gruppen in Entscheidungsprozessen zielen. Auch sozialstaatlich adäquate Normen zur Nichtdiskriminierung von Leiharbeitnehmer/inne/n und anderen atypisch Arbeitenden waren selten anzutreffen.

Weiterhin ergaben sich Anhaltspunkte dafür, dass die Hypothese 4, wonach staatlich schwach angebundene SD-Normen unter Wirksamkeitsdefiziten leiden, zutrifft. Wie eingangs des Kapitels dargelegt wurde, wiesen über 80 % der EBR-Gründungsvereinbarungen, die unter dem „shadow of the law" geschlossen wurden, Implementationsregelungen auf. Dies war bei weniger als 30 % der TCAs, die unter ungesicherten rechtlichen Bedingungen agieren, der Fall.

Auch die Hypothese 5a) wird durch die Befunde gestützt. Substantielle EBR-Vereinbarungen, Mischformen und TCAs, die auf eine unklare Rechtslage verwiesen sind, erzielten deutlich weniger gleichstellungsbezogene Normen als hoch regulierte EBR-Gründungsvereinbarungen. Ferner konnten auch bei sozialstaatlich orientierten TCAs positive Ausstrahlungseffekte zwingenden europäischen Rechts festgestellt werden. Zusätzliche Abkommen EBRe zeigten sich indes weniger leistungsstark als Mischformen und TCAs. Dies deutet darauf hin, dass eine Beteiligung von Gewerkschaften sozialstaatsadäquate Ergebnisse begünstigt. Zudem waren vornehmlich bei Konzernen mit Sitz in Frankreich befriedigende Leistungen der drei SD-Formen zu verzeichnen. Damit erhärtet sich der Eindruck, dass nationale Kontextfaktoren eine transnationale Regulierung zur Nichtdiskriminierung vorantreiben können.

4. Kapitel: Ergebnisse der Expert/inn/eninterviews

Im folgenden Kapitel werden die wichtigsten Erkenntnisse aus den Expert/inn/eninterviews dargestellt.

4.1 Zunehmende transnationale SD-Regulierung

Nach relativ einmütiger Einschätzung der Expert/inn/en gewinnt das SD-Regulierungsgeschehen zur Antidiskriminierung seit einigen Jahrzehnten stetig an Gewicht.[673] Hypothese 1 wurde damit durch die Aussagen der Interviewpartner/innen gestützt.

Bei der zunehmenden Bedeutung transnationaler Normsetzung und Normdurchsetzung muss nach Meinung der Befragten zwischen den einzelnen SD-Akteurskonstellationen unterschieden werden.

In Einklang mit den Befunden der Dokumentenanalyse äußerten die Expert/inn/en, dass sektorale SDe nach AEUV bislang kaum relevante Abkommen zur Nichtdiskriminierung hervorgebracht haben. Durchsetzungsstarke Vereinbarungsaktivitäten der sektorübergreifenden Sozialpartner seien tendenziell rückläufig.[674] Die Vertreterin eines europäischen Arbeitgeberverbandes stellte über die gleichstellungsbezogene SD-Tätigkeit auf branchenübergreifender Ebene fest:

> „Dann ist es so, wenn wir an die letzten Jahre denken, dass es immer weniger Vereinbarungen gegeben hat, die als Richtlinie umgesetzt wurden. Es gab einen Zeitraum, da gab es mehr Vereinbarungen der Sozialpartner: über befristete Arbeitsverträge, Teilzeit und die erste Elternurlaubsrichtlinie. Da gab es so eine gewisse aktive Periode, wo viel rechtlich umgesetzt wurde (…). Das haben wir heute etwas weniger." (Interview 5/ AF-E -AG)[675]

Sowohl Wissenschaftler/innen als auch Praktiker/innen sahen in der Unternehmensebene den dynamischsten Pol der SD-Regulierung zur Nichtdiskriminierung.[676] Nach den Eindrücken der Expert/inn/en findet entspre-

---

673 Einige Befragte gaben einschränkend an, keinen vollständigen Überblick über die normsetzenden und -durchsetzenden Leistungen der fünf Dialogformen zu haben.
674 Vgl. insbesondere Interview 5, Interview 6, Interview 9, Interview 18, Interview 22.
675 Die Belege aus den Interviews werden wie folgt gekennzeichnet: Expert/inn/eninterview Arbeitgebervertreter: E-AG; Expert/inn/eninterview Arbeitnehmervertreter: E-AN; Expert/inn/eninterview Wissenschaft: E-W; feldspezifische Expert/inn/eninterviews werden mit dem Zusatz „AF" (Arbeitsfeld) kenntlich gemacht.
676 Vgl. beispielhaft Interview 4, Interview 6, Interview 17, Interview 18.

chende Normbildung und -umsetzung dabei weniger im Rahmen von zusätzlichen Abkommen EBRe statt.[677]

> „Thema Antidiskriminierung: Ich habe zu wenige Vereinbarungen gesehen, bei
> denen [Europäische] Betriebsräte das (…) tatsächlich zu ihrem Thema gemacht
> haben." (Interview 4/ E-W)

Hingegen konstatierten die Befragten für diskriminierungsschützende
Mischformen und TCAs einen quantitativen und qualitativen Bedeutungs-
zuwachs.[678] Die Aussagen aus den Interviews bekräftigten insofern die
Ergebnisse der Dokumentenauswertung, wonach ein Schwerpunkt der an
Boden gewinnenden SD-Regelungspraxis zur Antidiskriminierung bei
Mischformen und TCAs liegt.

4.2 Von SDen übernommene Regelungsaufgaben

4.2.1 Konsensuale qualitative Anliegen und Sonderinteressen

Die Gesprächspartner/innen äußerten einhellig, dass sich SDe bei ihrer
Regulierungstätigkeit auf qualitative konsensuale soziale Norminhalte
konzentrieren. Quantitative konflikthafte Themen wie Lohnhöhen und Arbeitszeiten blieben auf der transnationalen Ebene eher ausgeklammert.[679]
Exemplarisch führte ein Arbeitgebervertreter aus:

> „Quantitative Ergebnisse haben praktisch keine Rolle gespielt. Es ging so gut wie
> immer um qualitative, fast normative, wertbezogene Vereinbarungen." (Interview
> 8/ E-AG)

Insofern konnte die Hypothese 2 durch die Interviews bestätigt werden.

Die Frage, ob SDe mit ihrer Normsetzung zur Nichtdiskriminierung e-
her Gemeinwohlinteressen oder partikulare Sonderinteressen verfolgen,
wurde von den Expert/inn/en unterschiedlich beantwortet. Die meisten der
befragten Wissenschaftler/innen führten aus, dass bei den transnationalen
Regelungsaktivitäten zur Nichtdiskriminierung Einzelinteressen der Sozialpartner, vornehmlich betrieblicher und verbandlicher Art, im Vorder-

---

677 Vgl. Interview 4, Interview 7, Interview 9.
678 Vgl. Interview 3, Interview 6, Interview 11, Interview 13, Interview 14.
679 Zwei Expert/inn/en berichteten einschränkend von transnationalen Unternehmensvereinbarungen zur Gewinnbeteiligung von Arbeitnehmer/inne/n (vgl. Interview 3, Interview 4). Die Aussagen stimmten insoweit mit den Ergebnissen
   der Dokumentenanalyse überein, die ebenfalls einige SD-Regelungsaktivitäten zu
   eher quantitativ -antagonistischen Themen gezeigt hatten.

grund stünden. Die gewerkschaftlichen Interviewpartner/innen vertraten die Ansicht, dass Gemeinwohlaspekte weniger für die Arbeitgeberseite, sondern eher für die Arbeitnehmerseite eine Rolle spielen. Allerdings rekurrierten sie dabei nicht auf allgemeingesellschaftliche Belange zur Überwindung von Diskriminierung. Vielmehr sahen sie die gemeinwohlbezogene Orientierung der transnationalen Kollektivakteure auf Arbeitnehmerseite darin, dass Gleichstellungsaktivitäten im Interesse der von ihnen repräsentierten Beschäftigten liegen.

So äußerte die Vertreterin eines europäischen Gewerkschaftsverbandes:

> „Ich kann jetzt nur von der Gewerkschaftsseite sprechen: natürlich haben wir allgemeine soziale Aspekte im Auge. Es geht uns allgemein um das Wohl der Arbeitnehmerschaft." (Interview 22/ E-AN)

Die Arbeitgebervertreter/innen begründeten die entsprechende SD-Regulierungstätigkeit vorrangig mit betrieblichen und ökonomischen Interessen. Insbesondere sei eine transnationale Gleichstellungspolitik unter den gegenwärtigen Rahmenbedingungen (alternde Belegschaften, Fachkräftemangel) sinnvoll, um neue Arbeitskräftepotentiale zu erschließen.[680] Leistungssteigerung wurde ebenfalls als Anliegen der Wirtschaftsseite genannt. Eine Gesprächspartnerin erläuterte die Regelungsabsichten des Managements bei konzernbezogenen SD-Ergebnissen zur Geschlechtergleichstellung folgendermaßen:

> „We think that a gender equality politics is a direct way to a higher performance. If we have a lot of women and they can't achieve a management position, the employees' motivation decreases (…). Firstly, it is not a philosophical point of view. It is just a business point of view." (Interview 12/ AF-E-AG).

Lediglich der Vertreter eines branchenübergreifenden Arbeitgeberverbandes betonte, dass die SD-Regulierung zur Antidiskriminierung durch allgemeingesellschaftliche Interessen geprägt ist (*„societal issue"*).[681]

Es bleibt festzuhalten, dass transnationale SDe nach den Ergebnissen der Interviews bei ihrer Regelungspraxis zur Nichtdiskriminierung weniger am Gemeinwohl ausgerichtet sind, sondern eher partikulare Regelungsintentionen verfolgen. Die befragten gewerkschaftlichen Akteure brachten ein überbetriebliches Regelungsverständnis zur Antidiskriminierung zum Ausdruck, das aber nicht allgemein gesellschaftsbezogen ist.

---

680 Vgl. insbesondere Interview 8, Interview 10, Interview 12.
681 Vgl. Interview 2.

4.2.2 Normkonkretisierendes Potential

Der zweite Teilaspekt der Hypothese 2, wonach SDe im hoch regulierten Feld der Antidiskriminierung weniger innovativ normbildend, sondern e-her sachnah normumsetzend und -konkretisierend tätig werden, wurde durch die Aussagen der Expert/inn/en gestützt.[682] So konstatierte etwa ein Wissenschaftler zu den Regulierungsspielräumen für die transnational tätigen Sozialpartner:

> „If you have already a large arsenal of regulation at EU level (…), the scope of being innovative is very limited." (Interview 19/E-W)

An Normbildungsprozessen beteiligte Akteure auf Arbeitgeber- und Arbeitnehmerseite schilderten, dass SDe auf vorhandene rechtliche Antidiskriminierungsvorgaben zurückgriffen und diese spezifizierten:

> „Wir haben [bei der SD-Regulierung] an die bestehende europäische Antidiskriminierungsgesetzgebung und an die Umsetzung in nationale Gesetze angeknüpft." (Interview 3/AF-E-AN)

> „Antidiskriminierung, da gibt es eben tatsächlich sehr starke Rechtsetzung auf EU-Ebene.(…).Sinn dieser Vereinbarung [gegen Belästigung] war (…) speziell, dass hier auch nochmal von der Firmenebene gesprochen wurde, dass man ganz konkret schaut, was Betriebe machen können." (Interview 5/AF-E-AG)

Die Vertreterin eines europäischen Branchengewerkschaftsverbandes führte aus, dass transnationale SDe (supra)staatliche Antidiskriminierungsvorgaben sachadäquat umsetzen:

> „Frauen in der IT-Branche (…), das ist z.B. etwas, wo wir als Sozialpartner sagen: da müssen wir ran. Und dann können wir mit unserer Expertise in den Unternehmen und den Gewerkschaften das Thema besser begleiten als wenn jetzt nur von oben herab Gesetzgebung käme, die (…) nicht präzise genug wäre." (Interview 22/E-AN)

Nur selten wurden in den Interviews Praxisbeispiele genannt, bei denen SDe innovative Normbildungsergebnisse zur Antidiskriminierung hervorbrachten.[683]

---

682 Siehe insbesondere Interview 3, Interview 5, Interview 9, Interview 18, Interview 19, Interview 22.

683 Vgl. Interview 3, Interview 6, Interview 19. Die Angaben der Expert/inn/en deckten sich insoweit mit den Ergebnissen der Dokumentenanalyse.

4.3 Erfüllung und Verfehlung sozialstaatlicher Ziele

Die Hypothese 3, wonach die SD-Leistungen, gemessen an sozialstaatlichen Zielen, unterschiedlich zu beurteilen sind, wurde durch die Interviewaussagen gestützt.

Eine sozialstaatsadäquate Normbildung, -umsetzung und -verbreitung wurde von den Befragten v.a. für die sektorübergreifende SD-Regulierung zu atypischer Beschäftigung und Elternurlaub angenommen, die in EU-Richtlinienrecht überführt wurde.[684] Die autonom umgesetzten Vereinbarungen nach AEUV über Telearbeit, Belästigung und inklusive Arbeitsmärkte bleiben nach Einschätzung der Expert/inn/en eher hinter sozialstaatlichen Anforderungen zur Gleichstellung zurück.[685] Wissenschaftlerinnen äußerten in diesem Zusammenhang:

> „Die Vereinbarung [zu inklusiven Arbeitsmärkten] ist ziemlich vage, sehr allgemein, auch wenn es einige interessante Dinge gibt (…).“ (Interview 6/ AF-E-W)[686]

> „Die Vereinbarung zu Telearbeit, das sind Worte (…). Das sind keine Rechtsnormen.“ (Interview 21/ E-W)

Mehrere Expert/inn/en schilderten den Eindruck, dass die Ergebnisse von substantiellen EBR-Vereinbarungen, Mischformen und TCAs im Bereich der Chancengleichheit oft unbefriedigend sind.[687]

> „Was Vereinbarungen zur Antidiskriminierung betrifft, scheint mir das häufig nur eine Erinnerung an die gesetzlichen Vorgaben zu sein.“ (Interview 6/ AF-E-W)

> „Da wird dann irgendeine ILO-Norm reingeschrieben. Das wird aber nicht abgeglichen und subsumiert. Die Normsetzung bleibt also an der Oberfläche (…).“ (Interview 21/ E-W)

Ein gewerkschaftlicher Vertreter führte aus, dass auch relativ weitgehende Mischformen zur Nichtdiskriminierung nicht die Regelungsqualität von nationalen Kollektivverträgen erreichten:

> „Wir wollten zwingendere Inhalte (...). Es gibt hier keine verpflichtenden genauen Zielvorgaben, keine Vertragsstrafe, wenn man nichts tut.(…). Für manche Gewerkschaften war das noch zu schwach. Wir liegen da unterhalb von nationalen Kollektivverträgen.“ (Interview 13/ AF-E-AN)

---

684 Siehe Interview 5, Interview 8, Interview 16, Interview 19, Interview 20, Interview 21.

685 Vgl. insbesondere Interview 3, Interview 6, Interview 17, Interview 18, Interview 21.

686 Im Original französische Zitate wurden von der Verfasserin ins Deutsche übersetzt.

687 Interview 4, Interview 6, Interview 13, Interview 21.

Die Expert/inn/eninterviews bestätigten insofern die Annahme, dass sozialstaatliche Ziele insbesondere dort verfehlt werden, wo die rechtlichen Rahmenbedingungen der SD-Normen unsicher sind (vgl. H5a)).

4.4 Durchsetzungsprobleme und effektivierende Faktoren

Die Aussagen der Expert/inn/en bestätigten grundsätzlich die Vermutung, dass die Wirksamkeit der von SDen hervorgebrachten Normen und durch sie ausgelösten Normverbreitungen leidet, wenn staatlicherseits bereit gehaltene Durchsetzungsmittel fehlen (vgl. H4).

Alle drei Expertengruppen (Wissenschaft, Arbeitgeber-, Arbeitnehmerseite) schätzten die praktische Wirkung der „autonom gebliebenen" sektorübergreifenden Rahmenvereinbarungen über Telearbeit, Belästigung und inklusive Arbeitsmärkte als eher gering ein.[688]

> „Telearbeit, Belästigung, inklusive Arbeitsmärkte...aber was passiert dort wirklich. Man bekommt gelegentlich große Berichte, was angeblich gemacht worden sei. Und das ist sehr unterschiedlich in den einzelnen Ländern."
> (Interview 17/ E-W)

> „Telearbeit, Belästigung (…), da würde ich mir die Frage stellen: wo sieht man überhaupt irgendwelche Auswirkungen?" (Interview 18/ E-AN)

Weiter waren die Befragten der Ansicht, dass diskriminierungsschützende Mischformen und TCAs Defizite bei den Implementationsvorkehrungen und der Normbefolgung aufweisen.[689] Die Aussagen aus den Expert/inn/eninterviews ergaben ein relativ einheitliches Bild, wonach fehlende staatliche Durchsetzungsgarantien ein Haupthindernis für die praktische Wirksamkeit der SD-Ergebnisse zur Antidiskriminierung sind.[690]

---

688 Vgl. Interview 3, Interview 5, Interview 8, Interview 17, Interview 18, Interview 19, Interview 21. Befragte Arbeitgebervertreter/innen schilderten ebenfalls, dass die praktische Wirkung autonom umgesetzter SD-Vereinbarungen nach AEUV lückenhaft ist und je nach Land differiert. Im Gegensatz zu den Wissenschaftler/inne/n und gewerkschaftlichen Interviewpartner/inne/n schätzten sie die rechtlichen Rahmenbedingungen der Dialogform nach AEUV jedoch als zufriedenstellend ein.

689 Vgl. insbesondere Interview 4, Interview 9, Interview 13.

690 Einige Befragte gaben an, dass normbildende Aktivitäten von TCAs unter Umständen durchaus praktische Wirkung zeigen. Eine Gesprächspartnerin (Interview 9) schilderte, dass bei hoch regulierten EBR-Gründungsvereinbarungen ebenfalls Durchsetzungsprobleme auftreten können. Die Annahme, dass zwischen der Anbindung an staatliche Durchsetzungspotentiale und der faktischen Wirksamkeit

Darüber hinaus benannten einige Befragte zusätzliche Faktoren, welche die tatsächliche Normwirkung unter Umständen begünstigen oder behindern. So schilderten Praktiker/innen auf Arbeitgeber- und Arbeitnehmerseite,[691] dass die Umsetzung von SD-Unternehmensvereinbarungen zur Chancengleichheit am fehlenden Willen mittlerer und unterer Managementebenen scheitern kann. Eine gewerkschaftliche Interviewpartnerin äußerte in diesem Zusammenhang:

> „Da kann ein Unternehmen noch so viele Beauftragte und Abteilungen [zum Thema Chancengleichheit] haben, die (…) sind engagiert, aber scheitern am mittleren und unteren Management." (Interview 9/ AF-E-AN)

Außerdem kann nach Meinung der Expert/inn/en öffentlicher Druck – v.a. von Gewerkschaften und NGOs – die Befolgung von gleichstellungsbezogenen SD-Normen positiv beeinflussen.[692] Auch das persönliche Engagement von Einzelakteuren auf Arbeitnehmer- und Arbeitgeberseite zum Thema könne eine förderliche Rolle spielen.[693]

> „Dass das, was europäisch vereinbart wurde, umgesetzt wird (…). Das hängt dann, wie so oft, von Personen ab, die sich wirklich engagieren, die das dann wirklich als Instrument nutzen." (Interview 9/ AF-E-AN)

In Einklang mit der Hypothese 4 deuten die Ergebnisse der Interviews ferner darauf hin, dass rechtlich wirksame Diffusionsprozesse vornehmlich dort stattfinden, wo die staatliche Rückbindung von SDen hoch ist. So gaben die Befragten an, dass v.a. die sektorübergreifenden Vereinbarungen zu Elternurlaub und atypischer Beschäftigung, die zu EU-„Hard Law" wurden, juristisch wirksame Verbreitungsleistungen erzielen.[694] Die Diffusionswirkung von diskriminierungsschützenden TCAs wurde von den Expert/inn/en als deutlich schwächer eingeschätzt.[695]

---

der SD-Normen zur Nichtdiskriminierung ein positiver Zusammenhang besteht, wurde jedoch von keinem Experten prinzipiell bestritten.

691 Interview 9, Interview 12, Interview 22.
692 Interview 1, Interview 9, Interview 11, Interview 20, Interview 21.
693 Vgl. Interview 9, Interview 10, Interview 22.
694 Interview 3, Interview 6, Interview 19, Interview 20.
695 Siehe beispielhaft Interview 3.

4.5 Sozialstaatliche Leistungsfähigkeit Sozialer Dialoge

4.5.1 Positive Effekte einer staatlichen Rückkopplung

Die Annahme, dass sich eine rechtliche Anbindung der SDe an staatliche Unterstützungs- und Durchsetzungsmechanismen positiv auf ihre sozialstaatliche Leistungsfähigkeit auswirkt (vgl. H5 a)), wurde durch die Interviews gestützt.

Die Befragten bejahten eine sozialstaatsgemäße Normbildung, Normdurchsetzung und Normverbreitung v.a. für sektorübergreifende SD-Outcomes nach AEUV, die durch umsetzenden Ratsbeschluss eine hohe staatliche Rückbindung erlangten.[696] Wissenschaftler/innen wie Vertreter/innen von Arbeitgeber-und Arbeitnehmerseite hoben dabei hervor, dass der Druck der EU-Organe, gegebenenfalls selbst legislativ tätig zu werden, maßgeblich dafür war, dass die Kollektivakteure zu entsprechenden Vereinbarungsergebnissen kamen.[697]

> „Unsere Erfahrung ist, wenn der europäische Gesetzgeber, die Kommission sagt: Wenn ihr nicht selbst etwas macht, dann würden wir das tun, dann gibt es genug Druck auf die Arbeitgeberseite, mit den Gewerkschaften zu verhandeln." (Interview 3/ AF-E-AN)

> „Überhaupt dieses Argument der Kommission: ihr könnt jetzt mal machen und ihr könnt mal sehen, dass ihr eine sinnvolle Regelung findet, ansonsten werden wir tätig, das war z.T. die Motivation dafür, überhaupt zu solchen Vereinbarungen zu kommen." (Interview 8/ E-AG)

Weiterhin äußerten die Expert/inn/en, dass wirkungsvolle Regelungstätigkeit zur Nichtdiskriminierung durch SDe nach Art. 154/155 AEUV deshalb stagniert, weil der Mechanismus des „drohenden" EU-Gesetzgebungsaktes nicht mehr zum Tragen kommt.[698] Fehlende Regulierungsanreize wirkten sich negativ auf die Vereinbarungspraxis der Sozialpartner aus:

> „Wie gesagt, es gibt die Möglichkeit, Vereinbarungen auf europäischer Ebene umzusetzen, aber wenn der Gesetzgeber, die Kommission kein soziales Programm hat, dann wollen die Arbeitgeber auch nicht reagieren." (Interview 3/ AF-E-AN)

> „Die meisten Vereinbarungen sind mit Druck der Kommission entstanden. Da hat die Kommission gesagt: ich überlasse es euch. Wenn ihr nicht zu einer Einigung

---

696 In Bezug auf die Leistungen bei EBR-Gründungsvereinbarungen zur Nichtdiskriminierung waren die Expert/inn/eninterviews nicht ergiebig.
697 Vgl. Interview 3, Interview 5, Interview 6, Interview 8, Interview 9, Interview 16.
698 Vgl. v.a. Interview 3, Interview 6, Interview 9.

kommt, werden wir ein Gesetz vorgeben. Das hat sehr geholfen.(...). [Aber] sowas macht die Kommission nicht mehr."
(Interview 9/ AF-E-AN)

Ferner stellten die Befragten mit großer Einmütigkeit fest, dass der zwingende Rechtsrahmen zur Gründung EBRe positiv auf normbildende Aktivitäten bei Mischformen und TCAs zur Nichtdiskriminierung ausstrahlt.

„Der EBR ist die Struktur für die content agreements." (Interview 1/ E-W)

„Von dem Moment an, als man einen zwingenden Rechtsrahmen hatte, hat man gesehen, dass sich eine weitergehende kollektive Verhandlungsaktivität entwickelt. Auch wenn EBRe meist nicht Unterzeichner der abgeschlossenen Vereinbarungen sind, spielen sie faktisch eine sehr wichtige Rolle." (Interview 6/ AF-E-W)

Die Interviews bestätigten insoweit die Befunde der Dokumentenanalyse.

Darüber hinaus äußerten die Expert/inn/en, dass SD-Ergebnisse zur Nichtdiskriminierung durch Mischformen und TCAs von der Regulierungskultur im Stammland des Konzerns beeinflusst sind. Die gesetzliche Verpflichtung der Sozialpartner in Frankreich, über das Gleichstellungsthema zu verhandeln, würde eine entsprechende SD-Normbildungsaktivität bei französischen Unternehmen begünstigen.[699] Eine Managementvertreterin führte hierzu aus:

„The french law is very demanding. We have a habit to obtain agreements on certain topics. I think, that' s the reason why so many french companies are able to negotiate and obtain agreements at European level." (Interview 12/ AF-E-AG)

Ähnlich äußerte sich eine Wissenschaftlerin:

„Man hat hier einen gesetzlichen Rahmen und Pflichten, über Fragen der Chancengleichheit zu verhandeln (...). Für die französischen Unternehmensgruppen, die (...) national verhandeln müssen, kann es deshalb völlig logisch erscheinen, diese Verhandlungen auf der transnationalen Ebene fortzusetzen."
(Interview 6/ AF-E-W)

Die Ergebnisse der Interviews weisen somit darauf hin, dass auch nationale gesetzliche Verhandlungspflichten zum Thema Chancengleichheit einen *„shadow of the law"* im Bereich der hiervon nicht direkt betroffenen transnationalen SD-Regulierung entfalten können.

---

699 Vgl. Interview 3, Interview 4, Interview 6, Interview 12, Interview 13, Interview 14.

4.5.2 Weitere hemmende und fördernde Aspekte

Die Interviews brachten noch Erkenntnisse über weitere Aspekte, welche die SD-Leistungskapazität im Feld der Nichtdiskriminierung beeinflussen können. Nach den Antworten der Expert/inn/en gibt es – neben dem *„shadow of the law"* – zusätzliche hemmende und fördernde Faktoren. So führten die Befragten aus, dass die geringe soziale und kulturelle Akzeptanz von Gleichstellungsfragen eine sozialstaatsgemäße SD-Regulierung behindert.[700] Eine Wissenschaftlerin äußerte beispielsweise:

> „In vielen EU-Mitgliedstaaten (…) ist Antidiskriminierung einfach nicht akzeptiert in der sozialen Praxis. Das spiegelt sich in der Tarifpraxis wider und ich würde sagen, dass es sich auch in der europäischen Vereinbarungspraxis widerspiegelt (…)." (Interview 7/ AF-E-W)

Eine gewerkschaftliche Akteurin gab an, dass fehlender Regelungswille und andere thematische Prioritäten der Arbeitgeber- und Arbeitnehmerverbände mit ursächlich dafür seien, dass sektorale SDe keine Outcomes erzielten:

> „Wir haben selbst als Gewerkschaften nicht darauf gedrängt, echte Verhandlungen mit verbindlichem Inhalt zu Chancengleichheit zu führen.(…). Wir versuchen die Arbeitgeberseite eher zu bewegen, zu konkreten Verhandlungen in anderen Bereichen zu kommen, die bei uns unter das Stichwort „Sozialdumping" fallen. Deshalb würden wir unsere Kräfte auch nicht unbedingt in dem Bereich „Soft Measures" voll einsetzen (…). Das ist nicht ausgeschlossen für die Zukunft, aber nicht erste Priorität bei uns." (Interview 9/ AF-E-AN)

Außerdem hat den Befragten zufolge die EU-Erweiterung auf 28 Mitgliedstaaten eine gelingende Konsensfindung SDe nach Art. 154/155 AEUV über Vereinbarungen zur Nichtdiskriminierung erschwert.[701]

Ein Gunstfaktor für die Regulierungstätigkeit von Mischformen und TCAs zum Thema sei der Aufbau von gewerkschaftlichen Netzwerken in multinationalen Konzernen.[702] So traf etwa die Vertreterin eines europäischen Gewerkschaftsverbandes die Aussage:

> „Was wir haben, ist auch gespeist durch die Beziehung, die wir aufbauen konnten als Gewerkschaft zu Arbeitnehmern im EBR.(…). Die gewerkschaftlichen Kollegen, die in einem Unternehmen sitzen, die versuchen wir zu fördern durch die Schaffung von transnationalen Gewerkschaftsallianzen." (Interview 22/ E-AN)

---

700 Vgl. insbesondere Interview 7, Interview 9, Interview 13.
701 Siehe Interview 2, Interview 5, Interview 9, Interview 17.
702 Vgl. insbesondere Interview 3, Interview 11, Interview 13, Interview 22.

Auch die Aktivitäten von Frauenausschüssen und -netzwerken bei europäischen und globalen Gewerkschaftsverbänden[703] spielen nach Ansicht der Expert/inn/en eine förderliche Rolle für die SD-Normsetzung, -umsetzung und -verbreitung.[704]

Ferner lassen die Interviewaussagen erkennen, dass die Rahmenbedingungen von demographischem Wandel und Fachkräftemangel eine SD-Praxis zur Gleichstellung begünstigen.[705] Außerdem können regulativer Wettbewerb und Konkurrenz die Ausbreitung von diskriminierungsschützender SD-Tätigkeit in Unternehmen derselben Branche und/ oder mit Sitz im gleichen Land befördern.[706] So führte ein gewerkschaftlicher Akteur aus:

> „[Konzern A] war Motor, weil er zwei Vereinbarungen [zur Antidiskriminierung] unterzeichnet hatte (…). Ich würde sagen, wenn es die Vereinbarungen bei [Konzern A] nicht gegeben hätte, hätte man die Vereinbarung bei [Konzern B] nie gehabt. Die heutige Konkurrenz zwischen den Banken bedingt es, dass die anderen Banken auch Vereinbarungen haben wollen." (Interview 13/ AF-E-AN)

4.5.3 Notwendigkeit staatlicher Flankierung

Die Hypothese 5 b), wonach Staaten die Normbildung und -durchsetzung durch transnationale SDe zur Antidiskriminierung rechtlich flankierend unterstützen werden, konnte durch die Ergebnisse der Interviews teilweise bestätigt werden.

Die durch die Hypothese aufgeworfene Frage, ob weitere staatliche Maßnahmen in Bezug auf die SD-Regulierungstätigkeit gefordert sind, wurde von den Expert/inn/en unterschiedlich beantwortet. Die Arbeitgebervertreter/innen vertraten einmütig die Ansicht, dass die derzeitigen rechtlichen Rahmenbedingungen der fünf Dialogformen zufriedenstellend sind. Die meisten Wissenschaftler/innen und Arbeitnehmerrepräsentant/inn/en bejahten dagegen die Notwendigkeit, den Rechtsrahmen für die SD-Regulierung zu verbessern.

Bei den SDen nach Art. 154/155 AEUV sprachen sich mehrere Befragte für gesicherte rechtliche Möglichkeiten der Sozialpartner aus, sich ge-

---

703 Nähere Informationen zu Frauenausschüssen und gleichstellungsbezogenen Arbeitsstrukturen transnationaler Gewerkschaftsverbände finden sich bei *Platzer/ Müller*, Die globalen und europäischen Gewerkschaftsverbände, 2009.

704 Vgl. Interview 9, Interview 11.

705 Siehe insbesondere Interview 8, Interview 10, Interview 12.

706 Vgl. Interview 13, Interview 21.

genseitig zur Aufnahme von Verhandlungen und zum Vereinbarungsabschluss im Bereich der Chancengleichheit zu zwingen.[707] Eine gewerkschaftliche Interviewpartnerin äußerte beispielsweise:

> „Wenn wir eine Möglichkeit hätten, die Arbeitgeberseite an den Verhandlungstisch zu zwingen, würden wir mehr Vereinbarungen [zum Gleichstellungsthema] haben, da bin ich überzeugt." (Interview 9/ AF-E-AN)

Zudem sprachen sich viele Expert/inn/en für einen speziellen EU-Rechtsrahmen aus, der Aushandlungsverfahren, Vereinbarungsakteure und Rechtswirkungen von transnationalen Unternehmensvereinbarungen klärt.[708] Einige Befragte vertraten die Auffassung, dass Kollisionslagen zwischen SD-Unternehmensvereinbarungen und nationalen Antidiskriminierungsnormen durch EU-rechtliche Nichtrückschrittsklauseln bzw. ein Günstigkeitsprinzip[709] zu lösen seien.[710]

Nach relativ einhelliger Meinung der Expert/inn/en ist ein Tätigwerden des supranationalen Gesetzgebers allerdings in näherer Zukunft nicht zu erwarten.[711] Zwei Expert/inn/en gaben hierzu an:

> „Ich denke, dass das „soziale Europa" momentan in einer tiefgreifenden Krise ist.(…). Politisch wird das sehr schwierig umzusetzen sein."
> (Interview 6/ AF-E-W)

> „The first battle is to try to preserve what we have which is a huge battle if you think what the pressure is on." (Interview 19/ E-W)

Ein befragter Vertreter der EU-Kommission[712] bestätigte, dass die Rechtslage für transnationale Unternehmensvereinbarungen unklar ist. Er sah jedoch v.a. aufgrund des Widerstandes der europäischen Arbeitgeberverbände derzeit keinen Spielraum für regulatorische Maßnahmen.

Insoweit ließ sich die in der Hypothese formulierte Erwartung, dass Staaten die SD-Praxis zur Nichtdiskriminierung durch geeignete (subsidiäre) rechtliche Vorkehrungen unterstützen werden, durch die Interviews nicht verifizieren.

---

707 Interview 3, Interview 9, Interview 19.
708 Vgl. insbesondere Interview 3, Interview 4, Interview 6, Interview 7, Interview 9, Interview 16, Interview 18.
709 Siehe zum diesbezüglichen Meinungsstand nach geltender Rechtslage auch *Heimann*, Substantielle Vereinbarungen Europäischer Betriebsräte, a.a.O., S.162 ff.
710 Vgl. Interview 3, Interview 9, Interview 14, Interview 18.
711 Siehe dazu beispielhaft Interview 3, Interview 6, Interview 7, Interview 9, Interview 15, Interview 19.
712 Interview 15.

5. Kapitel: Ergebnisse der Fallstudien

In diesem Kapitel werden die Ergebnisse der vertiefenden Fallstudien präsentiert.

5.1 Fall A – gewerkschaftliche Netzwerke und engagierte Akteure

Im hier vorgestellten Fall A handelt es sich um die SD-Aktivitäten zur Nichtdiskriminierung bei einem global tätigen Konzern im Bereich Konsumgüterherstellung.[713]
Vor einigen Jahren wurde im EBR, der seit 1996 besteht,[714] eine Arbeitsgruppe zu Diversity eingerichtet, welche mit Arbeitnehmer- und Arbeitgebervertreter/inne/n besetzt ist. Die Errichtung der Arbeitsgruppe wurde nicht vertraglich fixiert, sondern basiert auf mündlichen Absprachen zwischen EBR und Management. Aus ihrer Arbeit heraus resultierte in letzter Zeit ein sozialstaatlich orientiertes TCA[715] zum Schutz vor sexueller Belästigung am Arbeitsplatz, das auf Arbeitnehmerseite von zwei globalen Gewerkschaftsverbänden unterzeichnet wurde.
Die Vereinbarung hält eingangs fest, dass sexuelle Belästigung die Gleichheit verletzt und die Arbeitsproduktivität beeinträchtigt. Unter Bezugnahme auf die ILO-Kernarbeitsnormen und das ILO-Übereinkommen Nr. 111 zur Antidiskriminierung formulieren die Parteien eine weit gefasste Definition von sexueller Belästigung.[716] Sie verpflichten sich, präventive Maßnahmen wie Schulung und Sensibilisierung von Beschäftigten, Führungskräften und Arbeitnehmervertreter/inne/n zu ergreifen. Zur Nor-

---

713 Um die Anonymität der Interviewpartner/innen zu wahren, wird hier auf nähere Angaben zu dem betreffenden Unternehmen verzichtet.

714 Der EBR wurde kurz vor Inkrafttreten der ersten EBR-RL eingesetzt. Die neu verhandelte EBR-Gründungsvereinbarung aus dem Jahr 2010 (EBR-GD_1633) sieht ein Informations- und Konsultationsrecht des EBR zur Beschäftigungssituation von Frauen im Konzern vor.

715 Die entsprechende Vereinbarung wurde erst nach Abschluss der empirischen Erhebung abgeschlossen und deshalb nicht mehr in der A7-Projektdatenbank erfasst.

716 Demnach stellen u.a. anzügliche Blicke oder Gesten, unnötige körperliche Kontakte, eine herablassende Einstellung mit sexuellen Bezügen sowie unangebrachte Bemerkungen, Witze und Kommentare in Bezug auf das Äußere einer Person eine sexuelle Belästigung dar. Vgl. zu einer sozialstaatsgemäßen Definition von sexueller Belästigung auch *Maschke*, Trendbericht: Betriebs- und Dienstvereinbarungen für partnerschaftliches Verhalten, a.a.O., S. 7 f.

mumsetzung wird vorgesehen, dass von den Sozialpartnern auf lokaler Ebene schriftliche Regelungen zum Schutz vor sexueller Belästigung aufgestellt werden. Dabei sollen auf Grundlage bestehender rechtlicher Vorschriften effektive betriebliche Beschwerdeverfahren, Verfahren zur Konfliktbeilegung und Sanktionen festlegt werden.[717]

Zum Normbildungsfall wurden zwei unmittelbar beteiligte EBR-Vertreterinnen[718] interviewt. Außerdem wurde im Dezember 2014 eine teilnehmende Beobachtung der vorbereitenden internen Sitzung der Belegschaftsvertretung im Rahmen einer regulären EBR-Tagung durchgeführt.

5.1.1 Konsensuales Thema und aktive EBR-Akteurinnen

Ausgangspunkt der SD-Regulierung war ein gemeinsames Interesse des EBR und des zentralen Managements an Aktivitäten zur Nichtdiskriminierung. Angesichts konfliktreicher vorangegangener Restrukturierungsprozesse innerhalb des Konzerns suchten die beteiligten Akteure nach Themen, bei denen der EBR eine proaktive und positiv gestaltende Rolle einnehmen kann.[719]

Auf Initiative der Arbeitnehmerseite hin wurden bei einer EBR-Sitzung im Jahr 2010 mehrere soziale Handlungsfelder beschlossen, die Grundlage einer europäischen Verhandlungspolitik sein sollten. Als ein vordringliches konsensfähiges Feld für weiterführende SD-Aktivitäten wurde Vielfalt und Chancengleichheit bestimmt. Die EBR-Mitglieder und die zentrale Leitung einigten sich zudem darauf, eine vierköpfige paritätisch besetzte Diversity-Arbeitsgruppe zu bilden.

Der darauffolgende Dialog verlief anfangs eher schleppend. So nahm das Management nur unregelmäßig an den Treffen der Arbeitsgruppe teil.[720] Die beiden beteiligten Arbeitnehmerrepräsentantinnen verfolgten

---

717 Die Vereinbarungsakteure geben in diesem Zusammenhang Rahmenpunkte für ein unabhängiges vertrauliches Beschwerdeverfahren auf örtlicher Ebene vor. Eine Benachteiligung von Beschwerdeführer/inne/n wird ausdrücklich verboten. Vgl. zu ähnlichen kollektivvertraglichen Regelungen auf nationaler Ebene *Maschke*, Trendbericht: Betriebs- und Dienstvereinbarungen für partnerschaftliches Verhalten, a.a.O., S. 8 f.

718 Beide Interviewpartnerinnen waren als Mitglieder der EBR-Arbeitsgruppe zur Nichtdiskriminierung direkt in den Entstehungsprozess des Outcomes gegen sexuelle Belästigung involviert.

719 Vgl. Interview A 1.

720 Vgl. Interview A 1.

bald das Ziel, verbindliche europäische Rahmenabkommen zur Nichtdiskriminierung zu erreichen. Als Einstieg in eine transnationale Regelungspraxis wurde die schriftlich fixierte Einrichtung eines paritätischen EBR-Komitees zur Geschlechtergleichstellung und eine Vereinbarung gegen sexuelle Belästigung angestrebt.[721]

Wesentlich motiviert war die Wahl des Verhandlungsgegenstand durch die persönliche Erfahrung einer EBR-Vertreterin mit sexueller Belästigung an ihrem Arbeitsplatz.[722] Die Initiative wurde dadurch bestärkt, dass an einem nationalen Standort des Konzerns Gleichstellungspläne und diskriminierungsschützende Kollektivverträge eingeführt wurden, die auf einer gesetzlichen Verpflichtung beruhten.[723] Das Thema Geschlechtergleichstellung schien den Arbeitnehmervertreterinnen zudem deshalb geeignet, weil hierzu auf Seiten des zentralen Managements schon unilaterale Aktionen durchgeführt worden waren.[724]

Der Regulierungsvorstoß stieß bei den mehrheitlich männlichen EBR-Mitgliedern zunächst auf verhaltenes Interesse. So bestand teilweise wenig Problembewusstsein bezüglich beruflicher Diskriminierung. Erst durch beharrliches Insistieren gelang es den beiden Akteurinnen, ihre (männlichen) Kollegen vom Sinn und Nutzen weiterführender europäischer Regelungen zur Gleichstellung zu überzeugen.[725]

Die Arbeitnehmerseite trat im Folgenden mit einem Vertragsentwurf gegen sexuelle Belästigung, der unter Hinzuziehung eines externen juristischen Beistandes erarbeitet worden war, an die zentrale Leitung heran. Das Management sah jedoch hinsichtlich der Bekämpfung von sexueller Belästigung im Konzern keinen weiteren Handlungsbedarf und lehnte den Abschluss von schriftlichen bindenden Vereinbarungen zur Nichtdiskriminierung mit dem EBR prinzipiell ab. Stattdessen bot man Mitgliedern des EBR-Lenkungsausschusses an, an lokalen Projekten zur Antidiskriminierung im Konzern mitzuarbeiten.[726]

Angesichts der ablehnenden Haltung der Arbeitgeberseite informierte eine EBR-Vertreterin ihren nationalen Gewerkschaftsverband über den Regelungsvorschlag. Dieser nahm die Initiative positiv auf und schaltete die globalen Branchendachverbände ein. Die EBR-Akteurin kündigte zu-

---

721 Vgl. Interview A 1, Interview A 2.
722 Vgl. Interview A 1.
723 Vgl. Interview A 2.
724 Vgl. Interview A 1.
725 Vgl. Interview A 1, Interview A 2.
726 Vgl. Interview A 1.

dem gegenüber dem Management an, mit dem Vertragstext gegebenenfalls an die Öffentlichkeit zu gehen.[727] Nicht zuletzt aufgrund des so aufgebauten Drucks willigte die zentrale Leitung daraufhin ein, über eine normbildende Vereinbarung zum Schutz vor sexueller Belästigung auf globaler Ebene zu verhandeln. Ein weiterer Faktor, der den Prozess begünstigte, dürfte gewesen sein, dass der Kampf gegen sexuelle Belästigung bei multinationalen Unternehmen seit einigen Jahren auf der Agenda der internationalen Gewerkschaftsverbände steht und von deren Frauenausschüssen aktiv verfolgt wird. In einer globalen Arbeitsgruppe, an der die initiierende EBR-Akteurin als Repräsentantin ihrer nationalen Gewerkschaft teilnahm, wurde schließlich das oben beschriebene SD-Resultat ausgehandelt.[728]

Der erzielte Vereinbarungstext blieb in einigen Punkten hinter dem ursprünglichen EBR-Entwurf zurück. So wurde insbesondere keine eindeutige Klausel aufgenommen, wonach bei Belästigungsvorfällen im Betrieb neutrale externe Stellen hinzugezogen werden können.

5.1.2 Schwieriger Implementationsprozess

Die vereinbarte lokale Umsetzung des SD-Outcomes wurde unter EBR-Mitwirkung zunächst pilotmäßig an einem nationalen Unternehmensstandort vorangetrieben. Förderlich hierfür war, dass die zuständige Personalmanagerin Gleichstellungsmaßnahmen unterstützt und an der europäischen Diversity-Arbeitsgruppe teilnimmt.[729]

Eine tiefer gehende Beurteilung der praktischen Normwirkung kann hier nicht erfolgen, da der Implementationsprozess bei Abschluss dieser Untersuchung (2016) erst begonnen hat.

Folgt man jedoch der Einschätzung der EBR-Vertreterinnen, so kann die unternehmensweite Durchführung der Vereinbarung aufgrund ihrer unklaren Rechtswirkungen nicht als sicher angenommen werden. Ein zusätzlicher hinderlicher Aspekt für die Implementierung ist das mangelnde Bewusstsein für Diskriminierung verantwortlicher Akteure auf Arbeitgeber- und Arbeitnehmerseite. Nach Ansicht einer Gesprächspartnerin gestaltet sich die Befolgung der SD-Regulierung entlang der Management-

---

727 Vgl. Interview A 1.
728 Vgl. Interview A 1.
729 Vgl. Interview A 1.

hierarchie auch deshalb als schwierig, weil Frauen in der oberen Füh-
rungsebene des Unternehmens unterrepräsentiert sind.

> „Und dann sind Frauen in der Firmenebene unterrepräsentiert, und das [ist] ein
> Zeichen für mich, dass das Thema nicht von innen vorangetrieben wird." (Interview A1/ E-AN)[730]

5.1.3 Unzureichender rechtlicher Rahmen

Aus Sicht der befragten EBR-Akteurinnen ist die ungeklärte Rechtslage
ein Haupthindernis für den Abschluss und die Durchsetzung von transnationalen Unternehmensvereinbarungen zur Nichtdiskriminierung. Eine
Expertin führte hierzu aus:

> „Die rechtlichen Rahmenbedingungen sind wirklich verbesserungsbedürftig. Man
> kann natürlich auch ohne verbindlichen Rahmen weiter kommen bei den Themen,
> die man bearbeitet, aber man kommt sehr langsam voran. Man braucht klare recht-
> liche Rahmenbedingungen, weil sonst sind es unendliche Prozesse."
> (Interview A2/ E-AN)

Die Interviewpartnerinnen gaben an, dass gesetzlich abgesicherte Verhand-
lungsrechte des EBR hilfreich wären, um die SD-Praxis zur Chancengleichheit voranzubringen. Sie befürworteten außerdem mit Blick auf das Recht in
einigen EU-Mitgliedstaaten eine Pflicht der Sozialpartner, über Vereinbarungen zum Thema auf transnationaler Ebene zu verhandeln.[731]

5.1.4 Förderliche Umstände

Es kann festgehalten werden, dass in Fall A trotz des unklaren rechtlichen
Rahmens und der unvollständigen sozialen Akzeptanz des Nichtdiskrimi-
nierungsthemas eine sozialstaatlich orientierte SD-Regulierung stattgefunden hat.

Dies lässt sich insbesondere damit erklären, dass die Kooperation und
Vernetzung zwischen EBR-Mitgliedern, nationalen und internationalen
Gewerkschaften den Verhandlungsprozess entscheidend voranbrachte. Eine

---

730 Diffusionsergebnisse der SD-Normen konnten im Rahmen der Fallstudie nicht
    festgestellt werden.
731 Vgl. insbesondere Interview A 2.

zentrale Rolle für das Zustandekommen der Vereinbarung spielte außerdem das hohe Engagement einzelner Akteurinnen auf Arbeitnehmerseite.

Letzteres bestätigten auch die Eindrücke aus der teilnehmenden Beobachtung. So brachten die beiden EBR-Vertreterinnen die Aktionen und Ziele ihrer Diversity-Arbeitsgruppe sehr aktiv in die miterlebte interne EBR-Sitzung ein. Es zeigte sich, dass zwischen den betreffenden Akteurinnen eine gewachsene persönliche Beziehung besteht, die eine direkte Kommunikation und gegenseitige Abstimmung außerhalb des Rahmens offizieller Tagungen ermöglicht. Das Verhältnis der beiden EBR-Repräsentantinnen zum EBR-Vorsitzenden ist ebenfalls durch eine jahrelange enge und vertrauensvolle Zusammenarbeit geprägt. Der EBR-Vorsitzende war bei der beobachteten Sitzung gegenüber Gleichstellungsmaßnahmen aufgeschlossen. Entsprechende Initiativen, etwa zur geschlechtergerechten Besetzung des EBR-Lenkungsausschusses, wurden von ihm mitgetragen und vorangetrieben.

Die offene Haltung des Vorsitzenden und die enge, kooperative Beziehung der beteiligten Schlüsselakteure im EBR dürften zusätzliche Aspekte gewesen sein, welche die SD-Normbildungsaktivität in Fall A begünstigten.

5.1.5 Fazit

Die Vermutung der Untersuchung, dass zwischen der staatlichen Rückbindung von SDen und einer effektiven interessengerechten transnationalen Regulierung zur Nichtdiskriminierung ein positiver Zusammenhang besteht, hat sich im analysierten Fall als prinzipiell zutreffend erwiesen.

Die ungesicherte europäische Rechtsgrundlage für substantielle EBR-Vereinbarungen führte im Fall dazu, dass schriftliche bindende Normen zur Gleichstellung von der Arbeitnehmerseite nicht durchgesetzt werden konnten. Aufgrund der ungeklärten Rechtslage gestaltete sich die SD-Normgebung zur Bekämpfung von sexueller Belästigung relativ mühevoll und schwierig. Der Fall bestätigte zudem, dass der Rechtsrahmen der EBR-RL auf normsetzende Aktivitäten von TCAs bzw. Mischformen ausstrahlt. Der unter gesetzlichem Druck errichtete EBR und seine Praxis zur Nichtdiskriminierung beförderten maßgeblich die schließlich von Gewerkschaftsverbänden unterzeichnete globale Vereinbarung gegen sexuelle Belästigung.

Daneben spielten insbesondere zwei Einflussfaktoren eine positive Rolle: das Engagement selbst von Diskriminierung betroffener Einzelakteurinnen und internationale gewerkschaftliche Netzwerke im Unternehmen.

5.2 Fall B – nationaler „shadow of the law" und gemeinwohlorientierte Akteure

In Fall B wurde die SD-Praxis bei einem staatlich dominierten Energie-versorgungskonzern untersucht.[732]Die transnationale Regelungstätigkeit stellte sich in dem Unternehmen in ihrem Umfang und ihrer Regelungstiefe allgemein als überdurchschnittlich dar. In jüngerer Zeit wurden dort weitreichende EBR-Gründungsvereinbarungen und Mischformen zur Nichtdiskriminierung erreicht.

Im Jahr 2012 wurde eine europäische Vereinbarung zur Geschlechtergleichstellung abgeschlossen, die auf Arbeitnehmerseite von einer besonderen Verhandlungsgruppe und drei europäischen Branchengewerkschaften unterzeichnet wurde. In dem Outcome (TCA_3/150)[733] greifen die Sozialpartner ausdrücklich auf EU-rechtliche Antidiskriminierungsvorgaben zurück. Der Konzern wird u.a. dazu verpflichtet, betriebliche Entgeltdiskriminierung zu ermitteln und zu beseitigen. Außerdem wird eine innovative positive Maßnahme geregelt, wonach der Frauenanteil bei den unbefristet eingestellten Beschäftigten in absehbarer Zeit auf mindestens 30 % zu erhöhen ist. Die beteiligten Gewerkschaften werden angehalten, auf eine geschlechtergerechte Besetzung des EBR und nationaler Sozialpartnergremien hinzuwirken. Der SD-Text sieht die Einrichtung eines karrierefördernden Mentorensystems sowie eine konkrete Zielvorgabe vor, um den Anteil der Frauen in Führungspositionen zu steigern.

Zur Umsetzung der Norminhalte sollen in jedem betroffenen Unternehmen[734] mit mehr als 150 Beschäftigten Aktionspläne erarbeitet werden. Die Normenimplementation wird jährlich durch ein Gremium der jeweils zuständigen nationalen Sozialpartner überprüft. Ferner legen die Parteien fest, dass ein europäischer Überwachungsausschuss einzurichten ist, dem Vertreter der Konzernleitung, der unterzeichnenden europäischen Gewerkschaften sowie nationale Gewerkschaftsvertreter/innen angehören. Der Ausschuss soll jährlich anhand von definierten Gleichstellungsindika-

---

732 Der global tätige Konzern mit Sitz in einem EU-Mitgliedsland ging vor einigen Jahren aus der Fusion eines öffentlichen Unternehmens mit einem privaten Unternehmen hervor. Die öffentliche Hand nimmt als wesentlicher Anteilseigner eine maßgebende Stellung in der bestehenden Unternehmensgruppe ein.

733 Siehe zu einzelnen Norminhalten der Vereinbarung bereits oben Teil B, 3. Kapitel.

734 Die Vereinbarung findet vornehmlich Anwendung auf die Muttergesellschaft und die ihrer Leitung unterstellten Tochterunternehmen, die in den EU- Mitgliedstaaten angesiedelt sind.

toren eine Bilanz über die Normumsetzung ziehen. Gleichzeitig fungiert er als obere Beschwerdeinstanz im Fall einer Normverletzung, die auf örtlicher Ebene nicht gelöst wird. Die Vereinbarung enthält eine Nichtregressionsklausel, wonach bestehende nationale Standards nicht abgesenkt werden dürfen. Schließlich werden Vorgaben zum anwendbaren Recht und zur Hinterlegung des SD-Outcomes bei gerichtlichen Stellen am Konzernsitz getroffen, die eine faktische Normwirkung indizieren.

Im Rahmen der Fallstudie wurden ein unmittelbar beteiligter Akteur einer europäischen Gewerkschaft interviewt. Außerdem wurde ein Vertreter einer unterzeichnenden nationalen Gewerkschaft zum Normbildungsfall befragt, der gleichzeitig EBR-Mitglied ist. Für die Arbeitgeberseite wurde ein Repräsentant des zentralen Managements interviewt.

5.2.1 Initiative des Managements und überbetriebliche Anliegen

Die SD-Regelungsaktivitäten standen im Kontext einer Konzernfusion und der anschließenden Bildung eines neuen EBR im Jahr 2009.[735]

Die Initiative zur Aushandlung der europäischen Vereinbarung zur Geschlechtergleichstellung ging von der Arbeitgeberseite aus.[736]

Hierfür waren folgende Gründe ausschlaggebend: Bei der zentralen Leitung war der Wunsch vorhanden, im Wege des SD eine gleichstellungsorientierte Personalpolitik umzusetzen und Antidiskriminierungsnormen konzernweit zu vereinheitlichen. Die arbeitgeberseitige Bereitschaft zur Aufnahme von transnationalen Normbildungsaktivitäten wurde zusätzlich dadurch befördert, dass am Stammsitz des Unternehmens neue gesetzliche Bestimmungen eingeführt worden waren, die zur Verhandlung über gleichstellungsbezogene Kollektivverträge verpflichteten.[737] Darüber hinaus nimmt das Thema Nichtdiskriminierung im Verständnis des zentralen Managements generell einen hohen Stellenwert ein. Von entsprechenden SD-Maßnahmen erhofft man sich nicht nur eine höhere Produktivität und eine bessere Positionierung im Wettbewerb mit anderen Unternehmen um Kunden und Arbeitskräfte. Bei der Konzernleitung herrscht vielmehr auch ein ausgeprägtes Bewusstsein für gesellschaftliche Verantwortung vor, welches allgemeine Gleichstellungsanliegen im Blick hat und den

---

735 Vgl. Interview B 3.
736 Vgl. Interview B 2, Interview B 3.
737 Vgl. Interview B 1, Interview B 3.

Ausgleich zwischen ökonomischen und sozialen Zielen sucht.[738] Nach Ansicht eines befragten Arbeitnehmervertreters spielte ebenso eine Rolle, dass eine transnationale Vereinbarungspolitik zur Nichtdiskriminierung dem Unternehmen die Chance zur positiven Außendarstellung bot.[739]

Vor dem geschilderten Hintergrund trat die zentrale Leitung mit einem Verhandlungsangebot an die Belegschaftsvertreter/innen im EBR[740] heran.[741] Die Arbeitnehmerseite begrüßte die Initiative. Aus ihrer Sicht bestand ein großes Interesse, die im Stammland des Unternehmens gesetzlich vorgegebene Praxis der Sozialpartner zur Chancengleichheit auf EU-Ebene „zu heben" und Antidiskriminierungsstandards konzernweit nach oben anzugleichen.[742]

Während das Management den EBR als Verhandlungspartner bevorzugte, sahen es die gewerkschaftlich organisierten EBR-Mitglieder jedoch als notwendig an, eine Gewerkschaftsbeteiligung sicherzustellen. Sie informierten daher die zuständigen europäischen Branchengewerkschaften. Gemäß den von den Gewerkschaftsdachverbänden verabschiedeten Verfahrensregeln für europäische Unternehmensvereinbarungen[743] wurde daraufhin eine Verhandlungsgruppe auf Arbeitnehmerseite gebildet, die mit europäischen gewerkschaftlichen Vertretern sowie Repräsentant/inn/en der betroffenen nationalen Gewerkschaften besetzt war.[744]

Den Interviewaussagen zufolge wirkte sich die so hergestellte Gewerkschaftshoheit positiv auf das Aushandlungsverfahren aus. Insbesondere die europäischen gewerkschaftlichen Akteure hätten eine überbetriebliche und allgemeingesellschaftliche Perspektive in den Prozess eingebracht.[745] Außerdem spielten die Vertreter/innen der dominanten Gewerkschaft am Stammsitz des Unternehmens eine federführende Rolle, um möglichst weit-

---

738 Vgl. Interview B 3.

739 Vgl. Interview B 2.

740 Bei dem EBR handelt es sich um ein gemischtes Gremium aus Arbeitnehmer- und Arbeitgebervertretern.

741 Der SD-Regulierungsprozess ließ sich teils durch die geführten Interviews, teils durch herangezogene Unternehmensbroschüren und andere Dokumente rekonstruieren.

742 Vgl. Interview B 1, Interview B 2.

743 Dazu näher *Rüb/Platzer/Müller*, Transnationale Unternehmensvereinbarungen, a.a.O., S. 84 ff.

744 An der Verhandlungsgruppe nahmen auch gewerkschaftlich mandatierte EBR-Mitglieder teil. Diese agierten dabei nicht in ihrer Funktion als EBR-Repräsentant/inn/en, sondern als Vertreter ihrer jeweiligen nationalen Gewerkschaft.

745 Vgl. Interview B 2.

gehende Norminhalte zur Nichtdiskriminierung durchzusetzen. Die Anwendung der gewerkschaftlichen Rahmenregeln trug auch zur Verfahrenssicherheit bei, was den erfolgreichen Vereinbarungsschluss begünstigte.[746]

Die arbeitnehmerseitige Verhandlungsgruppe einigte sich schließlich in neun Verhandlungsrunden mit dem zentralen Management auf einen Vertragstext, dem die im Unternehmen vertretenen Gewerkschaften zustimmten.

Stimmen auf Arbeitnehmerseite kritisierten am Verhandlungsergebnis, dass die Qualität von Kollektivverträgen im Stammland des Konzerns nicht erreicht wurde. So wurden etwa keine Regelungen zur Bereitstellung von besonderen Unternehmensbudgets getroffen, um diskriminierende Entgeltlücken zu schließen.[747]

5.2.2 Probleme bei der Normdurchsetzung

Nach Einschätzung von Arbeitnehmer- wie Arbeitgeberseite wurde die faktische Wirksamkeit des Outcomes dadurch verringert, dass staatliche Durchsetzungsgarantien fehlten. Effektivitätsmindernd habe sich v.a. ausgewirkt, dass die Rechtsverbindlichkeit und rechtliche Wirkung der SD-Normen in den betroffenen Unternehmen unsicher war.[748]

Die in der Vereinbarung vorgesehene Implementierung über örtliche Aktionspläne wurde kaum durchgeführt. Teile des lokalen Personalmanagements standen dem europäischen SD-Regelwerk mit seinen Umsetzungserfordernissen ablehnend gegenüber. Dies lag wesentlich daran, dass Gleichstellungsmaßnahmen auf den unteren Managementebenen weniger akzeptiert sind als bei der zentralen Unternehmensleitung.[749] Das zentrale Management führte deshalb zusätzliche Informationsveranstaltungen durch, um die Normumsetzung voranzubringen. Von Seiten eines europäischen Netzwerks der Personalmanager wurde erwogen, Aktivitäten zur besseren Steuerung und Koordinierung der Implementation auf Konzernebene einzuleiten.[750]

Nähere Erkenntnisse über den Fortgang des Prozesses liegen nicht vor.

---

746 Vgl. Interview B 1, Interview B 2.
747 Vgl. Interview B 2.
748 Vgl. Interview B 2, Interview B 3. Die Interviewpartner monierten in diesem Zusammenhang v.a., dass eine rechtlich abgesicherte Umsetzung der SD-Vereinbarung über verbindliche nationale Kollektivverträge nicht stattfand.
749 Vgl. Interview B 3.
750 Vgl. Interview B 3.

Nach Einschätzung der befragten Arbeitnehmervertreter ist die jeweilige nationale Normbefolgung weiterhin ungewiss und vom Engagement der Gewerkschaften vor Ort abhängig.[751]

Bei der jährlichen Prüfung durch den europäischen Überwachungsausschuss traten ebenfalls Durchsetzungsprobleme zutage. Unstimmigkeiten zwischen Management und Arbeitnehmervertretern entstanden v.a. hinsichtlich der Normeinhaltung zur Entgeltgleichheit und der Aussagekraft der vom Unternehmen bereitgestellten Daten zu bestehender Lohndiskriminierung.[752]

Festzuhalten ist, dass die SD-Regulierung zur Geschlechtergleichstellung praktische Wirksamkeitsdefizite aufweist.

5.2.3 Vereinzelte Diffusionsergebnisse

Im Rahmen der Fallstudie konnten nur vereinzelte Diffusionseffekte der SD-Normen festgestellt werden.

Nach den Angaben der Befragten wurden die Vereinbarungsinhalte später in einen Kollektivvertrag am Konzernsitz übernommen.[753] Die SD-Regelung zur angemessenen Repräsentanz von Frauen im EBR ging in eine EBR-Gründungsvereinbarung bei einem anderen Unternehmen ein. Zudem wurde die positive Maßnahme zur Erhöhung des Frauenanteils in unbefristeter Beschäftigung in jüngerer Zeit in ein weiteres TCA integriert.[754] Eine Rezeption durch staatliche Regelsetzer konnte nicht nachgewiesen werden. Allerdings berichteten die Interviewpartner über Aktivitäten, die zur weiteren Verbreitung des Outcomes beitragen. So veröffentlichten das Unternehmen und die europäischen Gewerkschaftsverbände den SD-Text jeweils im Internet. Außerdem fand zwischen nationalen betrieblichen und gewerkschaftlichen Akteuren, die in den europäischen gewerkschaftlichen Dachverbänden organisiert sind, ein Austausch über die SD-Praxis statt.

> „Wir haben immer Austauschtreffen innerhalb der europäischen Gewerkschaften zu den Entwicklungen und dem, was in der oder der Unternehmensgruppe [an Vereinbarungsergebnissen] erreicht wurde." (Interview B2/ E-AN).

---

751 Vgl. Interview B 1, Interview B 2.
752 Vgl. Interview B 1.
753 Vgl. Interview B 3.
754 Vgl. Interview B 1.

Weitere Diffusionsprozesse sind daher nicht auszuschließen.[755]

5.2.4 Klärungsbedürftiger Rechtsrahmen

Sowohl aus Sicht des Managements als auch der Arbeitnehmervertreter sind die rechtlichen Rahmenbedingungen für TCAs gestaltungsbedürftig. Es bedarf demnach eines EU-Regelwerks, das Verhandlungsakteure und rechtliche Wirkungen getroffener Vereinbarungen der Sozialpartner zur Nichtdiskriminierung eindeutig klärt. Der Experte auf Arbeitgeberseite führte in diesem Zusammenhang aus:

> „Es ist klar, dass das Fehlen eines klaren Rechtsrahmens eine Schwäche für den transnationalen Sozialen Dialog ist. Das hindert uns nicht daran, ihn zu machen (…). Aber es ist eine spontane Dynamik, die fragil sein kann."
> (Interview B3/ E-AG)

Die Arbeitnehmervertreter äußerten, dass zwingende EU-rechtliche Nicht-rückschrittsklauseln nötig seien, um ein Unterbieten von nationalen Antidiskriminierungsstandards durch transnationale SD-Regulierung zu verhindern. Sie sprachen sich zudem für rechtliche Möglichkeiten aus, Konzerne auf transnationaler Ebene zur Aufnahme von Verhandlungen und zum Vereinbarungsabschluss im Bereich der Chancengleichheit zu zwingen.[756]

5.2.5 Förderliche und hinderliche Aspekte

Zusammenfassend ist festzuhalten, dass SDe in Fall B weitreichende Norminhalte zur Nichtdiskriminierung erzielten.

Hierfür wirkte sich günstig aus, dass am Konzernhauptsitz gesetzliche Verhandlungspflichten der Sozialpartner zum Thema bestanden. Insofern waren positive Ausstrahlungseffekte eines nationalen „shadow of the law" auf die transnationale Vereinbarungspraxis zu verzeichnen. Ferner trugen ähnlich wie in Fall A Vernetzungsprozesse zwischen nationalen und europäischen, gewerkschaftlichen und betriebsrätlichen Akteuren zur erfolgreichen SD-Tätigkeit bei. Ein weiterer förderlicher Faktor bestand darin,

---

755 Die Verbreitung einzelner innovativer Vereinbarungsinhalte wurde zusätzlich in einer juristischen Datenbankrecherche untersucht. Siehe hierzu näher Teil B, 6. Kapitel.

756 Vgl. Interview B 1, Interview B 2.

dass das zentrale Management ein besonderes Engagement für Gleichstellungsmaßnahmen zeigte. Hierbei dürfte eine Rolle spielen, dass der Konzern öffentlich dominiert ist und der Staat als Hauptaktionär maßgeblichen Einfluss auf die Unternehmensführung ausübt.

Die unsichere Rechtslage stellte sich im Fall als wesentliches Hindernis dafür heraus, die vereinbarten SD-Normen zur Gleichstellung effizient umzusetzen.

5.2.6 Fazit

Die Annahme, dass sich eine staatliche Anbindung von SDen positiv auf ihre Regelungspraxis auswirkt, wurde durch die Ergebnisse weiter gestützt.

Ähnlich wie in Fall A ließ sich ein Ausstrahlungseffekt des rechtlichen Zwangs zur Gründung EBRe auf weiterführende SD-Tätigkeit auf Unternehmensebene durch TCAs nachweisen. Daneben kam ein nationaler *„shadow of the law"* zur Nichtdiskriminierung positiv zum Tragen. Aufgrund fehlender staatlicher Anbindung ließ die erzielte SD-Vereinbarung zur Geschlechtergleichstellung Durchsetzungsdefizite erkennen. Nach einmütiger Einschätzung der Akteure auf Arbeitgeber- und Arbeitnehmerseite bedarf es einer stärkeren EU-rechtlichen Regulierung, um sozialstaatsadäquate SD-Resultate sicherzustellen.

5.3 Fall C – Imageeffekte und förderliche staatliche Unterstützung

Fall C behandelt die SD-Tätigkeit zur Antidiskriminierung bei einem multinationalen Konzern einer Branche, die mit Imageproblemen zu kämpfen hat.

Vor einigen Jahren wurde in dem Unternehmen eine SD-Vereinbarung zur Gleichstellung von Frauen und Arbeitnehmer/inne/n mit Behinderung abgeschlossen, die von einem europäischen Gewerkschaftsverband mit unterzeichnet wurde.[757] Die entsprechende SD-Regulierung stellte den An-

---

757 Der Geltungsbereich der Vereinbarung erstreckt sich auf die im EBR vertretenen Länder.

fang einer – über die EBR-Gründung[758] hinausgehenden – transnationalen sozialen Vereinbarungspraxis im Konzern dar.

Der Outcome (TCA_3/115)[759] enthält Vorgaben für diskriminierungsfreie Stellenausschreibungen und unternehmensseitige Werbeaktionen in Schulen und Universitäten, um den weiblichen Beschäftigtenanteil zu erhöhen. Außerdem werden Bestimmungen zur Entgeltgleichheit und zur chancengleichen beruflichen Weiterentwicklung von Frauen getroffen. Zur beruflichen Inklusion von behinderten Menschen legen die Sozialpartner einstellungsfördernde Maßnahmen[760] fest und regulieren eine innovative angemessene Vorkehrung, wonach die Betroffenen bei der Vornahme erforderlicher Anpassungen des Arbeitsplatzes partizipativ einzubeziehen sind. Ferner wird eine Nichtregressionsklausel formuliert, wonach die Vereinbarung nicht an die Stelle günstigerer nationaler Regelungen tritt.

Die Umsetzung der SD-Norminhalte soll über nationale Kollektivverträge erfolgen.[761] Anhand von vorgegebenen Gleichstellungsindikatoren sollen lokale Aktionspläne erstellt werden. Darüber hinaus wird die Einsetzung eines Monitoring-Komitees geregelt, das sich aus HR-Management, Vertreter/inne/n der unterzeichnenden europäischen Gewerkschaft sowie Mitgliedern des geschäftsführenden EBR-Ausschusses zusammensetzt. Der europäische Überwachungsausschuss soll bei einem jährlichen Treffen Bilanz über die Umsetzung der Vereinbarung ziehen.

Im Rahmen der Fallstudie wurde auf Arbeitgeberseite ein Personalmanager einer nationalen HR-Abteilung interviewt. Auf Arbeitnehmerseite wurde ein gemeinsames Gespräch mit einem EBR-Vertreter und zwei am Umsetzungsprozess beteiligten nationalen Arbeitnehmerrepräsentantinnen geführt. Darüber hinaus wurden zwei im Konzern beschäftigte Arbeitnehmer/innen zur tatsächlichen Wirksamkeit der Vereinbarung und den Bedingungen für eine sozialstaatsgemäße SD-Regulierung befragt.

---

758 Der EBR in dem Konzern wurde 2003 eingerichtet und setzt sich aus Arbeitgeber- und Arbeitnehmervertretern zusammen.
759 Siehe näher zu den Vereinbarungsinhalten bereits oben Teil B, 3. Kapitel.
760 Die Maßnahmen umfassen u.a. Schulung und Sensibilisierung von Personalverantwortlichen sowie Kooperationen mit geschützten Werkstätten und ähnlichen Einrichtungen. Daneben treffen die Sozialpartner konkrete Vorgaben für diskriminierungsfreie Stellenausschreibungen, um die Einstellung von behinderten Menschen im Konzern zu fördern.
761 Der Vertragstext sieht insoweit vor, dass die Vereinbarung in jedem im EBR vertretenen Land durch die jeweils zuständigen Kollektivakteure mit dem Ziel der örtlichen Umsetzung unterzeichnet wird.

5.3.1 Konsensualer Regulierungsprozess[762]

Ausgangspunkt der SD-Tätigkeit war das in der EBR-Gründungsverein-barung verankerte Informations- und Konsultationsrecht zur Chancen-gleichheit und der darauf aufbauende gleichstellungsspezifische Dialog im EBR.[763]

Die Initiative zur Aushandlung der europäischen Gleichstellungsver-einbarung ging vom zentralen Management aus. Dieses unterbreitete dem EBR ein entsprechendes Verhandlungsangebot. Der Vorstoß zur Normset-zung wurde von der Belegschaftsvertretung begrüßt.

Auf Arbeitnehmer- wie Arbeitgeberseite bestand ein starkes Interesse, zu transnationalen Regelungen im Bereich der Chancengleichheit zu kommen. Das Management verfolgte dabei das Ziel, vor dem Hintergrund des demografischen Wandels Arbeitskräftepotentiale von Frauen und be-hinderten Menschen zu erschließen und dadurch Wettbewerbsvorteile ge-genüber anderen Unternehmen zu erringen. Außerdem versprach man sich von einer transnationalen Vereinbarungspolitik zur Nichtdiskriminierung positive Effekte für das Unternehmensimage. Dieser Aspekt spielte für den Konzern, der in einer Branche agiert, die mit Imageproblemen kon-frontiert ist, eine hervorgehobene Rolle.[764] Förderlich für die Initiative war auch, dass an der Spitze des Konzerns eine Frau stand, die Gleichstel-lungsmaßnahmen befürwortete.[765] Die EBR-Mitglieder waren an einer transnationalen Regulierung vornehmlich deshalb interessiert, weil sie un-terschiedliche Antidiskriminierungsstandards abmildern und Sozialkon-kurrenz zwischen verschiedenen Standorten innerhalb des Konzerns ver-meiden wollten.[766] In der Perspektive der Arbeitnehmerseite schien der SD zudem ein geeignetes Instrument zu sein, um rechtliche Antidiskrimi-nierungsvorgaben problemgerecht umzusetzen.[767]

---

762 Die folgende Darstellung des Normbildungs- und Normumsetzungsprozesses ba-siert in erster Linie auf den Erkenntnissen, die aus den geführten Expert/inn/eninterviews gewonnen wurden. Zusätzlich dazu wurde bereits bestehende Lite-ratur herangezogen und ausgewertet.
763 Vgl. Interview C 2.
764 Vgl. Interview C 1.
765 Vgl. Interview C 2.
766 Vgl. Interview C 2.
767 Vgl. Interview C 2.

Basis der folgenden Verhandlungen war eine vom EBR an den europäischen Unternehmensstandorten durchgeführte Bestandsaufnahme über die verschiedenen Nichtdiskriminierungsregeln und -praktiken.

Angesichts der Verfahrensunsicherheit für über die EBR-Gründung hinausgehende SD-Vereinbarungen beschlossen die Belegschaftsvertreter/innen, Kontakt mit der zuständigen europäischen Branchengewerkschaft aufzunehmen. Den prozeduralen Regeln des gewerkschaftlichen Dachverbandes folgend wurde daraufhin eine gewerkschaftlich mandatierte arbeitnehmerseitige Verhandlungsdelegation eingesetzt, die aus einer Vertreterin der europäischen Gewerkschaft und EBR-Mitgliedern bestand.

In weitgehend konfliktfreien Verhandlungsrunden wurde der Outcome in kurzer Zeit ausgehandelt und von der europäischen Gewerkschaft nach Zustimmung der im Unternehmen vertretenen nationalen Gewerkschaften unterzeichnet. Auf Wunsch des Managements hin wurde die Entgeltungleichheit nicht in die Liste der verbindlichen Indikatoren aufgenommen, anhand derer lokale Aktionspläne zu erarbeiten sind.

5.3.2 Unterstützung durch die EU-Kommission

Die Implementierung der SD-Vereinbarung verlief anfangs stockend. Die vorgesehene Überführung der Norminhalte in nationale Kollektivverträge und Aktionspläne wurde selten realisiert. In manchen HR-Abteilungen stießen die SD-Regelungen zur Chancengleichheit auf geringe Akzeptanz. Den befragten Arbeitnehmervertreterinnen zufolge zeigte auch ein Teil der (männlichen) Arbeitnehmervertreter nur wenig Engagement, im Bereich der Nichtdiskriminierung aktiv zu werden.[768]

Angesichts dieser Probleme beschlossen die Vereinbarungsakteure, zusätzliche Maßnahmen zu ergreifen. In einem Projekt, das von der EU-Kommission unterstützt und finanziell gefördert wurde, wurden in der Folgezeit auf europäischer Ebene sowie an nationalen Unternehmensstandorten Treffen organisiert, bei denen sich Management und Arbeitnehmervertreter/innen über Beispiele guter Antidiskriminierungspraxis im Konzern mit dem Ziel austauschten, die örtlichen Aktionspläne aufzustellen.

Durch die Einbeziehung staatlicher Akteure erhielt der Implementationsprozess deutlichen Auftrieb. Nach Einschätzung auf Arbeitgeber- wie auf Arbeitnehmerseite war insbesondere der von der EU-Kommission

---

768 Vgl. Interview C 2.

ausgeübte Druck, Ergebnisse zur Normumsetzung zu präsentieren, förderlich. Der Vertreter des Managements äußerte sich dazu wie folgt:

> „Das war förderlich (…). Zwei Aspekte: Organisatorisch, finanziell unterstützen-
> des Fundament und auf der anderen Seite als Aufmerksamkeit des externen Stake-
> holders (…). Wenn es die Thematik eines inneren Gedankens ist, dann kommt
> immer die Diskussion: Müssen wir das denn machen? Wenn Sie kommunikativ
> diesen externen Partner haben (…), ist das förderlich." (Interview C1/ E-AG)

Ähnlich führte eine Arbeitnehmervertreterin aus:

> „Die Europäische Kommission hat uns eine Verpflichtung auferlegt, Ergebnisse
> zu liefern und wir mussten „Nägel mit Köpfen machen". Wenn es diese Ergebnis-
> verpflichtung nicht gegeben hätte, wäre das Projekt vielleicht überhaupt nicht
> mehr weitergegangen." (Interview C2/ E-AN).

Ungeachtet der Fortschritte, die mithilfe der EU-Kommission bei der Implementierung zu verzeichnen waren,[769] weisen die SD-Normen den befragten Arbeitnehmervertreter/inne/n zufolge nach wie vor Wirksamkeitsdefizite auf. V.a. die fehlende staatliche Kontrolle der Normumsetzung
und -einhaltung ist demnach ein Effektivitätshindernis.[770]

Auch die Ergebnisse des Interviews mit zwei Beschäftigten deuten auf
Wirkungslücken der SD-Regulierung hin. Die Arbeitnehmer/innen gaben
an, über die betriebliche Interessenvertretung vor Ort darüber informiert
zu sein, dass der EBR im Bereich der Chancengleichheit aktiv ist. Die SD-
Vereinbarung und ihre konkreten Inhalte waren ihnen jedoch nicht bekannt. Nach der Wahrnehmung der Beschäftigten wurden auch keine
normumsetzenden Aktionspläne oder Kollektivverträge am Standort eingeführt. Obgleich sie die Gleichstellungssituation im Betrieb insgesamt als
gut bewerteten, führten sie einschränkend aus, dass einzelne Personalverantwortliche für Nichtdiskriminierungsfragen stärker zu sensibilisieren
seien. Bei der betrieblichen Interessenvertretung bestünde deutlich „Luft
nach oben" bezüglich des Engagements zum Thema.[771]

---

769 In einem weiteren SD- Outcome (TCA_3/138) einigten sich die Sozialpartner da-
     rauf, das Umsetzungsprojekt unternehmensintern fortzuführen sowie zusätzliche
     Monitoring-Komitees auf nationaler Ebene einzurichten. Der bestehenden Litera-
     tur zum Normbildungsfall war zu entnehmen, dass infolge der systematischen
     Förderung des Umsetzungsprozesses in bedeutendem Umfang Aktionspläne auf-
     gestellt und in einigen Fällen sogar nationale kollektivvertragliche Umsetzungs-
     vereinbarungen abgeschlossen wurden.
770 Vgl. Interview C 2.
771 Vgl. Interview C 3.

Immerhin lieferten die Aussagen der Beschäftigten Hinweise darauf, dass die SD-Regulierung eine gewisse, wenn auch begrenzte Wirkung auf die betriebliche Praxis hat. So finden am betreffenden Standort seit der transnationalen Normsetzung regelmäßig Sensibilisierungsaktionen zur Gleichstellung von Frauen und behinderten Menschen statt. Zudem werden, wie im SD-Text vorgesehen, Maßnahmen zur Herstellung von Barrierefreiheit am Arbeitsplatz unter aktiver Mitwirkung der Beschäftigten vorgenommen.

5.3.3 Aktivitäten zur Förderung der Normendiffusion

Rechtlich verbindliche Diffusionsergebnisse der SD-Vereinbarung konnten im Rahmen der Fallstudie nicht ermittelt werden.

Allerdings war den Aussagen aus den Interviews zu entnehmen, dass verschiedene Aktivitäten zur Förderung der Normverbreitung ergriffen wurden. So wurde der SD-Text von dem Konzern und der unterzeichnenden europäischen Gewerkschaft in mehreren Sprachfassungen im Internet publiziert und bekannt gemacht. EBR-Vertreter/innen stellten die Vereinbarungsinhalte bei Tagungen des europäischen Gewerkschaftsdachverbandes, bei Veranstaltungen nationaler Gewerkschaften und bei Sitzungen anderer EBR-Gremien vor. Im Rahmen von regelmäßigen Treffen gewerkschaftlich organisierter EBR-Mitglieder im Stammland des Unternehmens fand eine intensive Kommunikation über den Outcome statt. Ferner wurden das Management und der EBR öfter zu themenspezifischen Unternehmensforen sowie von der EU-Kommission organisierten Seminaren eingeladen, um über die SD-Aktivitäten zur Antidiskriminierung zu berichten.[772]

5.3.4 Notwendigkeit flankierender Maßnahmen?

Die Frage, ob weitere flankierende staatliche Maßnahmen für die SD-Praxis im Konzern nötig sind, wurde von den Expert/inn/en unterschiedlich beantwortet.

Aus Sicht der Arbeitnehmerseite bedürfen transnationale Unternehmensvereinbarungen zur Nichtdiskriminierung umso mehr der staatlichen

---

772 Vgl. Interview C 1, Interview C 2.

Unterstützung und Kontrolle, als eine interessengerechte Selbstregulierung der Sozialpartner beim Thema nicht immer angenommen werden kann.[773] Der Managementvertreter vertrat hingegen die Ansicht, dass eine stärkere staatliche Anbindung der SD-Tätigkeit nichts an den sozial-kulturell bedingten Durchsetzungsproblemen von Antidiskriminierungsnormen ändern würde.[774] Die Beschäftigten äußerten sich dahingehend, dass rechtliche Vorkehrungen im Sinne des Ziels Sozialstaatlichkeit sinnvoll wären, die eine Einbeziehung der Perspektive der von Benachteiligung Betroffenen in SD-Regulierungsprozesse garantieren.[775]

5.3.5 Förderliche und hinderliche Faktoren

Es lässt sich zusammenfassen, dass in Fall C der erhoffte Imagegewinn für den Konzern mit ausschlaggebend dafür war, dass transnationale Normsetzungsaktivitäten zur Antidiskriminierung aufgenommen wurden.

Für die SD-Regulierung förderlich war zudem die Vernetzung zwischen EBR, europäischen und nationalen gewerkschaftlichen Akteuren.

Die Einbeziehung staatlicher Akteure trug im analysierten Fall dazu bei, dass anfängliche Schwierigkeiten bei der Implementation abgebaut werden konnten.

Neben der unklaren Rechtslage für TCAs stellte sich einmal mehr die mangelnde soziale Akzeptanz von Gleichstellungsfragen als zusätzliches Hindernis für die praktische Wirksamkeit der SD-Normen heraus.

5.3.6 Fazit

Die Vermutung über den positiven Einfluss einer staatlichen Rückkopplung von SDen ist auch in Fall C als grundsätzlich verifiziert anzusehen.

Ähnlich wie in den anderen Fallbeispielen schlug sich der rechtliche Zwang der EBR-RL in weiterführenden unternehmensbezogenen SD-Regelungen zur Nichtdiskriminierung nieder. Die SD-Vereinbarung zur Chancengleichheit, die auf eine ungeklärte Rechtslage verwiesen ist, ließ erhebliche Durchsetzungsschwächen erkennen.

---

773   Vgl. Interview C 2.
774   Vgl. Interview C 1.
775   Vgl. Interview C 3.

Die Aussagen der Expert/inn/en auf Arbeitnehmerseite bekräftigten die Annahme, dass die SD-Praxis zur Nichtdiskriminierung in besonderem Maße auf staatliche Unterstützung und Kontrolle angewiesen ist.

5.4   Zusammenfassende hypothesenbezogene Bewertung

Die Hypothese 1 wurde durch die Ergebnisse der Fallstudien gestützt. In allen drei Praxisfällen ließ sich ein Zuwachs an transnationalen SD-Vereinbarungsaktivitäten zur Antidiskriminierung feststellen. In Einklang mit den Befunden der Dokumentenanalyse und der Expert/inn/eninterviews zeigte sich, dass in den betreffenden Konzernen v.a. der Regulierungstätigkeit durch Mischformen, bei denen EBRe und gewerkschaftliche Akteure zusammenwirken, steigende Bedeutung zukommt.

Die Annahme, dass SDe mit ihrer Regulierungstätigkeit zur Antidiskriminierung gemeinwohlorientierte nicht-antagonistische qualitative Anliegen verfolgen (vgl. H2), konnte ebenfalls weitgehend bestätigt werden. In allen drei Fallbeispielen entfalteten die Sozialpartner konsensuale gemeinwohlbezogene Regelungsaktivitäten zur Nichtdiskriminierung. Themen wie die Beseitigung von Entgeltungleichheit, die quantitative konfligierende Belange berühren, wurden von den Vereinbarungsakteuren eher ausgeblendet. Allerdings stellte sich in der Analyse heraus, dass die Kollektivakteure auf Arbeitgeberseite weniger gemeinwohlorientierte, sondern eher partikulare ökonomische Regelungsabsichten verfolgten. Lediglich in Fall B ließ das Management ein hohes Bewusstsein für allgemeingesellschaftliche Gleichstellungsziele erkennen, was mit der dominanten Stellung der öffentlichen Hand im Konzern erklärt werden kann. Im betreffenden Fall nahmen auch die gewerkschaftlichen Akteure eine überbetriebliche Perspektive zur Chancengleichheit ein.

Der Teilaspekt der Hypothese 2, wonach SDe eher normumsetzend und -konkretisierend im Feld der Antidiskriminierung tätig werden, wurde durch die Befunde bestätigt. In allen Fällen griffen die Sozialpartner rechtliche Antidiskriminierungsvorgaben ausdrücklich auf und passten diese an unternehmensspezifische Gleichstellungsprobleme an. Nur vereinzelt ließen sich innovative Normbildungsleistungen der Sozialpartner feststellen.

Auch die Hypothese 3, wonach die Leistungen von SDen, gemessen an sozialstaatlichen Zielen, unterschiedlich zu beurteilen sind, konnte untermauert werden. In allen drei Fällen erzielten die Sozialpartner sozialstaatlich akzeptable und manchmal sogar optimierende Regelungsinhalte zur

Antidiskriminierung. Die normdurchsetzenden SD-Leistungen blieben deutlich hinter sozialstaatlichen Anforderungen zurück.

In Übereinstimmung mit der Annahme der Hypothese 4 erwies sich die ungeklärte Rechtslage bei Mischformen und TCAs in allen Fällen als Haupthindernis für die tatsächliche Wirksamkeit der SD-Ergebnisse. Als zusätzlicher wirkungsmindernder Umstand kam hinzu, dass Gleichstellungsmaßnahmen bei Akteuren auf Arbeitgeber- und Arbeitnehmerseite nicht akzeptiert waren. Insbesondere auf den unteren Managementebenen stieß die entsprechende SD-Praxis auf Widerstände.

Die Vermutung, dass sich eine staatliche Anbindung von SDen positiv auf ihre Leistungsfähigkeit auswirkt (vgl. H 5a)), wurde durch die Fallstudien weiter gestützt. Der rechtliche Zwang zur Gründung EBRe und die dadurch bewirkte Verhandlungspraxis war in allen drei Fällen der Ausgangspunkt, um zu weiterführenden SD-Normen zur Nichtdiskriminierung zu kommen. Insofern war eine Ausstrahlungswirkung des „shadow of the law" festzustellen. In den Fällen A und B ließ sich zudem ein positiver Einfluss nationaler gesetzlicher Verhandlungszwänge der Sozialpartner zur Antidiskriminierung nachweisen. Weiter ergab sich in Einklang mit der Hypothese der Befund, dass staatsferne TCAs bzw. Mischformen unter Durchsetzungsproblemen leiden. Im Fall C brachte erst der Druck der EU-Kommission den Normenimplementationsprozess voran.

Daneben traten in der Analyse noch einige Zusatzfaktoren zutage, welche die SD-Leistungen beeinflussten.[776]

Ein Hindernis für sozialstaatsgemäße SD-Normsetzung und -durchsetzung war in allen Fallbeispielen die geringe soziale Akzeptanz von Gleichstellungsfragen. Im Fall A war die faktische Unterrepräsentanz von Frauen im EBR und in der Unternehmensleitung ein weiterer Aspekt, der die SD-Praxis beeinträchtigte.

In allen drei Fällen beförderte die Vernetzung und Kooperation zwischen EBRen, nationalen und internationalen gewerkschaftlichen Akteuren die SD-Normsetzung und -verbreitung. In Fall A trug das hohe Engagement selbst von Diskriminierung betroffener Einzelakteure zur erfolg-

---

776 Die Zusatzaspekte sind nicht als strikt getrennt vom Faktor des „shadow of the law" anzusehen. Die Befunde deuten vielmehr darauf hin, dass der „shadow of the law" im Zusammenhang mit fördernden zusätzlichen Umständen zum Tragen kommen kann. So entfalteten der Rechtszwang der EBR-RL und die dadurch hervorgerufene Dialogkultur in allen drei Fällen in Zusammenspiel mit weiteren Aspekten (z.B. gewerkschaftliche Netzwerke, engagierte Einzelakteure) positive Wirkung auf die SD-Praxis.

reichen SD-Praxis bei. Fall A zeigte auch, dass konkrete Diskriminie-rungsvorfälle SD-Regelungsaktivitäten zur Nichtdiskriminierung mit aus-lösen können.[777] In den Fällen B und C spielte die Arbeitgeberkonkurrenz um Arbeitskräfte eine positive Rolle. Im Fall C wurde die einschlägige SD-Tätigkeit dadurch begünstigt, dass das Unternehmen mit besonderen Imageproblemen konfrontiert war.

Die Annahme, dass Staaten die SD-Regulierung zur Nichtdiskriminie-rung durch geeignete rechtliche Vorkehrungen unterstützen sollten (vgl. H 5b)) wurde prinzipiell gestützt. Die aufgezeigten Wirksamkeitsdefizite der SD-Normen weisen deutlich darauf hin, dass es eines europäischen Rechtsrahmens für transnationale Unternehmensvereinbarungen bedarf. Nach relativ einhelliger Meinung der Expert/inn/en auf Arbeitnehmer- und Arbeitgeberseite ist eine stärkere Flankierung und Kontrolle der gleich-stellungsspezifischen Regulierungspraxis durch EBR-Abkommen, Misch-formen und TCAs geboten.

---

777 Ähnliche Erkenntnisse brachten Fallstudien über das Zustandekommen von nati-onalen Kollektivverträgen zur Nichtdiskriminierung, vgl. *Maschke*, Trendbericht, a.a.O., S. 4.

6. Kapitel: Wirksame Diffusionsleistungen?

Zehn im transnationalen SD erzielte innovative Normen und Regelungskonzepte wurden näher auf ihre Verbreitungsprozesse im rechtlich-institutionellen Umfeld hin untersucht. Im folgenden Kapitel werden die wichtigsten Ergebnisse der Diffusionsanalyse vorgestellt.[778]

6.1 EBR-Gründungsvereinbarungen – mittlerer Verbreitungsgrad

6.1.1 Verbreitung von Normen zur chancengleichen Teilnahme im EBR in EU-„Hard Law"

EBR-Gründungsvereinbarungen, die „im Schatten" der ersten EBR-RL abgeschlossen wurden, enthielten Regelungen zur ausgewogenen Repräsentanz von Frauen und anderen Beschäftigtengruppen im EBR. [779] Die RL 94/45/EG traf in dieser Hinsicht keine Vorgaben. Die Sozialpartner betraten somit europäisch nicht reglementierte Bereiche und wurden innovativ normbildend tätig.

Für das betreffende Normkonzept ließ sich eine Diffusion in den EU-Legislativprozess zur Revision der ersten EBR-RL nachzeichnen. So wies der Europäische Wirtschafts- und Sozialausschuss (WSA)[780] im Jahr 2003 in einer Sondierungsstellungnahme zu Erfahrungen mit der RL 94/45/EG auf die faktischen Unterrepräsentanzen von Frauen in EBR-Gremien hin. Unter ausdrücklichem Verweis auf die vorhandene SD-Regulierungspraxis forderte er eine gesetzliche Überarbeitung, um die angemessene Vertretung von Frauen und verschiedenen Kategorien von Arbeitnehmer/inne/n im EBR proaktiv sicherzustellen (vgl. CESE 1164/2003[781]).[782] Der

---

778 Siehe näher zum Diffusionsverständnis im Rahmen dieser Arbeit und zum methodischen Vorgehen bei der Verbreitungsanalyse oben Teil B, 2. Kapitel.

779 Vgl. dazu bereits oben Teil B, 3. Kapitel.

780 Dem WSA, der mit Sozialpartnern und Vertretern der Zivilgesellschaft besetzt ist, kommt eine beratende Aufgabe im Gesetzgebungsprozess zu. Er ist bei EU-Gesetzgebungsverfahren im Bereich der Sozialpolitik obligatorisch anzuhören. Vgl. näher zu Aufgaben und Kompetenzen des WSA *Suhr*, in: *Calliess/Ruffert*, EUV/AEUV, 2016, Art. 300 AEUV Rn. 4 ff, Art. 304 AEUV Rn. 1 ff.

781 Die Quellen der aufgeführten Diffusionsergebnisse werden gesondert im Literaturverzeichnis am Ende der Arbeit ausgewiesen.

782 Die Stellungnahme des WSA erfolgte vor Einleitung des ordentlichen Gesetzgebungsverfahrens (vgl. dazu auch Art. 304 AEUV).

Regelungsansatz der Sozialpartner ging danach noch in weitere normvorbereitende Dokumente ein (vgl. insbesondere EU-Kommission, KOM(2008) 419 endg.). Schließlich wurde er in Art. 6 Abs. 2 lit. b) der novellierten EBR-RL 2009/38/EG übernommen, der eine ausgewogene Vertretung der Arbeitnehmer nach Tätigkeit, Arbeitnehmerkategorien und Geschlecht bei der Zusammensetzung des EBR vorgibt.[783] Das Normkonzept erlangte dadurch eine umfassende Reichweite und Durchsetzungskraft in den EU-Mitgliedstaaten.

Darüber hinaus wurden die SD-Normen zur chancengleichen Teilnahme im EBR in rechtlichen Diskursen im Umkreis der Sozialpartner rezipiert (siehe beispielhaft ETUI, Report 114, 2010).

Die Dokumentendurchsicht zeigte, dass sie sich auch erfolgreich in andere Regelwerke transnationaler SDe verbreiteten. So wurde etwa die in einem EBR-Gründungsdokument von 2003 (EBR-GD_1188) vorgefundene Regelung zur angemessenen Repräsentanz von Frauen im EBR wortgleich in spätere Gründungsvereinbarungen bei anderen Unternehmen übernommen (vgl. EBR-GD_1252; EBR-GD_1389).[784]

Ein Aufgreifen in europäischer oder nationaler Rechtsprechung konnte nicht festgestellt werden.

6.1.2 Diffusion des Konzepts über Informations- und Konsultationsrechte zur Antidiskriminierung

Diffusionsergebnisse wurden auch für das in EBR-Gründungsvereinbarungen geschaffene Normkonzept über Informations- und Konsultationsrechte des EBR zur Chancengleichheit ermittelt. Eine Mitwirkung EBRe zur Nichtdiskriminierung ist im EU-Recht nicht ausdrücklich vorgesehen. SDe entfalteten somit eine innovative Regelungsaktivität.[785]

Die Internetrecherche ergab, dass der SD-Regelungsansatz in das Gesetzgebungsverfahren zur Änderung der ersten EBR-RL hineinwirkte. Die

---

783 Der Richtlinientext nimmt nicht explizit auf die vorherige SD-Praxis Bezug. Für eine erfolgreiche Diffusion spricht jedoch ihr nachweislicher Eingang in den Legislativprozess. Außerdem wurden die in SD-Dokumenten vorgefundenen Normen zum Abbau von Unterrepräsentanzen im EBR nahezu wortgleich vom europäischen Gesetzgeber übernommen.

784 Die wörtliche Übernahme der entsprechenden Klausel in andere SD-Texte ist zumindest als starkes Indiz für eine erfolgreiche Diffusion zu werten.

785 Vgl. dazu bereits oben Teil B, 3. Kapitel.

EU-Kommission nahm explizit auf ihn Bezug (EU-Kommission, 1. Anhörung zu Europäischen Betriebsräten, 2004). Auch der WSA und der Europäische Gewerkschaftsbund (EGB) griffen die SD-Praxis positiv auf und schlugen vor, Gleichstellung als Thema der Information und Konsultation in die Auffangvorschriften der EBR-RL aufzunehmen (WSA, CESE 1164/ 2003; EGB, Stellungnahme v. 21.4.2008 zur zweiten Anhörung der Sozialpartner). Das Normkonzept wurde allerdings nicht in die novellierte EBR-RL übernommen.

Die SD-Normen zur gleichstellungsspezifischen Partizipation EBRe gingen noch in weitere Politikdokumente von EU-Institutionen ein (siehe beispielhaft EU-Kommission, Industrial Relations in Europe, 2004). Überdies wurden sie in wissenschaftlichen Analysen von EU-Agenturen positiv aufgegriffen (vgl. Eurofound, EWC developments, 2015).

Die Dokumentendurchsicht zeigte zudem, dass eine wirksame Diffusion in andere EBR-Gründungsvereinbarungen stattgefunden hat. So wurde etwa das in einem Outcome bei einem französischen Konzern von 2001 (EBR-GD_1027) vorgesehene zwingende Konsultationsrecht des EBR zur Chancengleichheit wortgleich in Gründungsdokumente bei anderen französischen Unternehmen integriert (vgl. EBR-GD_1028; EBR-GD_1334; EBR-GD_1591).

Auch im nationalen rechtswissenschaftlichen Diskurs konnten Referenznahmen ermittelt werden (siehe beispielhaft Blanke, EBRG, 2006).

6.1.3 Zwischenfazit

Es kann festgehalten werden, dass Normkonzepte von EBR-Gründungsvereinbarungen, die eine hohe staatliche Rückbindung aufweisen, in EU-„Hard Law"-Kontexte „hinüber wanderten". Daneben verbreiteten sie sich erfolgreich in andere EBR-Gründungsvereinbarungen.

Mit der Übernahme des Normkonzepts über eine ausgewogenere Repräsentanz von Frauen und anderen Beschäftigtengruppen im EBR in die novellierte EBR-RL wurde eine sozialstaatsadäquate Normverbreitungsleistung erreicht.

6.2 Durch Ratsbeschluss umgesetzte SD-Vereinbarungen – sozialstaatsgemäße Reaktionen

6.2.1 Diffusion des Diskriminierungsverbots wegen Teilzeit

Sektorübergreifende SDe verankerten in der Rahmenvereinbarung zu Teilzeitarbeit von 1997 (SD_156) erstmals ein ausdrückliches europäisches Diskriminierungsverbot für alle Teilzeitbeschäftigten.[786]

Das innovative Normkonzept führte zu beachtlichen Diffusionsergebnissen im rechtlich-institutionellen Umfeld.

Der SD-Outcome zu Teilzeitarbeit wurde von EU-Kommission und Rat in EU-Richtlinienrecht überführt, wodurch er eine hohe Wirkungsbreite und -macht erlangte. Bereits dies ist als sozialstaatsgemäße Diffusionsleistung zu bewerten.[787]

Weiter rief das SD-Diskriminierungsverbot für Teilzeitbeschäftigte angemessene Reaktionen in der europäischen Rechtsprechung hervor. Der EuGH hat es mehrfach aufgegriffen und im sozialstaatlichen Sinne konkretisiert und angepasst. Der von den Sozialpartnern nicht näher definierte Begriff der „Beschäftigungsbedingungen", in denen Teilzeitarbeitende gegenüber Vollzeitbeschäftigten gleich zu behandeln sind, wurde in EuGH-Entscheidungen interessengerecht weit ausgelegt (siehe exemplarisch Rs. C-395/08 und Rs. C-395/09, Gleichbehandlung Teilzeitarbeitender in betrieblichen Systemen sozialer Sicherheit).

Ferner fanden sich in Rechts- und Politikdokumenten des Europäischen Parlaments positive Bezugnahmen auf das Normkonzept (vgl. z.B. Europäisches Parlament, 2007/2023(INI); 2009/2220(INI).

Das Diskriminierungsverbot der europäischen Sozialpartner verbreitete sich zudem in rechtspolitische Texte der ILO (vgl. beispielhaft ILO, In search of good quality part-time employment, 2014).

Eine Diffusionswirkung ließ sich auch bei innerstaatlichen Gerichten feststellen. Der SD-Nichtdiskriminierungsgrundsatz wurde in nationaler Rechtsprechung ausdrücklich rezipiert und im Anschluss an vorherige EuGH-Rechtsprechung sozialstaatlich angewandt (vgl. exemplarisch BAG, Urteil v. 10.2.2015, 9 AZR 53/14, keine Minderung des Urlaubsanspruchs nach Wechsel von Vollzeit- in Teilzeittätigkeit).

---

786 Siehe zum innovativen Charakter der SD-Regelung bereits oben Teil B, 3. Kapitel.
787 Vgl. zur Einstufung als Fall einer Diffusion oben Teil B, 2. Kapitel.

6.2.2 Verbreitung des Diskriminierungsverbots wegen Befristung

Für den erstmals im sektorübergreifenden SD auf europäischer Ebene regulierten Nichtdiskriminierungsgrundsatz wegen Befristung von 1999 (SD_204) ließen sich zahlreiche Normverbreitungsprozesse ermitteln.[788]

Schon mit der Übernahme der Sozialpartnervereinbarung zu befristeten Arbeitsverhältnisse durch die EU-Organe in sekundäres Gemeinschaftsrecht wurde ein gewichtiges Diffusionsergebnis erzielt.

Nach seiner Implementierung in zwingendes Recht wurde das SD-Diskriminierungsverbot wegen Befristung in der Rechtsprechung des EuGH aufgegriffen und in einer Weise weiterentwickelt, die sozialstaatlichen Zielen gerecht wird. So hat der EuGH insbesondere die eine Ungleichbehandlung befristet Beschäftigter rechtfertigenden "sachlichen Gründe" der Sozialpartnervereinbarung konkretisiert und sozialstaatlich adäquat eng ausgelegt (siehe exemplarisch Rs. C-307/05; Rs. C-177/10; Rs. C-486/08).

Die Internetrecherche zeigte, dass das Normkonzept Eingang in den Entstehungsprozess der EU-Leiharbeitsrichtlinie 2008/104/ EG gefunden hat. Es wurde in normvorbereitenden Dokumenten als Anregung für ein entsprechendes Diskriminierungsverbot für Leiharbeiter/innen explizit herangezogen (vgl. EU-Kommission, KOM (2002)149 endg.; WSA, CES 1027/2002). Überdies wirkte es in zahlreiche Politik- und Rechtstexte des Europäischen Parlaments hinein (siehe exemplarisch 2009/2220(INI); 2010/2018(INI)).

Diffusionsprozesse konnten über den europäischen Raum hinaus in juristische Diskurse der ILO nachgewiesen werden (vgl. etwa ILO, Policy Brief No. 6, 2015).

Schließlich löste das SD-Diskriminierungsverbot für befristet Beschäftigte sozialstaatliche Verbreitungsprodukte bei nationalen Gerichten aus (siehe etwa BAG, Urteil v. 21.2.2013, 6 AZR 524/11).

6.2.3 Zwischenfazit

Es lässt sich zusammenfassen, dass die diskriminierungsschützenden Normkonzepte für Teilzeit- und befristet Beschäftigte, die supranationales „Hard Law" wurden, in relativ großem Umfang im rechtlichen Umfeld aufgegriffen wurden.

---

788 Siehe näher zum Normkonzept bereits oben Teil B, 3.Kapitel.

Durch ihre Rezeption und Weiterentwicklung in der EuGH-Rechtsprechung wurden Diffusionsergebnisse erreicht, die normative Anforderungen der Verantwortung und Solidarität gegenüber atypisch und prekär Beschäftigten befriedigend erfüllen.

6.3 Autonom umgesetzte SD-Vereinbarungen – vereinzelte Diffusionsergebnisse

6.3.1 Verbreitung des Normkonzepts zu Belästigung

In der autonom umgesetzten branchenübergreifenden Rahmenvereinbarung zu Belästigung und Gewalt am Arbeitsplatz von 2007 (SD_502) formulierten SDe eine umfassende Definition von „Belästigung", die bestehende EU-Antidiskriminierungsvorschriften signifikant fortentwickelt.[789]

In der Analyse konnten einige Diffusionseffekte des Normkonzepts identifiziert werden.

Die SD-Begriffsdefinition fand etwa Eingang in Dokumente der EU-Kommission (vgl. insbesondere EU-Kommission, KOM(2007) 686 endg.) sowie in wissenschaftliche Produkte von EU-Agenturen (siehe Eurofound, European industrial relations dictionary, Harassment and violence at work). Der WSA griff sie zudem 2015 in einer Initiativstellungnahme auf und schlug vor, die weit gefasste Konzeption der europäischen Sozialpartner von Belästigung in ein künftiges ILO-Regelwerk gegen geschlechtsspezifische Gewalt zu übernehmen (WSA, 2016/C 013/21).

Auch bei der ILO fanden sich ausdrückliche Bezugnahmen auf das Normkonzept (vgl. z.B. ILO, Working Paper, 2013).

Weitere Diffusionsergebnisse erzielte der SD-Regelungsansatz bei staatlichen und privaten Regelsetzern in den EU-Mitgliedstaaten. So floss er im Zuge der Implementation der europäischen Rahmenvereinbarung gegen Belästigung – vereinzelt – in arbeitsrechtliche Gesetzesänderungen ein. Außerdem wurde er in mehreren EU-Mitgliedstaaten in rechtsverbind-

---

789 Vgl. schon oben Teil B, 3. Kapitel.

liche Kollektivverträge[790] inkorporiert (Business Europe/ETUC et al., Final joint report, 2011).[791]

Ferner ergab die Internetrecherche, dass das Normkonzept der europäischen Sozialpartner in jüngerer Zeit in ein Gesetzgebungsverfahren in Frankreich hineinwirkte. Es wurde in normvorbereitenden Dokumenten explizit aufgegriffen und als positiver Ansatzpunkt für eine Überarbeitung arbeits- und strafrechtlicher Begriffsbestimmungen von Belästigung verwendet (vgl. Assemblée Nationale, 2012).

6.3.2 Rezeption der SD-Regulierung zu inklusiven Arbeitsmärkten

Die autonome sektorübergreifende Rahmenvereinbarung zu integrativen Arbeitsmärkten aus dem Jahr 2010 (SD_626) enthielt einen innovativen „ganzheitlichen" Regulierungsansatz zur Überwindung von beruflicher Ausgrenzung. Der Outcome bezog sich auf sämtliche Personengruppen, die diskriminierenden Barrieren im Berufsleben ausgesetzt sind und gab ein breites Spektrum an Maßnahmen vor, um einen integrativen Arbeitsmarkt mithilfe von relevanten Akteuren (Sozialpartnern, staatlichen Stellen, NROs) zu verwirklichen.[792]

Die Internetrecherche zeigte, dass sich das Normkonzept zu inklusiven Arbeitsmärkten in größerem Umfang bei europäischen Institutionen und Einrichtungen verbreitete. So ging etwa die Forderung der Sozialpartner, die Anzahl und Qualität von Verträgen für Auszubildende und Trainees zu erhöhen, um die berufliche Teilhabe junger Menschen zu fördern, 2012 in einen normvorbereitenden Vorschlag der EU-Kommission zu Mindeststandards für Praktika ein (vgl. EU-Kommission, COM(2012) 728 final). Der umfassende SD-Ansatz zu integrativen Arbeitsmärkten wurde in einer Reihe von Dokumenten des WSA (siehe beispielhaft 2011/C 248/22) sowie in Rechtstexten des Europäischen Parlaments (so 2010/2272(INI))

---

790 Entsprechende normumsetzende Vereinbarungen wurden auf branchenübergreifender Ebene sowie auf Branchen- und Unternehmensebene ausgehandelt. In einigen EU-Mitgliedstaaten wurden tripartistische Vereinbarungen unter Einbeziehung staatlicher Akteure abgeschlossen.

791 Aufgrund der unklaren rechtlichen Wirkungen autonom umgesetzter SD-Normen nach Art. 155 AEUV können diese Ergebnisse als freiwillige Reaktion der nationalen Akteure und somit nach dem hier zugrunde gelegten Verständnis als Diffusion gewertet werden.

792 Siehe zum Regelungsgehalt der Vereinbarung bereits oben Teil B, 3. Kapitel.

und des Rats (2010/C316/01) positiv aufgegriffen. Außerdem floss er in gleichstellungspolitische Publikationen europäischer Agenturen ein (vgl. beispielhaft Eurofound, Promoting ethnic entrepreneurship in European cities, 2011).

Es ließ sich auch ein Aufgreifen des SD-Konzepts zu inklusiven Arbeitsmärkten in rechtspolitischen Dokumenten der ILO feststellen (siehe exemplarisch ILO, Employment and social protection in the new demographic context, 2013).

Weiter konnten Implementations- und Verbreitungseffekte in den EU-Mitgliedstaaten nachgewiesen werden. So diffundierten die SD-Norminhalte im Rahmen der Umsetzung der europäischen Sozialpartnervereinbarung in bindende nationale Kollektivverträge. In Dänemark schlossen Sozialpartner und staatliche Stellen ein Abkommen, um die Integration von jungen Migrant/inn/en in den Arbeitsmarkt zu verbessern. Das wirksamkeitsverstärkende Verbreitungsprodukt nimmt Menschen, die mehrfacher beruflicher Diskriminierung ausgesetzt sind, ausdrücklich speziell in den Blick (vgl. ETUC et al., Final joint implementation report, 2014).

6.3.3 Diffusionsfördernde Aktivitäten

Nähere Aufschlüsse darüber, weshalb die Normkonzepte der SD-Vereinbarungen zu Belästigung und inklusiven Arbeitsmärkten trotz geringer staatlicher Rückbindung Diffusionsergebnisse erzielten, konnten durch die Umsetzungsberichte der europäischen Sozialpartner (vgl. ETUC et al., Final joint implementation report, 2011, 2014) gewonnen werden.

Diesen war zu entnehmen, dass die SD-Outcomes über Belästigung und inklusive Arbeitsmärkte von den Vereinbarungsakteuren bei Konferenzen der EU-Kommission, des WSA sowie bei Veranstaltungen europäischer NROs präsentiert wurden. Außerdem wurden die Norminhalte in öffentlichen Anhörungen des Gleichstellungsausschusses des Europäischen Parlaments vorgestellt. Die branchenübergreifenden Sozialpartner förderten die Umsetzung und Verbreitung der Themen bei ihren Mitgliedsverbänden durch diverse Aktivitäten, die von der Bereitstellung von Übersetzungshilfen und Interpretationsleitfäden bis hin zur Organisation von Seminaren und Trainings reichten. Die EU-Kommission leistete finanzielle Unterstützung im Implementationsprozess. Darüber hinaus trug sie durch begleitende Studien und Überwachungsmaßnahmen zur Diffusion bei.[793]

6.3.4 Zwischenfazit

Festzuhalten ist, dass autonom umgesetzte SD-Normkonzepte nach AEUV Reaktionen hervorriefen und – zumindest vereinzelt – in andere bindende Regelwerke eingingen. Die Bekanntheit der Normkonzepte wurde durch institutionalisierte Austauschforen auf EU-Ebene sowie Aktivitäten der Sozialpartner gefördert. Außerdem trugen finanzielle Hilfen und begleitende Maßnahmen der EU-Kommission zu ihrer Verbreitung bei.

Reichweite und Durchschlagskraft der Diffusion blieben aber vergleichsweise begrenzt. Anders als bei EBR-Gründungsvereinbarungen und staatlich umgesetzten SD-Normen nach AEUV konnte kein Eingang in EU-„Hard Law" festgestellt werden. Auch ein Aufgreifen durch europäische oder nationale Gerichte ließ sich nicht identifizieren.

6.4 Verbreitung des sektorübergreifenden SD-Aktionsrahmens zur Geschlechtergleichstellung

6.4.1 Diffusionseffekte im europäischen und nationalen Recht

Im Jahr 2005 beschlossen die sektorübergreifenden Sozialpartner einen freiwilligen Aktionsrahmen zur Gleichstellung von Frauen und Männern (SD_477). Darin wird ein umfassender innovativer Policy-Mix aus beruflichen Gleichstellungsmaßnahmen empfohlen, der sich auf vier Aktionsschwerpunkte konzentriert: die Überwindung von tradierten Rollenbildern, die Teilhabe von Frauen an Entscheidungsprozessen, die Beseitigung von Lohnungleichheit und die geschlechtergerechte Vereinbarkeit von Familie und Beruf.

Obgleich den Inhalten keine juristische Bindungswirkung zukommt, wurden in der Analyse zahlreiche Reaktionen auf sie ermittelt.

---

793 Siehe weiterführend zur Rolle der EU-Kommission bei der Umsetzung von „autonomen" SD- Vereinbarungen nach AEUV auch EU-Kommission, Partnerschaft für den Wandel in einem erweiterten Europa, 2004, a.a.O., S. 11 f.

Die von den europäischen Sozialpartnern festgelegten prioritären Handlungsbereiche zur Nichtdiskriminierung wurden in hohem Maße in Politik- und Rechtsdokumenten der EU-Kommission, des Europäischen Parlaments und anderer EU-Institutionen positiv aufgenommen (siehe beispielhaft EU-Kommission, COM(2006)71final; Europäisches Parlament, 2007/2197(INI); Rat, 2010/C345/01).

Der SD-Ansatz wirkte in den EU-Regulierungsprozess zur Verordnung (EG) Nr. 1922/ 2006 über die Errichtung eines Europäischen Instituts für Gleichstellungsfragen hinein (vgl. WSA, 2006/C24/10).[794]

Im Jahr 2013 brachte der WSA die Regelungsideen des Aktionsrahmens zur geschlechtergerechten Entscheidungsteilhabe in das (erfolglos gebliebene) Gesetzgebungsverfahren für eine EU-Richtlinie zur ausgewogeneren Vertretung von Frauen in den Leitungsorganen börsennotierter Unternehmen ein (vgl. WSA, 2013/C133/13).

Weiter ergab die Recherche, dass der Aktionsrahmen effektiv in die überarbeitete Elternurlaubsrichtlinie 2010/18/ EU diffundierte. Die darin inkorporierte Sozialpartnervereinbarung zum Elternurlaub stützt sich in ihrem Erwägungsgrund Nr. 6 explizit auf das SD-Produkt und seine gleichstellungsfördernden Maßnahmen. Das „Soft Law"-Instrument der europäischen Kollektivakteure hat somit im Wege der Diffusion EU-rechtliche Wirkung erlangt.[795]

Darüber hinaus war eine globale Ausbreitung in gleichstellungspolitische Dokumente der ILO zu verzeichnen (siehe ILO, Working Paper, 2013).

Erfolgreiche Verbreitungsleistungen konnte auch auf anderen Regulierungsebenen des transnationalen SD festgestellt werden. So verweist etwa ein normbildendes TCA aus dem Jahr 2005 (TCA_3/116) ausdrücklich auf den Aktionsrahmen. Die darin festgehaltene positive Maßnahme, „Botschafterinnen" aus Unternehmen in Schulen zu entsenden, um junge Frauen für technische Berufe zu gewinnen, wird in dem Outcome in einer Regelung übernommen.

Wie der abschließende Bericht der europäischen Sozialpartner zur Umsetzung des Aktionsrahmens von 2009 belegt,[796] löste der SD-Policy-Mix

---

794 Das Dokument des WSA enthält keine explizite Referenz auf den SD-Aktionsrahmen. Es führt jedoch alle vier Aktionsschwerpunkte des SD-Produkts auf, was auf eine Diffusion hinweist.

795 Vgl. näher zur Bedeutung der Erwägungsgründe der Sozialpartnervereinbarung bei der Richtlinienauslegung *Nebe*, Das befristete Arbeitsverhältnis, a.a.O., S. 101.

796 Der SD-Aktionsrahmen enthält eine Follow-up-Vorkehrung, wonach die nationalen Sozialpartner jährlich über ergriffene Durchführungsmaßnahmen berichten

zudem vielfältige gleichstellungspolitische Maßnahmen auf nationaler Ebene aus. Er wurde teilweise in verbindliche Kollektivverträge überführt und ging in einigen EU-Mitgliedstaaten als Anregung in gesetzliche Neuerungen im Bereich der Nichtdiskriminierung ein (vgl. ETUC et al., Evaluation report, 2009).

6.4.2 Diffusionsfördernde Maßnahmen

Aus dem abschließenden Umsetzungsbericht der europäischen Sozialpartner ging hervor, dass die Bekanntmachung und Verbreitung des Aktionsrahmens durch vielfältige Maßnahmen vorangetrieben wurde. So publizierten die branchenübergreifenden Sozialpartnerverbände den SD-Text in mehreren Sprachen im Internet und übermittelten ihn an EU-Institutionen, nationale Behörden, transnationale und nationale Sozialpartner. Die SD-Regelungsideen wurden auf von der EU-Kommission und vom WSA organisierten Konferenzen präsentiert und im Gleichstellungsausschuss des Europäischen Parlaments diskutiert. Daneben trugen themenspezifische Veranstaltungen der ILO zu ihrer Bekanntheit bei. Die branchenübergreifenden Kollektivakteure führten zahlreiche Seminare, Workshops und Trainings durch, um die prioritären Themenfelder des Aktionsrahmens bei ihren nationalen Mitgliedsverbänden zu etablieren. Finanzielle Mittel der EU-Kommission und des Europäische Sozialfonds (ESF) leisteten dabei eine wichtige Hilfe.

6.4.3 Zwischenfazit

Es lässt sich zusammenfassen, dass Inhalte des unverbindlichen SD-Aktionsrahmens zur Geschlechtergleichstellung beachtliche Diffusionsprozesse auslösten. Insbesondere konnte ein effizientes Verbreitungsergebnis im EU-Richtlinienrecht nachgewiesen werden.

Vielfältige Maßnahmen sektorübergreifender Sozialpartner und supranationaler bzw. staatlicher Akteure trugen zu den Diffusionseffekten bei.

---

sollen. Nach vier Jahren wird von den vereinbarungsschließenden europäischen Sozialpartnern ein abschließender Umsetzungsbericht erstellt.

6.5 Mischformen und TCAs – geringe Diffusionswirkung

6.5.1 Verbreitung von Normkonzepten zu angemessenen Vorkehrungen

In einem TCA bzw. einer Mischform zur Chancengleichheit (TCA_3/115)[797] regulierten SDe, dass erforderliche Anpassungen des Arbeitsplatzes in Zusammenarbeit mit den behinderten Arbeitnehmer/inne/n festgelegt werden.

Für das innovative partizipationsorientierte SD-Normkonzept zu „angemessenen Vorkehrungen"[798] konnten nur wenige Diffusionsprozesse nachgewiesen werden.

Die Internetrecherche zeigte, dass der SD-Outcome bei EU-Agenturen positiv aufgegriffen wurde (Eurofound, 2006, 2007). Er ging zudem in den von der EU-Kommission angestoßenen rechtspolitischen Diskurs zur Schaffung eines Rechtsrahmens für transnationale Unternehmensvereinbarungen ein.[799]

Ferner nimmt eine gleichstellungspolitische Publikation der ILO positiv auf die SD-Norminhalte zugunsten von Menschen mit Behinderung Bezug (vgl. ILO, Working Paper, 2011).

Die Fallstudie, die zu der SD-Vereinbarung durchgeführt wurde, ergab, dass das Normkonzept innerhalb des betreffenden Konzerns eine gewisse Implementations- und Diffusionswirkung erzielte. So wurde die von SDen vorgesehene Mitwirkung der Beschäftigten an erforderlichen Anpassungen des Arbeitsplatzes – zumindest vereinzelt – in der betrieblichen Praxis realisiert.[800]

Ein Eingang des Normkonzepts in andere bindende Regelwerke oder staatliche „Hard Law"-Kontexte ließ sich nicht feststellen.

Ein TCA aus dem Jahr 2007 (TCA_2/17) enthielt eine Regelung, wonach im Konzern eine Anpassung des Arbeitsplatzes und der Arbeitszeit an die speziellen Bedürfnisse von älteren Arbeitnehmer/inne/n und Allein-

---

797 Nach den Ergebnissen der vertiefenden Fallstudie, die zu der Vereinbarung durchgeführt wurde, war der EBR maßgeblich am Aushandlungsprozess beteiligt. Der von gewerkschaftlichen Akteuren unterzeichnete Outcome stellt somit eine Mischform dar. Vgl. dazu bereits oben Teil B, 5. Kapitel.

798 Siehe dazu näher oben Teil B, 3. Kapitel.

799 Vertreter des Managements stellten die Vereinbarungsinhalte bei wissenschaftlichen Tagungen vor, die von der EU- Kommission organisiert und veranstaltet wurden.

800 Die positive Rezeption und Umsetzung des SD-Normkonzepts in Betrieben des betreffenden Konzerns kann aufgrund der unklaren rechtlichen Wirkung von TCAs als „freiwilliges" Diffusionsergebnis eingestuft werden.

erziehenden zu erfolgen hat.[801] SDe erweiterten damit das Regulierungs-konzept angemessener Vorkehrungen innovativ über das geschützte Merk-mal „Behinderung" hinaus auf andere Personengruppen.

Die Diffusionsanalyse ergab, dass eine Publikation von Eurofound all-gemein auf die Vereinbarung Bezug nimmt (Eurofound, 2009). Ein spezi-elles Aufgreifen des Normkonzepts konnte nicht identifiziert werden.

6.5.2 Aneignung einer innovativen positiven Maßnahme durch andere Sozialpartner

Ein TCA bzw. eine Mischform zur Geschlechtergleichstellung aus dem Jahr 2012 (TCA_3/150)[802] enthielt eine innovative positive Maßnahme, wonach der Frauenanteil bei den unbefristet eingestellten Beschäftigten im Konzern auf mindestens 30 % zu erhöhen ist.

Für das Normkonzept ließen sich vereinzelte Diffusionsergebnisse fest-stellen. So wurde es durch europäische Agenturen explizit positiv rezipiert (vgl. etwa Eurofound, 2012). Die Fallstudie zu der SD-Vereinbarung zeig-te, dass die innovative positive Maßnahme in einen Kollektivvertrag am Stammsitz des Konzerns übernommen wurde. Außerdem wurde sie in ein anderes TCA inkorporiert. Reaktionen bei staatlichen Regulierungsinstan-zen konnten nicht ermittelt werden.

Nach den Befunden der Fallanalyse trugen Vernetzungen und Kooperati-onen zwischen nationalen und europäischen, gewerkschaftlichen und be-triebsrätlichen Akteuren zur Bekanntmachung des Normkonzepts bei.[803]

6.5.3 Zwischenfazit

Es bleibt festzuhalten, dass von Mischformen und TCAs hervorgebrachte Normkonzepte nur in relativ geringem Maße diffundierten.

Anders als bei den Normkonzepten anderer SD-Formen konnte keiner-lei Diffusionswirkung im supranationalen oder (national)staatlichen „Hard Law" festgestellt werden.

---

801 Vgl. bereits oben Teil B, 3. Kapitel.
802 Nach den Ergebnissen der Fallstudie zu dem Outcome wirkten der EBR und eu-ropäische gewerkschaftliche Akteure im Aushandlungsprozess zusammen. Vgl. dazu oben Teil B, 5. Kapitel.
803 Siehe näher Teil B, 5. Kapitel.

6.6 Fazit: Unterschiedliche Diffusionsleistungen der SD-Formen

Die empirischen Befunde lassen darauf schließen, dass juristische Wirksamkeit und Umfang der Diffusion je nach SD-Regelungstyp differieren (siehe dazu auch **Abb. 8**).

Normkonzepte von EBR-Gründungsvereinbarungen gingen in EU-Richtlinienrecht und in andere bindende Regelwerke transnationaler SDe ein. In der Gesamtbetrachtung der Ergebnisse zeigten sie eine mittlere Verbreitungsintensität.

Normkonzepte SDe nach AEUV, die an supranationales Recht angeschlossen wurden, erbrachten wirksame Diffusionsleistungen von hoher Durchschlagskraft. Der Normverbreitungsgrad stellte hier als relativ hoch heraus.

Autonom umgesetzte Normkonzepte SDe nach AEUV lösten vereinzelte rechtsverbindliche Reaktionen bei (national)staatlichen Regelsetzern und Sozialpartnern aus. Ihre Verbreitungsintensität ist als mittel-hoch einzustufen.

Der unverbindliche SD-Aktionsrahmen zur Geschlechtergleichstellung rief Diffusionsergebnisse im supranationalen Recht hervor. Er wurde relativ stark im rechtlich-institutionellen Umfeld aufgegriffen.

Von Mischformen und TCAs erzeugte Normkonzepte erzielten kaum rechtlich wirksame Diffusionsergebnisse. Der Umfang der Diffusion erwies sich hier als gering.

Abb. 8: Übersicht über die rechtlich wirksamen Diffusionsergebnisse

SD- Regelungstyp	Ermittelte Diffusion
EBR- Gründungsvereinbarungen	– EU- Richtlinienrecht[804] – bindende Regelwerke SDe
Staatlich umgesetzte SD- Normen nach AEUV	– EU- Richtlinienrecht – EuGH- Rechtsprechung – nationale Rechtsprechung
Autonom umgesetzte SD- Normen nach AEUV	– nationales Gesetzesrecht – nationale Kollektivverträge
Unverbindlicher Aktionsrahmen SDe nach AEUV	– EU- Richtlinienrecht – nationales Gesetzesrecht – nationale Kollektivverträge
Mischformen und TCAs	– Regelwerke transnationaler SDe – nationale Kollektivverträge

Verwendete Farbskala: ■ Hoch ■ Mittel ☐ Niedrig

Erläuterung: Der jeweils ermittelte Umfang der Diffusion (hoch, mittel oder niedrig) wird in der Übersicht durch drei Farbstufen kenntlich gemacht.
Quelle: Eigene Darstellung

---

804 Mit der Übernahme des SD-Normkonzepts in EU- Richtlinienrecht wurden gleichzeitig mittelbare Effekte in den Rechtsordnungen der EU- Mitgliedstaaten erzielt. Die darauffolgende, supranational vorgegebene Umsetzung der EU- Richtlinie auf nationaler Ebene wurde hier nicht als „freiwillige" Diffusion eingestuft, vgl. dazu bereits oben Teil B, 2. Kapitel.

6.7 Hypothesenbezogene Bewertung

Die Hypothese 3, wonach die durch SDe erzielten Normverbreitungsleistungen, gemessen am Ziel Sozialstaatlichkeit, unterschiedlich zu bewerten sind, wurde durch die Ergebnisse bestätigt. Normkonzepte von EBR-Gründungsvereinbarungen und von staatlich umgesetzten Vereinbarungen nach AEUV lösten wirksame befriedigende Reaktionen aus. Ebenso erzielte der SD-Aktionsrahmen zur Geschlechtergleichstellung sozialstaatsadäquate Diffusionsergebnisse. Autonom umgesetzte Normkonzepte SDe nach AEUV erbrachten immerhin ansatzweise befriedigende Diffusionsleistungen. Dagegen verfehlten Normkonzepte von Mischformen und TCAs Anforderungen an angemessene Reaktionen deutlich.

Die Hypothese 4, die einen positiven Zusammenhang zwischen der staatlichen Anbindung der SD-Regelungstypen und der juristischen Wirksamkeit der Diffusion vermutet, konnte prinzipiell verifiziert werden. Innovative EBR-Gründungsvereinbarungen sowie Sozialpartnervereinbarungen nach AEUV, die auf eine hohe staatliche Rückbindung rekurrieren können, lösten effiziente Diffusionsergebnisse im EU-„Hard Law" aus. Dagegen erzielten autonom umgesetzte SD-Normen nach AEUV keine Diffusionseffekte im supranationalen Recht. Mischformen und TCAs, die unter rechtlich ungesicherten Bedingungen operieren, verbreiteten sich kaum in andere verbindliche Regelwerke.

Entgegen der in der Hypothese formulierten Annahme zeigte sich allerdings, dass der unverbindliche sektorübergreifende SD-Aktionsrahmen zur Geschlechtergleichstellung in zwingendes Recht diffundierte.

Die Hypothese 5 a), wonach sich eine staatliche Anbindung SDe positiv auf ihre sozialstaatliche Leistungsfähigkeit auswirkt, wurde durch die Befunde im Wesentlichen bestätigt. So erwies sich die Leistungskraft SDe bei der Diffusion dort als besonders hoch, wo von ihnen erzeugte Normkonzepte durch Ratsbeschluss eine intensive staatliche Anbindung erfuhren. Umgekehrt ließen Mischformen und TCAs, deren staatliche Anbindung gering ist, große Defizite in ihren normverbreitenden Leistungen erkennen. Weiter ergab die Analyse, dass dort, wo SDe unbesehen einer staatlichen Rückbindung, Diffusionseffekte erzielten, infrastrukturelle staatliche Vorleistungen und Aktivitäten eine förderliche Rolle spielten. So trugen von EU-Institutionen und Einrichtungen bereit gestellte Austauschforen zur Verbreitung von Normkonzepten der Sozialpartner bei.[805] Außerdem beförderten finanzielle Hilfen supranationaler Akteure den Diffusionsprozess. Die Befunde verweisen damit darauf, dass SDe staatlicher Unterstützung und Ressourcen bedürfen, um sozialstaatsgemäße Reaktionen herbeizuführen.[806]

Darüber hinaus traten in der Analyse noch einige weitere Aspekte zutage, die erfolgreiche Diffusionsleistungen SDe begünstigten.

Eine auffallend hohe Leistungskraft bei der Diffusion zeigte der branchenübergreifende SD. Normkonzepte sektorübergreifender Sozialpartner verbreiteten sich deutlich stärker im rechtlich-institutionellen Umfeld als Normkonzepte unternehmensbezogener SD-Formen. Hierbei dürfte eine Rolle gespielt haben, dass die Sozialpartnerverbände teilweise umfangreiche eigene Aktivitäten entfalteten, um die Diffusion voranzubringen. Außerdem finden die Einigungsresultate auf sektorübergreifender Ebene per se relativ große öffentliche Beachtung und Aufmerksamkeit. Dies dürfte ebenfalls zu den erzielten Ergebnissen beigetragen haben.

Schließlich zeigte die Analyse, dass Vernetzung und Kooperation zwischen nationalen und europäischen, gewerkschaftlichen und betriebsrätlichen Akteuren die Ausbreitung von SD-Regelungsaktivitäten zur Nichtdiskriminierung befördern können.

---

805 Eine institutionelle Stütze für Diffusionsprozesse im Bereich der Nichtdiskriminierung können auch spezielle EU-Agenturen wie das 2007 eingerichtete Europäische Institut für Gleichstellungsfragen (EIGE) bieten. So zählt es zu den genuinen Aufgaben des Instituts, Informationen über gute Praktiken zur Geschlechtergleichstellung bei europäischen Sozialpartnern zu generieren und zu verbreiten und eine Plattform für den Austausch zwischen relevanten Akteuren auf EU-Ebene zu bieten. Vgl. dazu Art. 3 Verordnung (EG) Nr. 1922/2006. Siehe zur Bedeutung von EU-Agenturen für eine erfolgreiche Normendiffusion auch *Nebe*, Transnationalisierung, a.a.O., S. 510.
806 Vgl. *Nebe*, Transnationalisierung, a.a.O., S. 508, 513.

7. Kapitel:
Diversität und Inklusion durch transnationale Soziale Dialoge? – Ansatzpunkte und Lücken

Im folgenden Kapitel werden die SD-Leistungen zusammenfassend anhand der EU-sozialverfassungsrechtlichen Beurteilungsmaßstäbe zum Diskriminierungsschutz beurteilt. Ansatzpunkte für eine sozialstaatsgemäße SD-Normgebung und verbleibende Regelungslücken werden aufgezeigt.

7.1 Menschenwürdegerechter Schutz vor Diskriminierung und Belästigung

In Einklang mit dem Wert der *Menschenwürde* trafen SDe umfassende Regelungen zum Schutz vor Diskriminierungen im Erwerbsleben.

Zahlreiche SD-Normprodukte brachten explizit zum Ausdruck, dass heterogene Belegschaften als Potenzial und Bereicherung anerkannt und wertgeschätzt werden. Die Sozialpartner orientierten sich somit an *Vielfalt* und der Bewahrung von individueller und kollektiver Identität als Ausfluss der Menschenwürde. SD-Vereinbarungen regelten Benachteiligungsverbote zugunsten eines breiten Spektrums an Personen und Gruppen. Mischformen und TCAs führten öfter geschützte Merkmale auf, die über Art. 19 AEUV und Art. 21 GRCh innovativ hinausweisen (z.B. Gesundheitszustand, äußere Erscheinung, Familienname).

Der durch die Menschenwürde gebotene *Schutz vor (sexueller) Belästigung in den Arbeitsbeziehungen* wurde in einigen SD-Outcomes sozialstaatsadäquat konkretisiert. Die sektorübergreifende Rahmenvereinbarung zu Belästigung und Gewalt am Arbeitsplatz (2007) enthielt eine weit gefasste menschenwürdegerechte Definition von Belästigung. Diese führte auch vereinzelte sozialstaatlich akzeptable Reaktionen herbei. Substantielle EBR-Normen und TCAs bzw. Mischformen (vgl. Fallstudie A) zeigten ebenfalls Ansätze für eine problemnahe Umsetzung rechtlicher Antidiskriminierungsvorgaben. In der Gesamtbetrachtung der Ergebnisse ist aber festzuhalten, dass der anhaltend virulente Problembereich der (sexuellen) Belästigung am Arbeitsplatz[807] eher sporadisch von SDen behandelt wur-

---

807 Ein neuere Studie der EU-Grundrechteagentur belegt, dass sexuelle Belästigung von Frauen am Arbeitsplatz ein unverändert großes Problem in den EU-Mitgliedstaaten darstellt; vgl. EU-Grundrechteagentur, Gewalt gegen Frauen: eine EU-

de. Die Kollektivakteure schöpften vorhandene Möglichkeiten nicht aus, durch praxisnahe Regelungen auf Branchen-[808] und Unternehmensebene zu einem respektvollen Arbeitsumfeld effektiv beizutragen.[809]

In den SD-Texten weitgehend unthematisiert blieben Würdeverletzungen, bei denen nicht die Träger/innen des geschützten Merkmals, sondern Dritte benachteiligt werden, die mit ihnen eng verbunden sind (*drittbezogene bzw. sog. assoziierte Diskriminierung*). Die überarbeitete Sozialpartnervereinbarung zum Elternurlaub (2009) bildete eine positive Ausnahme. Diese gab ausdrücklich vor, dass die Bedürfnisse von Eltern behinderter oder langzeiterkrankter Kinder besonders zu berücksichtigen sind.

7.2   Sozialer Schutz vor Benachteiligung wegen familiärer Pflichten

Die Sozialpartner regulierten Norminhalte zur Gleichbehandlung von Arbeitnehmer/inne/n mit Familienpflichten, die normativen Anforderungen des *sozialen Schutzes* entsprechen.

Besonders gewichtige SD-Leistungen stellten in dieser Hinsicht die branchenübergreifenden Rahmenvereinbarungen über den Elternurlaub (1995/ 2009) dar, die EU-„Hard Law" wurden. Die Outcomes enthielten sozialstaatsgemäße Regelungen, insbesondere zum Schutz vor Entlassung aufgrund der Inanspruchnahme des Elternurlaubs und zum Erhalt erworbener Rechte. Darüber hinaus schufen SDe darin Norminhalte für einen diskriminierungsfreien beruflichen Wiedereinstieg, die sozialstaatliche Ziele optimieren. Mit der Übernahme der Sozialpartnervereinbarungen zum Elternurlaub in supranationales Recht wurden zudem sozialstaatsadäquate Diffusionsergebnisse zur Antidiskriminierung erreicht.

Der sektorübergreifende Aktionsrahmen zur Geschlechtergleichstellung (2005) erzielte ebenfalls eine beachtliche Diffusionsleistung im Bereich

---

weite Erhebung, 2014, im Internet zu finden unter: <http://fra.europa.eu/de/publication/2014/gewalt-gegen-frauen-eine-eu-weite-erhebung-ergebnisse-auf-einen-blick> (zuletzt abgerufen am 29.8.2018).

808   Ansätze einer entsprechenden Vereinbarungspraxis zeigten die Sozialpartner in den Sektoren öffentlicher Dienst, Handel und private Sicherheitsdienste. Die branchenbezogenen Kollektivakteure einigten sich im Jahr 2010 auf gemeinsame multisektorale Leitlinien zur Bekämpfung von Gewalt und Belästigung am Arbeitsplatz durch dritte Personen (vgl. Dok. SD_639).

809   Vgl. dazu auch die Handlungsempfehlungen und Praxisbeispiele bei *Eggert-Weyand*, Belästigung am Arbeitsplatz, 2010, S. 172 ff.

des *sozialen Schutzes,* indem er wirksam in die Elternurlaubsrichtlinie 2010/18/EU einging.

Einige Mischformen und TCAs befassten sich problemadäquat mit der *sozial schützenden* Nichtdiskriminierung wegen familiärer Pflichten in multinationalen Konzernen. Entsprechende SD-Ergebnisse thematisierten u.a. Benachteiligungsverbote wegen des Elternurlaubs.[810] Daneben garantierten sie diskriminierungsfreie Einstellungsverfahren für Schwangere.

In den SD-Outcomes meist ausgespart wurde das Thema der Bezahlung des Elternurlaubs.[811] Damit wurde eine zentrale Frage für die geschlechtergerechte Aufteilung von Aufgaben der Kinderbetreuung[812] von SDen nur unzureichend behandelt. Ebenfalls kaum vorzufinden waren gleichstellungsgerechte Regelungen zur Anerkennung von beschäftigungsfreien Zeiten wegen familiärer Belange z.B. für die betriebliche Altersversorgung.[813] Insofern waren die SD-Leistungen zur Antidiskriminierung, gemessen an sozialstaatlichen Zielen, lückenhaft.

7.3 Solidarität und Verantwortung gegenüber diskriminierten Gruppen

Die Sozialpartner nahmen ihre gemeinsame *Verantwortung* wahr, auf die Realisierung von beruflicher Chancengleichheit und die Vermeidung von Diskriminierung hinzuwirken. In Einklang mit der normativ geforderten *Solidarität* gegenüber diskriminierten Gruppen vereinbarten sie umfangreiche Antidiskriminierungsnormen für verschiedene Phasen des Erwerbslebens. Mischformen und TCAs legten gemäß der *Verantwortung der Sozialpartner für eine aktive betriebliche Gleichstellungspolitik* häufiger fest, Bestandsanalysen zu

---

810 Vgl. exemplarisch TCA_3/115; TCA_3/150.

811 Der sektorübergreifende Aktionsrahmen zur Geschlechtergleichstellung (2005) enthält die weiterführende Empfehlung, durch Kollektivverträge spezielle Fonds zur Finanzierung des Elternurlaubs einzurichten.

812 Der Erwägungsgrund Nr. 20 der sektorübergreifenden Rahmenvereinbarung zu Elternurlaub (2009) weist ausdrücklich darauf hin, dass die Höhe der Vergütung während des Elternurlaubs ein maßgeblicher Faktor für die ausgewogenere Inanspruchnahme des Elternurlaubs durch beide Geschlechter ist.

813 Entsprechende Regelungslücken wurden auch in der deutschen Kollektivvertragspraxis festgestellt, siehe dazu *Maschke/Zurholt*, Chancengleich und familienfreundlich, a.a.O., S. 166 f.

bestehenden Benachteiligungen durchzuführen und darauf aufbauend problemgenaue Ziele und Maßnahmen zu entwickeln.[814]

7.3.1 Positive Maßnahmen zur Gleichstellung

Als Ausdruck eines *verantwortungsgemäßen* Handelns vereinbarten die fünf Dialogformen zahlreiche *positive Maßnahmen,* um die berufliche Gleichstellung von Frauen, behinderten Menschen, Älteren u.a. gezielt zu fördern. Die Sozialpartner trugen auf diese Weise zur normativ geforderten *Selbstbestimmung* von Menschen durch eine volle, diskriminierungsfreie Teilhabe am Erwerbsleben bei.

Besonders häufig in der SD-Praxis anzutreffen waren spezifische Förderaktivitäten zur tatsächlichen Gleichstellung der Geschlechter. Insbesondere Mischformen und TCAs regelten ein breites Spektrum an positiven Maßnahmen zugunsten von Frauen. Hierzu zählten spezifische Werbemaßnahmen, um junge Frauen für wissenschaftlich-technische Berufe zu gewinnen, spezielle Schulung der Personalverantwortlichen, die Einrichtung von Frauennetzwerken oder Mentoringprogramme zur Karriereförderung. Einige SD-Outcomes schrieben sozialstaatsadäquate Mindestquotenvorgaben fest, um die Zahl der weiblichen Beschäftigten zu erhöhen und die angemessene Teilhabe von Frauen in Führungspositionen sicherzustellen. Eine Vereinbarung enthielt eine sozialstaatlich optimierende Quotenregelung, um den Frauenanteil in unbefristeten Arbeitsverhältnissen zu steigern. Manche SD-Normen zielten darauf hin, die anhaltende weibliche Unterrepräsentanz in gewerblich-technischen Ausbildungsgängen zu reduzieren. Verbindliche Bevorzugungs- und Quotierungsregelungen für Frauen bei der Vergabe von entsprechenden Praktikums- und Ausbildungsplätzen[815] wurden jedoch nicht getroffen. Insofern nutzten die Sozialpartner bestehende Möglichkeiten nicht, durch positive Maßnahmen der Segregation des Arbeitsmarkts in Frauen und Männerberufe[816] proaktiv entgegenzuwirken.[817] Ferner wurden transnationale SDe

---

814 Vgl. zum konstruktiven Beitrag von Ist- Analysen und darauf aufbauenden sachangemessenen Maßnahmen und Zielen für eine effektive betriebliche Gleichstellungspolitik bereits oben Teil B, 3. Kapitel.

815 Vgl. dazu *Raasch*, in: *Rust/Falke*, AGG, a.a.O., § 5 Rn. 48.

816 Weiterführend zur anhaltenden horizontalen Segregation in „typische" Frauen- und Männerberufe mit ihren diskriminierenden Folgen ILO, Women at Work. Trends 2016, S. 39 ff., im Internet abrufbar unter: <http://www.ilo.org/wcmsp5/

nicht hinreichend für eine geschlechtergerechte Teilnahme an betrieblicher Weiterbildung tätig. Denkbare Gestaltungsoptionen wie Qualifizierungsmaßnahmen speziell für Frauen oder Quotenregelungen für Weiterbildungsplätze[818] blieben in den SD-Produkten unberücksichtigt.

Wiederum *solidarisch* und *verantwortungsgemäß* ergriffen substantielle Vereinbarungen EBRe, Mischformen und TCAs positive Maßnahmen zugunsten Benachteiligter weiterer Merkmalsgruppen. So formulierten die Sozialpartner zur besseren beruflichen Integration von Menschen mit Behinderung u.a. sozialstaatsgemäße Zielvorgaben zur Einstellung in den regulären ersten Arbeitsmarkt.[819] Außerdem wurden Aktionen zur Sensibilisierung der Mitarbeiter/innen vereinbart sowie Regelungen für eine individuelle arbeitsbegleitende Betreuung der behinderten Arbeitnehmer/innen festgelegt. Weitere SD-Vereinbarungen reglementierten konzernweite Schulungen zum Diskriminierungsschutz für Ältere und individuelle Karrieregespräche für ältere Beschäftigte. Im Sinne der *Selbstbestimmung* älterer Menschen und der *intergenerationellen Solidarität* wurden vereinzelt Mentoringprogramme beschlossen, bei denen ältere Arbeitnehmer/innen ihr Erfahrungswissen an Jüngere weitergeben.

Insgesamt muss allerdings konstatiert werden, dass gezielte Fördermaßnahmen zur Überwindung von beruflicher Diskriminierung längst nicht flächendeckend in unternehmensbezogenen SD-Vereinbarungen reguliert wurden. Entsprechende SD-Leistungen blieben auf eine relativ geringe Anzahl an multinationalen Konzernen, vorwiegend mit Hauptsitz in Frankreich, begrenzt.

---

groups/public/---dgreports/---dcomm/---publ/documents/publication/wcms_457
317.pdf> (zuletzt abgerufen am 29.8.2018).

817 Sektorale SDe haben entsprechende Fördermaßnahmen bereits in Ergebnissen ohne Bindungswirkung thematisiert. Vgl. dazu bspw. den „Leitfaden der europäischen Sozialpartner zur besseren Vertretung von Frauen im Eisenbahnsektor" (2012). Auch die branchenübergreifenden Sozialpartner forderten jüngst in ihrem „Aktionsrahmen zur Jungendbeschäftigung" (2013) Arbeitgeber- und Arbeitnehmerverbände dazu auf, die Unterrepräsentanz von Frauen in wissenschaftlich-technischen Studien- und Ausbildungsgängen zu reduzieren.

818 Vgl. dazu auch *Maschke/Zurholt*, Chancengleich und familienfreundlich, a.a.O., S. 48 f.

819 Siehe zur sozialstaatlichen Anforderung einer Teilhabe behinderter Menschen auf dem allgemeinen Arbeitsmarkt auch *Nebe*, in: *Däubler*, TVG, 2016, § 1 Rn. 278.

7.3.2 Inklusive Gestaltung des Arbeitsplatzes

In Einklang mit dem Ziel einer *selbstbestimmten* und gleichberechtigten Teilhabe am Erwerbsleben trafen transnationale SDe Vorgaben für eine *inklusive Gestaltung von Arbeitsplätzen.*

Die gesetzliche Verpflichtung von Arbeitgeber/inne/n zur Bereitstellung von angemessenen Vorkehrungen für behinderte Menschen wurde in einem TCA partizipationsorientiert dahingehend verbessert, dass die Betroffenen in die Maßnahmeentwicklung einzubeziehen sind. Einzelne substantielle EBR-Vereinbarungen, Mischformen und TCAs formulierten sozialstaatlich adäquate und optimierende Regelungen zur Anpassung der Arbeitsbedingungen an die Bedarfe älterer Arbeitnehmer/innen und Alleinerziehender.

Gänzlich ausgespart wurden von SDen Fragen der *diversitätsgerechten* Arbeitsplatzgestaltung in Bezug auf das Merkmal Religion. Denkbare Regelungsmöglichkeiten wären hier bspw. ein Recht auf Gebetspausen in der Arbeitszeit, die Einrichtung von besonderen Gebetsräumen oder die Freistellung von der Arbeit an religiösen Feiertagen.[820] Insoweit wiesen die SD-Resultate im Bereich der Antidiskriminierung Regelungsdefizite auf.

7.3.3 Verantwortungsbewusstsein zur Überwindung von prekärer Beschäftigung?

Vor dem Hintergrund der anhaltenden Prekarisierung von Arbeit ist es ein Erfordernis der *Solidarität,* dass die Sozialpartner der Segmentierung in sog. Kern- und Randbelegschaften *verantwortlich* entgegentreten.

Demgemäß entfalteten SDe beachtliche Regelungsaktivitäten zur Verbesserung der Situation von Menschen in atypischen und prekären Beschäftigungsverhältnissen.

Gewichtige SD-Resultate stellten insbesondere die sektorübergreifenden Rahmenvereinbarungen zu Teilzeitarbeit (1997) und Befristung (1999) dar, die in sekundäres Gemeinschaftsrecht überführt wurden. Die dort verankerten Diskriminierungsverbote für in Teilzeit und befristet Arbeitende wirkten sozialstaatlich orientiert auf die Überwindung von prekä-

---

820 Weiterführend zu Anpassungsmaßnahmen am Arbeitsplatz in Bezug auf das Merkmal Religion *Bribosia/Rorive*, Reasonable Accommodation, a.a.O., S. 46 f.; *Raasch*, in: *Rust/Falke*, AGG, a.a.O., § 5 Rn. 58.

rer Beschäftigung hin. Die normierten Pflichten des Arbeitgebers zur Information über unbefristete Arbeitsplätze sowie zur Aus- und Weiterbildung befristet Beschäftigter stellten gar eine sozialstaatlich optimierende Leistung SDe dar. Die Diskriminierungsverbote wegen Teilzeit und Befristung lösten anpassende Reaktionen in der EuGH-Rechtsprechung aus, die EU-sozialverfassungsrechtliche Vorgaben befriedigend erfüllen.

EBR-Gründungsvereinbarungen ließen ansatzweise *Verantwortungsbewusstsein* erkennen, indem sie – sehr vereinzelt – EBRen Informations- und Konsultationsansprüche zum Einsatz von atypischer Beschäftigung im Unternehmen einräumten.

Im Rahmen von Mischformen wurden zwei Outcomes zur Nichtdiskriminierung von Leiharbeiter/inne/n erzielt. Diese enthielten u.a. Regelungen zu chancengleicher Qualifizierung sowie zur bevorzugten Übernahme von entliehenen Arbeitnehmer/inne/n in reguläre Beschäftigungsverhältnisse.[821] Eine SD-Vereinbarung[822] traf überdies eine Quotenregelung, um die Anzahl der im Konzern beschäftigten Leiharbeiter/innen im Verhältnis zur Stammbelegschaft zu begrenzen.[823] Mischformen wirkten somit der Ausuferung von prekären Beschäftigungsverhältnissen problemgerecht und *verantwortungsvoll* entgegen.

Auch in TCAs fanden sich sozialstaatlich akzeptable Regelungen zur Bekämpfung unsicherer Beschäftigungsbedingungen. So regulierten beteiligte Sozialpartner vereinzelt Zielvorgaben für die Umwandlung von befristeten in unbefristete Arbeitsverträge. Sehr selten wurden *verantwortungsgemäß* Informations- und Beratungsrechte der nationalen Beschäftigtenvertretungen über die geschlechtsspezifische Verteilung atypischer Beschäftigung festgeschrieben.

In der Gesamtschau ist jedoch festzuhalten, dass die SD-Leistungen auf Unternehmensebene zur Überwindung ungesicherter Arbeitsverhältnisse bislang unzureichend sind. Entsprechende weiterführende SD-Tätigkeit blieb auf wenige Normbildungsfälle beschränkt. Im Rahmen von substantiellen EBR-Vereinbarungen und TCAs wurde keine einzige verbindliche

---

821 Siehe dazu und zu weiteren Regelungsmöglichkeiten der Sozialpartner in Bezug auf das Thema Leiharbeit auch *Nebe*, in: *Däubler*, TVG, 2016, § 1 Rn. 271.

822 M_2/203.

823 Vgl. zu ähnlichen Regelungsoptionen der Sozialpartner zur Eindämmung befristeter Arbeitsverhältnisse Nebe, Vereinbarkeit von Familie und Beruf, a.a.O., S. 447.

Vereinbarung erreicht, die sich schwerpunktmäßig mit dem Thema atypische und prekäre Beschäftigung befasste.[824]

7.3.4 Berufliche Inklusion arbeitsmarktferner Gruppen

Das Prinzip der *Solidarität* impliziert nicht nur Solidarität innerhalb der Arbeitsbeziehungen. Es gebietet vielmehr auch *sozial verantwortliches* Handeln, um die *berufliche Eingliederung von arbeitsmarktfernen bzw. ausgegrenzten Personen* zu fördern.

Einen sozialstaatsgemäßen Regulierungsbeitrag hierzu leistete die branchenübergreifende SD-Vereinbarung zu integrativen Arbeitsmärkten (2010). Diese verfolgte einen umfassenden Ansatz zur Überwindung von Ausgrenzungen am Arbeitsmarkt. Sie führte vielfältige Maßnahmen auf, um die berufliche Teilhabe arbeitsmarktferner Problemgruppen mithilfe von Sozialpartnern, staatlichen Stellen und anderen Akteuren zu realisieren. Hierzu zählten u.a. zielgruppenspezifische Aus- und Weiterbildungsmaßnahmen für un- und geringqualifizierte Arbeitnehmer/innen sowie junge Menschen ohne Schulabschluss. Daneben wurden finanzielle Anreizsysteme für Arbeitgeber/innen zur Einstellung von besonders ausgeschlossenen Personen eingefordert. Der weite SD-Ansatz zu integrativen Arbeitsmärkten führte zu einem *verantwortungsvollen* Diffusionsergebnis in den EU-Mitgliedstaaten, das auf die berufliche Inklusion arbeitsmarktferner junger Migrant/inn/en zielte.[825]

Im Rahmen von substantiellen EBR-Normen, Mischformen und TCAs wurden nur punktuell *solidarische* Inhalte zugunsten von exkludierten Personen vereinbart. So wurden etwa Regelungen über spezifische Stellenausschreibungen getroffen, um ältere Arbeitnehmer/innen zur Bewerbung zu ermutigen. Des Weiteren legten die Sozialpartner Zielvorgaben zur Integration behinderter Menschen in reguläre Beschäftigung fest und sahen Ausbildungs- und Stipendienprogramme für sozial benachteiligte Jugendliche vor.

---

824 In jüngster Zeit gab es Ansätze für solche Regulierungen. So erzielte die Internationale Lebensmittelgewerkschaft (IUL) 2016 ein transnationales Vereinbarungsergebnis beim Konzern Danone zur Überwindung von prekären Beschäftigungsverhältnissen. Nähere Informationen hierzu sind abrufbar unter: <http://www.iuf.org/w/?q=node/4855> (zuletzt abgerufen am 10.7.2018).

825 Siehe hierzu bereits oben Teil B, 6. Kapitel.

Nicht speziell thematisiert wurden Maßnahmen zur beruflichen Eingliederung älterer und alleinerziehender Frauen oder von Frauen mit Behinderung. Damit wurden zentrale Problemgruppen, die besonders von Zugangsbarrieren zum Arbeitsmarkt betroffen sind,[826] aus der SD-Tätigkeit ausgeklammert.

7.3.5 Diskriminierungsfreie Anpassung an Veränderungsprozesse

Einige substantielle EBR-Vereinbarungen und TCAs trafen *sozial verantwortliche* Regelungen, um die Herausforderungen von Veränderungsprozessen wie Restrukturierung gleichstellungsgerecht zu bewältigen. So wurden allgemeine Diskriminierungsverbote aufgrund verschiedener Merkmale in Bezug auf die Durchführung grenzüberschreitender Umstrukturierungen und anderer Maßnahmen, die erhebliche Auswirkungen auf die Beschäftigten haben, formuliert.

Seltene SD-Normen thematisierten die chancengleiche Teilnahme von Frauen und älteren Arbeitnehmer/inne/n an betrieblicher Schulung und Weiterbildung zur Sicherung des Arbeitsplatzes.

Einzelne Outcomes betonten und erweiterten die Beteiligungsrechte nationaler Arbeitnehmervertretungen in Hinblick auf eine antizipative, gleichstellungsgerechte Personalplanung.

Die SD-Leistungen zur *solidarischen*, diskriminierungsfreien Gestaltung von Veränderungen und industriellem Wandel[827] blieben allerdings unvollständig. In keiner SD-Vereinbarung wurden die Folgen von Restrukturierungen und anderen Änderungsmaßnahmen auf schutzbedürftige und benachteiligte Gruppen detaillierter behandelt. Weiterführende gleichstellungsbezogene Regelungsoptionen zur Beschäftigungssicherung und zur Förderung der Beschäftigungsfähigkeit[828] wurden von den Sozialpart-

---

826 Vgl. Europäisches Parlament, Entschließung vom 9. Juni 2015 zu der Strategie der EU für die Gleichstellung von Frauen und Männern nach 2015 (2014/2152 (INI)), Rn. 1, 38.

827 Vgl. zu den jüngeren Herausforderungen durch die zunehmende Digitalisierung und daraus folgenden Gestaltungsaufgaben der Sozialpartner zur Beschäftigungssicherung *Nebe*, in: *Däubler*, TVG, 2016, § 1 Rn. 275 ff.

828 Weiterführend zur Notwendigkeit von proaktiven Maßnahmen zur Beschäftigungssicherung und zum Erhalt der Beschäftigungsfähigkeit EU-Kommission, Grünbuch, Umstrukturierung und Antizipierung von Veränderungen, 2012, S. 15 ff.

nern nicht genutzt.[829] Zu denken wäre hier etwa an eine Verankerung von Qualifizierungsmaßnahmen speziell für Frauen oder für ältere oder junge Arbeitnehmer/innen, die bei Umstrukturierungen besonders häufig von Entlassungen betroffen sind.

In den SD-Produkten unberücksichtigt blieben zudem spezielle beschäftigungserhaltende Maßnahmen zugunsten von atypisch Beschäftigten. Auch *verantwortungsgemäße* Höchstquotenregelungen, um einer Ausuferung prekärer Beschäftigungsformen (Befristung, Leiharbeit) in Veränderungsprozessen vorzubeugen, wurden nicht getroffen.

Ebenfalls von SDen nicht wahrgenommen wurde die Möglichkeit, EBRen als restrukturierungsrelevanten Akteuren[830] weitergehende gleichstellungssichernde Beteiligungsrechte zum Thema einzuräumen.

7.3.6 Umsetzung der Forderung nach geschlechterbezogener Entgeltgleichheit

Unternehmensbezogene SD-Akteurskonstellationen kamen ansatzweise ihrer *sozialen Verantwortung* nach, den Grundsatz der Entgeltgleichheit zwischen Männern und Frauen in der Praxis umzusetzen.[831]

Zahlreiche substantielle EBR-Vereinbarungen, Mischformen und TCAs verwiesen auf die ILO-Kernarbeitsnormen und damit auch auf das Recht auf Lohngleichheit. Manche Outcomes erwähnten explizit das ILO-Übereinkommen Nr. 100 zur Bekämpfung von Entgeltdiskriminierung. Die SD-Regulierung erschöpfte sich dabei jedoch zumeist in allgemeinen Bezugnahmen, ohne weitere Verfahrensschritte zu benennen, wie Lohngerechtigkeit im Konzern hergestellt werden soll.[832]

Vereinzelte Mischformen und TCAs normierten weitergehende Verpflichtungen, Entgeltsysteme im Unternehmen diskriminierungskritisch zu

---

829 Siehe zu Regelungsmöglichkeiten der Sozialpartner zum Thema bereits oben Teil B, 3. Kapitel.

830 Siehe zur Regelungspraxis EBRe zum Thema Restrukturierung näher *Heimann*, Substantielle Vereinbarungen EBRe, a.a.O., S. 73 ff.

831 Vgl. zur Handlungsverantwortung der Sozialpartner beim Thema Entgeltgerechtigkeit *Pfarr*, Die Entgeltgleichheit für Frauen und Männer erfordert ein Durchsetzungsgesetz, WSI-Mitteilungen 2011, 254.

832 Siehe zu entsprechenden Gestaltungsanforderungen für eine praxiswirksame SD-Regulierung *Seifert*, Der Beitrag der IAO zur Verwirklichung des Grundsatzes der Entgeltgleichheit zwischen Frauen und Männern, in: *Hohmann-Dennhardt/Körner/Zimmer* (Hrsg.), Geschlechtergerechtigkeit, a.a.O., S. 464 f.

überprüfen und bei Bedarf zu überarbeiten. In einigen Fällen übertrugen die Sozialpartner *verantwortungsbewusst* dem EBR Aufgaben zur Kontrolle der Entgeltgleichheit zwischen Männern und Frauen.[833]

Konkrete sozialstaatsgemäße Vorgaben für eine diskriminierungsfreie Entgeltfindung[834] und geschlechtergerechte Arbeitsbewertungssysteme[835] waren allerdings in den SD-Produkten kaum anzutreffen.[836] Weiterführende SD-Tätigkeit zum Thema konzentrierte sich vornehmlich auf wenige Konzerne mit Hauptsitz in Frankreich. Von einem zufriedenstellenden Regelungsbeitrag transnationaler SDe zur Verringerung des anhaltenden „Gender Pay Gap" kann daher nicht gesprochen werden.

7.3.7 Verantwortung über die Unternehmensgrenze hinaus

Mischformen und TCAs übernahmen häufiger *Gestaltungsverantwortung zur Gleichstellung über Unternehmensgrenzen hinaus.* So dehnten sie Antidiskriminierungsvorgaben sozial *verantwortungsbewusst* auf Beziehungen mit Lieferanten, Zulieferern und Subunternehmen aus. SD-Outcomes sahen etwa vor, dass diskriminierungsschützende Normen in Verträge mit Auftragsnehmern und anderen Geschäftspartnern inkorporiert werden. In einigen Fällen trafen die Sozialpartner weitergehende sozialstaatlich orientierte Vorkehrungen, um die Einhaltung einschlägiger Standards bei Vertragspartnern und Zulieferern durchzusetzen. So wurde bspw. festgelegt, dass bei mangelnder Regelbefolgung Sanktionen wie der Abbruch der Geschäftsbeziehung eingreifen.[837] Ein TCA schrieb die Einsetzung eines pa-

---

833 Siehe bspw. M_3/213.
834 Vgl. zu diesbezüglichen Regelungsmöglichkeiten der Sozialpartner *Maschke/ Zurholt*, Chancengleich und familienfreundlich, a.a.O., S. 40 f.
835 Das ILO-Abkommen Nr. 100 formuliert in Art. 3 eine (auch an die Sozialpartner adressierte) Pflicht, objektive Arbeitsbewertungssysteme zu entwickeln und anzuwenden. Weiterführend zu Verfahren für eine diskriminierungsfreie Arbeitsbewertung *Tondorf*, Entgeltgleichheit prüfen, aber mit welchen Instrumenten?, in: *Hohmann-Dennhardt/Körner/Zimmer* (Hrsg.), Geschlechtergerechtigkeit, a.a.O., S. 334 ff.
836 Einige SD-Outcomes zeigten immerhin Ansätze in diese Richtung. So wurde etwa in einem TCA von 2006 (TCA_3/1) in Hinblick auf die geschlechterbezogene Entgeltgleichheit das Ziel verankert, konzernweit „Regeln zur Festsetzung der Gehälter nach den Prinzipien der Objektivität, Gleichbehandlung und Transparenz" aufzustellen.
837 Die geregelten Sanktionen können allerdings nur dann sinnvoll zur Normeffektivität beitragen, wenn Normverletzungen tatsächlich entdeckt werden. In diesem

ritätisch besetzten Monitoring-Komitees der transnationalen Sozialpartner vor, in das auch Vertreter lokaler Gewerkschaften eingebunden sind. Das Komitee soll regelmäßige, arbeitgeberseitig finanzierte Kontrollen der Normeinhaltung zur Nichtdiskriminierung bei Zulieferern organisieren.

Weitere zielführende Gestaltungsoptionen, um Gleichbehandlung entlang der gesamten Wertschöpfungskette zu realisieren, wurden von transnationalen SDen nicht wahrgenommen. Denkbar wäre bspw. eine Verpflichtung zu externen unabhängigen Monitoring- und Zertifizierungsverfahren, um die Umsetzung von Chancengleichheit in der Lieferkette zu überwachen.[838]

Insgesamt waren die SD-Leistungen zum Thema nach sozialstaatlichen Maßstäben unzureichend. So wurden Benachteiligungen von Frauen und marginalisierten Gruppen in globalen Produktions- und Zuliefererstrukturen multinationaler Konzerne nicht spezifisch thematisiert. Dringliche ungelöste Probleme wie ungeschützte weibliche Heimarbeit bei Zulieferern und Subunternehmen[839] blieben in den SD-Texten ausgeblendet.

7.3.8 Lücken: Mehrfachdiskriminierung, mittelbare Diskriminierung

Der Wert der *Solidarität* verlangt unter einem weiteren Gesichtspunkt, dass staatliche Akteure und Sozialpartner *sozial verantwortlich* dem Problem von *Mehrfachdiskriminierungen*[840] am Arbeitsmarkt entgegentreten. Erfahren Menschen Benachteiligungen aufgrund mehrerer persönlicher

---

Punkt blieben die SD-Texte zumeist vage. Nur selten wurden flankierende Überwachungsmechanismen und Kontrollen bei Zulieferern vorgesehen, um potenzielle Verstöße aufzudecken.

838 Weiterführend zu internationalen Monitoring- und Zertifizierungsinitiativen zur Durchsetzung von diskriminierungsschützenden Mindeststandards in der Wertschöpfungskette *Pries*, Erwerbsregulierung, a.a.O., S. 221 ff.; *Zimmer*, Soziale Mindeststandards, a.a.O., S. 205 ff. Zu einem effektiven Monitoring der Implementierung von Antidiskriminierungsstandards gehören insbesondere regelmäßige Betriebsprüfungen, eine transparente Berichterstattung des Unternehmens über die Normumsetzung sowie Korrekturmechanismen bei Normverstößen und Problemen. Vgl. hierzu etwa *Maschke/Zurholt*, Chancengleich und familienfreundlich, a.a.O., S. 130 ff.
839 Vgl. dazu auch *Altvater/Mahnkopf*, Grenzen der Globalisierung, 2007, S. 333 f.
840 Vgl. zu Definition und Sachverhalten von mehrfacher Diskriminierung näher Monaghan, Multiple and intersectional discrimination in EU law, European Anti-Discrimination Law Review, 2011, 20 ff.

Merkmale, ist es zugleich ein besonderes Gebot der *Menschenwürde,* diskriminierungsschützend tätig zu werden.

Transnationale SDe wurden Anforderungen von Sozialstaatlichkeit bei diesem Thema[841] in ihrer Praxis nicht gerecht.

Einen Anhaltspunkt für sozialstaatsgemäße SD-Leistungen bot lediglich die branchenübergreifende Rahmenvereinbarung über integrative Arbeitsmärkte (2010). Das dort verankerte umfassende Konzept für berufliche Inklusion löste eine *verantwortungsvolle* normsetzende „Reaktion" nationaler Sozialpartner und staatlicher Stellen aus, die sich gegen die doppelte Diskriminierung von jungen Migrant/inn/en auf dem Arbeitsmarkt richtete.

Ansonsten wurden mehrfache berufliche Benachteiligungen bei den verbindlichen SD-Ergebnissen nicht speziell in den Blick genommen. Denkbare Handlungsmöglichkeiten wie z.B. Sensibilisierungsmaßnahmen zum Thema oder Quotenregelungen zur Beschäftigung behinderter Frauen, die verstärkt sozial benachteiligt sind,[842] wurden nicht genutzt.

Unberücksichtigt in der SD-Tätigkeit blieben außerdem Sachverhalte, bei denen Menschen aufgrund einer bestimmten Kombination von Persönlichkeitsmerkmalen Opfer von Diskriminierung im Arbeitsleben werden (sog. *intersektionelle Diskriminierung*).[843] Insofern wurden Themenbereiche, bei denen noch EU-rechtlicher Handlungsbedarf besteht,[844] von SDen ebenfalls nicht bearbeitet.

Im Sinne der europäischen Prinzipien der *Solidarität* und *Verantwortung* befassten sich manche SD-Vereinbarungen explizit mit dem *Verbot der mittelbaren Diskriminierung* in den Arbeitsbeziehungen. So bekannten

---

841 Der sozialstaatlich gebotene Schutz vor mehrfacher Diskriminierung hat sich im EU-Recht an mehreren Stellen positiv-rechtlich niedergeschlagen. Die Erwägungsgründe Nr. 14 der RL 2000/43/EG und Nr. 3 der RL 2000/78/EG weisen ausdrücklich auf das Problem der Mehrfachdiskriminierung von Frauen hin. Der Schutz vor Mehrfachdiskriminierung (insbesondere von Frauen mit Behinderung) ist außerdem in der in das EU-Recht inkorporierten UN-BRK verankert. Vgl. zum Schutz vor mehrfacher Diskriminierung im Unionsrecht näher Monaghan, Multiple and intersectional discrimination in EU law, a.a.O., 22 ff.

842 Weiterführend zu Möglichkeiten für positive Maßnahmen zur Bekämpfung von Doppeldiskriminierung *Raasch*, in: *Rust/Falke*, AGG, a.a.O., § 5 Rn. 89 ff.

843 Näher dazu *Monaghan*, Multiple and intersectional discrimination in EU law, a.a.O., 25.

844 Vgl. weiterführend hierzu *Nielsen*, Is European Union equality law capable of addressing multiple and intersectional discrimination yet? Precautions against neglecting intersectional cases, in: *Schiek/ Chege* (eds.), European Union Non-Discrimination Law. Comparative Perspectives on Multidimensional Equality Law, 2009, S. 31-51.

sich die Sozialpartner etwa in Mischformen und TCAs dazu, nicht nur direkte, sondern auch indirekte Diskriminierungen zu verhindern und zu beseitigen.[845]

Insgesamt gesehen, wurde der sozialstaatliche Schutz vor mittelbarer Diskriminierung allerdings eher selten von SDen angesprochen und problemadäquat konkretisiert.[846] Die SD-Regulierung erwies sich auch hier als lückenhaft.

7.4 Ansatzpunkte im Bereich der Demokratie

In Übereinstimmung mit dem Wert der *Demokratie* unternahmen die transnationalen Sozialpartner größere Regelungsanstrengungen, um die *kollektive Partizipation zur Nichtdiskriminierung* zu stärken. Weiter wurden sie ansatzweise dahingehend aktiv, die gleichberechtigte und *selbstbestimmte Teilhabe* beruflich benachteiligter Gruppen *an sie betreffenden Entscheidungsprozessen* sicherzustellen.

7.4.1 Kollektive Partizipation zur Gleichstellung

EBR-Gründungsvereinbarungen formulierten innovative sozialstaatlich orientierte Beteiligungsrechte des EBR zur Antidiskriminierung. In vielen SD-Outcomes wurden Informations- und Konsultationsansprüche von EBR-Gremien zum Thema verankert. Manchmal wurden dem EBR weitergehende gleichstellungsspezifische Vereinbarungsrechte eingeräumt oder zusätzliche spezielle EBR-Dialogstrukturen zur Chancengleichheit errichtet.

Dagegen blieben die Normbildungsleistungen SDe nach Art. 154/155 AEUV in Hinblick auf die sozialstaatlich gebotene kollektivrechtliche Mitwirkung zur Nichtdiskriminierung ungenügend. Insbesondere sahen die sektorübergreifenden Sozialpartner keine verbindlichen Partizipationsrechte der Beschäftigtenvertretungen vor, um die von ihnen vereinbarten Diskriminierungsverbote wegen Teilzeitarbeit (1997), Befristung (1999) und Elternurlaub (1995/2009) in der betrieblichen Praxis zu effektivieren.

---

845 Vgl. exemplarisch M_3/191; TCA_2/74.
846 Vgl. zu weiteren Gestaltungsmöglichkeiten der Sozialpartner zum Verbot der mittelbaren Diskriminierung wie bspw. themenspezifischen Schulungen für Führungskräfte *Maschke/Zurholt*, Chancengleich und familienfreundlich, a.a.O., S. 146.

Weitere Dialogformen auf Unternehmensebene (Abkommen EBRe, Mischformen, TCAs) waren zumindest in Ansätzen *partizipationsorientiert.* So konkretisierten einzelne TCAs die arbeitgeberseitigen Informations- und Konsultationspflichten gegenüber nationalen Arbeitnehmervertretungen über die Gleichbehandlung von Frauen und Männern.[847] Ein Outcome[848] sah gleichstellungsspezifische Beteiligungsrechte für einen einzurichtenden Weltbetriebsrat im Konzern vor. Das entsprechende SD-Ergebnis enthielt innovative sozialstaatlich optimierende Regelungen über eine regelmäßige Unterrichtung des Weltbetriebsrats zur Chancengleichheit. Überdies wurde die Gründung einer zusätzlichen paritätisch besetzten Arbeitsgruppe zur Förderung der Gleichstellung auf globaler Ebene festgelegt.

Einige Mischformen und TCAs billigten zudem EBRen umfassende Informationsansprüche über den Stand der Chancengleichheit im Rahmen des Implementations- und Überwachungsprozesses zu.[849] Vereinzelt wurden auch transnationalen Gewerkschaften, nationalen Gewerkschaften und/oder nationalen betriebsrätlichen Akteuren konkrete Beteiligungsrechte (Unterrichtung, Beratung, Zugang zum Betrieb) für die Kontrolle der Normumsetzung zur Antidiskriminierung eingeräumt.[850]

7.4.2 SD-Regulierung zur chancengleichen Entscheidungsteilhabe

Manche SD-Vereinbarungen wirkten verantwortungsgemäß auf eine gleichberechtigte und selbstbestimmte Entscheidungsteilhabe benachteiligter Personen hin.

So trafen einige EBR-Gründungsvereinbarungen Normen zur angemessenen Vertretung von Frauen und – seltener – von anderen diskriminierten Gruppen im EBR. Das von SDen geschaffene Konzept zur chancengleichen Teilnahme im EBR rief ein wirksames Diffusionsergebnis im sekundären Unionsrecht hervor, das Ziele der *Demokratie* und *Selbstbestimmung* befriedigend erfüllt.

---

847 Vgl. insbesondere TCA_3/22.
848 TCA_2/227.
849 Siehe beispielhaft M_3/213. Weiterführend zu Berichtspflichten des Arbeitgebers gegenüber Arbeitnehmervertreter/inne/n als effektivem Kontrollinstrument der Umsetzung von Gleichstellungsvorgaben siehe *Maschke/ Zurholt*, Chancengleich und familienfreundlich, a.a.O., S. 130 ff.
850 Vgl. exemplarisch TCA_3/150; TCA_2/61.

Die sektorübergreifende Rahmenvereinbarung zu Telearbeit (2002) enthielt eine problemgerechte sozialstaatsadäquate Regelung, wonach ortsabwesende Telearbeiter/innen dieselben kollektivrechtlichen Mitwirkungsrechte genießen wie ihre Kollegen und v.a. die Kommunikation mit der Arbeitnehmervertretung sichergestellt sein muss. Auch sektorale SDe wurden *partizipationsstärkend* regulierend tätig. So hielten mehrere branchenspezifische Outcomes Vorgaben für eine ausgewogenere Geschlechterrepräsentanz in den Sozialpartnerausschüssen fest.

Einzelne Mischformen und TCAs verpflichteten unterzeichnende gewerkschaftliche Akteure, die Teilnahme von Frauen, behinderten Menschen und jungen Beschäftigten an vorhandenen Arbeitnehmervertretungen im Konzern zu verbessern. Darüber hinaus regelten einige Outcomes *verantwortungsvolle* Quotenvorgaben, um die Anzahl von Frauen in Führungspositionen zu erhöhen.

In der Gesamtschau waren die SD-Leistungen zum Thema allerdings defizitär. Entsprechende Regelungsaktivitäten der Sozialpartner blieben quantitativ begrenzt. Sozialstaatsgemäße konkrete Zielvorgaben oder zwingende Mindestquoten zum Abbau von Unterrepräsentanz[851] wurden in den SD-Produkten selten getroffen.

7.5   Hinreichende Implementationsvorkehrungen?

Im Sinne einer dem DRIS entsprechenden *effektiven* Regulierung zur Antidiskriminierung trafen transnationale SDe häufiger *Implementationsvorkehrungen,* die auf eine praktische Normwirkung schließen ließen.

Insbesondere diskriminierungsschützende EBR-Gründungsvereinbarungen hielten sozialstaatsadäquate Umsetzungsregelungen fest. Die Outcomes bestimmten zumeist für Streitfälle ein anwendbares Recht und/oder einen Gerichtsstand. Darüber hinaus sahen einige SD-Ergebnisse verbindliche Mediations- oder Schiedsklauseln vor.[852]

Auch substantielle EBR-Vereinbarungen, Mischformen und TCAs ergriffen ansatzweise sozialstaatsgemäße Aktivitäten zur Normdurchset-

---

851 Vgl. zu normativ geforderten Mindestquoten zum Abbau von geschlechtsspezifischen Unterrepräsentanzen in der betrieblichen Interessenvertretung *Raasch,* in: *Rust/Falke,* AGG, a.a.O., § 5 Rn. 50 f.

852 Weiterführend zu praxiswirksamen Mediations- und Schiedsklauseln in transnationalen Vereinbarungen *Sciarra/Fuchs/Sobczak,* Towards a Legal Framework, a.a.O., S. 30 ff.

zung. So legte bspw. ein TCA detaillierte Vorgaben für ein gestuftes Mediations- und Schiedsverfahren zur praktischen Konfliktbearbeitung fest. Eine weitere SD-Vereinbarung formulierte konkrete Regelungen über eine fortlaufende arbeitgeberseitig finanzierte Überwachung der Normeinhaltung, die – neben der örtlichen Geschäftsleitung – Arbeitnehmer/innen und örtliche Arbeitnehmervertreter/innen einbezieht. Das unternehmensinterne Monitoring soll Betriebsinspektionen beinhalten. Der SD-Text sah zudem die Möglichkeit für die Parteien vor, bei Streitigkeiten einen Schiedsrichter der ILO zu bestellen.[853] Vereinzelte Outcomes regelten wirksamkeitsverstärkend, dass NROs in die Kontrolle der Normumsetzung von Chancengleichheit eingebunden werden können.[854]

In der Gesamtbetrachtung waren die normdurchsetzenden Leistungen von substantiellen EBR-Vereinbarungen, Mischformen und TCAs aber deutlich unzureichend. So wurden in gleichstellungsbezogenen SD-Unternehmensvereinbarungen nur rudimentär Implementationsvorkehrungen verankert. Weitere denkbare Gestaltungsoptionen wie eine Einigung über externes unabhängiges Monitoring und Zertifizierung wurden von den Sozialpartnern nicht genutzt.

Ferner wurden SDe nicht genügend tätig, um konkrete Beschwerderechte für benachteiligte Beschäftigte zu etablieren. Spezifische sozialstaatsgemäße Beschwerdemechanismen, die ein vertrauliches Verfahren garantieren, beschwerdeführende Personen vor Nachteilen schützen und geeignete Abhilfemaßnahmen festlegen, waren in den SD-Produkten kaum anzutreffen.[855] Weitgehend unberücksichtigt blieben zudem regulatorische Möglichkeiten, öffentliche Einrichtungen, Gleichstellungsbehör-

---

853 Siehe zur zielführenden Einbindung der ILO in die Umsetzung von transnationalen SD-Vereinbarungen zur Chancengleichheit *Seifert*, Der Beitrag der IAO zur Verwirklichung des Grundsatzes der Entgeltgleichheit, a.a.O., S.464 f.

854 Vgl. beispielhaft TCA_6/10. Das entsprechende SD-Produkt regelt die Einsetzung eines Normenkontrollausschusses der transnationalen Sozialpartner, zu dessen Treffen auf gemeinsamen Beschluss Vertreter von NROs hinzugeladen werden können. Vgl. weiterführend zur Beteiligung von NROs an transnationalen Regulierungsprozessen *Keck/Sikking*, Activists beyond Borders: Advocacy Networks in International Politics, 1998. Siehe für den Bereich internationaler Regulierung zur Antidiskriminierung auch *Finke*, Legitimation globaler Politik durch NGOs: Frauenrechte, Deliberation und Öffentlichkeit in der UNO, 2005.

855 Immerhin sahen vereinzelte SD-Outcomes spezifische Beschwerderechte bei Diskriminierungsvorfällen vor (vgl. bspw. EBR_3/158). Zu diesbezüglichen Gestaltungsanforderungen an die Sozialpartner *Maschke*, Trendbericht: Betriebs- und Dienstvereinbarungen für partnerschaftliches Verhalten, a.a.O., S. 8 f.

den oder auch betriebliche Gleichstellungsstellen[856] in den Normumsetzungs- und -überwachungsprozess praxiswirksam einzubinden.

---

856 Einige SD-Outomes zeigten Ansätze in diese Richtung, indem sie speziellen EBR-Strukturen zu Vielfalt und Chancengleichheit Monitoringbefugnisse übertrugen (so etwa M _3/191). Zur wirksamkeitsfördernden Einbindung von betrieblichen Gleichstellungsbeauftragten in die Kontrolle der Implementation von Chancengleichheit *Maschke/Zurholt*, Chancengleich und familienfreundlich, a.a.O., S. 141 f.

8. Kapitel: Zusammenfassung der Ergebnisse

In diesem Kapitel werden die hypothesenbezogenen Ergebnisse, die anhand von Dokumentenauswertung, Expert/inn/eninterviews, Fallstudien und Diffusionsanalyse gewonnen wurden, zusammengefasst.

8.1 Übernahme von Regelungsfunktionen zur Antidiskriminierung durch SDe

Die Hypothese 1 wurde durch die Befunde bestätigt. Tatsächlich übernehmen transnationale SDe zunehmend Funktionen der Normsetzung und -durchsetzung im Feld der Antidiskriminierung, die traditionell Nationalstaaten und ihren kollektiven Akteuren zukamen.

In der Dokumentenanalyse wurde ein in den letzten Jahrzehnten deutlich wachsender Outcome an gleichstellungsbezogenen SD-Vereinbarungen festgestellt. Ein hoher Anteil der von den Sozialpartnern hervorgebrachten Normprodukte war mit supranationalen bzw. staatlichen Rechts- und Durchsetzungsstrukturen verfugt und/oder sah Implementationsvorkehrungen vor, die eine dem DRIS entsprechende effektive Normwirkung anzeigen.

Die Analyse ergab, dass bei der zunehmenden Funktion einschlägiger Normsetzung und -durchsetzung nach SD-Formen zu differenzieren ist.

Bei EBR-Gründungsvereinbarungen ließ sich – infolge des rechtlichen Zwangs zur EBR-Bildung – eine steigende Übernahme von Beteiligungsrechten zur Antidiskriminierung durch europäische betriebsrätliche Akteure feststellen.

Sektorübergreifende SDe nach AEUV erlangten mit ihrer Regulierung zu atypischer Beschäftigung und Elternurlaub, die in europäisches Richtlinienrecht implementiert wurde, eine herausgehobene Bedeutung für den Diskriminierungsschutz. Die gewichtigen Regelungsaktivitäten branchenübergreifender Sozialpartnerverbände sind allerdings im Zeitverlauf tendenziell rückläufig. Gleichwohl zeigte die Diffusionsanalyse, dass sich im sektorübergreifenden SD erzeugte Normkonzepte stark und durchschlagskräftig im rechtlichen Umfeld verbreiten. Die Innovations- und Diffusionskraft des branchenübergreifenden SD erwies sich als relativ hoch.

Sektorale SDe erzielten bisher kaum relevante Vereinbarungsresultate zur Nichtdiskriminierung.

Wie Dokumentenanalyse, Expert/inn/eninterviews und Fallstudien belegten, kommt bei den weiteren SD-Formen auf Unternehmensebene v.a. Mischformen, bei denen EBRe und Gewerkschaften zusammenwirken, hohe regulatorische Produktivität zu. Dagegen blieb die normsetzende Leistungskraft von substantiellen EBR-Vereinbarungen dauerhaft gering.

8.2 Wahrgenommene Regelungsaufgaben

Hypothese 2 konnte im Wesentlichen verifiziert werden.

Wie vorab vermutet, konzentrierten sich SDe im Feld der Antidiskriminierung mit ihrer Normsetzung auf gemeinwohlbezogene konsensuale qualitative Regelungsinhalte. Quantitative antagonistische Themen wurden bei den SD-Aktivitäten eher ausgeblendet. Die Durchsicht der Dokumente und der anderen Materialien zeigte dabei, dass die kollektiven Akteure im transnationalen Raum weniger am Gemeinwohl ausgerichtet waren, sondern häufig eher partikulare Regelungsabsichten verfolgten.

Die Annahme von Hypothese 2, dass SDe im hoch regulierten Feld der Antidiskriminierung relativ große Bedeutung bei der Normumsetzung gewinnen, v.a. weil dort der Vollzug staatlicher Rechtsakte die Mitwirkung sachnaher Akteure erfordert, ließ sich weitgehend bestätigen. Dokumentenanalyse, Expert/inn/eninterviews und Fallstudien belegten, dass die Sozialpartner weniger innovatorisch normbildend, sondern vorwiegend eher normkonkretisierend tätig wurden. SDe griffen in ihrer Praxis häufig auf bestehende rechtliche Antidiskriminierungsvorgaben zurück und setzten diese problemadäquat um. Allerdings waren bei EBR-Gründungsvereinbarungen, sektorübergreifenden SDen, Mischformen und TCAs durchaus auch innovative Normbildungsleistungen zu verzeichnen.

8.3 Differierende Leistungen der SD-Formen

Hypothese 3, wonach die normbildenden, -umsetzenden und -verbreitenden Leistungen der SD-Formen zur Antidiskriminierung, gemessen an sozialstaatlichen Zielen, unterschiedlich zu bewerten sind, kann als bestätigt gelten.

Die von SDen erzeugten Outcomes und durch sie hervorgerufenen Reaktionen erwiesen sich im Hinblick auf das normative Gut der Sozialstaatlichkeit als ambivalent. Sie reichten von einer innovativen Optimierung sozialstaatlicher Ziele bis hin zu einer Verfehlung sozialstaatlicher Ziele.

EBR-Gründungsvereinbarungen brachten sozialstaatlich orientierte Normbildungen, -umsetzungen und -verbreitungen zur Nichtdiskriminierung hervor. SDe nach AEUV erzielten v.a. mit den sektorübergreifenden

Sozialpartnervereinbarungen, die in Richtlinienrecht umgesetzt wurden, sozialstaatsgemäße Normbildungs-, Normumsetzungs- und Normverbreitungsergebnisse. Im Rahmen von zusätzlichen Abkommen EBRe fand kaum sozialstaatsgemäße Regulierungstätigkeit statt. Die Resultate von Mischformen und TCAs konnten nur partiell befriedigen. Diese SD-Formen produzierten zwar häufiger sozialstaatsadäquate Regelungsinhalte zur Antidiskriminierung. Sie verfehlten aber in ihren normdurchsetzenden und -verbreitenden Leistungen sozialstaatliche Ziele deutlich.

8.4   Durchsetzungsschwächen staatsferner SD-Regulierung

Die Hypothese 4, wonach die Wirksamkeit der von SDen hervorgebrachten und verbreiteten Normen zum Diskriminierungsschutz insbesondere dort an Durchsetzungsschwächen leidet, wo ihre Anbindung an staatliche Durchsetzungsmechanismen fehlt, hat sich als prinzipiell zutreffend erwiesen.

Der erste Teilaspekt der Hypothese, wonach ein Zusammenhang zwischen der staatlichen Nähe bzw. Ferne SDe und von ihnen selbst getroffenen Vorkehrungen für die Normdurchsetzung besteht, konnte bestätigt werden. SD-Vereinbarungen, die auf staatlich bereitgehaltene Durchsetzungsmittel rekurrieren konnten, wiesen deutlich bessere Umsetzungsregelungen auf als SD-Vereinbarungen, bei denen solche Mittel fehlten. Die Dokumentenanalyse ergab, dass über 80 % der diskriminierungsschützenden EBR-Gründungsvereinbarungen, die unter dem „shadow of the law" geschlossen wurden, Implementationsvorkehrungen enthielten, die eine tatsächliche Normwirkung wahrscheinlich machen. Dies war bei weniger als 30 % der TCAs der Fall. Antidiskriminierungsrelevante autonom umgesetzte SD-Vereinbarungen nach AEUV sahen kaum effektive Regelungen für die Normumsetzung vor.

Der zweite Teilaspekt der Hypothese, wonach praktische Wirksamkeitsdefizite der SD-Normen v.a. dort zu beklagen sind, wo ihre staatliche Anbindung fehlt, ließ sich ebenfalls verifizieren. Nach den Befunden aus Expert/inn/eninterviews und Fallstudien leiden autonom umgesetzte SD-Vereinbarungen nach AEUV und TCAs an erheblichen Mängeln bei der Normdurchsetzung und Normeinhaltung.

Auch der dritte Teilaspekt der Hypothese, wonach juristisch wirksame Diffusionsergebnisse insbesondere dort erzielt werden, wo die staatliche Anbindung SDe hoch ist und umgekehrt, konnte im Wesentlichen bestätigt werden. Die vertiefende Diffusionsanalyse zeigte, dass Normkonzepte von EBR-Gründungsvereinbarungen, die unter dem „shadow of the law" agieren, effektiv in supranationales Recht eingingen. Normkonzepte von Sozialpartnervereinbarungen nach AEUV, die an EU-„Hard Law" angeschlossen wurden, führten zu zahlreichen wirksamen Reaktionen. Hingegen lösten von Mischformen und TCAs erzeugte Normkonzepte kaum rechtsverbindliche Diffusionseffekte aus. Die Aussagen aus den Expert/inn/eninterviews bestätigten, dass eine staatliche Rückbindung SDe die Effektivität der Normverbreitung positiv beeinflusst.

Insgesamt lassen die Befunde darauf schließen, dass die Ferne zu supranational und staatlich gewährleisteten Durchsetzungsmitteln ein Haupthindernis für die Wirkungseffizienz transnationaler SD-Regulierung ist.

Daneben brachte die Untersuchung noch einige Erkenntnisse über Zusatzfaktoren, welche die Normeffektivität beeinflussen. Insbesondere zeigten die Befunde der Expert/inn/eninterviews und Fallstudien, dass die fehlende soziale Akzeptanz für Gleichstellungsthemen die Wirkung der SD-Tätigkeit beeinträchtigt. Nach Aussagen der Expert/inn/engespräche erhöht von gewerkschaftlichen Akteuren und/oder NROs aufgebauter öffentlicher Druck die Wahrscheinlichkeit, dass SD-Vereinbarungen zur Antidiskriminierung tatsächlich umgesetzt und eingehalten werden.[857] Außerdem kann das Engagement von Einzelakteuren zur Normeffizienz im Bereich der Gleichstellung beitragen.

8.5 Sozialstaatliche SD-Leistungskapazität und rechtspolitische Perspektiven

Hypothese 5 wurde durch die Analyse überwiegend bestätigt.

8.5.1 Wirksamkeit des „shadow of the law"

Der erste Teil der Hypothese, wonach SDe umso mehr Fähigkeit zur Bildung und/oder Durchsetzung sozialstaatsadäquater diskriminierungsschützender Normen haben, je mehr sie rechtlich an staatliche Unterstützungs-

---

[857] Zu Netzwerkaktivitäten zwischen Gewerkschaften und NROs als Gunstfaktor für die Wirksamkeit transnationaler sozialer Standards siehe *Mückenberger*, Globales Hybridarbeitsrecht, a.a.O., S. 469; *Kocher*, Corporate Social Responsibility, a.a.O., S. 483 f.

und Durchsetzungsmechanismen angeschlossen sind und umgekehrt (H5a)), kann als verifiziert angesehen werden.

Eine sozialstaatsgemäße Normbildung, Normumsetzung und Normverbreitung war vorwiegend bei durchreglementierten EBR-Gründungsvereinbarungen festzustellen sowie bei Sozialpartnervereinbarungen nach Art. 154/ 155 AEUV (bzw. den Vorgängernormen), die EU-„Hard Law" wurden. Dagegen blieben die weniger rechtlich geregelten Dialogformen (substantielle EBR-Vereinbarungen, Mischformen, TCAs) entweder in ihrer normsetzenden Kraft und/oder in ihrer normdurchsetzenden und -verbreitenden Kapazität hinter sozialstaatlichen Anforderungen zurück.

Die Wirksamkeit des *„shadow of the law"* ließ sich bei allen SD-Formen konstatieren.

Die Dokumentenanalyse zeigte, dass EBR-Gründungsvereinbarungen, welche die zwingenden subsidiären Vorschriften der EBR-RL im Hintergrund hatten, mehr und bessere Normen und Durchsetzungsvorkehrungen zur Nichtdiskriminierung erzielten als freiwillige Gründungsdokumente ohne rechtlichen Rückhalt.

Bei SDen nach AEUV fand sozialstaatsgemäße Regulierungstätigkeit vornehmlich unter dem Druck einer Gesetzgebungsalternative durch die EU-Organe (wiederum ein Fall des *„shadow of the law"*) statt. Nach Aussagen aus den Expert/inn/eninterviews sind gewichtige Aktivitäten der Sozialpartner zur Antidiskriminierung in jüngerer Zeit zurückgegangen, weil der Mechanismus des „Verhandelns im Schatten des Gesetzes" seltener zum Tragen kam.

Dokumentenanalyse, Expert/inn/eninterviews und Fallstudien zeigten, dass der *„shadow of the law"* der EBR-RL eine positive Ausstrahlungswirkung auf die weniger rechtlich regulierten Dialogformen auf Unternehmensebene entfaltet. Bei der Sichtung der Dokumente stellte sich heraus, dass EBRe häufig TCAs mit aushandelten und/oder mit deren Umsetzung und Überwachung beauftragt wurden. Nach den Befunden der Expert/inn/eninterviews und Fallstudien befördern der rechtliche Zwang zur EBR-Gründung und die dadurch hervorgerufene Dialogkultur zur Nichtdiskriminierung sozialstaatlich orientierte Regelungsaktivitäten bei Mischformen und TCAs.

Ferner zeigte die Analyse, dass ein nationaler *„shadow of the law"* im Bereich der Gleichstellung positive Effekte für die SD-Regulierungstätigkeit hat. Sozialstaatsgemäße Normsetzungsaktivität wurde in der Dokumentenanalyse vorwiegend bei Konzernen mit Hauptsitz in Frankreich identifiziert. Expert/inn/eninterviews und Fallstudien brachten die Erkenntnis, dass rechtliche Pflichten der Sozialpartner zur materiellen Normbildung wie in Frankreich eine weiterführende SD-Praxis zum Thema begünstigen.

Des Weiteren bestätigte die Diffusionsanalyse, dass der *„shadow of the law"* ein wesentlicher Gunstfaktor für wirksame sozialstaatsgemäße Normverbreitungsleistungen der SDe ist. Aus der Untersuchung der Normverbreitung resultierte der weitere hypothesenstützende Befund, dass SDe auf infrastrukturelle staatliche Vorleistungen und Unterstützung angewiesen sind, um angemessene, der Sozialstaatlichkeit entsprechende Reaktionen zu erzielen.

8.5.2 Hemmende und fördernde Zusatzfaktoren

Die Analyse lieferte noch einige Aufschlüsse über Zusatzfaktoren, welche die SD-Regulierungstätigkeit zur Nichtdiskriminierung beeinflussen können.[858]

Diese lassen sich in hemmende und fördernde „subjektive Faktoren" einerseits und „objektive Kontextfaktoren" andererseits unterteilen.[859]

Als „subjektiver" hemmender Faktor für sozialstaatsadäquate Leistungen von SDen erwies sich v.a. die fehlende Akzeptanz von Gleichstellungsthemen. Außerdem zeigte sich, dass die Leistungskapazität der kollektiven Akteure durch faktische Unterrepräsentanzen von Frauen und anderen diskriminierten Gruppen in SD-Gremien und Entscheidungspositionen beeinträchtigt wird.[860] Ein förderlicher „subjektiver" Aspekt für sozi-

---

858 Die folgende Darstellung beschränkt sich auf die wichtigsten Befunde der Analyse.

859 Nach der „Theorie der Strukturierung" von Giddens können gesellschaftliche Prozesse weder einseitig mit dem Zwang sozialer Strukturen („objektiven" intervenierenden Faktoren) noch einseitig mit dem Handeln der Individuen („subjektiven" intervenierenden Faktoren") erklärt werden. Vielmehr besteht ein Wechselverhältnis zwischen beidem, wobei dem Handeln der Akteur/inn/e/n eine Einflussnahme auf die von ihnen vorgefundenen Strukturen zugestanden wird. Vgl. Giddens, Die Konstitution der Gesellschaft, 1984, S. 77 ff., 168 ff. Vgl. weiterführend dazu auch *Mückenberger*, Metronome des Alltags. Betriebliche Zeitpolitiken, lokale Effekte und soziale Regulierung, 2004, S. 200 ff. Diese Grundannahmen können als Bezugspunkt für die hier vorgenommene Unterteilung in „subjektive" und „objektive" Faktoren herangezogen werden.

860 Die faktische Unterrepräsentanz von Frauen u.a. kann auch als Kontextfaktor angesehen werden, den das Regulierungsgeschehen der Sozialpartner „objektiv" vorfindet. Sie wird jedoch hier eher den „subjektiven" Umständen zugerechnet, da sie unmittelbar die Bereitschaft der kollektiven Akteure, zu Gleichstellungsthemen aktiv zu werden, beeinflusst.

alstaatsgemäße Normsetzung und -verbreitung durch SDe sind grenzüberschreitende Kooperationen und Netzwerke zwischen gewerkschaftlichen Akteuren und EBRen in multinationalen Konzernen. Außerdem können Aktivitäten von Frauennetzwerken und -ausschüssen in Gewerkschaften eine positive Rolle spielen. Weiter ergab die Analyse, dass das Engagement interessierter und von Diskriminierung betroffener Einzelakteure auf Arbeitnehmer- und Arbeitgeberseite eine sozialstaatlich orientierte Regelungstätigkeit der Sozialpartner vorantreiben kann.

Zu förderlichen „objektiven Kontextfaktoren" für die diskriminierungsschützende SD-Praxis zählen die Bedingungen von demographischem Wandel und Fachkräftemangel und die dadurch verstärkte Konkurrenz um Arbeitskräfte. Des Weiteren zeigte sich, dass regulativer Wettbewerb und Konkurrenz die Ausbreitung von SD-Regelungsaktivitäten in Unternehmen derselben Branche und/oder mit Sitz im selben Land begünstigen.

8.5.3 Erfordernis subsidiärer staatlicher Unterstützung von SDen

Der zweite Teil der Hypothese, wonach Staaten Normbildung und -durchsetzung von SDen zur Nichtdiskriminierung hinnehmen und rechtlich flankierend unterstützen werden und zur Behebung erwarteter Leistungsschwächen von SDen einen subsidiären Rechtsrahmen schaffen werden, der sozialstaatsgemäße Outcomes und Reaktionen sowie Stabilität und Konsistenz der transnationalen Normbildungsordnung sicherstellt (H 5b)), ließ sich überwiegend bestätigen.

Die in der Hypothese implizierte Annahme, dass rechtliche Korrekturen des transnationalen Regelungsgeschehens zur Antidiskriminierung angezeigt sind, wurde durch die Ergebnisse vollumfänglich gestützt. Die festgestellten Leistungs- und Wirkungsschwächen der z.T. unter unklaren rechtlichen Rahmenbedingungen agierenden SDe weisen deutlich darauf hin, dass durch Staaten und den europäischen Staatenverbund flankierende rechtliche Maßnahmen ergriffen werden müssen.

Die derzeitige konstitutionelle Verfasstheit der Dialogform nach AEUV, wonach verbindliche Normen nur im Konsenswege mit der Arbeitgeberseite erreicht werden können, stellte sich in der Analyse als hinderlich für weiterführende SD-Tätigkeit zur Nichtdiskriminierung heraus. Nach Aussagen aus den Expert/inn/eninterviews dürften rechtliche Zwänge zur Aufnahme von Verhandlungen und zum Vereinbarungsabschluss die Normsetzungsaktivität sektorübergreifender und sektoraler Sozialpartner zum Thema befördern.

Ferner lassen die Befunde den Schluss zu, dass ein europäischer Rechtsrahmen für transnationale Unternehmensvereinbarungen geschaffen werden sollte. Bei zusätzlichen Abkommen von EBRen, Mischformen und TCAs waren signifikante normsetzende und/oder -durchsetzende Leistungsschwächen im Feld der Antidiskriminierung zu verzeichnen. Der Großteil der im Rahmen der Studie befragten Expert/inn/en bestätigte die Annahme, dass ein rechtlicher Rahmen, der Verhandlungsverfahren, beteiligte Akteure und Bindungswirkung getroffener Vereinbarungen festlegt, die diskriminierungsschützende SD-Praxis voranbringen würde.

Außerdem sahen viele Interviewpartner/innen in EU-rechtlichen Nichtregressionsklauseln ein geeignetes Instrument, um Kollisionslagen zwischen SD-Ergebnissen und nationalen Antidiskriminierungsregelungen aufzulösen und so zur Stabilität und Konsistenz der transnationalen Normbildungsordnung beizutragen.

Entgegen der in der Hypothese geäußerten Erwartung ist ein Tätigwerden des EU-Gesetzgebers zur Verbesserung der Rahmenbedingungen für die Regelsetzung der Sozialpartner in naher Zukunft allerdings sehr unsicher. Zwar hat das Europäische Parlament in einer Entschließung 2013 einen europäischen Rechtsrahmen für transnationale Unternehmensvereinbarungen eingefordert. Entsprechende Initiativen zur Regulierung wurden aber von der EU-Kommission in der Folge nicht weiter verfolgt. Nach relativ einmütiger Meinung der Expert/inn/en ist nicht anzunehmen, dass Staaten in absehbarer Zeit adäquate unterstützende Maßnahmen für die SD-Tätigkeit zur Nichtdiskriminierung einleiten werden.

Teil C: Schlussfolgerungen

1. Ambivalenter Leistungs- und Wirksamkeitswandel

Die Analyse zeigte, dass der Formwandel von Staatlichkeit durch die Einbeziehung transnationaler SDe in Normsetzung und -durchsetzung einen Leistungs- und Wirksamkeitswandel im Feld der Antidiskriminierung bewirkt.

Dieser stellt sich gegenüber dem Niveau, das vom nationalen DRIS normativ erwartet und gewährleistet wurde, weder als signifikanter Leistungsgewinn noch als signifikanter Leistungsverlust dar. Der durch SDe ausgelöste Leistungswandel ist vielmehr als ambivalentes Geschehen zu bewerten.[861]

Bei einer Beurteilung nach Kriterien des europäischen Primärrechts, die sozialstaatlichen DRIS-Verfassungsvorgaben entsprechen, ergab sich ein differenziertes Bild. Zu beobachten waren einerseits Folgen der Transnationalisierung in Gestalt von Outcomes und Reaktionen, die sozialstaatlichen Maßstäben genügten. In einigen Fällen waren sogar rechtliche Innovationen und wirksame Optimierungen sozialstaatlicher Ziele zu verzeichnen. Andererseits blieb die SD-Regulierungstätigkeit oft aber auch in ihrem Umfang, ihren Norminhalten und in ihrer Effektivität hinter normativen Anforderungen und Erwartungen zurück.

Wo die Leistungsfähigkeit formgewandelter Staatlichkeit im Feld der Antidiskriminierung unzureichend war, war dies wesentlich auf die derzeitigen konstitutionellen Rahmenbedingungen der Dialogformen zurückzuführen. Die einzelnen SD-Akteurskonstellationen sind in unterschiedlichem Maße mit supranationalem und staatlichem Recht und staatlichen Durchsetzungspotentialen verfugt. Dort, wo rechtliche Anreize oder Zwänge zur Normsetzung und/oder rechtliche Garantien und Hebel zur Normdurchsetzung fehlten, blieben die Leistungen der Sozialpartner in ihrer normsetzenden Kraft und/oder in ihrer Wirksamkeit unbefriedigend.

Erwiesen ist, dass der „shadow of the law" maßgeblichen Einfluss auf die SD-Leistungen zur Nichtdiskriminierung hat.

---

861 Siehe auch *Mückenberger/Nebe*, Transnationaler Sozialdialog, A7-Abschlussbericht, a.a.O., S. 61.

2. Notwendigkeit hybrider transnationaler Regulierung

Die Befunde stützen die regulierungstheoretischen Ausgangsannahmen der Untersuchung. Bestätigt wurde die Vermutung, dass eine staatsferne transnationale Regelsetzung („*governance without governments*") dem Feld des Diskriminierungsschutzes und seinen Spezifika nicht gerecht wird.

Angesichts des strukturellen Macht- und Verhandlungsungleichgewichts zwischen Arbeitgeber- und Arbeitnehmerseite bedürfen selbstregulierende Prozesse auf arbeitsrechtlichem Gebiet ausgleichender Flankierung. Nach den Befunden ließen sich Forderungen europäischer gewerkschaftlicher und betriebsrätlicher Akteure zum Diskriminierungsschutz zuweilen nicht im Verhandlungswege gegenüber der Arbeitgeberseite durchsetzen. Akzeptable Vereinbarungslösungen scheiterten daran, dass staatliche Gewährleistungen zur Herstellung der Machtbalance zwischen den verhandelnden Akteuren im transnationalen Raum fehlten.

Die Befunde verweisen zudem darauf, dass eine „nur-privatautonome" transnationale Regelsetzung im Bereich der Antidiskriminierung in besonderem Maße unangemessen ist. So bestehen v.a. zwei zusätzlich hindernde Faktoren für sozialstaatsgemäße Selbststeuerungsprozesse der Sozialpartner: 1. die faktische Unterrepräsentanz der von Diskriminierung selbst Betroffenen in Sozialpartnerverbänden, EBR-Gremien und Entscheidungspositionen; 2. (hiermit zusammenhängend) die mangelnde Akzeptanz von Gleichstellungsmaßnahmen bei beteiligten Akteuren auf Arbeitgeber- und Arbeitnehmerseite.

Es lässt sich somit schlussfolgern, dass eine transnationale kollektive Selbstregulierung ohne Staat keine Gewähr für wirksame interessengerechte Ergebnisse bieten kann. Das zunehmende SD-Normsetzungsgeschehen zur Antidiskriminierung darf nicht „sich selbst" überlassen werden. Staatliche bzw. supranationale Akteure sind vielmehr angehalten, rechtliche und gerichtliche Interventionsformen für den transnationalen Raum bereitzustellen.

Als tragfähig hat sich der Ansatz hybrider transnationaler arbeitsrechtlicher Regulierung erwiesen.[862] Dieser trägt der Erkenntnis Rechnung, dass berufliche Gleichstellung nicht durch alleinige staatliche Steuerung durchgesetzt werden kann. Es bedarf hierfür vielmehr einer Mitwirkung der problemnahen Kollektivakteure. Zahlreiche normumsetzende und -konkretisierende SD-Vereinbarungsresultate bekräftigen diese Position. For-

---

862   Siehe dazu bereits oben Teil A, 1. Kapitel.

muliert wird somit nicht der Anspruch an Staaten und den europäischen Staatenverbund, die transnationale Wahrnehmung von Regulierungsfunktion zur Antidiskriminierung selbst zu übernehmen. Es sollen jedoch Rahmenbedingungen zur Verfügung gestellt werden, die die Sozialpartner im EU-Mehrebenensystem in die Lage versetzen, befriedigende Normen zu schaffen und durchzusetzen.

Gefordert sind staatliche Aktivitäten im Sinne des europäischen Prinzips „proaktiver horizontaler Subsidiarität".[863] Dieses impliziert zum einen, dass den sachnäheren Sozialpartnern im Rahmen rechtlicher Regelwerke Normsetzungsbefugnisse in Eigenverantwortung überlassen werden. Zum anderen müssen staatliche Instanzen derselben EU-Ebene durch eine aktive Förderung zur problemgerechten Selbstregulierung transnationaler SDe beitragen.

Der Bedarf für eine starke Flankierung und Kontrolle der SD-Praxis stellt sich im Feld der Antidiskriminierung mit seinen speziellen Hürden für eine gemeinwohlverträgliche autonome Normgebung besonders dringlich. Der Formwandel von Staatlichkeit durch transnationale SDe bewirkt also nicht von selbst einen sozialstaatsgemäßen Leistungswandel im Feld der Antidiskriminierung. Eine dem nationalen DRIS entsprechende Qualität des Wandels setzt voraus, dass proaktive subsidiäre rechtliche Vorkehrungen getroffen werden, die die Sozialpartner zu einer verantwortlichen Selbstregulierung im Rahmen gesetzlicher Antidiskriminierungsvorgaben befähigen.

3. *Rechtspolitische Überlegungen zu einem rechtlichen Rahmen*[864]

Ausgehend von den empirischen Befunden sollen im Folgenden rechtspolitische Vorschläge und Überlegungen zur Förderung des SD-Regulierungsgeschehens im Feld der Antidiskriminierung dargelegt werden.[865]

---

863 Vgl. dazu auch *Mückenberger*, Eine europäische Sozialverfassung, a.a.O., 388 f.

864 Die im Folgenden vorgestellten Überlegungen sind nicht abschließend. Die genaue Ausarbeitung eines möglichen Rechtsrahmens für die fünf SD-Formen würde eine eingehende Prüfung bestehender Literatur und gegebenenfalls weiterer Forschung bedürfen, was im Rahmen dieser Arbeit nicht geleistet werden kann.

865 Es ist nicht anzunehmen, dass in näherer Zukunft ein spezifischer Regulierungsrahmen für transnationale SD-Normgebung zur Antidiskriminierung geschaffen wird. Es ist aber durchaus denkbar, dass feldspezifische flankierende Maßnahmen in einen themenübergreifenden Rahmen für transnationale SDe aufgenommen werden.

3.1 EBR-Gründungsvereinbarungen

3.1.1 Unvollständige Normbildungsaktivität

Der unionsrechtliche Zwang zur Schaffung von EBRen hat Regelungsaktivitäten bei EBR-Gründungsvereinbarungen zur Nichtdiskriminierung befördert. Vor dem Hintergrund zwingender subsidiärer Vorschriften bei Nichteinigung der Sozialpartner[866] nahmen Umfang und Qualität gleichstellungsbezogener SD-Ergebnisse zu. Der *„shadow of the law"* zeigte damit positive Wirkung.

Gleichwohl kann die Produktivität der Dialogform bislang nicht als zufriedenstellend gewertet werden. Gemessen an der Gesamtzahl abgeschlossener EBR-Gründungsvereinbarungen blieb die gleichstellungsbezogene SD-Regulierungstätigkeit unvollständig. Weiterführende sozialstaatlich adäquate und optimierende Norminhalte waren vorwiegend nur bei einigen wenigen Konzernen mit Sitz in Frankreich anzutreffen.

Die autonome Normbildungspraxis müsste daher staatlicherseits unterstützt werden. Transnationale SDe müssten ermutigt und befähigt werden, mehr situationsgerechte prozedurale Normen zu schaffen, die EBRe aktiv in die Durchsetzung von Gleichberechtigung in multinationalen Konzernen einbeziehen.[867]

3.1.2 Stärkung des europäischen „shadow of the law"

3.1.2.1 Vertretung diskriminierter Gruppen

Um legitime interessengerechte Ergebnisse durch SDe zu erreichen, muss die angemessene Vertretung der von Diskriminierung selbst Betroffenen bei der Normentstehung gewährleistet sein.[868]

---

866 Vgl. Art. 7 i.V.m. Anh. I RL 2009/38/EG.
867 Denkbar wäre es auch, eine Mitwirkung des EBR in Gleichstellungsfragen EU-rechtlich zu reglementieren. Die folgende Darstellung fokussiert jedoch in Einklang mit der Konzeption der EBR-RL und dem Grundsatz horizontaler Subsidiarität darauf, wie eine adäquate autonome Normsetzung der Sozialpartner herbeigeführt werden könnte.
868 Zum Erfordernis einer Partizipation von atypisch Beschäftigten und anderen diskriminierten Gruppen an selbstregulierenden Prozessen vgl. *Nebe*, Transnationalisierung, a.a.O., S. 513.

Die EBR-RL enthält in Art. 6 Abs. 2 lit. b) zwingende Vorgaben zur ausgewogenen Repräsentanz nach Geschlecht und Arbeitnehmerkategorie in errichteten EBR-Gremien. Vergleichbare Regeln fehlen *de lege lata* für die besonderen Verhandlungsgremien der nationalen Arbeitnehmervertreter/innen, die mit der Arbeitgeberseite über den Abschluss von EBR-Gründungsvereinbarungen verhandeln. Die Vorschriften zur Bildung der normschaffenden Gremien (Art. 5 Abs. 2 RL 2009/38/EG) sollten deshalb um eine Regelung zur chancengleichen Teilhabe von Frauen, atypisch Beschäftigten und anderen diskriminierten Gruppen ergänzt werden.

3.1.2.2 Kontrahierungsanreize und -zwänge

Es müssten gezielte rechtliche Anreize und Zwänge zur gleichstellungsbezogenen Normbildungsaktivität bei EBR-Gründungsvereinbarungen gesetzt werden.

Die Auffanglösung der EBR-RL sieht Beteiligungsbefugnisse des EBR in Gleichstellungsfragen nicht ausdrücklich vor. Um einen Verhandlungsanreiz auf die privaten Akteure zu erzeugen, sollte sie dahingehend erweitert werden. Insbesondere müssten Unterrichtungs- und Beratungsrechte des EBR zur Antidiskriminierung explizit festgeschrieben werden.[869]

Zur Sicherstellung einer befriedigenden Produktivität der SD-Form erscheint es allerdings nicht ausreichend, eine Mitwirkung des EBR in Gleichstellungsfragen nur für den Fall vorzusehen, dass die Verhandlungen zwischen den Sozialpartnern scheitern. Das Prinzip der gesetzlichen Auffanglösung basiert wesentlich darauf, dass zumindest eine Partei an einem Ergebnis in dem Bereich interessiert ist.[870] Wie die Analyse gezeigt

---

869 Zum gesetzlichen Themenkatalog der Unterrichtung und Beratung zählt bereits die Beschäftigungslage und -entwicklung. Denkbar wäre es z.B., den Themenkatalog um explizite Beteiligungsrechte zur Beschäftigungssituation von Frauen, atypisch Arbeitenden, behinderten Menschen u.a. anzureichern. Als Regelungsvorbild könnten auch die weitgehenden Vorschriften in einigen EU-Mitgliedstaaten dienen. So sind etwa in Schweden und Frankreich detaillierte Berichts- und Beratungspflichten des Arbeitgebers hinsichtlich der Entgelt- und Beschäftigtenstruktur sowie der Gleichstellungssituation im Betrieb gesetzlich normiert; vgl. dazu *Bothfeld/Hübers/Rouault*, Gleichstellungspolitische Rahmenbedingungen für das betriebliche Handeln. Ein internationaler Vergleich, in: Projektgruppe GiB, Geschlechterungleichheiten im Betrieb, 2010, S. 48 f., 62.

870 Die Auffanglösung bietet einen Anreiz für die inhaltlich interessierte Partei, die Verhandlungen scheitern zu lassen, wenn kein angemessenes Verhandlungser-

hat, fehlt beiden Sozialpartnern jedoch häufiger die Bereitschaft, in Sachen Nichtdiskriminierung aktiv zu werden. Es ist somit fraglich, ob subsidiäre Vorgaben einen umfassenden Verhandlungseffekt bei privaten Akteuren auslösen würden. Deshalb sollten SDe zusätzlich dazu verpflichtet werden, gleichstellungsspezifische Normen im Rahmen der EBR-Gründung zu schaffen. Die Ausgestaltung der Einzelheiten könnte vorrangiger kollektiver Selbstregulierung überlassen werden. Eine Festlegung zwingender Mindestinhalte könnte sozial verantwortliche privatautonome Resultate sichern.

Einen Anknüpfungspunkt für eine solche Regelung bieten die verbindlichen Vorgaben der EBR-RL für die inhaltliche Ausgestaltung von EBR-Gründungsvereinbarungen (vgl. v.a. Art. 6 Abs. 2 RL 2009/38/EG). Denkbar wäre es, SDe zu verpflichten, unternehmensspezifische Vereinbarungslösungen für eine Unterrichtung und Beratung des EBR in Gleichstellungsfragen zu treffen. Ein Mindestkatalog an Themen für die gleichstellungsbezogene kollektive Partizipation könnte verbindlich vorgegeben werden.

EBR-Gründungsdokumente sahen bislang vornehmlich Unterrichtungs- und Beratungsrechte des EBR zur Überwindung der Geschlechterdiskriminierung vor. SDe sollten deshalb ausdrücklich angeregt und aufgefordert werden, daneben noch weitere diskriminierte Gruppen (Menschen mit Behinderung, atypisch Beschäftigte, ältere Arbeitnehmer/innen u.a.) in ihre Normbildungspraxis einzubeziehen.

Zur Erzielung sozialstaatlich adäquater und optimierender Ergebnisse könnten die Sozialpartner außerdem dazu verpflichtet werden, weitergehende Beteiligungsrechte und -pflichten des EBR zur Nichtdiskriminierung zu normieren. Einige EBR-Gründungsvereinbarungen enthielten z.B. innovative Normen zur Bildung von EBR-Ausschüssen und Arbeitsgruppen zu Chancengleichheit. Wie die Analyse gezeigt hat, können institutionalisierte Gleichstellungsstrukturen eine sozialstaatsgemäße SD-Vereinbarungspraxis in multinationalen Konzernen begünstigen. Vorstellbar wäre es also, die Sozialpartner rechtlich dazu anzuhalten, im Rahmen der EBR-Gründung spezielle Ausschüsse und Arbeitsgruppen zur Nichtdiskriminierung einzurichten. Nähere Befugnisse, Zusammensetzung und Arbeitsweise der Stellen könnten durch autonome Gestaltung geregelt werden. Eine flankierende Verpflichtung der Unternehmen zur Kostentragung könnte die effektive Aufgabenwahrnehmung der Ausschüsse sichern.

---

gebnis erzielt wird, vgl. *Hofherr*, Europäische Sozialpolitik und die Idee der Selbstregulierung, a.a.O., S. 61.

3.1.2.3 Stärkung der normdurchsetzenden Leistungskraft

Im Vergleich zu den anderen untersuchten Dialogformen verfügen EBR-Gründungsvereinbarungen über gute rechtliche Implementationsbedingungen. Gleichstellungsrelevante SD-Outcomes enthielten zudem effektive eigene Umsetzungsvorkehrungen und lösten sozialstaatsgemäße Diffusionsergebnisse aus.

Gleichwohl könnte man überlegen, die normdurchsetzende Leistungskraft der SD-Form zu stärken und den europäischen „shadow of the law" in dieser Hinsicht auszubauen.[871] So könnten etwa gesetzliche Pflichten zur Registrierung von EBR-Gründungsvereinbarungen bei europäischen und/oder nationalen öffentlichen Stellen und zur Veröffentlichung der SD-Texte die Durchsetzung und Verbreitung diskriminierungsschützender Normen wirksam befördern.[872]

3.1.3 Zusammenfassung

Folgende normative Mittel sind angezeigt, um sozialstaatsgemäße Leistungen von EBR-Gründungsvereinbarungen herbeizuführen:

1. sollten rechtliche Vorkehrungen zur chancengleichen Teilnahme von Frauen und anderen benachteiligten Gruppen am Normentstehungsprozess getroffen werden.
2. sollten gezielte Anreize und Zwänge zur diskriminierungsschützenden Normbildungsaktivität bei EBR-Gründungsvereinbarungen gesetzt werden. So sollte die gesetzliche Auffanglösung der EBR-RL um eine explizite Mitwirkung des EBR bei der Durchsetzung von Gleichbe-

---

871 Änderungen und Präzisierungen der EBR-RL im Hinblick auf eine effektive Beteiligungspraxis der Arbeitnehmer/innen/vertretung wurden jüngst auch von Gewerkschaftsseite gefordert; ausführlich dazu ETUC, Position paper, for a modern European Works Council (EWC) Directive in the Digital Era, 2017, im Internet abrufbar unter: <https://www.etuc.org/sites/www.etuc.org/files/document/files/en-position-for_a_modern_ewc_directive_in_digital_era2.pdf> (zuletzt abgerufen am 29.8.2018).

872 Eine Registrierungspflicht von EBR-Gründungsvereinbarungen wurde schon im Rahmen der Novellierung der ersten EBR-RL diskutiert; vgl. European Commission, A Preparatory study for an Impact Assessment of the European Works Councils Directive, 2007, 90 ff., im Internet abrufbar unter: <http://ec.europa.eu/social/main.jsp?catId=707&langId=de&intPageId=211> (zuletzt abgerufen am 29.8.2018).

rechtigung angereichert werden. Darüber hinaus sollten SDe zur Aufnahme von gleichstellungsbezogenen Normen in EBR-Gründungsvereinbarungen proaktiv verpflichtet werden. Dabei sollte ein zwingendes inhaltliches Mindestniveau für die privatautonomen Lösungen vorgegeben werden. Außerdem könnten SDe rechtlich dazu angehalten werden, eine über die Unterrichtung und Beratung hinausgehende Beteiligung des EBR in Gleichstellungsfragen zu regulieren.

3. sollte die normdurchsetzende und normverbreitende Kraft der Dialogform durch geeignete Mittel wie eine Veröffentlichungs- und Registrierungspflicht von Vereinbarungsergebnissen gestärkt werden.

3.2   Soziale Dialoge nach Art. 154/ 155 AEUV

3.2.1   Leistungsschwächen

Die Ertragskraft von SDen nach Art. 154/ 155 AEUV im Bereich der Nichtdiskriminierung war relativ niedrig. Auf Branchenebene fand kaum bedeutende Normbildungsaktivität zum Thema statt. Dieser Befund ist maßgeblich auf die derzeitige rechtliche Verfasstheit der Dialogform rückführbar. So sind Verfahren und Ergebnis branchenbezogener und branchenübergreifender Normsetzung nicht durchreglementiert. Bindende Vereinbarungen können nur durch Konsens der Sozialpartner erzielt werden.

Weiter führte die in der primärrechtlichen Rechtsgrundlage eröffnete Möglichkeit, Sozialpartnervereinbarungen autonom durchzuführen (Art. 155 Abs. 2 S. 1 Alt. 1 AEUV), zu unbefriedigenden Ergebnissen. Diskriminierungsschützende SD-Normen, die „autonom blieben" und nicht durch Ratsbeschluss in supranationales Recht implementiert wurden (vgl. Art. 155 Abs. 2 S. 1 Alt. 2 AEUV), litten unter Qualitäts-, Geltungs- und Effektivitätsdefiziten.

3.2.2   Verbesserung der Normsetzungskraft

Die Befunde verweisen darauf, dass rechtliche Instrumente bereitgestellt werden müssen, um die Normsetzungskraft von SDen nach AEUV zu verbessern.

3.2.2.1 Ein „optionaler Rahmen für transnationale Kollektivverhandlungen"?

Es wurden bereits Regelungsentwürfe zur Flankierung sektorübergreifender und sektoraler SDe erarbeitet. Insbesondere regte die EU-Kommission vor einigen Jahren an, einen „optionalen Rahmen für transnationale Kollektivverhandlungen" auf EU-Ebene zu schaffen. Hierdurch sollte die Leistungsfähigkeit der Sozialpartner v.a. im Branchen- und Unternehmensbereich verbessert werden.[873] Eine von der Kommission eingesetzte Expert/inn/engruppe entwickelte daraufhin einen Vorschlag (bekannt als sog. Ales-Bericht) für einen sekundärrechtlichen Rahmen zur Aushandlung normbildender Vereinbarungen in multinationalen Konzernen sowie auf sektoraler und sektorübergreifender Ebene.[874]

Diesem Konzept zufolge muss der optionale regulative Rahmen zunächst „aktiviert" werden. Das Initiativrecht hierzu steht den europäischen Sozialpartnerverbänden zu, wobei diese von nationalen Mitgliedsorganisationen aus mindestens zwei EU-Staaten[875] zum Handeln aufgefordert werden können.[876] Nach der „Aktivierung" des Regulierungsrahmens werden die Modalitäten des Aushandlungsverfahrens von den transnationalen Kollektivakteuren autonom festgelegt. Im nächsten Schritt wird ein gemeinsames Verhandlungsgremium der Parteien errichtet. In dem Gremium sollen SD-Vereinbarungen u.a. zur Antidiskriminierung ausgehandelt werden, die EU-rechtliche Wirkkraft erlangen. Der Abschluss der Vereinbarungen erfolgt im freiwilligen Einvernehmen der Sozialpartner. Der Vorschlag enthält keine Aussagen zum Arbeitskampf oder zu sonstigen

---

873   Vgl. EU-Kommission, KOM 2005 (33) endg., S. 9.

874   Vgl. *Ales/Engblom/Jaspers u.a.*, Transnational Collective Bargaining, a.a.O., S. 37 ff.; weiterführend zur juristischen und rechtspolitischen Diskussion um den Vorschlag *Hofherr*, Europäische Sozialpolitik, a.a.O., S. 102 ff.; *Rieble/Kolbe*, Vom Sozialen Dialog zum europäischen Kollektivvertrag?, EuZA 2008, 467 ff.; *Weiss*, Transnationale Kollektivvertragsstrukturen in der EG: Informalität oder Verrechtlichung?, in: *Konzen/Krebber/Raab u.a.* (Hrsg.), FS Birk, 2008, S. 957-975; *Schmidt*, Perspektiven und Sinn weiterer Regulierung durch Europarecht, EuZA, 2008, 207 ff.

875   Auch der EBR soll unter Umständen die Aktivierung des Rahmens bei den europäischen Sozialpartnerverbänden beantragen können, um transnationale Verhandlungen auf Branchenebene auszulösen.

876   Der Entwurf lässt nicht eindeutig erkennen, ob die nationalen Sozialpartner die EU-Kollektivakteure zur Einleitung des Verhandlungsverfahrens zwingen können. So versteht es *Weiss*, Transnationale Kollektivvertragsstrukturen, a.a.O., S. 972.

Druckmitteln, um die Aufnahme von Verhandlungen oder ein bestimmtes Ergebnis zu erzwingen. Ein mit der EBR-RL vergleichbarer „shadow of the law" bei privatautonomer Nichteinigung ist nicht vorgesehen.

Vor dem Hintergrund der Befunde ist ein stärkeres rechtliches Instrumentarium gefordert. Fehlende Kontrahierungsanreize und -zwänge schmälerten die SD-Leistungen zur Antidiskriminierung. Mit einem EU-Regelwerk, das weiterhin auf freiwillige Konsenslösungen der europäischen Sozialpartnerverbände setzt, wäre dem Problem nicht abgeholfen.

3.2.2.2 Verankerung von Verhandlungsansprüchen und -pflichten

Die Befunde zeigen an, dass gesicherte rechtliche Möglichkeiten der Sozialpartner bestehen sollten, sich gegenseitig zur Aufnahme von Verhandlungen im Bereich der Nichtdiskriminierung zu zwingen. Insbesondere ein Initiativrecht der Arbeitnehmerseite könnte die Normbildungspraxis zum Thema voranbringen. Man könnte erwägen, wechselseitige Verhandlungsansprüche der europäischen Sozialpartnerverbände ausdrücklich regulativ zu verankern.[877]

Angesichts der besonderen Hindernisse für privatautonome Regelungsaktivitäten zur Gleichstellung erscheinen noch weitergehende Maßnahmen sinnvoll. So sind v.a. im Branchenbereich unter Umständen beide Kollektivakteure unwillig, bindende Vereinbarungen zur Antidiskriminierung abzuschließen.

Es wäre daher zu überlegen, Verhandlungspflichten[878] für sektorale und sektorübergreifende SDe zu Gleichstellungsthemen einzuführen.[879] Als Vorbild könnte die Gesetzgebung in einzelnen EU-Mitgliedstaaten dienen. So sind etwa in Frankreich die Kollektivakteure auf Branchenebene verpflichtet, in ein- bzw. dreijährigen Abständen über die geschlechterbezo-

---

877 Hierfür finden sich auf mitgliedstaatlicher Ebene einige Vorbilder. So sind etwa in Schweden wechselseitige Verhandlungsansprüche der Sozialpartner auf überbetrieblicher Ebene gesetzlich vorgesehen, vgl. *Adlercreutz/Nyström*, Labour Law in Sweden, 2010, S. 179 f.

878 Ein immerhin erwägenswerter weitergehender Zwang zum Abschluss von bindenden Vereinbarungen wäre in Hinblick auf die Autonomie der Sozialpartner bedenklich; siehe auch *Bercusson*, European Labour Law, a.a.O., S. 327.

879 In diese Richtung auch *Veneziani*, The Role of the Social Partners in the Lisbon Treaty, in: *Bruun/Lörcher/Schömann* (eds.), The Lisbon Treaty and Social Europe, a.a.O., S. 161.

gene Entgeltgerechtigkeit, die berufliche Gleichstellung zwischen Frauen und Männern sowie die berufliche Teilhabe behinderter Menschen zu verhandeln.[880]

Bei der Auswahl der Verhandlungsgegenstände sollte den sachnahen SDen ein hohes Maß an Gestaltungsfreiheit eingeräumt werden. Bei sozialstaatlichen Aufgaben zur Antidiskriminierung, bei denen die SD-Leistungen bislang defizitär waren, könnten ausdrückliche Verhandlungsanreize und -zwänge gesetzt werden. So könnten sektorale und sektorübergreifende SDe etwa dazu angehalten werden, Normen zur Bekämpfung von Mehrfachdiskriminierungen am Arbeitsmarkt, zur Herstellung von Entgeltgleichheit oder zum Abbau der Unterrepräsentanz diskriminierter Gruppen in Führungspositionen und Entscheidungsprozessen zu schaffen.

Zur Sicherstellung gemeinwohlverträglicher Resultate sollte der EU-Gesetzgeber außerdem Druck in Hinblick auf ein inhaltliches Mindestniveau der Vereinbarungslösungen ausüben.

Damit der „shadow of the law" zur Herbeiführung von Regulierungstätigkeit stark genug ist, sollten bei Untätigkeit der Sozialpartner zur Antidiskriminierung staatlicherseits subsidiär Zwänge und Sanktionen bereitgehalten werden.[881]

3.2.2.3 Partizipation diskriminierter Gruppen

Um sozialstaatsadäquate SD-Leistungen zu erzielen, muss die Partizipation diskriminierter Gruppen garantiert sein. Der regulative Rahmen für sektorale und sektorübergreifende SDe sollte daher Vorgaben zur angemessenen Vertretung von Frauen, Menschen mit Behinderung u.a. in Verhandlungsprozessen enthalten.

Erste Regelungsansätze zur Herstellung einer chancengleichen Teilnahme am SD existieren bereits. So hat die EU-Kommission in ihrem Beschluss 98/500/EG eine geschlechtergerechte Zusammensetzung der Ausschüsse sektoraler SDe eingefordert. Darüber hinaus haben einige europäi-

---

880 Vgl. *Auzero/Dockès*, Droit du travail, 2015, Rn. 1355.
881 Zur Notwendigkeit von staatlicherseits vorgesehenen Sanktionsmitteln, um Sozialpartneraktivitäten zur Gleichstellung durchzusetzen, siehe *Bothfeld/Hübers/ Rouault*, Gleichstellungspolitische Rahmenbedingungen für das betriebliche Handeln, a.a.O., S. 61.

sche Gewerkschaftsverbände freiwillige Zielvorgaben beschlossen, um den Anteil von Frauen in Entscheidungspositionen zu erhöhen.[882]

3.2.2.4 Förderung ausgeglichener Verhandlungen

Ohne Druckmittel gelang es europäischen Gewerkschaften manchmal nicht, weitergehende Norminhalte zur Nichtdiskriminierung gegenüber den Arbeitgeberverbänden durchzusetzen. Es sollten daher Maßnahmen zur Förderung ausgeglichener Verhandlungen ergriffen werden. So sollten rechtliche Gewährleistungen bestehen, um diskriminierungsschützende Vereinbarungen nach AEUV per Arbeitskampf zu erzwingen. Die Schaffung von entsprechenden Rahmenbedingungen ist auch rechtlich geboten. Art. 28 GRCh garantiert das Recht, auf transnationaler Ebene Kollektivvereinbarungen auszuhandeln sowie Kollektivmaßnahmen zu ergreifen.[883] Da hieraus eine staatliche Ausgestaltungspflicht resultiert,[884] muss ein rechtlicher Rahmen für europäische Arbeitskämpfe zur Verfügung gestellt werden.[885] Allerdings begegnet die Durchführung europaweiter Streik- und Arbeitskampfmaßnahmen praktischen Schwierigkeiten.[886] Es ist zudem keineswegs sicher, dass gewerkschaftliche Akteure für einen Arbeitskampf zur Durchsetzung von transnationalen Vereinbarungen zur Gleichstellung überhaupt mobilisieren würden.

Es wären somit noch weitere flankierende Instrumente in Betracht zu ziehen. So könnte man etwa erwägen, die Durchführung eines Vermittlungs- und Schlichtungsverfahrens[887] auf europäischer Ebene bei privatau-

---

882 Vgl. *Weiler*, Social dialogue and gender equality, a.a.O., S. 15 ff.
883 Vgl. *Köchle*, in: *Holoubek/Lienbacher*, GRC-Kommentar, a.a.O., Art. 28 Rn. 36.
884 Vgl. dazu *Rixen*, in: *Tettinger/Stern*, Kölner Gemeinschaftskommentar, 2006, a.a.O., Art. 28 Rn. 18.
885 Aufgrund der begrenzten Normgebungskompetenz der Union in diesem Bereich nehmen Stimmen in der Literatur an, dass es den Mitgliedstaaten obliegt, die Regeln für Arbeitskämpfe zur Erzwingung der SD-Normen zu schaffen; vgl. *Köchle*, in: *Holoubek/Lienbacher*, GRC-Kommentar, a.a.O., Art. 28 Rn. 41; *Rödl*, Arbeitsverfassung, a.a.O., S. 901 f; weiterführend zum Meinungsstand hinsichtlich der Möglichkeit der Union, Bestimmungen zum Arbeitskampfrecht zu treffen, *Wagner*, Der Arbeitskampf als Gegenstand des Rechts der Europäischen Union, 2010, S. 53 ff.
886 Vgl. *Schmidt*, Perspektiven und Sinn weiterer Regulierung durch Europarecht, EuZA, a.a.O., 209.
887 Die Schlichtung als Form der alternativen Streitbeilegung zielt auf die Herbeiführung kollektivvertraglicher Regeln ab; vgl. *Reim/Ahrendt*, in: *Däubler*, TVG,

tonomer Nichteinigung vorzusehen.[888] Denkbar wäre es, dass eine europäische Schlichtungsstelle eingerichtet wird, die mit unabhängigen Arbeitsrechtsexpert/inn/en aus den EU-Mitgliedstaaten besetzt[889] ist.[890] Gegebenenfalls könnten dabei auch Mitglieder des europäischen Netzwerks von Rechtsexpert/inn/en im Bereich der Nichtdiskriminierung eingebunden werden. Die Schlichtung sollte von einer Partei und/oder von staatlicher Seite eingeleitet werden können und bindende Ergebnisse ermöglichen.[891] Nur so könnte ein hinreichender Verhandlungs- und Einigungsdruck auf die privaten Akteure erzeugt werden.

3.2.3 Flankierung autonom durchgeführter SD-Vereinbarungen

Die Leistungsfähigkeit autonom durchgeführter SD-Vereinbarungen müsste gestärkt werden. Der Bedarf für flankierende Maßnahmen ist dabei umso dringlicher, als die Möglichkeit der Implementation von gleichstel-

---

2012, § 1 Rn. 1190. In der Literatur wird in diesem Zusammenhang auch zwischen der friedlichen Beilegung von Interessenkonflikten um den Abschluss kollektivvertraglicher Normen und der Beilegung von Streitigkeiten um Rechte aus der Durchführung von Kollektivverträgen unterschieden, vgl. *Ales/Engblom/ Jaspers u.a.*, Transnational Collective Bargaining, a.a.O., S. 40.

888 Die Einrichtung von alternativen Verfahren zur Konfliktvermeidung und -lösung zwischen den transnationalen Sozialpartnern wurde von der EU-Kommission bereits erwogen, vgl. dies., Mitteilung der Kommission, Sozialpolitische Agenda, KOM(2000) 379endg., S. 20, 31; vgl. zur Diskussion weiterführend *Schömann*, Alternative dispute resolution procedures in labour issues: towards an EU mechanism?, Transfer 2002, 701 ff.

889 Für die Einrichtung einer EU-Agentur, die mit Arbeitsrechtsexpert/inn/en aus den Mitgliedstaaten besetzt ist, *Welz*, The European Social Dialogue Under Articles 138 and 139 of the EC Treaty, 2008, S. 362.

890 Eventuell könnte der Schlichtungsmechanismus subsidiär für den Fall bereitgestellt werden, dass SDe kein eigenes Schlichtungsverfahren vereinbaren oder dieses erfolglos verlaufen ist. Auf diese Weise könnte der Autonomie der Sozialpartner weitestgehend Rechnung getragen werden. Vgl. zum Vorrang autonom vereinbarter Schlichtungsverfahren auch *Reim/ Ahrendt*, in: *Däubler*, TVG, 2012, § 1 Rn. 1222. Angesichts der Machtasymmetrie in den transnationalen Arbeitsrechtsbeziehungen müssten zwingende Mindestanforderungen an privatautonome Lösungen rechtlich vorgegeben werden.

891 In einer Reihe von EU-Mitgliedstaaten existieren Regelungen zu bindenden Schlichtungsverfahren; in manchen EU-Ländern wie in z.B. Dänemark kann eine Schlichtung sowohl von den beteiligten Sozialpartnern als auch von staatlicher Seite eingeleitet werden. Weiterführend zu Schlichtungsregelungen in den Mitgliedstaaten *Hekimler/Ring* (Hrsg.), Tarifrecht in Europa, 2012.

lungsbezogenen Sozialpartnervereinbarungen durch Ratsbeschluss in der Praxis an Bedeutung verloren hat.

3.2.3.1 Lösungsansätze de lege lata

Die Befunde zeigen an, dass autonome SD-Vereinbarungen sicheren Anschluss an staatliche Durchsetzungsgarantien erhalten müssten, um sozialstaatsgemäße Leistungen im Feld der Antidiskriminierung zu erbringen. In der juristischen Literatur werden mehrere mögliche Lösungen *de lege lata* diskutiert, um die Wirk- und Durchsetzungskraft der Sozialpartnervereinbarungen zu verbessern.[892]

So wird der Ansatz vertreten, dass die europäischen Sozialpartner ihre Einigungsresultate als mehrstufigen Kollektivvertrag ausgestalten könnten. Sie könnten ihre nationalen Mitgliedsorganisationen im Rahmen privatrechtlicher Regeln verpflichten, die SD-Normen in nationale Kollektivverträge aufzunehmen.[893] Nach der „Theorie der parallelen Wirkungsstatute" wirken die Sozialpartnervereinbarungen in jedem EU-Mitgliedstaat ohne Transformationsakt wie ein nationaler Kollektivvertrag. Eine andere Meinung nimmt an, dass die SD-Ergebnisse bei autonomer Umsetzung einem nationalen Tarifrecht unterstehen, das nach kollisionsrechtlichen Regeln zu bestimmen ist (sog. IPR-Modell).

Die drei Ansätze erscheinen zur Behebung der Leistungsdefizite der SD-Regulierungstätigkeit nicht geeignet. Nach den ersten beiden Modellen fielen Wirkungsbreite und -macht gleichstellungsbezogener SD-Ergebnisse je nach EU-Mitgliedstaat unterschiedlich aus.[894] Das kollisionsrechtliche Modell ist in Hinblick auf *ordre public*-Vorbehalte sowie Schutzbestimmungen des nationalen Rechts mit faktischen Durchfüh-

---

892 Vgl. zu den Ansätzen bereits oben Teil A, 4. Kapitel. Siehe näher zum Meinungsstand auch *Schiek*, in: *Däubler*, TVG, 2016, Einl. Rn. 906 ff.

893 Dieses Umsetzungsmodell wurde von den transnationalen Kollektivakteuren bereits angewandt. So enthält etwa die gleichstellungsrelevante sektorale Vereinbarung über arbeitsvertragliche Mindeststandards im Profifußball Vorgaben für eine Implementierung durch nationale Kollektivverträge. Siehe dazu oben Teil B, 3. Kapitel.

894 Zur Diversität der nationalen Rechtsordnungen hinsichtlich der Wirkungsbreite und -macht von Kollektivverträgen *Rebhahn*, Das kollektive Arbeitsrecht im Rechtsvergleich, a.a.O., 764 ff.

rungsproblemen konfrontiert.[895] Die drei Ansätze verhelfen autonomen SD-Vereinbarungen nicht zu EU-rechtlicher Bindungswirkung und Geltungskraft.[896] Die Implementations- und Diffusionsstärke der in supranationales Recht überführten Sozialpartnervereinbarungen kann hierdurch nicht annähernd erreicht werden.

Ein weiterer Ansatz geht davon aus, dass eine Kombination aus nationalen Kollektivverträgen und ergänzenden staatlichen Aktivitäten wie Allgemeinverbindlichkeitserklärungen für eine lückenlose Normwirksamkeit sorgen könnte.[897] Autonome SD-Vereinbarungen zur Antidiskriminierung könnten so an nationalstaatliche Durchsetzungsmechanismen angebunden werden und rechtliche Geltung über die Mitglieder der Sozialpartner hinaus erlangen. Auch dieser Vorschlag vermag allerdings nicht die Rechtsunsicherheit über die Wirkungen autonom umgesetzter Sozialpartnervereinbarungen zu beseitigen.

Um die Leistungsmängel der autonomen Umsetzungsmethode befriedigend zu beheben, sind regulative Maßnahmen auf EU-Ebene erforderlich. Bindungswirkung, Geltungskraft und Modalitäten zur Durchführung der SD-Ergebnisse müssten in einem europäischen Regulierungsrahmen geklärt werden.[898]

3.2.3.2 Ein privatautonom geschaffener Rechtsrahmen?

Einige Autor/inn/en schlagen vor, dass die europäischen Sozialpartnerverbände auf Grundlage von Art. 155 Abs. 2 S. 1 Alt. 1 AEUV im Konsenswege einen unionsrechtlichen Rahmen selbst schaffen könnten. Sie könnten Rechtswirkung, Geltungsbereich und Umsetzungsmodalitäten der Sozialpartnervereinbarungen in einem autonomen Statuskontrakt festlegen.[899]

Der Ansatz wird dem Gedanken der Autonomie und Selbstregulierungsfähigkeit der sachnahen Kollektivakteure gerecht. Allerdings scheint

---

895 Vgl. dazu *Deinert*, Der europäische Kollektivvertrag, a.a.O., S. 248 ff., 439 f; *Schiek*, in: *Däubler*, TVG, 2016, Einl. Rn. 912; *Theiss*, Die Durchführung europäischer Sozialpartnervereinbarungen auf nationaler Ebene, a.a.O., S. 128.
896 Vgl. *Schiek*, in: *Däubler*, TVG, a.a.O., 2016, Einl. Rn. 917.
897 Vgl. hierzu bereits oben Teil A, 4.Kapitel.
898 In diesem Sinn auch *Schiek*, in: *Däubler*, TVG, 2016, Einl. Rn. 918.
899 Eine nähere Erörterung der Voraussetzungen und Hintergründe des Modells muss hier unterbleiben. Weiterführend dazu siehe *Schiek*, in: *Däubler*, TVG, 2016, Einl. Rn. 921 ff.; *Kowanz*, Europäische Kollektivvertragsordnung, 1999, S. 270 ff.

es eher unwahrscheinlich, dass die europäischen Arbeitgeberverbände in näherer Zukunft bereit sein werden, einen entsprechenden Rahmen zu vereinbaren. Es muss auch bezweifelt werden, ob ohne Druckpotentiale europäischer Gewerkschaftsverbände ein inhaltlich akzeptabler Konsens zwischen den Sozialpartnern erzielt würde. Der Rechtsrahmen sollte außerdem den besonderen Durchsetzungsproblemen diskriminierungsschützender SD-Regulierung Rechnung tragen. Beiden Kollektivakteuren fehlt häufiger das Problembewusstsein für Gleichstellungsfragen. Es ist somit fraglich, ob autonom gesetztes Recht die besonderen Anforderungen des Gebiets der Nichtdiskriminierung berücksichtigen würde. Rechtspolitisch vorzugswürdig scheint ein Tätigwerden des EU-Gesetzgebers.[900]

3.2.3.3 Herbeiführung einer angemessenen Durchschlagskraft

Um eine angemessene Durchschlagskraft der SD-Praxis zur Nichtdiskriminierung zu erzielen, sollte die rechtliche Geltung der Sozialpartnervereinbarungen in den Mitgliedstaaten supranational angeordnet werden. Den diskriminierungsschützenden SD-Normen sollte eine möglichst umfassende, unionsweit einheitliche Wirkung verschafft werden.

Der „Ales-Bericht" sieht in diesem Zusammenhang vor, dass die von den europäischen Arbeitgeberverbänden repräsentierten Unternehmen verpflichtet werden sollen, die SD-Vereinbarungen durch Anordnungen („*managerial decisions*") umzusetzen.[901] Die Umsetzungsanordnungen

---

900 Es bestünde hierbei die Möglichkeit, dass die transnationalen Sozialpartner „im Schatten" eines EU-Rechtsakts auf Grundlage von Art. 154/ 155 AEUV den entsprechenden Rahmen aushandeln. Eine geeignete unionsrechtliche Kompetenzgrundlage zur Schaffung eines regulativen Rahmens wird in der Literatur in Art. 153 Abs. 1 lit. f) AEUV gesehen; vgl. *Schmidt*, Perspektiven und Sinn weiterer Regulierung durch Europarecht, a.a.O., 210; ähnlich *Rieble/Kolbe*, Vom Sozialen Dialog zum europäischen Kollektivvertrag?, a.a.O., 463 f.; weiterführend zur juristischen Diskussion um die potentielle Kompetenzgrundlage für einen EU-Rechtsrahmen *Hofherr*, Europäische Sozialpolitik, a.a.O., S. 91 ff.

901 Schiek schlägt im Rahmen des sog. Statuskontraktmodells vor, dass die verbandsgebundenen Arbeitgeber – wie im skandinavischen Modell – verpflichtet werden könnten, die für einen normativen Effekt bestimmten Vereinbarungsinhalte auf alle Arbeitsverhältnisse anzuwenden; vgl *Schiek*, in: *Däubler*, TVG, 2016, Einl. Rn. 928.

sollen im nationalen Recht als rechtsverbindlich anerkannt werden.[902] Eine einheitliche Wirkung der SD-Normen in den EU-Mitgliedstaaten wäre damit nicht garantiert.[903] Immerhin würden dadurch diskriminierungsschützende SD-Ergebnisse auch für nichtorganisierte Arbeitnehmer/innen gelten.[904]

Möglicherweise naheliegender wäre es indes, bei einer EU-Regulierung an die bestehende Umsetzungspraxis beteiligter Akteure anzuknüpfen. Gleichstellungsrelevante autonome SD-Vereinbarungen wurden zuweilen in nationale kollektivvertragliche und gesetzliche Regelwerke inkorporiert. Vorstellbar wäre es also, eine Umsetzung der Sozialpartnervereinbarungen durch nationale Kollektivverträge und ergänzende staatliche Maßnahmen ausdrücklich unionsrechtlich vorzugeben.[905]

In vielen EU-Mitgliedstaaten (u.a. in Frankreich, Belgien oder Polen) wirken Kollektivverträge *erga omnes*. Darüber hinaus besteht in einzelnen Ländern wie etwa in Spanien die Möglichkeit, Kollektivverträge abzuschließen, die nicht nur für Arbeitnehmer-Außenseiter, sondern auch für Arbeitgeber-Außenseiter gelten.[906] Im übrigen könnten staatliche Erweiterungserklärungen und subsidiäre gesetzliche Regelungen eine umfassende, EU-weit einheitliche Geltungskraft der SD-Normen herstellen.[907]

Die Sozialpartnervereinbarungen würden damit an staatliche Durchsetzungspotentiale sicher angeschlossen werden. Arbeitgeber, Arbeitnehmervertreter/innen und Arbeitnehmer/innen könnten die Einhaltung der SD-Normen zur Antidiskriminierung vor nationalen Gerichten einklagen.

---

902 Vgl. *Ales/Engblom/Jaspers et al.*, Transnational Collective Bargaining, a.a.O., S. 40; *Ales*, Der transnationale Kollektivvertrag zwischen Vergangenheit, Gegenwart und Zukunft, a.a.O., 154.

903 Vgl. *Schmidt*, Perspektiven und Sinn weiterer Regulierung, a.a.O., 208.

904 So interpretieren den Vorschlag auch *Rieble/Kolbe*, Vom Sozialen Dialog zum europäischen Kollektivvertrag?, a.a.O., 474.

905 Einige Stimmen in der Literatur gehen bereits *de lege lata* von einer unionsrechtlichen Verpflichtung aus, die SD- Vereinbarungen durch nationale Kollektivverträge und ergänzende staatliche Maßnahmen wirkungsvoll umzusetzen, vgl. dazu *Theiss*, Die Durchführung europäischer Sozialpartnervereinbarungen auf nationaler Ebene, a.a.O., S. 136 f. m.w.N.

906 Vgl. hierzu näher *Kamanabrou*, Erga-Omnes-Wirkung von Tarifverträgen, 2011, S. 22 f.

907 Die Normenimplementation wäre insofern vergleichbar mit der Umsetzung einer Antidiskriminierungsrichtlinie durch die nationalen Sozialpartner (vgl. Art. 153 Abs. 3 AEUV).Vgl. dazu auch die ausführliche Studie von *Deinert*, Sozialer Dialog und Zielvereinbarungen als Wege zur Antidiskriminierung, a.a.O., S. 389 ff.

3.2.3.4 Vorkehrungen zur eigenverantwortlichen Normdurchsetzung

Autonom durchgeführte gleichstellungsrelevante SD-Vereinbarungen sahen kaum Implementationsregelungen vor, die eine praktische Normwirksamkeit indizieren. Vor diesem Hintergrund sollten rechtliche Vorkehrungen getroffen werden, um die Sozialpartner zu einer eigenverantwortlichen effektiven Normdurchsetzung zu befähigen.[908]

So könnten sektorale und sektorübergreifende SDe rechtlich dazu angehalten werden, eigene Überwachungs- und Monitoringmechanismen auf europäischer Ebene einzurichten. Um effiziente Verfahren zu gewährleisten, sollten zwingende Mindestanforderungen an die autonom vereinbarten Lösungen aufgestellt werden.[909] So sollten die Überwachungsmechanismen etwa eine transparente, regelmäßige Berichterstattung zur Normumsetzung oder Korrekturmaßnahmen bei Normverstößen umfassen.[910] Außerdem könnte man erwägen, eine wirksamkeitsverstärkende Drittbeteiligung (z.B. von öffentlichen Stellen oder NROs) rechtlich zu verankern.

Darüber hinaus könnten die Sozialpartner verpflichtet werden, selbstregulative Maßnahmen für ein Schiedsverfahren[911] auf EU-Ebene zur Beilegung von Meinungsverschiedenheiten über die Anwendung und Durchführung der SD-Vereinbarungen zu ergreifen.[912]

Eigene Streitbeilegungsmechanismen beteiligter Akteure bieten die Chance einer niedrigschwelligen Konfliktbewältigung. Sie ermöglichen eine kooperativ-konsensuale Problemlösung, die von den Betroffen akzeptiert wird, und können damit zur Normwirksamkeit beitragen.[913] Eine eu-

---

908 Zum Vorrang einer eigenverantwortlichen Überwachung autonom durchgeführter SD-Vereinbarungen durch die Sozialpartner siehe auch EU-Kommission, Partnerschaft für den Wandel in einem erweiterten Europa, a.a.O., S. 12.

909 Ähnlich *Ales/Engblom/Jaspers et al.*, Transnational Collective Bargaining, a.a.O., S. 40.

910 Siehe dazu bereits oben Teil B, 7. Kapitel

911 Anders als Schlichtungsverfahren zielen Schiedsmechanismen auf die Konfliktbewältigung hinsichtlich der Durchführung bestehender kollektivvertraglicher Normen ab; vgl. *Reim/Ahrendt*, in: *Däubler*, TVG, 2012, § 1 Rn. 1190.

912 Vgl. auch *Ales*, Der transnationale Kollektivvertrag, a.a.O., 154; ähnlich *Schiek*, in: *Däubler*, TVG, 2016, Einl. Rn. 932.

913 Weiterführend zu den Vorteilen alternativer Streitbeilegungsmechanismen *Hoffmann-Riem*, Mediation als moderner Weg zur Konfliktbewältigung, in: *Brand/Stempel* (Hrsg.), Soziologie des Rechts, FS Blankenburg, 1998, S. 653 ff.; zu den Vorteilen einer außergerichtlichen Streitbeilegung im Rahmen des transnationalen SD siehe auch *Schömann*, Alternative dispute resolution procedures, a.a.O., 702.

ropäische Schiedsstelle könnte zudem die einheitliche Auslegung autonom durchgeführter SD-Vereinbarungen zur Antidiskriminierung sichern.[914]

Da beide Kollektivakteure unter Umständen kein ausreichendes Engagement bei der Normdurchsetzung im Bereich der Gleichstellung zeigen, sollte durch flankierende Bestimmungen garantiert sein, dass der Schiedsstelle auch unparteiische Mitglieder angehören.[915] Darüber hinaus sollte die Durchführung des Schiedsverfahrens einseitig erzwingbar sein und Ergebnisse mit bindender Wirkung gewährleisten.[916] Ein rein freiwilliger unverbindlicher Schiedsmechanismus würde wahrscheinlich nicht ausreichen, um die Wirkungseffizienz gleichstellungsbezogener SD-Regulierung zu fördern. Ferner zeigen die Befunde an, dass öffentlich-gerichtliche Hebel zur Durchsetzung der SD-Normen unverzichtbar sind. Eine alternative Konfliktlösung dürfte daher gerichtliche Verfahren nicht ersetzen, sondern könnte nur als Ergänzung hierzu vorgesehen werden.[917]

3.2.3.5 Beteiligung von öffentlichen Stellen und NROs

Aufgrund der Akzeptanzprobleme von Gleichstellungsmaßnahmen bedarf die Durchsetzung entsprechender SD-Ergebnisse in besonderem Maße einer institutionellen Unterstützung. Man könnte deshalb erwägen, eine Mitwirkung öffentlicher Stellen bei der Durchführung autonomer SD-Vereinbarungen zur Nichtdiskriminierung vorzusehen. Möglicherweise könnten nationale Gleichstellungsbehörden wirksamkeitsverstärkend in den Prozess eingebunden werden.[918] Denkbar wäre auch, dass spezialisier-

---

914 Vgl. auch *Ales/Engblom/Jaspers*, Transnational Collective Bargaining, a.a.O., S. 40.
915 Vorstellbar wäre es, dass dabei Personen aus dem Kreis des europäischen Netzwerks von Rechtsexpert/inn/en im Bereich der Nichtdiskriminierung eingebunden werden. Bedenkenswert ist auch der Vorschlag von *Schiek*, dass (ehemalige) Mitglieder der europäischen Gerichtsbarkeit für eine Mitwirkung gewonnen werden könnten, vgl. *dies.*, in: *Däubler*, TVG, 2016, Einl. Rn. 932.
916 Entsprechende Verfahren bestehen in einer Reihe von EU-Mitgliedstaaten, vgl. *Schömann*, Alternative dispute resolution procedures, a.a.O., 703.
917 So auch *Schömann*, Alternative dispute resolution procedures, a.a.O., 703; ähnlich *Ales*, Der transnationale Kollektivvertrag, a.a.O., 154.
918 Hinweise darauf, wie eine mögliche Beteiligung der Gleichstellungsbehörden aussehen könnte, finden sich im nationalen Recht. So sind etwa in Schweden und Frankreich unabhängige Gleichstellungsbehörden mit weitgehenden Kompetenzen hinsichtlich der Überwachung der betrieblichen Praxis zur Antidiskriminierung ausgestattet; zu den Aufgaben der Stellen zählen u.a. die Überwachung der Einhaltung von betrieblichen Gleichstellungsplänen und die Vermittlung und

te EU-Agenturen wie das Europäische Institut für Gleichstellungsfragen (EIGE) eine begleitende Rolle spielen.

Hilfreich könnte es ferner sein, eine Beteiligung europäischer und nationaler NROs zu regeln.[919] Europäische NROs trugen zu Diffusionsprozessen autonom durchgeführter sektorübergreifender SD-Normen bei.[920] Zivilgesellschaftliche Akteure können öffentlichen Druck erzeugen und so die Durchsetzung und Einhaltung diskriminierungsschützender SD-Ergebnisse befördern. Die Union und die Mitgliedstaaten sind durch die EU-Sozialverfassung ausdrücklich aufgefordert, rechtliche Grundlagen für eine angemessene Mitwirkung von NROs am SD-Regulierungsgeschehen zur Nichtdiskriminierung zu schaffen.[921]

3.2.3.6 Formale Anforderungen, Pflichten zur Veröffentlichung und Registrierung

Des Weiteren könnte man erwägen, formale Mindestanforderungen an autonom implementierte SD-Vereinbarungen vorzugeben. Hierdurch könnten Verbindlichkeit, Regelungsqualität und Durchsetzungskraft gleichstellungsbezogener SD-Resultate verbessert werden. So könnten die SDe etwa dazu angehalten werden, ihre Einigungsergebnisse schriftlich abzufassen, ein An- und Auslaufdatum zu benennen sowie Regeln für eine Beendigung und Neuverhandlung der Vereinbarungen aufzustellen.

Überdies könnten Pflichten zur Registrierung autonomer SD-Vereinbarungen bei öffentlichen Stellen und zur Veröffentlichung der SD-Texte

---

Mediation bei Konfliktfällen; weiterführend hierzu *Bothfeld/Hübers/Rouault*, Gleichstellungspolitische Rahmenbedingungen, a.a.O., S. 46 ff., 61 f.

919 Die genaue Art der Beteiligung europäischer und nationaler, staatlicher und zivilgesellschaftlicher Akteure im Umsetzungsprozess müsste noch näher festgelegt werden.

920 Vgl. dazu Teil B, 6. Kapitel.

921 Die EU-Gleichbehandlungsrichtlinien fordern ausdrücklich dazu auf, NROs an der Durchsetzung von Gleichberechtigung zu beteiligen (vgl. Art. 12 RL 2000/43/EG; Art. 14 RL 2000/78/EG; Art. 22 RL 2006/54/EG). Zum Erfordernis von rechtlichen Grundlagen für die Mitwirkung zivilgesellschaftlicher Akteure an der SD-Praxis zur Antidiskriminierung siehe auch *Rust*, in: *von der Groeben/ Schwarze/Hatje*, Europäisches Unionsrecht, a.a.O., Art. 152 AEUV Rn. 52.

reguliert werden, um die Normdurchsetzung und Normverbreitung voranzubringen.[922]

3.2.3.7 Vermeidung von Kollisionen

Der regulative Rahmen sollte auf die rechtliche Konsistenz und die Stabilität der transnationalen Normbildungsordnung hinwirken. So sollte er etwa Kollisionen zwischen autonom durchgeführten SD-Vereinbarungen
und nationalen Antidiskriminierungsnormen vorbeugen. Die Befunde weisen darauf hin, dass die Festschreibung einer unionsrechtlichen Nichtregressionsklausel und eines Günstigkeitsprinzips entsprechende Abstim-
mungsprobleme sozialstaatsadäquat auflösen könnte.

3.2.4 Zusammenfassung

Folgende rechtliche Maßnahmen sind gefordert, um sozialstaatsgemäße
Leistungen sektoraler und sektorübergreifender SDe im Feld der Antidiskriminierung sicherzustellen:

1. sollten wechselseitige Verhandlungsansprüche der Sozialpartner vorgesehen werden, um die Normsetzungskraft der Dialogform zu stärken.
   Daneben könnten periodische Verhandlungspflichten sektoraler und
   sektorübergreifender SDe zu Gleichstellungsthemen festgelegt werden.
2. könnten ausdrückliche Verhandlungsanreize und -zwänge für sozialstaatliche Norminhalte gesetzt werden, bei denen die SD-Regelungspraxis bislang defizitär ist.
3. sollten rechtliche Vorkehrungen für die Partizipation diskriminierter
   Gruppen in autonomen Normschaffungsprozessen getroffen werden.
4. müssten Maßnahmen zur Förderung fairer Verhandlungen ergriffen
   werden. So sollten rechtliche Grundlagen für eine Erzwingung der
   SD-Vereinbarungen per Arbeitskampf geschaffen werden. Zudem wäre zu erwägen, bei einem Scheitern privatautonomer Verhandlungen
   staatlicherseits ein Schlichtungsverfahren vorzusehen.

---

922 Für eine gesetzliche Pflicht zur Registrierung der Vereinbarungen bei der EU-
Kommission, die die SD-Texte auf einer Webseite veröffentlichen und einem
größeren Personenkreis zugänglich machen soll *Ales/Engblom/Jaspers*, Transnational Collective Bargaining, a.a.O., S. 39.

5. müssten Bindungswirkung, Geltungskraft und Durchführungsbedingungen autonom umgesetzter Vereinbarungen in einem EU-Regelwerk geklärt werden. Den SD-Normen sollte dabei zu einer supranational angeordneten Geltung und einer möglichst umfassenden, einheitlichen Wirkung in den Mitgliedstaaten verholfen werden. Außerdem sollten sektorübergreifende und sektorale SDe dazu angehalten werden, effektive eigene Monitoring- und Überwachungsmechanismen zu regulieren sowie ein Schiedsverfahren zur Konfliktbearbeitung einzurichten. Zur Sicherstellung einer angemessenen Wirkungseffizienz der Outcomes sollte eine Mitwirkung von öffentlichen Stellen und NROs rechtlich vorgesehen werden. Ferner könnten formale Anforderungen vorgegeben werden, um Regelungsqualität und Durchsetzungskraft der Sozialpartnervereinbarungen zu stärken. Gesetzliche Pflichten zur Registrierung und zur Veröffentlichung der SD-Ergebnisse könnten zu sozialstaatsgemäßen Implementations- und Diffusionseffekten beitragen.

6. Um die Konsistenz und Stabilität transnationaler Regelsetzung zu fördern, könnten eine Nichtregressionsklausel und ein Günstigkeitsprinzip unionsrechtlich festgeschrieben werden.

3.3 Substantielle EBR-Vereinbarungen, Mischformen und TCAs

3.3.1 Erhebliche Leistungsdefizite

Die vor dem Hintergrund einer ungeklärten Rechtslage agierenden substantiellen EBR-Vereinbarungen, Mischformen und TCAs wiesen erhebliche Leistungsdefizite auf. Zusätzliche Abkommen von EBRen brachten nur wenige sozialstaatsadäquate Normen im Feld der Antidiskriminierung hervor. Die weiterführende Regulierungstätigkeit der drei Dialogformen zur Gleichstellung beschränkte sich auf eine geringe Anzahl an multinationalen Konzernen, vornehmlich mit Sitz in Frankreich. Die Implementations- und Diffusionsleistungen diskriminierungsschützender SD-Ergebnisse verfehlten sozialstaatliche Ziele deutlich.

3.3.2 Initiativen für einen fakultativen EU-Rahmen

Nach den Befunden müsste zur Gewährleistung sozialstaatsadäquater Leistungen der SD-Formen ein europäischer Normungsrahmen geschaffen werden, der Aushandlungsverfahren, Wirkung und Durchsetzung der Vereinbarungen klärt.

Die jüngere Diskussion um eine unionsrechtliche Flankierung transnationaler Unternehmensvereinbarungen konzentrierte sich auf optionale Regelungsansätze. EU-Kommission,[923] Europäisches Parlament[924] und europäische Gewerkschaftsverbände[925] favorisieren ein Regelwerk, das Aushandlungsprozess, Wirkung und Durchführung der SD-Ergebnisse reglementiert, dabei jedoch nur nach dem einvernehmlichen Willen der Vertragsparteien zur Anwendung kommt.

Die Analyse belegte, dass sowohl Konzernleitungen als auch europäische gewerkschaftliche und betriebsrätliche Akteure ein Interesse daran haben können, Normbildungs- und Normumsetzungsprozesse zur Nichtdiskriminierung zu formalisieren. Es sind somit durchaus Konstellationen denkbar, bei denen ein optionales Rahmenwerk von den transnationalen Sozialpartnern genutzt wird. Möglicherweise könnte auch schon die bloße Bereitstellung eines EU-Rechtsrahmens die gleichstellungsbezogene Vereinbarungspraxis positiv beeinflussen. So könnten die Anforderungen eines solchen Rahmens an Qualität und Umsetzung der SD-Normen für die beteiligten Akteure Orientierungshilfe sein, selbst wenn sie sich ihm nicht unterwerfen.

Solange Gewerkschaften und EBRe über keinerlei Druckmittel verfügen, die transnationale Normbildungsaktivität und die Verrechtlichung erzielter Ergebnisse zu erzwingen, ist jedoch zweifelhaft, ob ein fakultatives EU-Regelwerk ausreichende „*shadow of the law*"-Effekte hervorbringen würde. Außerdem scheint es im Feld der Antidiskriminierung mit seinen speziellen Hürden für eine sozialstaatsgemäße Selbstregulierung nicht angemessen, die Anbindung an supranationale und staatliche Durchsetzungspotentiale dem freiwilligen Belieben der Sozialpartner zu überlassen. Die Schaffung eines optionalen Normungsrahmens mag deshalb zwar rechtstechnisch praktikabel sein und derzeit am ehesten politische Reali-

---

923 Vgl. European Commission, Commission Staff Working Paper, Transnational company agreements: realising the potential of social dialogue, SWD(2012) 264final, S. 7.

924 Vgl. Europäisches Parlament, Entschließung v. 12. September 2013 zu den grenzüberschreitenden Kollektivverhandlungen und zum transnationalen sozialen Dialog, 2012/2292(INI), Rn. 6.

925 Vgl. aus jüngerer Zeit etwa Europäischer Gewerkschaftsbund (EGB), Fahrplan zu transnationalen Betriebsvereinbarungen: Fortschritte auf dem Weg zu einem optionalen Rechtsrahmen, 2016, S.2, im Internet abrufbar unter <https://www.etuc.orgsites/www.etuc.org/files/document/files/etuc_resolution_roadmap_on_tca_de.pdf> (zuletzt abgerufen am 29.8.2018).

sierungschancen haben.[926] Zur Sicherstellung befriedigender Ergebnisse von EBR-Vereinbarungen, Mischformen und TCAs wären indes stärkere Hebel zur Normerzwingung und -durchsetzung nötig.

3.3.3 Herstellung einer angemessenen Normbildungsaktivität

3.3.3.1 Initiativrechte und Verhandlungszwänge

Nach den Befunden würden rechtliche Anreize und Zwänge zum Abschluss normbildender Vereinbarungen die regulatorische Produktivität von EBR-Abkommen, Mischformen und TCAs zur Nichtdiskriminierung erhöhen. Man könnte daher erwägen, den Sozialpartnern einseitige, erzwingbare Initiativrechte zur Aufnahme von Verhandlungen im Bereich der Gleichstellung einzuräumen.[927] Weitergehend könnte man überlegen, den privaten Akteuren regelmäßige Verhandlungspflichten zu Antidiskriminierungsthemen aufzuerlegen. Die sanktionsbewehrten Verhandlungspflichten zur Gleichstellung in Frankreich[928] waren ein maßgeblicher Gunstfaktor für sozialstaatsadäquate SD-Ergebnisse. Angesichts der fehlenden Akzeptanz von Antidiskriminierungsmaßnahmen erscheinen Verhandlungszwänge notwendig, um eine Normbildungsaktivität herzustellen, die nicht nur auf Konzerne bestimmter Länder und Branchen (z.B. öffentlicher Sektor, Branchen mit Imageproblemen) begrenzt ist.

Der regulative Rahmen sollte sozialstaatlichen Regelungsdefiziten der bisherigen SD-Praxis gezielt entgegenwirken. So könnten die Kollektivakteure etwa rechtlich dazu ermutigt und angehalten werden, zu Themen wie Mehrfachdiskriminierung und intersektioneller Diskriminierung, atypischer und prekärer Beschäftigung, diskriminierungsfreier Unternehmensumstrukturierung oder dem Abbau von Unterrepräsentanzen regulativ tätig zu werden. Darüber hinaus könnte man die SDe verpflichten, verantwor-

---

926 Vgl. *Marhold*, Grenzüberschreitende Betriebsvereinbarungen, a.a.O., 256 f.

927 Verhandlungsansprüche und -pflichten der Sozialpartner auf Unternehmensebene bestehen in zahlreichen EU-Staaten, vgl. dazu *Marhold*, Grenzüberschreitende Betriebsvereinbarungen, a.a.O., 254 f.

928 Gesetzliche Pflichten zu gleichstellungsspezifischen Kollektivverhandlungen auf Unternehmensebene werden in Frankreich durch Sanktionen wie Bußgelder flankiert, vgl. *Bothfeld/Hübers/Rouault*, Gleichstellungspolitische Rahmenbedingungen für das betriebliche Handeln, a.a.O., S. 60 f.

tungsvolle Regelungsaktivitäten zur Durchsetzung von Antidiskriminierung bei Zulieferern und Subunternehmen zu ergreifen.

Die Analyse zeigte, dass mangelndes Bewusstsein für Diskriminierung bei Mitgliedern des mittleren und unteren Managements sowie bei (männlichen) Arbeitnehmervertretern die effektive Umsetzung der SD-Normen behinderte. Zur Bekämpfung entsprechender SD-Leistungsdefizite könnte man die Sozialpartner rechtlich dazu anhalten, zur Schulung und Sensibilisierung von Verantwortlichen, Beschäftigtenvertreter/inne/n und Arbeitnehmer/inne/n normsetzend aktiv zu werden.

Förderlich für sozialstaatsgemäße Ergebnisse könnte es außerdem sein, zwingende Mindestinhalte für die diskriminierungsschützende autonome Vereinbarungspraxis vorzugeben. Für den Fall einer regulatorischen Untätigkeit SDe beim Thema sollten subsidiär geeignete Druckmittel und Sanktionsmöglichkeiten bereitgehalten werden.

3.3.3.2 Mitwirkung benachteiligter Gruppen

Die Befunde zeigen an, dass eine stärkere Beteiligung der von Diskriminierung Betroffenen am SD sozialstaatsadäquate Ergebnisse bei EBR-Vereinbarungen, Mischformen und TCAs begünstigen würde. Der europäische Normungsrahmen sollte daher zwingende Vorgaben zur Partizipation von Frauen, Menschen mit Behinderung, atypisch Beschäftigten u.a. enthalten. Auch das Europäische Parlament hat in seiner Entschließung zur Schaffung eines Rechtsrahmens für transnationale Unternehmensvereinbarungen von 2013 Maßnahmen zur chancengleichen Mitwirkung von Frauen bei der Aushandlung von SD-Normen eingefordert.[929]

3.3.3.3 Klärung der Vereinbarungsakteure

Um Verfahrenssicherheit bei gleichstellungsbezogener Normsetzung herzustellen, müssten Verhandlungsakteure und Unterzeichnerparteien transnationaler Unternehmensvereinbarungen rechtlich geklärt werden.[930] Re-

---

929 Siehe Europäisches Parlament, Entschließung vom 12.9.2013 zu den grenzüberschreitenden Kollektivverhandlungen und zum transnationalen Sozialen Dialog ((2012/2292(INI)), Rn. 15.

930 Vgl. auch European Commission, SWD(2012)264final, a.a.O., S.8 ff.; *Ales/Engblom/Jaspers*, Transnational Collective Bargaining, a.a.O., S. 38.

gelungsbedürftig wäre insbesondere, wer auf Arbeitnehmerseite zur Aushandlung und zum Abschluss normbildender Vereinbarungen befugt ist.

Nach den empirischen Befunden sollte sowohl Gewerkschaftsverbänden als auch EBRen eine angemessene Beteiligung an SD-Normsetzungsprozessen eingeräumt werden. Mischformen, bei denen europäische betriebsrätliche und gewerkschaftliche Akteure zusammenwirkten, waren besonders produktiv und leistungsstark im Feld der Nichtdiskriminierung. Die Dialogkultur im Rahmen EBRe stieß oftmals weiterführende SD-Regulierungstätigkeit auf Unternehmensebene an. Darüber hinaus wurden EBR-Gremien häufig in die Überwachung und Kontrolle der Normumsetzung eingebunden. Gewerkschaften orientierten sich stärker als die betrieblichen Interessenvertreter an gesellschaftlichen Regelungsanliegen. Die Mitwirkung gewerkschaftlicher Akteure wirkte sich deutlich positiv auf die gleichstellungsbezogene Normbildungspraxis aus.

Zur Stärkung einer sozialstaatsgemäßen SD-Regulierung wäre daher zu erwägen, sowohl europäischen Gewerkschaftsverbänden als auch EBRen ausdrückliche Befugnisse zum Abschluss normbildender Vereinbarungen zuzubilligen.[931] Außerdem sollten rechtliche Vorkehrungen getroffen werden, um leistungsfähige Koproduktionen europäischer gewerkschaftlicher und betriebsrätlicher Akteure zu ermöglichen und zu fördern.[932]

---

931 Aus gewerkschaftlicher Sicht sollte der regulative Rahmen den europäischen Gewerkschaftsverbänden eine führende Rolle im Aushandlungsprozess zuweisen und ihnen die alleinige Befugnis zum Abschluss transnationaler Unternehmensvereinbarungen übertragen; vgl. etwa EGB, Fahrplan zu transnationalen Betriebsvereinbarungen, a.a.O., S.2.

932 Für eine Stärkung des Zusammenwirkens Europäischer Gewerkschaften und EBRe bei der Verhandlung und Umsetzung von SD-Vereinbarungen auch EGB, Analyse und Position zu den kritischsten Punkten eines optionalen Rechtsrahmens, S. 63, in: ders./EGÖD/ETF/IndustriAll und UNI Europa, Projekt „Schaffung eines förderlichen Rahmens für freiwillige und autonome Verhandlungen auf transnationaler Ebene zwischen Gewerkschaften und multinationalen Unternehmen", Abschlussbericht, 2016, im Internet abrufbar unter: <https://www.etuc.org/sites/default/files/publication/files/160905_tca_final_repo rt_de_final.pdf> (zuletzt abgerufen am 5.9.2018).

3.3.3.4 Förderung fairer Verhandlungsergebnisse

Ohne ein Arbeitskampfrecht oder vergleichbare Druckmittel drangen beteiligte Akteure auf Arbeitnehmerseite zuweilen nicht mit Forderungen zur Antidiskriminierung bei den Konzernleitungen durch.

Zur Erzielung fairer, interessengerechter SD-Ergebnisse sollten rechtliche Grundlagen hergestellt werden, um Mischformen und TCAs per Arbeitskampf und Streiks zu erzwingen.

Um die arbeitnehmerseitige Verhandlungsmacht zu stärken, könnte man zudem daran denken, Anforderungen an die unionsbezogene Repräsentativität beteiligter Gewerkschaftsverbände rechtlich festzulegen. Die gewerkschaftlichen Vereinbarungsakteure sollten mächtig genug sein, um angemessene Norminhalte zur Nichtdiskriminierung durchzusetzen. Einen Orientierungspunkt für eine entsprechende Regelung bietet der Beschluss 98/500/EG der EU-Kommission, der in Art. 1 Vorgaben zur Repräsentativität europäischer sektoraler Sozialpartnerorganisationen aufstellt.[933]

Ferner wäre zu erwägen, für den Fall der Nichteinigung der Sozialpartner die Durchführung eines Schlichtungsverfahrens vorzusehen, um sozialstaatsgemäße Verhandlungsprozesse voranzubringen.

3.3.4 Stärkung der Implementations- und Diffusionskraft

3.3.4.1 Klärung der Rechtswirkungen

Zur Sicherstellung durchsetzungsfähiger SD-Ergebnisse, müssten Rechtsverbindlichkeit und Rechtswirkungen von EBR-Abkommen, Mischformen und TCAs in einem EU-Rahmen geklärt werden. Die rechtliche Geltung der SD-Normen und ihre Wirkung über die unmittelbar vertragschließenden Akteure hinaus für die Arbeitsverhältnisse müssen anerkannt und gewährleistet werden.

Um optimale Effekte zu erreichen, sollte die größtmögliche Wirksamkeit der SD-Vereinbarungen hergestellt werden. Insbesondere wäre es wünschenswert, dass sozialstaatsadäquate transnationale Nichtdiskriminie-

---

933 Für die Aufnahme einer entsprechenden Regelung in einen EU-Rahmen für transnationale Unternehmensvereinbarungen auch EGB, Analyse und Position zu den kritischsten Punkten eines optionalen Rechtsrahmens, a.a.O., S. 62 f.

rungsnormen auch nichtorganisierten Arbeitnehmer/inne/n in den Mitgliedstaaten zugute kommen.

Jüngere Regelungsvorschläge bestehen darin, TCAs dieselben Rechtswirkungen zuzuerkennen wie nationalen Kollektivverträgen, die auf Unternehmensebene abgeschlossen wurden.[934] Die Wirkkraft der SD-Normen fiele demnach je nach Mitgliedstaat unterschiedlich aus.[935] Die EU-weite Geltung der Vereinbarungen über den Kreis der Sozialpartner hinaus für die Arbeitsverhältnisse wäre nicht gewährleistet. Zur Förderung einer durchschlagskräftigen SD-Normbildungspraxis zur beruflichen Gleichstellung erscheinen die Vorschläge daher nicht genügend.

3.3.4.2 Rechtliche Vorkehrungen zur Normdurchsetzung

Den drei SD-Formen müssten rechtliche Instrumente zur Durchsetzung normbildender Vereinbarungen zur Seite gestellt werden.

Gleichstellungsrelevante Abkommen EBRe, Mischformen und TCAs trafen bisher nur rudimentär angemessene Umsetzungsvorkehrungen. Zur Behebung entsprechender Regelungsdefizite könnten SDe rechtlich dazu angehalten und verpflichtet werden, in ihren Vereinbarungen effektive Mechanismen der Normdurchsetzung zu verankern. Insbesondere sollten die Vereinbarungsakteure effiziente eigene Monitoring- und Überwachungsverfahren einrichten. Man könnte die Sozialpartner zudem ausdrücklich dazu auffordern, bindende Schieds- oder Mediationsklauseln[936] in ihre Normprodukte aufzunehmen.

Die Ergebnisse der drei SD-Formen enthielten nur selten konkrete Beschwerdemechanismen für Beschäftigte bei Normverstößen. Man könnte die SDe somit verpflichten, angemessene Beschwerdeverfahren zur Normdurchsetzung zu etablieren. Hierbei sollte durch flankierende Bestimmun-

---

934 Vgl. *Marhold*, Grenzüberschreitende Betriebsvereinbarungen, a.a.O., 257; siehe jüngst auch den Regelungsvorschlag des EGB, *ders.*, Analyse und Position zu den kritischsten Punkten eines optionalen Rechtsrahmens, a.a.O., S. 67 f.

935 Vgl. zur Vielfalt der nationalen Regelungen hinsichtlich der Wirkung von Kollektivverträgen auf Unternehmensebene *Rebhahn*, Das kollektive Arbeitsrecht im Rechtsvergleich, a.a.O., 766.

936 Rechtliche Vorkehrungen für ein Mediationsverfahren auf EU-Ebene zur Konfliktlösung bei TCAs wurden in jüngerer Zeit auch von gewerkschaftlicher Seite gefordert, vgl. dazu näher EGB, Analyse und Position zu den kritischsten Punkten eines optionalen Rechtsrahmens, a.a.O., S. 70 f.

gen sichergestellt werden, dass die privatautonomen Lösungen unabhängige, vertrauliche Verfahren gewährleisten und effektive Abhilfemaßnahmen vorsehen. Erwägenswert wäre auch, rechtliche Vorkehrungen für eine externe Auditierung und Zertifizierung der Vereinbarungen bereitzustellen, um zusätzliche Anreize zur Normbefolgung zu schaffen.[937]

Ferner könnte man überlegen, eine wirksamkeitsverstärkende Beteiligung von öffentlichen Stellen und NROs am Implementations- und Überwachungsprozess rechtlich vorzugeben.

3.3.4.3 Formale Anforderungen, Veröffentlichung und Registrierung

Der EU-Rechtsrahmen sollte die SDe verpflichten, Ergebnisse schriftlich abzufassen,[938] eine Vertragsdauer zu regeln sowie ein Verfahren zur Beendigung und Neuverhandlung der Vereinbarungen vorzusehen.[939] Dadurch könnten Verbindlichkeit und Durchsetzungskraft der gleichstellungsbezogenen SD-Praxis gestärkt werden.

Um bessere Implementations- und Diffusionseffekte zu erzielen, sollte außerdem eine behördliche Registrierung und Veröffentlichung normbildender Vereinbarungen vorgegeben werden.[940] Darüber hinaus könnten rechtliche Vorkehrungen zur Bekanntgabe der SD-Norminhalte gegenüber nationalen Arbeitnehmervertretungen, Beschäftigten, Zulieferern und Subunternehmen getroffen werden.[941]

---

937 Siehe dazu bereits oben Teil B, 7. Kapitel.

938 So auch *Ales/Engblom/Jaspers et al.*, Transnational Collective Bargaining, S. 39.

939 Vgl. dazu auch den neueren Regelungsvorschlag von gewerkschaftlicher Seite EGB/EGÖD/ETF u.a., Konzeptbeispiel für einen möglichen europäischen optionalen Rechtsrahmen für transnationale Unternehmensvereinbarungen, S. 78, in: dies., Projekt „Schaffung eines förderlichen Rahmens für freiwillige und autonome Verhandlungen auf transnationaler Ebene zwischen Gewerkschaften und multinationalen Unternehmen", Abschlussbericht, 2016, a.a.O.

940 Ein konkreter Vorschlag für eine entsprechende Regelung findet sich bei EGB/EGÖD/ETF u.a., Konzeptbeispiel für einen möglichen europäischen optionalen Rechtsrahmen, a.a.O., S. 79.

941 Als Vorbild für eine entsprechende Regelung könnten Ansätze in der Normbildungspraxis SDe dienen. Vgl. hierzu auch Dorssemont, Öffentlichkeit transnationaler Unternehmensvereinbarungen, S. 57, in: EGB/EGÖD/ETF u.a., Projekt „Schaffung eines förderlichen Rahmens für freiwillige und autonome Verhandlungen auf transnationaler Ebene zwischen Gewerkschaften und multinationalen Unternehmen", a.a.O.

3.3.5 Unterstützung der Stabilität und Konsistenz

Der EU-Rechtsrahmen sollte eine Nichtrückschrittsklausel und ein Günstigkeitsprinzip vorsehen, um Konflikte zwischen SD-Vereinbarungen und nationalen Antidiskriminierungsnormen sozialstaatsgemäß aufzulösen.[942] Auf diese Weise könnte die rechtliche Konsistenz und die Stabilität der transnationalen Normbildungsordnung unterstützt werden.

3.3.6 Zusammenfassung

Mit folgenden rechtlichen Vorkehrungen könnten die Leistungsdefizite von substantiellen EBR-Abkommen, Mischformen und TCAs bei Normbildung und -durchsetzung behoben werden:

1. sollten zur Stärkung der Normsetzungskraft einseitige, erzwingbare Initiativrechte der Sozialpartner zur Aufnahme von Verhandlungen im Bereich der Nichtdiskriminierung vorgesehen werden. Darüber hinaus könnten SDen Verhandlungspflichten zu Antidiskriminierungsthemen auferlegt werden.
2. könnten die Sozialpartner rechtlich dazu ermutigt und verpflichtet werden, zu sozialstaatlichen Themenfeldern, bei denen die autonome Normbildungspraxis Lücken aufweist, regelnd aktiv zu werden.
3. sollten regulative Vorkehrungen getroffen werden, um die Mitwirkung diskriminierter Gruppen in autonomen Verhandlungsprozessen zu fördern.
4. sollten Verhandlungsakteure und Unterzeichnerparteien normbildender Vereinbarungen rechtlich festgelegt werden. Dabei könnten sowohl europäischen Gewerkschaften als auch EBRen ausdrückliche Befugnisse zum Vereinbarungsabschluss eingeräumt werden. Leistungsstarke Koproduktionen europäischer gewerkschaftlicher und betriebsrätlicher Akteure sollten rechtlich ermöglicht und gefördert werden.

---

942 Weiterführend zur rechtlichen und rechtspolitischen Diskussion in dieser Hinsicht Laulom, Nichtrückschrittsklauseln und die beste Verknüpfung zwischen TCAs und nationalen Kollektivvereinbarungen, S.42 ff, in: EGB/EGÖD/ETF u.a., Projekt „Schaffung eines förderlichen Rahmens für freiwillige und autonome Verhandlungen auf transnationaler Ebene zwischen Gewerkschaften und multinationalen Unternehmen", a.a.O.

5. sollte zur Gewährleistung fairer Verhandlungsergebnisse ein rechtlicher Rahmen geschaffen werden, um gleichstellungsbezogene SD-Vereinbarungen per Arbeitskampf zu erzwingen. Daneben könnten Anforderungen an die Repräsentativität beteiligter Gewerkschaftsverbände geregelt werden. Zudem könnte man erwägen, bei privatautonomer Nichteinigung staatlicherseits ein Schlichtungsverfahren vorzusehen.

6. müssten zur Sicherstellung durchsetzungsfähiger SD-Ergebnisse Rechtsverbindlichkeit und Rechtswirkungen von EBR-Abkommen, Mischformen und TCAs in einem EU-Rahmen geklärt werden.

7. sollten SDen rechtliche Instrumente zur Normdurchsetzung zur Seite gestellt werden. So könnten die Sozialpartner u.a. rechtlich dazu angehalten werden, eigene Monitoringverfahren zu regeln, Schieds- oder Mediationsmechanismen vorzusehen sowie effektive Beschwerderechte für Beschäftigte zu normieren. Überdies könnten staatlicherseits Vorkehrungen für eine externe Auditierung und Zertifizierung normbildender Vereinbarungen getroffen werden. Eine Beteiligung von öffentlichen Stellen und NROs an der Normumsetzung sollte rechtlich garantiert und vorangetrieben werden.

8. sollten formale Anforderungen an SD-Vereinbarungsergebnisse (z.B. Schriftform) festgelegt werden.

9. könnte zur Verbesserung der Implementations- und Diffusionsleistungen eine behördliche Registrierung und Veröffentlichung der Vereinbarungen vorgegeben werden. Ferner könnten rechtliche Vorkehrungen für eine Bekanntgabe der SD-Norminhalte gegenüber nationalen Arbeitnehmervertretungen, Beschäftigten, Zulieferern und Subunternehmen getroffen werden.

10. könnten eine Nichtrückschrittsklausel und ein Günstigkeitsprinzip unionsrechtlich verankert werden, um eine konsistente, stabile transnationale Regelsetzung zu fördern.

4. Fazit und Ausblick

Die Ergebnisse der vorliegenden Forschung verweisen darauf, dass transnationale SDe in jeder Phase des Regulierungsprozesses rechtliche Flankierung und Unterstützung benötigen, um sozialstaatsgemäße Leistungen im Feld der Antidiskriminierung zu erzielen.[943] In der Phase der Normentstehung muss die Partizipation der von Diskriminierung tatsächlich oder potentiell selbst Betroffenen gewährleistet werden. SDe müssen durch rechtliche Anreize und Zwänge zu gleichstellungsbezogener Normbildungsaktivität ermutigt und befähigt werden. In der Phase der Normenimplementation und -diffusion sind gleichermaßen rechtliche und institutionelle Vorleistungen erforderlich, um der Sozialstaatlichkeit entsprechende Ergebnisse sicherzustellen.

Im Rahmen dieser Studie nicht erschöpfend geklärt werden konnte, welche rechtlichen Maßnahmen notwendig sind, um die Konsistenz und Stabilität der transnationalen Normsetzung zur Nichtdiskriminierung zu gewährleisten. Noch offen bleibt zudem die Frage, wie die rechtliche Grundkonzeption eines Rahmens für selbstregulierende Prozesse transnationaler SDe auf sozialstaatlich relevanten Gebieten (nicht nur dem Gebiet der Antidiskriminierung!) aussehen müsste. Beiden Fragen weiter nachzugehen, wäre eine wichtige Aufgabe für künftige pluridisziplinäre Forschung.

Die auf Basis der empirischen Befunde vorgeschlagenen rechtlichen Vorkehrungen für die Normsetzung und -durchsetzung durch SDe im Feld der Nichtdiskriminierung bleiben vorerst eine politische „Utopie". Immerhin zeichnet sich gegenwärtig ab, dass die EU-Sozialregulierung wieder Auftrieb erhält. So hat die EU-Kommission ein Konzept zur Schaffung einer „europäischen Säule sozialer Rechte" entwickelt[944] und in diesem Rahmen einen Richtlinienvorschlag zur besseren Vereinbarkeit von Beruf- und Privatleben vorgelegt.[945] Außerdem wurde von der Kommission jüngst ein Vorschlag zur Gründung einer Europäischen Arbeitsbehörde

---

943 Zum Erfordernis einer entsprechenden Unterstützung transnationaler sozialer Normbildung mit SDen vgl. *Nebe*, Transnationalisierung des Arbeitsrechts, a.a.O., S. 513.

944 Vgl. näher dazu *EU-Kommission*, Mitteilung an das Europäische Parlament, den Rat, den Europäischen Wirtschafts- und Sozialausschuss und den Ausschuss der Regionen zur Einführung einer Säule sozialer Rechte v. 26.4. 2017, COM(2017) 250final; zu Inhalten und Kritik des Konzepts siehe auch *Lörcher/Schömann*, The European Pillar of social rights: critical legal analysis and proposals, 2016, im Internet abrufbar unter: <http://www.etui.org/en/Publications2/Reports/The-European-pillar-of-social-rights-critical-legal-analysis-and-proposals> (zuletzt abgerufen am 1.8.2017).

945 Vgl. *EU-Kommission*, Vorschlag für eine Richtlinie des Europäischen Parlaments und des Rats zur Vereinbarkeit von Beruf und Privatleben für Eltern und pflegende Angehörige und zur Aufhebung der Richtlinie 2010/18/EU des Rates, COM(2017) 253 final.

unterbreitet.[946] Vor diesem Hintergrund ist es nicht auszuschließen, dass das Vorhaben eines Rechtsrahmens für transnationale Unternehmensvereinbarungen, den das Europäische Parlament 2013 eingefordert hat, in näherer Zukunft Realisierungschancen hat.

Nach den Befunden dieser Arbeit bietet der Formwandel von Staatlichkeit durch transnationale SDe ohne staatliche Flankierung keine Perspektive, akzeptable Folgen auf einem Kerngebiet sozialer Regulierung, dem Diskriminierungsschutz, hervorzurufen. Das zunehmende SD-Normbildungsgeschehen erbringt nur dann sozialstaatlich gebotene Leistungen, wenn für den transnationalen Raum dem DRIS entsprechende, proaktive rechtliche Interventionsformen zur Verfügung gestellt werden.

Aus dem durch Art. 28 GRCh geschützten Recht, transnationale Kollektivvereinbarungen auszuhandeln und abzuschließen, ergeben sich staatliche Schutzpflichten. Daher muss künftig ein flankierender Rahmen für selbstregulierende Prozesse der transnationalen SDe geschaffen werden.[947]

---

946 Nähere Informationen dazu finden sich im Internet unter: <http://ec.europa.eu/ social/main.jsp?catId=1414&langId=de> (zuletzt abgerufen am 5.8.2018).
947 Vgl. auch *Nebe*, Transnationalisierung, a.a.O., S. 513.

Anhänge

Anhang 1:
Einstufung als Outcome und als Implementationsvorkehrung in der
Dokumentenanalyse – Textbeispiele[948]

a) Einstufung als normbildende Vereinbarung

Folgende Formulierungen führten zu einer Klassifizierung als Outcome:
Beispiel 1 (SDe nach Art. 154/ 155 AEUV):

„Die Umsetzung dieser Vereinbarung darf nicht als Rechtfertigung für die Senkung des allgemeinen Schutzniveaus der Arbeitnehmer im Geltungsbereich dieser Vereinbarung dienen.

Diese europäische Rahmenvereinbarung wird im Hinblick auf Artikel 139 des Vertrages von den Mitgliedern von UNICE/UEAPME, CEEP und EGB entsprechend den für die Sozialpartner spezifischen Verfahren und Gepflogenheiten in den Mitgliedstaaten umgesetzt."

Beispiel 2 (substantielle EBR-Vereinbarung):

"As this agreement is supposed to be used for all European sites of the company, all local legislation will be taken into account. In case any part of this agreement is in conflict with any applicable local and/ or European legislation, the latter prevails (…). In order to prevent abuse of the internet, the company has installed an internet filter and will maintain or instal new filters when needed. Installation of a new type of filter, however, will only take place after having consulted the EWC (…)."

Beispiel 3 (TCA):

„Die vorliegende Vereinbarung tritt ab dem Datum ihrer Unterzeichnung für einen auf drei Jahre festgelegten Zeitraum in Kraft. Sie kann mittels Einschreiben von jeder der unterzeichnenden Parteien unter Einhaltung einer Vorankündigungsfrist von drei Monaten aufgekündigt werden. Im Fall von Abweichungen zwischen verschiedenen sprachlichen Fassungen wird die Version in französischer Sprache bindend sein.

Die vorliegende Vereinbarung unterliegt luxemburgischem Recht."

---

948 Die Beispiele sind dem SD-Dokumentenmaterial zur Antidiskriminierung entnommen.

Folgende Textpassagen führten zu einer Einstufung als unverbindliches Dokument:

Beispiel 1 (SDe nach Art. 154/ 155 AEUV):

„Dieses Dokument soll nationale Gastgewerbevereinigungen und deren Mitgliedsunternehmen ermutigen, Maßnahmen zur sozialen Verantwortung der Unternehmen zu ergreifen."

Beispiel 2 (TCA):

"This Agreement is not regarded by the Parties as legally binding."

Beispiel 3 (TCA):

„Die Ziele und Durchführungsgrundsätze dieser gemeinsamen Erklärung sind Bestandteil der Unternehmenskultur (…). Aus dieser gemeinsamen Erklärung können keinerlei individuelle Ansprüche oder Ansprüche Dritter abgeleitet werden.[949]"

b) Einstufung als Implementationsvorkehrung

Bei folgenden Textpassagen wurden Implementationsvorkehrungen angenommen:

Beispiel 1 (Mischform):

„Dieser Vertrag unterliegt belgischem Recht. Folglich fallen alle Streitigkeiten unter die Zuständigkeit der belgischen Gerichte."

Beispiel 2 (Mischform):

"The signatories agree to inform each other as soon as possible in the event that any difficulty is identified with regard to the implementation of this agreement so that an action plan can be adopted quickly and a solution found as soon as possible. Local issues notified to the signatories shall firstly be handled within the context of local social dialogue (…).The agreement is subject to French law."

Folgende Textstellen wurden lediglich als Follow-up-Vorkehrungen, die auf einen geringeren Umsetzungsgrad schließen lassen, eingestuft:

Beispiel 1 (TCA):

"A reference group consisting of the management and the signatory international federations shall meet at least once a year, or whenever necessary to follow up and review the implementation of this agreement (…).

The annual review should be incorporated into the Group´s reporting with the consent of all signatories. All signatories agree that any difference arising from the interpretaion or implementation of this agreement will be examined jointly for the purpose of making recommendations to the parties concerned."

---

949 Bei diesem Dokument sprachen noch weitere Passagen für eine unverbindliche Absichtserklärung.

Beispiel 2 (TCA):

"[The company] will provide information concerning this agreement to all offices inside and outside of the country. [The company] (...) and UNI Global Union shall be responsible for the administration and implementation of this agreement. Senior representatives of the two parties shall meet once a year to verify compliance with this agreement, share reports of new issues and update ways of cooperating (...).When any difference arises from the implemetation of this agreement which cannot be solved autonomously within the company, UNI Global Union will mediate with the parties in conflict and make the utmost effort to reach a peaceful solution."

Beispiel 3 (TCA):

"The parties shall cooperate to give practical effect to this agreement. This includes communication, training or other means as appropriate."

Anhang 2: Übersicht Expert/inn/eninterviews

a) Von der Verfasserin geführte Interviews

Nr.	Gesprächspartner/in	Land/ Ort	Datum
1	Wissenschaftler	Deutschland	13.03.14
2	Arbeitgebervertreter/Europäischer Arbeitgeberverband (sektorübergreifend)	Belgien/ Brüssel	03.07.14
3	Arbeitnehmervertreter/Europäischer Branchengewerkschaftsverband	Brüssel	04.07.14
4	Wissenschaftlerin	Brüssel	04.07.14
5	Arbeitgebervertreterin/Europäischer Arbeitgeberverband (sektorübergreifend)	Brüssel	07.07.14
6	Wissenschaftlerin/Europäisches Netzwerk von Rechtsexpert/inn/en im Bereich der Nichtdiskriminierung	Frankreich	02.09.14
7	Wissenschaftlerin/Europäisches Netzwerk von Rechtsexpert/inn/en im Bereich der Nichtdiskriminierung	Brüssel	12.09.14
8	Arbeitgebervertreter/Europäischer Arbeitgeberverband (sektorübergreifend)	Deutschland	24.09.14
9	Arbeitnehmervertreterin/Europäischer Branchengewerkschaftsverband[950]		18.08.15
10	Arbeitgebervertreter/Europäischer Branchenarbeitgeberverband		18.08.15
11	Arbeitnehmervertreter/Globaler Gewerkschaftsverband		22.09.15
12	2 Vertreterinnen des Managements/ multinationaler Konzern (Bankensektor)	Frankreich/ Paris	26.10.15
13	Arbeitnehmervertreter/Europäischer Branchengewerkschaftsverband	Frankreich/ Paris	28.10.15
14	EBR – Mitglied (Luxemburg)		02.11.15

---

950 Die ausgewerteten Interviews Nr. 9, 10, 11, 14 und 22 wurden als Telefoninterviews durchgeführt.

b) Sekundäranalytisch ausgewertete Interviews[951]

Nr.	Gesprächspartner/in	Land/Ort
15	Vertreter EU-Kommission	Brüssel
16	Wissenschaftler /Eurofound	Dublin
17	Wissenschaftler	Deutschland
18	Arbeitnehmervertreter/Europäischer Gewerkschaftsverband (sektorübergreifend)	Deutschland
19	Wissenschaftler	Brüssel
20	Wissenschaftler	Deutschland
21	Wissenschaftlerin	Deutschland
22	Arbeitnehmervertreterin/ Europäischer Branchengewerkschaftsverband	

---

951 Die Interviews wurden im Zeitraum 2014-2015 geführt.

Anhang 3: Übersicht Expert/inn/eninterviews Fallstudien[952]

Interview	Gesprächspartner/in	Datum
A1	EBR-Vertreterin[953]	22.10.14
A2	EBR-Vertreterin	06.12.14
B1	Arbeitnehmervertreter/ Europäischer Branchengewerkschaftsverband	04.07.14
B2	EBR-Vertreter	13.11.14
B3	Managementvertreter	13.11.14
C1	Managementvertreter	06.10.15
C2	3 EBR-Vertreter/innen	28.10.15
C3	2 Arbeitnehmer/innen	03.12.15

952 Auf weitere Angaben zu den Interviews wird hier verzichtet, um die zugesicherte Anonymität der Befragten zu wahren.
953 Die in den Fällen A-C interviewten EBR-Mitglieder waren alle gewerkschaftlich organisiert. Interviewt wurden jeweils ein Mitglied der spanischen Gewerkschaft Comisiones Obreras (CCOO), der deutschen Gewerkschaft Nahrung-Genuss-Gaststätten (NGG) und der französischen Confédération générale du travail (CGT). 3 weitere Interviewpartner/innen gehörten der französischen Confédération française démocratique du travail (CFDT) an. Nähere Informationen zu den Gewerkschaftsverbänden finden sich im Internet unter: <http://de.worker-participation.eu/Nationale-Arbeitsbeziehungen/Laender> (zuletzt abgerufen am 9.7.2018).

Anhang 4: Leitfäden für Interviews

a) Leitfaden für allgemeine Expert/inn/eninterviews[954]

Fragenkomplex 1:

Trifft es Ihrer Ansicht nach zu, dass transnationale SDe (sektorübergreifender SD, sektoraler SD, EBRe, TCAs) zunehmend Funktionen der Regelsetzung und -durchsetzung auf dem Gebiet der Antidiskriminierung übernehmen, die traditionell Nationalstaaten und nationalen Sozialpartnern zukamen? Bitte nennen Sie Beispiele. Es können Negativ- oder Positivbeispiele sein.

Fragenkomplex 2:

Wenn Sie die Vereinbarungsergebnisse von SDen im Feld des Diskriminierungsschutzes betrachten: Orientieren sich diese eher an Einzelinteressen oder an gemeinsamen Interessen der Sozialpartner? Verfolgen die kollektiven Akteure Gemeinwohlinteressen? Werden eher quantitative Themen (z.B. Entgeltfragen) oder eher qualitative Themen behandelt? Wo sehen Sie den Schwerpunkt der Regulierung zur Antidiskriminierung durch transnationale Sozialpartner: Wird eher bestehendes Antidiskriminierungsrecht konkretisiert und umgesetzt oder werden innovative Regelungen getroffen? Nennen Sie gerne Beispiele.

Fragenkomplex 3:

Wenn wir einmal sozialstaatliche Ziele als Maßstab nehmen: Ist das, was die SD-Formen (sektorübergreifender SD, sektoraler SD, EBRe, TCAs) auf dem Gebiet der Antidiskriminierung leisten, als Optimierung, Erfüllung oder Verfehlung sozialstaatlicher Ziele einzustufen? Wie schätzen Sie die Verbreitungsergebnisse von SD-Regelungen zur Antidiskriminierung ein (also die Übernahme durch andere Akteure wie Sozialpartner, staatliche Regelsetzer, Gerichte)? Werden hier sozialstaatliche Ziele opti-

---

954 Der Fragenkatalog für die im Rahmen des Sfb-Projekts an der Universität Bremen durchgeführten feldübergreifenden Expert/inn/eninterviews enthielt noch weitere Fragen zu den Gebieten Gesundheitsschutz, Information und Konsultation sowie Work-Life-Balance, die hier außer Betracht bleiben. Der dargestellte Leitfaden ist eine leicht überarbeitete und sprachlich vereinfachte Version der allgemeinen Vorlage, die in der Forschungsgruppe entwickelt wurde.

miert oder verfehlt? Sehen Sie Unterschiede zwischen den SD-Formen? Nennen Sie gerne Beispiele.

Fragenkomplex 4:

Wenn wir nun die Wirksamkeit der SD-Regelungen und der Verbreitungen von Normen zur Antidiskriminierung betrachten: Sind solche Normen auch ohne staatliche Garantien durchsetzbar? Oder sind sie umso besser durchsetzbar, wenn staatliche Durchsetzungs- und Unterstützungsmechanismen bestehen? Sollte man dabei zwischen den SD-Formen (sektorübergreifender SD, sektoraler SD, EBRe, TCAs) unterscheiden? Kennen Sie Beispiele dafür, dass diskriminierungsschützende SD-Vereinbarungen in andere verbindliche Regelwerke „wanderten" und eingegangen sind? Nennen Sie bitte Kriterien, die Ihrer Meinung nach wichtig sind, damit SD-Regelungen zur Antidiskriminierung in der Praxis umgesetzt und eingehalten werden.

Fragenkomplex 5:

Wenn wir transnationale SDe und ihre Regulierung zur Antidiskriminierung einmal rechtspolitisch betrachten: Sehen Sie rechtliche Gestaltungsbedarfe? Wenn ja, welche? Oder würde ein „Mehr" an Regelungen die Autonomie der Sozialpartner einschränken? Wenn Sie rechtliche Handlungsbedarfe sehen: Wie könnte ein europäischer Rechtsrahmen aussehen, der die Autonomie der Sozialpartner bewahrt? Nennen Sie gerne Beispiele.

b) Fragenkatalog für Unternehmensfallstudien

- Würden Sie mir bitte etwas zu Ihrer Funktion bei der Aushandlung der SD-Regulierung zur Antidiskriminierung sagen?
- Können Sie etwas über die Entstehung und die Hintergründe der Regelungsaktivität zum Diskriminierungsschutz erzählen? Wer war initiativ? Wer war beteiligt?
- Würden Sie sagen, dass transnationale Vereinbarungen zur Antidiskriminierung gegenüber der nationalen Ebene in Ihrem Unternehmen zunehmend an Bedeutung gewinnen?
- Was für Interessen waren Ihrer Meinung nach bei der Regelsetzung ausschlaggebend (Einzelinteressen, gemeinsame Interessen der Sozialpartner, gesellschaftliche Interessen an der Bekämpfung von Diskriminierungen)?
- Wo sehen Sie den Schwerpunkt transnationaler SD-Maßnahmen zur Antidiskriminierung in Ihrem Unternehmen: Werden staatliche Anti-

diskriminierungsvorgaben umgesetzt? Oder werden innovative Regelungen zur Antidiskriminierung getroffen?

- Wie bewerten Sie die transnationale Vereinbarungspraxis und Normverbreitung zur Antidiskriminierung in Ihrem Konzern? Werden sozialstaatliche Ziele zur Gleichbehandlung optimiert, erfüllt, verfehlt?
- Kennen Sie Beispiele, dass innovative Regelungen dieser Vereinbarung oder weiterer transnationaler Vereinbarungen zum Diskriminierungsschutz in Ihrem Unternehmen von anderen Akteuren (staatlichen Stellen, nationalen oder europäischen Sozialpartnern, Gerichten) übernommen worden sind? Sind umgekehrt neue Regelungskonzepte zum Diskriminierungsschutz, die von anderen transnational tätigen Sozialpartnern entwickelt wurden, in Ihrem Unternehmen positiv aufgegriffen worden?
- Wie schätzen Sie die Wirksamkeit der getroffenen Vereinbarung zur Antidiskriminierung in der Praxis ein? Welche Faktoren sind Ihrer Meinung nach wichtig, damit transnationale Vereinbarungen zur Antidiskriminierung in der Praxis eingehalten werden? Spielen staatlich-rechtliche Durchsetzungsmechanismen dabei eine Rolle? Was wirkt sich Ihrer Meinung nach förderlich und hinderlich für die Durchsetzung transnationaler SD-Vereinbarungen zur Antidiskriminierung aus?
- Wie bewerten Sie die rechtlichen Rahmenbedingungen für transationale Unternehmensvereinbarungen zum Diskriminierungsschutz? Sehen Sie rechtliche Handlungsbedarfe? Wenn ja, wo? Wenn Sie die EU aus der Praxis in Ihrem Unternehmen heraus beraten könnten: Wie könnte ein „guter" Rechtsrahmen für transnationale Vereinbarungen zur Antidiskriminierung aussehen?

Anhang 5: Vorlage für einen Interviewbericht

Interviewbericht Projekt A7: Formwandel von Staatlichkeit durch transnationalen Sozialen Dialog

Allgemeine Daten zum Interview:
Interviewer, Interviewter, Datum, Ort, Dauer des Gesprächs

Inhalt:
Kurzes Statement zu den Hypothesen (bestätigt/ modifiziert/ falsifiziert und Begründung)
H1 – H5

Kommentare:
Interviewdurchführung / Erzählbereitschaft / Sonstiges

Anhang 6: Internetrecherche im Rahmen der Diffusionsanalyse

a) Ausgewählte innovative SD-Regelungskonzepte

- Frühe Regelungspraxis bei EBR-Gründungsvereinbarungen zur ausgewogenen Repräsentanz von Frauen und anderen Beschäftigtengruppen in EBR-Gremien
- Von EBR-Gründungsvereinbarungen normierte Informations- und Konsultationsrechte des EBR im Bereich der Chancengleichheit
- Gleichbehandlungsgrundsatz der sektorübergreifenden SD-Vereinbarung zu Teilzeitarbeit von 1997
- Gleichbehandlungsgrundsatz der sektorübergreifenden SD-Vereinbarung zu Befristung von 1999
- Weitgehendes Verständnis von Belästigung der autonomen sektorübergreifenden SD-Vereinbarung über Belästigung und Gewalt am Arbeitsplatz von 2007
- Ganzheitlicher SD-Ansatz zur Bekämpfung von Ausgrenzungen am Arbeitsmarkt der autonomen Rahmenvereinbarung über inklusive Arbeitsmärkte von 2010
- Innovativer Policy-Mix des Aktionsrahmens der sektorübergreifenden Sozialpartner zur Geschlechtergleichstellung von 2005
- Innovative Weiterentwicklung des Konzepts angemessener Vorkehrungen in einem TCA von 2006
- Innovative Weiterentwicklung des Konzepts angemessener Vorkehrungen in einem TCA von 2007
- Innovative Weiterentwicklung des Konzepts positiver Maßnahmen in einem TCA zur Geschlechtergleichstellung von 2012

*b) Ergebnisse der Datenbankrecherche (Auszüge)*955

Suchbegriffe: Europäische Rahmenvereinbarung Belästigung und Gewalt am Arbeitsplatz / European framework agreement violence and harassment at work / Accord-cadre européen harcèlement et violence au travail	
Datenbank/ Webseite	Treffer (Urheber/Titel/Jahr des Dokuments)956
Eur-Lex	-Europäisches Parlament, Menschenwürdige Arbeit für alle fördern, 2007 -WSA, Die Rolle der Zivilgesellschaft und der Sozialpartner unter Berücksichtigung des Gender Mainstreamings, 2007 -Mitteilung der Kommission an den Rat und das Europäische Parlament zur Übermittlung der Rahmenvereinbarung Belästigung und Gewalt am Arbeitsplatz, 2007
Eurofound	-EIRO online, Social partners sign agreement to combat harassment and violence at work, 2007
EIGE	-ETUC,957 Implementation of the ETUC/BUSINESSEUROPE-UEAPME/CEEP Framework agreement on Harassment at work, Trade union implementation report, 2007 -ETUC, Autonomous framework agreement on harassment and violence at work: an ETUC interpretation guide, 2008
Webseite Europarat958	-Kein Treffer
EGMR959	-Kein Treffer
Normlex960	-Kein Treffer

---

955 Die Suchabfrage bei den Webseiten und das Abspeichern der ermittelten Dokumente wurde zunächst mit Unterstützung einer studentischen Hilfskraft durchgeführt. Die Recherche wurde anschließend von der Verfasserin weitergeführt und ergänzt.
956 Die im Folgenden aufgeführten Verbreitungsergebnisse sind nicht abschließend.
957 Europäischer Gewerkschaftsbund (European Trade Union Confederation).
958 Die Webseite ist im Internet zu finden unter: <http://www.coe.int/en/web/portal/home>.
959 Die Datenbank ist im Internet zu finden unter: <https://hudoc.echr.coe.int/eng>.
960 Die Datenbank ist im Internet zu finden unter: <http://www.ilo.org/dyn/normlex/en/f?p=NORMLEXPUB:1:0::NO::::>

Webseite ILO	-ILO Working Paper No. 44, "Social dialogue and gender equality in the European Union", 2013
juris	-Kein Treffer
beck online	-Kein Treffer

Suchbegriffe: Europäische Rahmenvereinbarung inklusive Arbeitsmärkte/ European framework agreement inclusive labour markets/Accord-cadre européen marché du travail inclusif

Datenbank/ Webseite	Treffer (Urheber/Titel/Jahr des Dokuments)
Eur- Lex	-Entschließung des Rats zu einem Europäischen Rahmen für Menschen mit Behinderungen, 2010 -Mitteilung der Kommission über die Entwicklung eines Qualitätsrahmens für Praktika, 2012 -Stellungnahme WSA über Entwicklungen im Bereich der Sozialleistungen, 2011 -Stellungnahme WSA, Erneuertes Engagement für ein barrierefreies Europa, 2011
Eurofound	-Eurofound, Promoting ethic entrepreneurship in European Cities, 2011 -EU Social Partners reach agreement on inclusive labour market, EIRO online, 2011
EIGE	-Kein Treffer
Webseite ILO	-ILO Working Paper No. 44 „Social dialogue and gender equality", 2013
Normlex	-Kein Treffer
Webseite Europarat	-Eurofound, Promoting ethic entrepreneurship in European Cities, 2011
EGMR	-Kein Treffer
juris	-Kein Treffer

Suchbegriffe: [Konzernname] angemessene Vorkehrungen / reasonable accommodation /aménagements raisonnables /[Konzernname] Chancengleichheit / [Konzernname] equal opportunities	
Datenbank/ Webseite	Treffer (Urheber/Titel/Jahr des Dokuments)
EUR-lex	-Kein Treffer
Eurofound	-Eurofound, Industrial relations developments in Europe, 2006
EIGE	-ETUI, Artikel, 2007
Normlex	-Kein Treffer
Webseite ILO	-ILO Working Paper No. 34: "Promoting gender equality through social dialogue: Global trends and persistent obstacles", 2011
Webseite Europarat	-Kein Treffer
EGMR	-Kein Treffer
juris	-Kein Treffer

Literaturverzeichnis

Abendroth, W., Zum Begriff des demokratischen und sozialen Rechtsstaates im Grundgesetz der Bundesrepublik Deutschland, in: Kempen, O. E. (Hrsg.), Sozialstaatsprinzip und Wirtschaftsordnung, Frankfurt a.m. 1976, S. 70-96.

Adlercreutz, A./ Nyström, B., Labour Law in Sweden, Austin/Boston u.a. 2010.

Ahlberg, K., A Story of a Failure- But also of Success: The Social Dialogue of Temporary Agency Work and the subsequent Negotiations between the Member States on the Draft Directive, in: dies./Bercusson, B. et al. (eds.), Transnational Labour Regulation, A Case Study of Temporary Agency Work, Brüssel/Bern u.a. 2008, S. 191 ff.

Ales, E., Der transnationale Kollektivvertrag zwischen Vergangenheit, Gegenwart und Zukunft, in: ZESAR 4/2007, 150-154.

Ders./Engblom, S./Jaspers, T./Laulom, S./Sciarra, S./Sobczak, A./Dal-Ré, F.V., Transnational Collective Bargaining: Past, Present and Future, im Internet unter: http://ec.europa.eu/employment_social/labour_law/docs/transnational_agreements_ales_study_en.pdf (26.7.2018).

Altvater, E./ Mahnkopf, B., Grenzen der Globalisierung. Ökonomie, Ökologie und Politik in der Weltgesellschaft, 5. Aufl., Münster 2002.

Dies., Grenzen der Globalisierung, a.a.O., 7. Aufl., Münster 2007.

Annuß, G.,/ Kühn, T./ Rudolph, J./ Rupp, H.-J., Europäisches Betriebsräte-Gesetz: EBRG, Kommentar, München 2014, (zitiert: Bearbeiter/in).

Arnold, S., Der Soziale Dialog nach Art. 139 EG. Eine Analyse unter besonderer Berücksichtigung der Legitimation des Ratsbeschlusses nach Art. 139 Abs. 2 S. 1 Alt. 2 EG, Baden-Baden 2008.

Aulenbacher, B., Die soziale Frage neu gestellt – Gesellschaftsanalysen der Prekarisierungs- und Geschlechterforschung, in: Castel, R./ Dörre, K. (Hrsg.), Prekarität, Abstieg, Ausgrenzung. Die soziale Frage am Beginn des 21. Jahrhunderts, Frankfurt a.M./ New York 2009, S. 65-77.

Auzero, G./ Dockès, E., Droit du travail, 30e éd., Paris 2015.

Aviram, A., Regulation by Networks, in: BYU L. Rev. 4/2003, 1179-1238.

Baer, S., Rechtssoziologie. Eine Einführung in die interdisziplinäre Rechtsforschung, 2. Aufl., Baden-Baden 2015.

Dies., Würde oder Gleichheit? Zur angemessenen grundrechtlichen Konzeption von Recht gegen Diskriminierung am Beispiel sexueller Belästigung am Arbeitsplatz in der Bundesrepublik Deutschland und den USA, 1. Aufl., Baden-Baden 1995.

Balme, R./ Chabanet, D., European Governance and Democracy. Power and protest in the EU, Lanham/Maryland 2008.

Bandasz, K., A framework agreement in the hairdressing sector: the European social dialogue at a crossroads, in: Transfer 11/ 2014, 505-520.

Barnard, C., EC „Social" Policy: From Employment Law to Labour Market Reform, in: Craig, P./de Búrca, G. (eds.), The Evolution of EU Law, 2. Aufl., Oxford 2011, S. 641-686.

Dies., EU Employment Law, 4. Aufl., Oxford 2012.

Barten, A., Das System der Arbeitnehmervertretung in Frankreich, Frankfurt a.M. 2012.

Becker, G.S., The Economics of Discrimination, 2. Aufl., Chicago 1971.

Bell, M., The Principle of Equal Treatment: Widening and Deepening, in: Craig/ de Búrca, The Evolution of EU Law, a.a.O., S. 611-639.

Ders./Waddington, L., Reflecting on inequalities in European Equality Law, in: ELR 28 (2003), 349-369.

Bercusson, B., European Labour Law, 2. Aufl., Cambridge 2009.

Ders. (ed.), European Labour Law and the EU Charter of Fundamental Rights, Baden-Baden 2006, (zitiert: Bearbeiter/in).

Ders., Globalizing Labour Law: Transnational Private Regulation and Countervailing Actors in European Labour Law, in: Teubner, G. (ed.), Global Law Without a State, Aldershot 1997, S. 133-178.

Berlth, A., Artikel 1 GRCh – Die Menschenwürde im Unionsrecht, 2012, im Internet unter: http://d-nb.info/1027021220/34 (22.2. 2016).

Bettio, F./Corsi, M./D'Ippoliti, C. et al., The impact of the economic crisis on the situation of women and men and on gender equality policies, synthesis report, 2012, im Internet unter: < http://www.ingenere.it/sites/default/files/ricerche/crisis%20report-def-7web.pdf > (5.9.2018).

Bir, J./ Clauwaert, S., European social partners committed to inclusion, in: Transfer 4/2010, 559-561.

Blackett, A., Global Governance, Legal Pluralism and the Decentered State: A Labour Law Critique of Codes of Corporate Conduct, in: Indiana Journal of Global Legal Studies 2/2001, 401-447.

Blanke, T., Europäisches Betriebsräte-Gesetz, Kommentar, 2. Aufl., Baden-Baden 2006.

Ders./ Rose, E., Die zeitliche Koordinierung der Informations- und Konsultationsansprüche Europäischer Betriebsräte und nationaler Interessenvertretungen bei grenzübergreifenden Umstrukturierungsmaßnahmen, in: RdA 2/2008, 65-81.

Blanpain, R., European Labour Law, 13. Aufl., Austin u.a. 2012.

Ders. et al., The Global Workplace: International and Comparative Employment Law. Cases and Materials, Cambridge 2007.

Von Bogdandy, A., Grundprinzipien, in: ders./Bast, J. (Hrsg.), Europäisches Verfassungsrecht. Theoretische und dogmatische Grundzüge, 2. Aufl., Dordrecht 2009, S. 13-71.

Bogner, A./ Littig, B./ Menz, W. (Hrsg.), Das Experteninterview. Theorie, Methode, Anwendung, 2. Aufl., Wiesbaden 2005.

Bothfeld, S./Hübers, S./Rouault, S., Gleichstellungspolitische Rahmenbedingungen für das betriebliche Handeln. Ein internationaler Vergleich, in: Projektgruppe GiB, Geschlechterungleichheiten im Betrieb, Berlin 2010, S. 21-88.

Bribosia, E./ Rorive, I., Reasonable Accommodation beyond Disability in Europe?, 2013, im Internet unter: <http://ec.europa.eu/justice/discrimination/files/reasonable _accommodation_beyond_disability_in_europe_en.pdf> (30.8.2018).

Britz, G., Diskriminierungsschutz und Privatautonomie, in: VVDStRL 64 2005, 355-402.

Bryde, B.-O., Europäisches Grundrecht der Tarifautonomie und europäisches Sozialstaatsprinzip als Schranken europäischer Wirtschaftsregulierung, in: SR 1/2012, 2-16.

Buckel, S., Empire oder Rechtspluralismus? Recht im Globalisierungsdiskurs, in: KJ 2/ 2003, 177-191.

Buntenbroich, D., Menschenrechte und Unternehmen. Transnationale Rechtswirkungen „freiwilliger" Verhaltenskodizes, Frankfurt a.M. 2007.

Calliess, C., Subsidiarität- und Solidaritätsprinzip in der Europäischen Union. Vorgaben für die Anwendung von Art. 5 (ex-Art. 3b) EGV nach dem Vertrag von Amsterdam, 2. Aufl., Baden-Baden 1999.

Ders./ Ruffert, M. (Hrsg.), EUV/AEUV, Das Verfassungsrecht der Europäischen Union mit Europäischer Grundrechtecharta, Kommentar, 4. Aufl., München 2011, (zitiert: Bearbeiter/in).

Dies., Das Verfassungsrecht der Europäischen Union mit Europäischer Grundrechtecharta, Kommentar, 5. Aufl., München 2016, (zitiert: Bearbeiter/in).

Calliess, G.-P. (Hrsg.), Transnationales Recht, Tübingen 2014.

Ders./ Maurer, A., Transnationales Recht – eine Einleitung, in: Calliess, G.-P. (Hrsg.), Transnationales Recht, Tübingen 2014.

Castel, R., Die Wiederkehr der sozialen Unsicherheit, in: Castel, R./ Dörre, K. (Hrsg.), Prekarität, Abstieg, Ausgrenzung. Die soziale Frage am Beginn des 21. Jahrhunderts, Frankfurt a.M./ New York 2009, S. 21-34.

Däubler, W., Arbeitsrecht in globalisierter Wirtschaft – eine Skizze, in: Hanau, P./Roller, J./Macher, L./Schlegel, R. (Hrsg.), Personalrecht im Wandel, Festschrift für Wolfdieter Küttner zum 70. Geburtstag, München 2006, S. 531-545.

Ders., Die Koalitionsfreiheit im EG-Recht, in: Isenhardt, U./ Preis, U. (Hrsg.), Arbeitsrecht und Sozialpartnerschaft, Festschrift für Peter Hanau, Köln 1999, S. 489-503.

Ders. (Hrsg.), Tarifvertragsgesetz, Kommentar, 3. Aufl., Baden-Baden 2012, (zitiert: Bearbeiter/in).

Ders. (Hrsg.), Tarifvertragsgesetz, Kommentar, 4. Aufl., Baden-Baden 2016, (zitiert: Bearbeiter/in).

Däubler, W./ Bertzbach, M. (Hrsg.), Allgemeines Gleichbehandlungsgesetz. Handkommentar, 3. Aufl., Baden-Baden 2013 (zitiert: Bearbeiter/in).

Degryse, C., Dialogue social sectoriel européen: une ombre au tableau?, ETUI Working Paper 02 /2015, im Internet unter: <https://www.etui.org/fr/Publications2/ Working-Papers/Dialogue-social-sectoriel-europeen-une-ombre-au-tableau> (18.02.2016).

Deinert, O., Der europäische Kollektivvertrag. Rechtstatsächliche und rechtsdogmatische Grundlagen einer gemeineuropäischen Kollektivvertragsautonomie, Baden-Baden 1999.

Ders., Sozialer Dialog und Zielvereinbarungen als Wege zur Antidiskriminierung, in: Rust, U. / Däubler, W./ Falke, J./ Lange, J./ Plett, K./ Scheiwe, K./ Sieveking, K. (Hrsg.), Die Gleichbehandlungsrichtlinien der EU und ihre Umsetzung in Deutschland, Loccumer Protokolle 40/03, Loccum 2003, S. 381-403.

Diekmann, A., Empirische Sozialforschung, Grundlagen, Methoden, Anwendungen, 4. Aufl., Hamburg 1998.

Dörre, K., Prekarität im Finanzmarktkapitalismus, in: Castel/ ders. (Hrsg.), Prekarität, Abstieg, Ausgrenzung. Die soziale Frage am Beginn des 21. Jahrhunderts, a.a.O., S. 35-64.

Dorssemont, F., Öffentlichkeit transnationaler Unternehmensvereinbarungen, in: Europäischer Gewerkschaftsbund, Projekt „Schaffung eines förderlichen Rahmens für freiwillige und autonome Verhandlungen auf transnationaler Ebene zwischen Gewerkschaften und multinationalen Unternehmen", Abschlussbericht, 2016, S. 55-60, im Internet unter <https://www.etuc.org/sites/default/files/publication/files/160905_tca_final_report_de_final.pdf> (5.9.2018).

Dufresne, A., The Evolution of Sectoral Industrial Relation Structures in Europe, in: dies.,/ Degryse, A./ Pochet, P. (eds.), The European Sectoral Social Dialogue. Actors, Developments and Challenges, Brüssel u.a. 2006, S. 49-82.

Dies. / Degryse, A./ Pochet, P. (eds.), The European Sectoral Social Dialogue. Actors, Developments and Challenges, Brüssel u.a. 2006.

Eggert-Weyand, S., Belästigung am Arbeitsplatz. Eine Form der verbotenen Benachteiligung wegen des Geschlechts, Frankfurt a.M. 2010.

*Ehmke, E. / Fichter, M./ Simon, N. / Zeuner, B. (*Hrsg.), Internationale Arbeitsstandards in einer globalisierten Welt, Wiesbaden 2009.

Eichenhofer, E., Soziales Europa, in: VSSR 1/2014, 29-86.

Elias, J., International labour standards, codes of conduct and gender issues: A review of recent debates and controversies, in: Non-St. Actors & Int'L 2/2003, 283-301.

Ellis, E./ Watson, P., EU-Antidiscrimination Law, 2. Aufl., Oxford 2012.

Epping, V./Hillgruber, C. (Hrsg.), Beck'scher Online-Kommentar (BeckOK) GG, 2015, (zitiert: Bearbeiter/in).

Esping-Andersen, G., Die drei Welten des Wohlfahrtskapitalismus: Zur Politischen Ökonomie des Wohlfahrtsstaats, in: Lessenich, S./ Ostner, I. (Hrsg.), Welten des Wohlfahrtskapitalismus. Der Sozialstaat in vergleichender Perspektive, Frankfurt a.M. 1998, S. 21-56.

Estlund, C., Rebuilding the law of the workplace in an era of self-regulation, in: CLR 2/2005, 319-404.

Eurofound, NEETs – Young People not in employment, education or training: Characteristics, costs and policy responses in Europe, 2012, im Internet unter: <https://www.eurofound.europa.eu/de/publications/report/2012/labour-market-social-policies/neets-young-people-not-in-employment-education-or-training-characteristics-costs-and-policy> (30.8.2018).

Dies., Telework in the European Union, 2010, im Internet unter: <https://www.eurofound.europa.eu/observatories/eurwork/comparative-information/telework-in-the-european-union> (30.8.2018).

Europäische Grundrechteagentur, Gewalt gegen Frauen, eine EU-weite Erhebung, 2014, im Internet unter: <http://fra.europa.eu/de/publication/2014/gewalt-gegen-frauen-eine-eu-weite-erhebung-ergebnisse-auf-einen-blick> (30.8.2018).

Europäische Kommission, Der sektorale soziale Dialog in Europa. Aktuelle Entwicklungen, 2010, im Internet unter: <http://ec.europa.eu/social/BlobServlet?docId=60 08&langId=de> (30.8.2018).

*Dies.,*Grünbuch, Europäische Rahmenbedingungen für die soziale Verantwortung der Unternehmen, KOM(2001)366 endg. v. 18.7.2001.

Dies., Grünbuch, Umstrukturierung und Antizipierung von Veränderungen, KOM (2012)7 endg. v. 17.1.2012.

Dies., Mitteilung an das Europäische Parlament, den Rat, den Europäischen Wirtschafts- und Sozialausschuss und den Ausschuss der Regionen zur Einführung einer Säule sozialer Rechte, COM(2017) 250 final v. 26.4.2017.

Dies., Mitteilung der Kommission, Europa 2020 – Eine Strategie für intelligentes, nachhaltiges und integratives Wachstum, KOM(2010) 2020 endg. v. 3.3.2010.

Dies., Mitteilung der Kommission – Sozialpolitische Agenda, KOM(2000) 379 endg v. 28.6.2000.

Dies., Mitteilung der Kommission – Sozialpolitische Agenda, KOM(2005) 33 endg. v. 9.2.2005.

Dies., Mitteilung der Kommission, Partnerschaft für den Wandel in einem erweiterten Europa – Verbesserung des Beitrags des europäischen sozialen Dialogs, KOM(2004) 557 endg. v. 12.8.2004.

Dies., Vorschlag für eine Richtlinie des Europäischen Parlaments und des Rats zur Vereinbarkeit von Beruf und Privatleben für Eltern und pflegende Angehörige und zur Aufhebung der Richtlinie 2010/18/EU des Rates, COM(2017) 253 final v. 26.4.2017.

Europäischer Gewerkschaftsbund, Analyse und Position zu den kritischsten Punkten eines optionalen Rechtsrahmens, in: ders. u.a., Projekt „Schaffung eines förderlichen Rahmens für freiwillige und autonome Verhandlungen auf transnationaler Ebene zwischen Gewerkschaften und multinationalen Unternehmen", Abschlussbericht, 2016, im Internet unter: <https://www.etuc.org/sites/default/files/pub lication/files/160905_tca_final_report_de_final.pdf> (5.9.2018).

Ders., Die überarbeitete Rahmenvereinbarung über den Elternurlaub, Auslegungsleitfaden des EGB, im Internet unter: <https://www.etuc.org/sites/default/files/ Germany_1.pdf> (5.9.2018).

Ders., Fahrplan zu transnationalen Betriebsvereinbarungen: Fortschritte auf dem Weg zu einem optionalen Rechtsrahmen, 2016, im Internet <https://www.etuc.org/sites/ www.etuc.org/files/document/files/etuc_resolution_roadmap_on_tca_de.pdf> (31.8.2018).

Ders., Konzeptbeispiel für einen möglichen europäischen optionalen Rechtsrahmen, in: ders., Projekt „Schaffung eines förderlichen Rahmens für freiwillige und autonome Verhandlungen auf transnationaler Ebene zwischen Gewerkschaften und multinationalen Unternehmen", Abschlussbericht, 2016, im Internet unter: <https:// www.etuc.org/sites/default/files/publication/files/160905_tca_final_report_de_final .pdf> (5.9.2018).

Europäisches Parlament, Entschließung zu den grenzüberschreitenden Kollektivver-handlungen und zum transnationalen sozialen Dialog v. 12. September 2013, 2012/2292(INI).

Das., Entschließung zu der Strategie der EU für die Gleichstellung von Frauen und Männern nach 2015 v. 9. 6. 2015, 2014/2152(INI).

Das., Entschließung zu Unterrichtung und Anhörung von Arbeitnehmern, Antizipation und Management von Umstrukturierungen v. 15.1.2013, 2012/2061 (INI).

European Commission, A Preparatory study for an Impact Assessment of the European Works Councils Directive, 2007, im Internet unter: <http://ec.europa.eu/social/ma in.jsp?catId=707&langId=de&intPageId=211> (31.8.2018).

Dies., Commission Staff Working Document, Transnational company agreements: re-alising the potential of social dialogue, SWD(2012) 264 final.

Dies., Flexibility in working time and security for workers: First phase of consultation with the Social Partners, 1995, SEC (95) 1540/3.

Dies., Mapping of transnational texts negotiated at corporate level, 2008, im Internet unter: <http://ec.europa.eu/social/main.jsp?catId=707&intPageId=214&langId=en> (31.8.2018).

Dies., Report by the Commission services on the implementation of Council Directive 1999/70/EC of 28 June 1999 concerning the Framework Agreement on Fixed-Term Work, 2006, SEC (2006)1074.

Dies., Special Eurobarometer 393, Discrimination in the EU 2012, im Internet unter: <http://ec.europa.eu/commfrontoffice/publicopinion/archives/ebs/ebs_393_en.pdf> (31.8.2018).

European Foundation Centre, Assessing the Impact of European Government's Austerity Plans on the Rights of People with Disabilities, 2012, im Internet unter: <http:// www.efc.be/publication/assessing-the-impact-of-european-governments-austerity-plans-on-the-rights-of-people-with-disabilities-key-findings/> (31.8.2018).

European Legal Experts in the Field of Gender Equality, The implementation of pa-rental leave directive 2010/18 in 33 European Countries, 2015, im Internet unter: <http://ec.europa.eu/justice/gender-equality/files/your_rights/parental_leave_report _final_en.pdf> (31.8.2018).

European Trade Union Confederation, Position paper, For a modern European Works Council (EWC) Directive in the Digital Era, 2017, im Internet unter: <https://www. etuc.org/sites/www.etuc.org/files/document/files/en-position-for_a_modern_ewc_ directive_in_digital_era2.pdf> (31.8.2018).

European Trade Union Institute, Benchmarking Working Europe, 2013.

Eurostat, Beschäftigungsstatistik, 2015, im Internet unter: <https://ec.europa.eu/euro stat/statistics-explained/index.php?title=Employment_statistics#Employment_rates _by_sex.2C_age_and_educational_attainment_level> (5.9.2018).

Das., Löhne und Arbeitskosten, 2016, im Internet unter: <http://ec.europa.eu/eurostat/ statistics-explained/index.php/Wages_and_labour_costs/de> (31.8.2018).

Das., Pressemitteilung v. 6. März 2017, Nur 1 von 3 Führungskräften in der EU ist eine Frau, im Internet unter: <http://ec.europa.eu/eurostat/documents/2995521/7896 995/3-06032017-AP-DE.pdf/b49bc03b-00be-448c-b12a-318012c61cda> (31.8.2018).

Das., Pressemitteilung v. 19. Mai 2015, 10 Millionen Teilzeitkräfte hätten gerne mehr gearbeitet, im Internet unter: <http://ec.europa.eu/eurostat/documents/2995521/73 11571/3-19052016-BP-DE.pdf/cb0f77cc-0ece-4dda-b771-052ed591be10> (31.8.2018).

Das., Statistics on young people neither in employment nor in education or training, im Internet unter: <https://ec.europa.eu/eurostat/statistics-explained/index.php/Stat istics_on_young_people_neither_in_employment_nor_in_education_or_training> (5.9.2018).

Das., Temporary Employment in the EU, 2017, im Internet unter: <http://ec.euro pa.eu/eurostat/web/products-eurostat-news/-/DDN-20170502-1> (28.8.2017).

Das., Unemployment statistics, 2017, im Internet unter: <http://ec.europa.eu/ eurostat/statistics-explained/index.php/Unemployment_statistics> (28.8.2017).

Expert Group, Transnational Company Agreements, Report 2012, im Internet unter: <http://ec.europa.eu/social/main.jsp?catId=707&intPageId=214&langId=en> (31.8.2018).

Falke, J., Der soziale Dialog. Neue Säule des Schutzes vor Diskriminierung?, in: ZESAR 5-6/2004, 244-256.

Falkner, G., The Council or the social partners? EC social policy between diplomacy and collective bargaining, in: Journal of European Public Policy, 5/ 2000, 705-724.

Dies., EU Social Policy in the 1990s: Towards a corporatist policy Community, London/ New York 1998.

Fichter, M./Helfen, M./Sydow, J., Employment relations in global production networks: Initiating transfer of practices via union involvement, in: Human Relations 63/ 2011, 599-624.

Fichter, M./ Zeuner, B., Große Probleme und kleine Forstschritte, in: Ehmke, E./ Fichter, M./Simon, N./Zeuner, B. (Hrsg.), Internationale Arbeitsstandards in einer globalisierten Welt, Wiesbaden 2009, S. 340-350.

Finke, B., Legitimation globaler Politik durch NGOs: Frauenrechte, Deliberation und Öffentlichkeit in der UNO, Wiesbaden 2005.

Fischer-Lescano, A./Teubner, G., Regime-Kollisionen. Zur Fragmentierung des globalen Rechts, 1. Aufl., Frankfurt a.M. 2006.

Flick, U., Qualitative Sozialforschung. Eine Einführung, 4. Aufl., Reinbek 2006.

Franke, B./Merx, A., Positive Maßnahmen – Handlungsmöglichkeiten nach § 5 AGG, in: AuR 7-8 2007, 235-239.

Franssen, E., Legal Aspects of the European Social Dialogue, Antwerpen 2002.

Franzen, M./Gallner, I./Oetker, H. (Hrsg.), Kommentar zum europäischen Arbeitsrecht, München 2016, (zitiert: Bearbeiter/in).

Fraser, N., Feminismus, Kapitalismus und die List der Geschichte, in: Blätter für deutsche und internationale Politik 8/2009, 43-57.

345

Dies./ Honneth, A., Umverteilung oder Anerkennung? Eine politisch-philosophische Kontroverse, Frankfurt a.M. 2003.

Fredman, S., Discrimination Law, Oxford 2002.

Frenz, W., Handbuch Europarecht, Band 6: Institutionen und Politiken, Heidelberg u.a. 2011.

Ders., Soziale Grundlagen in EUV und AEUV, NZS 3/2011, 81-86.

Frowein, J., Die Herausbildung europäischer Verfassungsprinzipien, in: Kaufmann, A./Mestmäcker, E.-J./ Zacher, H. F. (Hrsg.), Rechtsstaat und Menschenwürde, Festschrift für Werner Maihofer zum 70. Geburtstag, Frankfurt a.M. 1988, S.149-158.

Früh, W., Inhaltsanalyse, 7. Aufl., Konstanz 2011.

Fuchs, M./Marhold, F., Europäisches Arbeitsrecht, 3. Aufl., Wien 2010.

Fürst, A.-M., Behinderung zwischen Diskriminierungsschutz und Rehabilitationsrecht. Ein Vergleich zwischen Deutschland und den USA, Baden-Baden 2009.

Gerhard, U., Bürgerrechte und Geschlecht. Herausforderung für ein soziales Europa, 2001, im Internet unter: <http://www.demokratiezentrum.org/fileadmin/media/pdf/gerhard_buergerrechte.pdf> (31.8.2018).

Giddens, A., Die Konstitution der Gesellschaft: Grundzüge einer Theorie der Strukturierung, Frankfurt a.M. 1984.

Gilman, M./Marginson, P., Negotiating European Works Councils: Contours of constrained choice, in: Industrial Relations Journal 1/ 2002, 36-51.

Gläser, J./Laudel, G., Experteninterviews und qualitative Inhaltsanalyse, 4. Aufl., Wiesbaden 2010.

Glinski, C./Rott, P., Umweltfreundliches und ethisches Konsumverhalten im harmonisierten Kaufrecht, in: EuZW 21/2003, 649-654.

Grabitz, E./Hilf, M./Nettesheim, M. (Hrsg.), Das Recht der Europäischen Union: EUV/AEUV, 57. Ergänzungslieferung, München 2015 (zitiert: Bearbeiter/in).

Grammenos, S., European comparative data on Europe 2020 & People with disabilities, 2017, im Internet unter: <http://www.disability-europe.net/theme/eu2020> (31.8.2018).

Grimm, D., Die Zukunft der Verfassung II. Auswirkungen von Europäisierung und Globalisierung, Berlin 2012.

Von der Groeben, H./Schwarze, J./Hatje, A. (Hrsg.), Europäisches Unionsrecht: Vertrag über die Europäische Union, Vertrag über die Arbeitsweise der Europäischen Union, Charta der Grundrechte der Europäischen Union, Kommentar, Bände 1-4, 7. Aufl., Baden-Baden 2015, (zitiert: Bearbeiter/in).

Große Kracht, H.-J., Katholische Kirche und soziale Solidarität in Europa, in: Knodt, M./Tews, A. (Hrsg.), Solidarität in der EU, Baden-Baden 2014, S. 41-62.

Grünberger, M./Sagan, A., Diskriminierende Sozialpläne, in: EuZA 3/2013, 324-339.

Habermas, J., Die postnationale Konstellation, Frankfurt a.M. 1998.

Ders., Faktizität und Geltung. Beiträge zur Diskurstheorie des Rechts und des demokratischen Rechtsstaats, 5. Aufl., Frankfurt a.M. 1997.

Häberle, P., Europäische Rechtskultur. Versuch einer Annäherung in zwölf Schritten, Baden-Baden 1994.

Ders., Europäische Verfassungslehre, 7. Aufl., Baden-Baden 2011.

Hauch, E., International Framework Agreements: Hintergrund, Rechtsnatur und Justiziabilität, Frankfurt a.M. 2015.

Hauser-Ditz, A./Mählmeyer, V./Pries., L., Europäische Betriebsräte. Grenzüberschreitende Koordination in der Automobilzuliefererindustrie, Frankfurt a.M./ New York, 2015.

Heimann, E., Substantielle Vereinbarungen Europäischer Betriebsräte: Praxis und Recht, Frankfurt a.M. u.a. 2014.

Hekimler, A./Ring, G. (Hrsg.), Tarifrecht in Europa, Baden-Baden 2012.

Heller, H., Rechtsstaat oder Diktatur, in: Kempen, O. E. (Hrsg.), Sozialstaatsprinzip und Wirtschaftsordnung, Frankfurt a.M. 1976, S. 55-69.

Hepple, B., Enforcing Equality Law: Two Steps Forward and Two Steps Backwards for Reflexive Regulation, in: ILJ 4 /2011, 315-335.

Ders., Equality at work, in: ders./Veneziani, B. (eds.), The Transformation of Labour Law in Europe. A Comparative Study of 15 Countries 1945-2004, Oxford u.a. 2009, S. 129-163.

Ders., Labour Laws and Global Trade, Oxford u.a. 2005.

Herberg, M., Globalisierung und private Selbstregulierung. Umweltschutz in multinationalen Unternehmen, Frankfurt a.M. 2007.

Heselhaus, S./Nowak, C. (Hrsg.), Handbuch der Europäischen Grundrechte, München 2006, (zitiert: Bearbeiter/in).

Heuschmid, J., Mitentscheidung durch Arbeitnehmer – ein europäisches Grundrecht? Die Wirkung der Grundrechte als Korrektiv der Grundfreiheiten dargestellt am Beispiel der Beteiligung der Arbeitnehmer im Unternehmen, Baden-Baden 2009.

Hobsbawm, E., Das Zeitalter der Extreme – Weltgeschichte des 20. Jahrhunderts, München/Wien 1995.

Hoek, A. van/Hendrickx, F., International private law aspects and dispute settlement related to transnational company agreements, Final Report 2009, im Internet unter: <http://ec.europa.eu/social/main.jsp?catId=707&langId=en&intPageId=214> (31.8.2018).

Höffe, O., Demokratie im Zeitalter der Globalisierung, München 1999.

Höland, A., Partnerschaftliche Setzung und Durchführung von Recht in der Europäischen Gemeinschaft, in: ZIAS 1995, 425-451.

Hoffmann-Riem, W., Innovationen im Recht: Zur Einführung, in: ders. (Hrsg.), Innovationen im Recht, Baden-Baden 2016, S. 11-32.

Ders., Mediation als moderner Weg zur Konfliktbewältigung, in: Brand, J./Stempel, D. (Hrsg.), Soziologie des Rechts, Festschrift für Erhard Blankenburg zum 60. Geburtstag, Baden-Baden 1998, S. 649-664.

Hofherr, E., Europäische Sozialpolitik und die Idee der Selbstregulierung: Rechtsgrundlagen, Potentiale und Grenzen eines europäischen Politikfeldes, Hamburg 2013.

Hofmann, M., Die (Un)solidarischen– Partizipation und Selbstorganisation der Unorganisierbaren. Zur Einführung, in: Castel, R./Dörre, K. (Hrsg.), Prekarität, Abstieg, Ausgrenzung. Die soziale Frage am Beginn des 21. Jahrhunderts, Frankfurt a.M./ New York 2009, S. 319-322.

Hohmann-Dennhardt, C., Wo bleiben die Bürger und ihre Rechte?, in: Calliess, G.-P./ Fischer-Lescano, A./Wielsch, D./Zumbansen, P. (Hrsg.), Soziologische Jurisprudenz. Festschrift für Gunther Teubner zum 65. Geburtstag, Berlin 2009, S. 753-763.

Holoubek, M., Ein Grundrechtskatalog für Europa, in: Becker, U./Hatje, A./Potacs, M./ Wunderlich, N. (Hrsg.), Verfassung und Verwaltung in Europa, Festschrift für Jürgen Schwarze zum 70. Geburtstag, Baden-Baden 2014, S. 109-140.

Ders./Lienbacher, G. (Hrsg.), GRC-Kommentar, Charta der Grundrechte der Europäischen Union, Wien 2014, (zitiert: Bearbeiter/in).

Holzinger, K./Jörgens, H./Knill, C., Transfer, Diffusion und Konvergenz: Konzepte und Kausalmechanismen, in: dies. (Hrsg.), Transfer, Diffusion und Konvergenz von Politiken, Politische Vierteljahresschrift, Sonderheft 38, 2007, S. 11-35.

Hornung, G., Grundrechtsinnovationen, Tübingen 2015.

Hoskyns, C., Integrating Gender: Women, Law and Politics in the European Union, London 1996.

Hyman, R., Die Identität der europäischen Gewerkschaften im Wandel, in: Mückenberger, U./Schmidt, E./Zoll, R. (Hrsg.), Die Modernisierung der Gewerkschaften in Europa, Münster 1996, S. 30-53.

Ders./Klarsfeld, A./Ng, E./Haq, R., Introduction: Social regulation of diversity and equality, in: EJIR 4/2012, 279-292.

Iliopoulos-Strangas, J., Quellen der sozialen Rechte, in: dies. (Hrsg.), Soziale Grundrechte in Europa nach Lissabon. Eine rechtsvergleichende Untersuchung der nationalen Rechtsordnungen und des europäischen Rechts, Baden-Baden 2010, S. 741-864.

Dies., Klassifizierung – Aufstellung und Rechtsnatur der sozialen Grundrechte, in: dies. (Hrsg.), Soziale Grundrechte in Europa nach Lissabon, a.a.O., S. 865-938.

ILO, Gleichheit bei der Arbeit: Die andauernde Herausforderung, 2011, im Internet unter <http://www.ilo.org/wcmsp5/groups/public/@ed_norm/@relconf/documents/ meetingdocument/wcms_154783.pdf> (31.8.2018).

Dies., Women at Work. Trends 2016, im Internet unter: <http://www.ilo.org/wcmsp5/ groups/public/---dgreports/---dcomm/---publ/documents/publication/wcms_457317. pdf> (31.8.2018).

Ipsen, H.P., Europäisches Gemeinschaftsrecht, Tübingen 1972.

Jarass, H.D., EU-Grundrechte, Ein Studien- und Handbuch, München 2005.

Jastram, S., Legitimation privater Governance: Chancen und Probleme am Beispiel von ISO 26000, Wiesbaden 2012.

Jessop, B., Die Globalisierung des Kapitals und die Zukunft des Nationalstaats. Ein Beitrag zur Kritik der globalen Ökonomie, in: Hirsch, J./Jessop, B./Poulantzas, N. (Hrsg.), Die Zukunft des Staates. Denationalisierung, Internationalisierung, Renationalisierung, Hamburg 2001, S. 139-170.

Ders., Globalisierung und Nationalstaat. Imperialismus und Staat bei Nicos Poulantzas – 25 Jahre später, in: Hirsch./Jessop/Poulantzas, a.a.O., S. 71-100.

Joerges, C./Rödl, F., Zum Funktionswandel des Kollisionsrechts II. Die kollisionsrechtliche Form einer legitimen Verfassung der post-nationalen Konstellation, in: Calliess, G.-P./Fischer-Lescano, A./Wielsch, D./Zumbansen, P. (Hrsg.), Soziologische Jurisprudenz. Festschrift für Gunther Teubner zum 65. Geburtstag, Berlin 2009, S. 765-778.

Kadelbach, S., Solidarität als europäisches Rechtsprinzip?, in: ders. (Hrsg.), Solidarität als Europäisches Rechtsprinzip?, Baden-Baden 2014, S. 9-18.

Kamanabrou, S., Erga-Omnes-Wirkung von Tarifverträgen, in: dies. (Hrsg.), Erga-Omnes-Wirkung von Tarifverträgen, Tübingen 2015, S. 6-118.

Karnowski, V., Diffusionstheorien, Baden-Baden 2011.

Kassimatis, G., Entstehungs- und Entwicklungsgeschichte des Sozialstaats, in: Iliopoulos-Strangas, J. (Hrsg), Soziale Grundrechte in Europa nach Lissabon, Baden-Baden 2010, S. 19-40.

Kaufmann, F.-X., Sozialpolitik und Sozialstaat. Soziologische Analysen, 3. Aufl., Wiesbaden 2009.

Kaufmann, I., Die europäische Sozialpartnervereinbarung über befristete Arbeitsverträge, AuR 9/1999, 332-334.

Keck, M.E./ Sikking, K., Activists beyond Borders: Advocacy Networks in International Politics, Ithaca/ NY, 1998.

Keller, B./Sörries, B., Der neue Sozialdialog auf europäischer Ebene. Erfahrungen und Perspektiven, in: MittAB 4/1998, 715-725.

Kelsen, H., Reine Rechtslehre, Studienausgabe der 1. Aufl. 1934, in: Jestaedt, M. (Hrsg.), Tübingen 2008.

Kingreen, T., Das Sozialstaatsprinzip im europäischen Verfassungsverbund, Tübingen 2003.

Kißler, L., Recht und Gesellschaft: Einführung in die Rechtssoziologie, Wiesbaden 1984.

Kittner, M., Arbeitskampf. Geschichte, Recht, Gegenwart, München 2005.

Klamert, M., Solidarität als Rechtsprinzip der Europäischen Union, in: Knodt, M./ Tews, A. (Hrsg.), Solidarität in der EU, Baden-Baden 2014, S. 19-40.

Klammer, U., Vom „Ernährermodell" zum „Erwerbstätigenmodell", in: Kraus, K./ Geisen, T. (Hrsg.), Sozialstaat in Europa. Geschichte, Entwicklung, Perspektiven, Wiesbaden 2001, S. 273-284.

Knauff, M., Der Regelungsverbund: Recht und Soft Law im Mehrebenensystem, Tübingen 2010.

Kocher, E., Corporate Social Responsibility und Transnationalisierung des Arbeitsrechts, in: Calliess, G.-P. (Hrsg.), Transnationales Recht, Tübingen 2014, S. 479-495.

Dies., Europäisches Arbeitsrecht, Baden-Baden 2016.

Dies./Laskowski, S./Rust, U./Weber, I., Gleichstellung der Geschlechter in der Privatwirtschaft, in: Hohmann-Dennhardt, C./Körner, M./Zimmer, R. (Hrsg.), Geschlechtergerechtigkeit. Festschrift für Heide Pfarr, Baden-Baden 2010, S. 117-146.

Dies./Wenckebach, J., § 12 AGG als Grundlage für Ansprüche auf angemessene Vorkehrungen, in: SR 1/ 2013, 17-28.

König, D., Dialog mit den NGOs, in: Rust, U./Däubler, W./Falke, J. u.a. (Hrsg.), Die Gleichbehandlungsrichtlinien der EU und ihre Umsetzung in Deutschland, Loccumer Protokolle 40/03, a.a.O., S. 355-377.

Kohte, W., Die Bedeutung der UN-Behindertenrechtskonvention für das Wahlrecht der Beschäftigtenvertretungen in Deutschland, in: Däubler, W./Zimmer, R. (Hrsg.), Arbeitsvölkerrecht. Festschrift für Klaus Lörcher, 1. Aufl., Baden-Baden 2013, S. 110-125.

Ders., Return to Work – europäische Impulse und deutsche Handlungsmöglichkeiten, in: Hohmann-Dennhardt, C./ Körner, M./ Zimmer, R. (Hrsg.), Geschlechtergerechtigkeit, a.a.O., S. 489-503.

Kokott, J./Sobotta, C., Die Charta der Grundrechte der Europäischen Union nach dem Inkrafttreten des Vertrags von Lissabon, in: EuGRZ 10-13/ 2010, 265-271.

Kowanz, R., Europäische Kollektivvertragsordnung. Bestandsaufnahme und Entwicklungsperspektiven, Baden-Baden 1999.

Kreimer-de Fries, J., EU-Teilzeitvereinbarung – kein gutes Omen für die Zukunft der europäischen Verhandlungsebenen, in: AuR 1997, 314-317.

Krieger, G., Das französische Tarifvertragsrecht, Heidelberg 1991.

Krimphove, D., Europäisches Arbeitsrecht, 2. Aufl., München 2001.

Kronauer, M., Exklusion. Die Gefährdung des Sozialen im hoch entwickelten Kapitalismus, 2. Aufl., Frankfurt a.M./ New York 2010.

Kunig, P., Solidarität als rechtliche Verpflichtung, in: Becker, U./Hatje, A./Potacs, M./Wunderlich, N. (Hrsg.), Verfassung und Verwaltung in Europa, Festschrift für Jürgen Schwarze zum 70. Geburtstag, Baden-Baden 2014, S. 190-200.

Lamnek, S., Qualitative Sozialforschung, 5. Aufl., Weinheim 2010.

Langan, M. /Ostner, I., Geschlechterpolitik im Wohlfahrtsstaat, in: KJ 3/ 1991, 302-317.

Laulom, S., Nichtrückschrittsklauseln und die beste Verknüpfung zwischen TCAs und nationalen Kollektivvereinbarungen, in: Europäischer Gewerkschaftsbund, Projekt „Schaffung eines förderlichen Rahmens für freiwillige und autonome Verhandlungen auf transnationaler Ebene zwischen Gewerkschaften und multinationalen Unternehmen", Abschlussbericht, 2016, S. 42-46, im Internet unter: <https://www.etuc.org/sites/default/files/publication/files/160905_tca_final_report_de_final.pdf> (5.9.2018).

Lecher, W./Platzer, H.-W./Rüb, S./Weiner K.-P., Verhandelte Europäisierung. Die Einrichtung Europäischer Betriebsräte zwischen gesetzlichem Rahmen und sozialer Dynamik, Baden-Baden 2001.

Leibfried, S./Zürn, M., Von der nationalen zur post-nationalen Konstellation, in: dies. (Hrsg.), Transformationen des Staates?, Frankfurt a.M. 2006, S. 19-65.

Lewalter, S., Geschlechtergleichstellung bei Privatisierungen. Anforderungen und Handlungsoptionen aus rechtlicher Sicht, Berlin 2015.

Liedmeier, N., Die Auslegung und Fortbildung arbeitsrechtlicher Kollektivverträge, Berlin 1991.

Lörcher, K./Schömann, I., The European Pillar of social rights: critical legal analysis and proposals, 2016, im Internet unter: <http://www.etui.org/en/Publications2/Re ports/The-European-pillar-of-social-rights-critical-legal-analysis-and-proposals> (31.8.2018).

Luhmann, N., Recht und Automation in der öffentlichen Verwaltung. Eine verwaltungswissenschaftliche Untersuchung, Berlin 1966.

MacKinnon, C.A., Toward a feminist theory of the State, Cambridge 1989.

Mangold, S., Arbeitnehmerbeteiligung in Europa, in: AiB 12/ 2015, 34-36.

Dies., Arbeitsrecht unter Druck, in: PROKLA 3/ 2010, 437-453.

Marhold, F., Grenzüberschreitende Betriebsvereinbarungen, in: ZESAR 7/2013, 251-258.

Marshall, T.H., Bürgerrechte und soziale Klassen. Zur Soziologie des Wohlfahrtsstaates, Frankfurt a.M. 1992.

Maschke, M., Trendbericht: Betriebs- und Dienstvereinbarungen für partnerschaftliches Verhalten, gegen Mobbing, Diskriminierung und sexuelle Belästigung, 2012, S. 7 ff., im Internet abrufbar unter: <http://www.boeckler.de/pdf/mbf_bvd_hinter grund_partner_verhalten.pdf> (31.8.2018).

Dies./Zurholt, G., Chancengleich und familienfreundlich, Betriebs- und Dienstvereinbarungen, 2. Aufl., Frankfurt a.M. 2013.

Maurer, A., Lex Maritima – Grundzüge eines transnationalen Seehandelsrechts, Tübingen 2012.

Maus, I., Menschenrechte, Demokratie und Frieden. Perspektiven globaler Organisation, Berlin 2015.

Mayer, F.C., Grundrechtsschutz und rechtsstaatliche Grundsätze (nach Art. 6 EUV), in: Grabitz, E./Hilf, M./Nettesheim, M. (Hrsg.), Das Recht der Europäischen Union, Loseblatt, München 2015.

Mayer, F.C./Ermes, M., Rechtsfragen zu den EU-Freihandelsabkommen CETA und TTIP, in: ZRP 8/ 2014, 237-240.

Mayring, P., Qualitative Inhaltsanalyse. Grundlagen und Techniken, 8. Aufl., Weinheim/Basel, 2003.

Mc Crudden, C., Rethinking Positive Action, in: ILJ, 1/1986, 219-243.

Meißner, D./Ritschel, A., Europäische Unternehmensvereinbarungen – Chancen für ein kollektives Arbeitsrecht, in: Busch, D./Feldhoff, K./Nebe, K. (Hrsg.), Übergänge im Arbeitsleben und (Re)inklusion in den Arbeitsmarkt, Symposion anlässlich des 65. Geburtstages von Prof. Dr. Wolfhard Kohte, Baden-Baden 2012, S. 53-72.

Meuser, M., Diversity Management – Anerkennung von Vielfalt?, in: Pries, L. (Hrsg.), Zusammenhalt durch Vielfalt?, Bindungskräfte der Vergesellschaftung im 21. Jahrhundert, Wiesbaden 2013, S. 167-181.

Meyer, J. (Hrsg.), Charta der Grundrechte der Europäischen Union, 4. Aufl., Baden-Baden 2014, (zitiert: Bearbeiter/in).

Mnookin, R.H./Kornhauser, L., Bargaining in the Shadow of the Law: The Case of Divorce, in: The Yale Law Journal, 5/ 1979, 950-997.

Mohr, K., Stratifizierte Rechte und soziale Exklusion von Migranten im Wohlfahrtsstaat, in: Zeitschrift für Soziologie 5/2005, 383-398.

Monaghan, K., Multiple and intersectional discrimination in EU law, European Anti-Discrimination Law Review 13/2011, 20-32.

Moreau, M.-A., Normes sociales, droit du travail et mondialisation: confrontations et mutations, Paris 2006.

Mückenberger, U., Civilising Globalism: Transnational Norm-Building Networks as a Lever of the Emerging Global Legal Order?, in: Transnational Legal Theory 4/ 2010, 523-573.

Ders., Die Krise des Normalarbeitsverhältnisses– Hat das Arbeitsrecht noch Zukunft?, in: Zeitschrift für Sozialreform 7-8 /1985, 415-434 u. 457-475.

Ders., Dimensionen des Wandels des deutschen Arbeitsrechtssystems angesichts Postfordismus und Globalisierung, in: Dingeldey, I./Holtrup, A./Warsewa, G. (Hrsg.), Wandel der Governance der Erwerbsarbeit, Wiesbaden 2015, S. 71-98.

Ders., Eine europäische Sozialverfassung?, in: EuR 4/ 2014, 369-399.

Ders., Ein globales Hybridarbeitsrecht, in: Calliess, G.-P. (Hrsg.), Transnationales Recht, Tübingen 2014, S. 464-477.

Ders., Lebensqualität durch Zeitpolitik: Wie Zeitkonflikte gelöst werden können, Berlin 2012.

Ders., Metronome des Alltags. Betriebliche Zeitpolitiken, lokale Effekte und soziale Regulierung, Berlin 2004.

Ders., Solidarität, in: Kreft, D./Mielenz, I. (Hrsg.), Wörterbuch Soziale Arbeit. Aufgaben, Praxisfelder, Begriffe und Methoden der Sozialarbeit und Sozialpädagogik, 7. Aufl., Weinheim/Basel 2013, S. 751-754.

Ders., Towards Procedural Regulation of Labour Law in Europe. The Case of Social Dialogue, CIS Papers, 2004, im Internet unter: <http://epub.sub.uni-hamburg.de/ epub/volltexte/2011/9501/pdf/CP02_Mueckenberger.pdf> (5.9.2018).

Ders./Nebe, K., Formwandel von Staatlichkeit durch transnationalen Sozialen Dialog, in: ZIAS 1/2013, 82-104.

Dies., Formwandel von Staatlichkeit durch transnationalen Sozialen Dialog, Teilprojekt A 7 Abschlussbericht, 2015, im Internet unter: http://www.sfb597.uni-bremen. de/download/de/forschung/A7_2015_Sfb597_Abschlussbericht.pdf (31.8.2018).

Müller, F./Christensen, R., Juristische Methodik, Band II: Europarecht, 3. Aufl., Berlin 2012.

Müller-Jentsch, W., Strukturwandel der industriellen Beziehungen. 'Industrial Citizenship' zwischen Markt und Regulierung, Wiesbaden 2007.

Müller, T./Platzer, H.-W./Rüb, S., Globale Arbeitsbeziehungen in globalen Konzernen? Zur Transnationalisierung betrieblicher und gewerkschaftlicher Politik, Wiesbaden 2004.

Dies., Transnationale Unternehmensvereinbarungen und die Vereinbarungspolitik Europäischer Betriebsräte, in: WSI-Mitteilungen 6/ 2012, 457-463.

Nebe, K., Betrieblicher Mutterschutz ohne Diskriminierung – Die RL 92/85/EWG und ihre Konsequenzen für das deutsche Mutterschutzrecht, Baden-Baden 2006.

Dies., Das befristete Arbeitsverhältnis im deutschen und europäischen Arbeitsrecht-vom sozialen zum richterlichen Dialog, in: Schmidt, I. (Hrsg.), Jahrbuch des Arbeitsrechts, Bd. 48, Berlin 2011, S. 89-117.

Dies., Decent work und § 618 BGB – klassisches Zivilrecht und moderne Arbeitsschutzkonzepte, in: Däubler, W. / Zimmer, R. (Hrsg.), Arbeitsvölkerrecht. Festschrift für Klaus Lörcher, Baden-Baden 2013, S. 82-94.

Dies., Diskriminierungsschutz erwerbstätiger Eltern behinderter Kinder, Anm. zu EuGH 17.07.2008, C-303/ 06, Diskussionsbeitrag Forum A1/ 2011 im Diskussionsforum <http://www. reha-recht.de>.

Dies., Spaltung des Arbeitsmarkts durch Krisengesetzgebung – eine kritische Analyse des Arbeits- und Sozialrechts vor und nach der Krise, in: SR 1/2013, 1-16.

Dies., Transnationalisierung des Arbeitsrechts - eine weitreichende Tradition von der IAO zu Europäischen Sozialen Dialogen, in: Calliess, G.-P. (Hrsg.), Transnationales Recht, Tübingen 2014, S. 497-513.

Dies., Vereinbarkeit von Familie und Beruf – ein Thema für Tarifvertrags- und Betriebsparteien?, in: Thüsing, G./Creutzfeldt, M./Hanau, P./Wißmann, H. (Hrsg.), Festschrift für Klaus Bepler zum 65. Geburtstag, München 2012, S. 439-453.

Dies./Mückenberger, U., Sonderforschungsbereich 597, Staatlichkeit im Wandel, Teilprojekt A7 – Neuantrag, Formwandel von Staatlichkeit durch transnationalen Sozialen Dialog, 2011, im Internet unter: <http://www.sfb597.uni-bremen.de/pages/ forProjektBeschreibung.php?SPRACHE=de&ID=32> (31.8.2018).

Dies./Ritschel, A., The concept of information and consultation in European Directives, in: Blanke, T./Rose, E./Voogsgeerd, H./Zondag, W. (eds.), Recasting Worker Involvement? Recent Trends in Information, Consultation and Co-Determination of Worker Representatives in a Europeanized Arena, Deventer 2009, S. 157-173.

Neumann, V., Menschenwürde und Existenzminimum, in: NVwZ 5/1995, 426-432.

Nielsen, R., Is European Union equality law capable of addressing multiple and intersectional discrimination yet? Precautions against neglecting intersectional cases, in: Schiek, D./ Chege, V. (eds.), European Union Non-Discrimination Law. Comparative Perspectives on Multidimensional Equality Law, New York u.a. 2009, S. 29-52.

Nullmeier, F./Kaufmann, F.-X., Post-War Welfare State Development – The Temporal Perspective, in: Castles, F.G./Leibfried S./Lewis J./Obinger H./Pierson C. (eds.), The Oxford Handbook of the Welfare State, Oxford 2010, S. 81-101.

OECD, OECD Guidelines for Multinational Enterprises, 2011, im Internet unter: <http://www.oecd.org/corporate/mne/48004323.pdf> (31.8.2018).

Pärli, K., Vertragsfreiheit, Gleichbehandlung und Diskriminierung im privatrechtlichen Arbeitsverhältnis. Völker- und verfassungsrechtlicher Rahmen und Bedeutung des europäischen Gemeinschaftsrechts, Bern 2009.

Papadakis, K./Casale, G./Tsotroudi, K., International framework agreements as elements of a cross-border industrial relations framework, in: Papadakis, K. (eds.), Cross-Border Social Dialogue and Agreements: An emerging global industrial relations framework?, 2008, S. 67-88, im Internet unter: <http://www.ilo.org/wcm sp5/groups/public/---dgreports/---dcomm/---publ/documents/publication/wcms_093 423.pdf> (31.8.2018).

Peers, S./Hervey, T./Kenner, J./Ward, A. (eds.), The EU Charter of Fundamental Rights. A Commentary, Oxford 2014, (zitiert: Bearbeiter/in).

Pfarr, H., Die Entgeltgleichheit für Frauen und Männer erfordert ein Durchsetzungsgesetz, in: WSI-Mitteilungen 11/2011, 253-257.

Platzer, H.-W., Europäische Betriebsräte, in: Schroeder, W. (Hrsg.), Handbuch Gewerkschaften in Deutschland, 2. Aufl., Wiesbaden 2014, S. 637-655.

Ders./Müller, T., Die globalen und europäischen Gewerkschaftsverbände. Handbuch und Analysen zur transnationalen Gewerkschaftspolitik, Berlin 2009.

Pochet, P., A Quantitative Analysis, in: Dufresne, A./Degryse, A./Pochet, P. (eds.), The European Sectoral Social Dialogue. Actors, Developments and Challenges, a.a.O., S. 83-108.

Popitz, H./Pohlmann, F./Eßbach, W., Soziale Normen, Frankfurt a.M. 2006.

Pries, L., Erwerbsregulierung in einer globalisierten Welt, Wiesbaden 2010.

Raiser, T., Grundlagen der Rechtssoziologie, 6. Aufl., Tübingen 2013.

Rebhahn, R., Das kollektive Arbeitsrecht im Rechtsvergleich, in: NZA 14/ 2001, 763-774.

Rehberg, M., Die kollisionsrechtliche Behandlung „europäischer Betriebsvereinbarungen", in: NZA 2/ 2013, 73-78.

Rehbinder, M., Rechtssoziologie, 7. Aufl., München 2009.

Rhodes, M., Das Verwirrspiel der „Regulierung": Industrielle Beziehungen und „soziale Dimension", in: Leibfried, S./Pierson, P. (Hrsg.), Standort Europa. Europäische Sozialpolitik, Frankfurt a.M. 1998, S. 100-154.

Renner, M., Zwingendes Transnationales Recht. Zur Struktur der Wirtschaftsverfassung jenseits des Staates, Baden-Baden 2011.

Rieble, V. /Kolbe, S., Vom Sozialen Dialog zum europäischen Kollektivvertrag?, in: EuZA 1/2008, 453-481.

Riedel, E., Der gemeineuropäische Bestand von Verfassungsprinzipien zur Begründung von Hoheitsgewalt, Legitimation und Souveränität, in: Müller-Graff, P.-C./ ders. (Hrsg.), Gemeinsames Verfassungsrecht in der Europäischen Union, Baden-Baden 1998, S. 77-98.

Riesenhuber, K., Europäisches Arbeitsrecht, Heidelberg 2009.

Rödl, F., Europäische Arbeitsverfassung, in: von Bogdandy, A./ Bast, J. (Hrsg.), Europäisches Verfassungsrecht. Theoretische und dogmatische Grundzüge, 2. Aufl., Dordrecht 2009, S. 855-903.

Röhl, K.F., Rechtssoziologie, 1987, im Internet unter: <http://www.ruhr-uni-bochum. de/rsozinfo/> (28.7. 2016).

Römer, P., Das Recht der Gesellschaft und der Bundesrepublik Deutschland, Köln 2009.

Ders., Wolfgang Abendroth und Carl Schmitt, Köln 2009.

Rössler, P./Geise, S., Standardisierte Inhaltsanalyse: Grundprinzipien, Einsatz und Anwendung, in: Möhring, W./ Schlütz, D. (Hrsg.), Handbuch standardisierte Erhebungsverfahren in der Kommunikationswissenschaft, Wiesbaden 2013, S. 269-287.

Rogers, E.M., Diffusion of Innovations, 5. Aufl., New York u.a. 2003.

Rogowski, R., Reflexive Labour Law in the World Society, Cheltenham 2013.

Ronge, F., Legitimität durch Subsidiarität. Der Beitrag des Subsidiaritätsprinzips zur Legitimation einer überstaatlichen politischen Ordnung in Europa, Baden-Baden 1998.

Rosenau, J.N./Czempiel, E.-O (eds.), Governance without Government: Order and Change in World Politics, Cambridge 1992

Rüb, S., Die Transnationalisierung der Gewerkschaften. Eine empirische Untersuchung am Beispiel der IG Metall, Berlin 2009.

Ders./Platzer, W./Müller, T., Transnationale Unternehmensvereinbarungen. Zur Neuordnung der Arbeitsbeziehungen in Europa, Berlin 2011.

Rust, U./Falke, J. (Hrsg.), AGG, Allgemeines Gleichbehandlungsgesetz mit weiterführenden Vorschriften, Kommentar, Berlin 2007, (zitiert: Bearbeiterin).

Sachße, C., Subsidiarität, in: Kreft, D./Mielenz, I. (Hrsg.), Wörterbuch Soziale Arbeit. Aufgaben, Praxisfelder, Begriffe und Methoden der Sozialarbeit und Sozialpädagogik, 7. Aufl., Weinheim/Basel 2013, S. 931-935.

Sacksofsky, U., Das Grundrecht auf Gleichberechtigung. Eine rechtsdogmatische Untersuchung zu Artikel 3 Absatz 2 des Grundgesetzes, Schriften zur Gleichstellung der Frau, Band 1, Baden-Baden 1991.

Sauer, B., Governance als frauenpolitische Chance? Geschlechterkritik aktueller Debatten um Staatstransformation, in: Demirovic, A./Walk, H. (Hrsg.), Demokratie und Governance. Kritische Perspektiven auf neue Formen politischer Herrschaft., Münster 2011, S. 106-130.

Dies., Staat, Demokratie und Geschlecht – aktuelle Debatten, 2003, im Internet unter: <http://www.fu-berlin.de/sites/gpo/pol_theorie/Zeitgenoessische_ansaetze/sauersta atdemokratie/birgit_sauer.pdf> (5.9.2018).

Schadendorf, S., Die EU und die menschenrechtlichen Verträge ihrer Mitgliedstaaten: Divergierende Schutzniveaus am Beispiel der CEDAW, in: ZaöRV 74/ 2014, 245-281.

Scherrer, C./ Hänlein, A. (Hrsg.), Sozialkapitel in Handelsabkommen. Begründungen und Vorschläge aus juristischer, ökonomischer und politologischer Sicht, Baden - Baden 2012.

Schiek, D., Europäisches Arbeitsrecht, 3. Aufl., Baden-Baden 2007.

Dies. (Hrsg.), Allgemeines Gleichbehandlungsgesetz (AGG). Ein Kommentar aus europäischer Perspektive, München 2007, (zitiert: Bearbeiter/in).

Schlachter, M./ Heinig, H.M. (Hrsg.), Enzyklopädie Europarecht, Bd. 7: Europäisches Arbeits- und Sozialrecht, Baden-Baden 2016, (zitiert: Bearbeiter/in).

Schlinkhoff, K., Der Europäische Betriebsrat kraft Vereinbarung, Göttingen 2011.

Schmid, C. U., Vom effet utile zum effet neoliberal, in: Fischer-Lescano, A./Rödl, F./ Schmid, C. U. (Hrsg.), Europäische Gesellschaftsverfassung. Zur Konstitutionalisierung sozialer Demokratie in Europa, Baden-Baden 2009, S. 33-54.

Schmidt, M., Die neue EG-Richtlinie zur Teilzeitarbeit, in: NZA 1/1998, 576-582.

Dies., Perspektiven und Sinn weiterer Regulierung durch Europarecht, in: EuZA 2/ 2008, 196-211.

Schömann, I., Alternative dispute resolution procedures in labour issues: towards an EU mechanism?, in: Transfer, 4/2002, 701-707.

Dies./Wilke, P., Towards a sustainable company: the potential contribution of international framework agreements, in: Vitols, S./Kluge, N. (eds.), The Sustainable Company. A New Approach to Corporate Governance, Brüssel 2011, S. 167-183.

Schröder, L./Urban, H.-J. (Hrsg.), Gute Arbeit. Ausgabe 2014. Profile prekärer Arbeit - Arbeitspolitik von unten, Frankfurt a.M. 2014.

Schulze, R./Zuleeg, M./Kadelbach, S. (Hrsg.), Europarecht. Handbuch für die deutsche Rechtspraxis, 3. Aufl., Baden-Baden 2015, (zitiert: Bearbeiter/in).

Schwarzburg, K., Die Menschenwürde im Recht der Europäischen Union, Baden-Baden 2012.

Schwarze, J. (Hrsg.), EU-Kommentar, 3. Aufl., Baden-Baden 2012.

Sciarra, S./Fuchs, M./Sobczak, A., Towards a Legal Framework for Transnational Company Agreements / Auf dem Weg zu einem Rechtsrahmen für länderübergreifende Betriebsvereinbarungen, Bericht an den Europäischen Gewerkschaftsbund, 2014, im Internet unter: <https://collective.etuc.org/sites/default/files/Report% 20TCA%20DE_low.pdf> (24.7.2018).

Seifert A., Der Beitrag der IAO zur Verwirklichung des Grundsatzes der Entgeltgleichheit zwischen Frauen und Männern, in: Hohmann-Dennhardt, C./Körner, M./ Zimmer, R. (Hrsg.), Geschlechtergerechtigkeit. Festschrift für Heide Pfarr, Baden-Baden 2010, S. 459-471.

Sinzheimer, H., Das Rätesystem (1919), in: Kahn-Freund, O./Ramm, T. (Hrsg.), Hugo Sinzheimer, Arbeitsrecht und Rechtssoziologie. Gesammelte Aufsätze und Reden, Bd. 1, Frankfurt a.M. 1976, S. 325-350.

Ders., Das Wesen des Arbeitsrechts (1927), in: Kahn-Freund/Ramm, a.a.O, S. 108-114.

Ders., Die Fortbildung des Arbeitsrechts (1922), in: Kahn-Freund/ Ramm, a.a.O., S. 78-90.

Ders., Eine neue Staatslehre (1935), in: Kahn-Freund/ Ramm, a.a.O., S. 430-435.

Somek, A., Engineering Equality: an essay on European anti-discrimination law, Oxford 2011.

Sonderforschungsbereich 597 – Staatlichkeit im Wandel. Finanzierungsantrag 2011 – 2014, im Internet unter: <http://www.sfb597.uni-bremen.de/download/de/forsch ung/01_2011-2014_Forschungsprogramm.pdf> (31.8.2018).

Strauß, B., Schutz vor Diskriminierung durch Privatpersonen im Straf-, Arbeits- und Zivilrecht. Darstellung des französischen Rechts mit Vergleich zum deutschen Recht vor dem Hintergrund der Umsetzung EU-rechtlicher Vorgaben, Frankfurt a.M. 2013.

Streeck, W., Gekaufte Zeit. Die vertagte Krise des demokratischen Kapitalismus, Berlin 2013.

Ders., Vom Binnenmarkt zum Bundesstaat? Überlegungen zur politischen Ökonomie der europäischen Sozialpolitik, in: Leibfried/ Pierson, Standort Europa, a.a.O., S. 369-421.

Streinz, R. (Hrsg.), EUV/AEUV: Vertrag über die Europäische Union und Vertrag über die Arbeitsweise der Europäischen Union, 2. Aufl., München 2012, (zitiert: Bearbeiter/in).

Tarren, D./Potter, H./Moore, S., Restructuring in the Electricity Industry, Report, 2008, im Internet unter: <http://www.epsu.org/article/restructuring-electricity-industry-toolkit-socially-responsible-restructuring-best-practice> (31.8.2018).

Telljohann, V./da Costa, I./Müller, T./Rehfeldt, U./Zimmer, R., European and international framework agreements: new tools of industrial relations, in: Transfer 11/ 2009, 505-525.

Tettinger, P.-J./Stern, K. (Hrsg.), Kölner Gemeinschaftskommentar zur Europäischen Grundrechtecharta, München 2006, (zitiert: Bearbeiter/in).

Teubner, G., Codes of Conduct multinationaler Unternehmen: Unternehmensverfassung jenseits von Corporate Governance und gesetzlicher Mitbestimmung, in: Höland, A./Hohmann-Dennhardt, C./Schmidt, M./Seifert, A. (Hrsg.), Arbeitnehmermitwirkung in einer sich globalisierenden Arbeitswelt. Liber Amicorum Manfred Weiss, Berlin 2005, S. 109-117.

Ders., Reflexives Recht : Entwicklungsmodelle des Rechts in vergleichender Perspektive, in: ARSP 68 1982, 13-59.

Theiss, U., Die Durchführung europäischer Sozialpartnervereinbarungen auf nationaler Ebene, Münster 2005.

Thüsing, G., Arbeitsrechtlicher Diskriminierungsschutz. Das Allgemeine Gleichbehandlungsgesetz und andere arbeitsrechtliche Benachteiligungsverbote, 2. Aufl., München 2013.

Ders., Europäisches Arbeitsrecht, 2. Aufl., München 2011.

Ders., Gedanken zur Effizienz arbeitsrechtlicher Diskriminierungsverbote, in: RdA 5/2003, 257-264.

Ders., International Framework Agreements – Rechtliche Grenzen und praktischer Nutzen, in: RdA 2/ 2010, 78-93.

Tondorf K., Entgeltgleichheit prüfen, aber mit welchen Instrumenten?, in: Hohmann-Dennhardt/Körner/Zimmer (Hrsg.), Geschlechtergerechtigkeit. Festschrift für Heide Pfarr, Baden-Baden 2010, S. 334-345.

Trubek, D. M./Mosher, J./Rothstein, J. R., Transnationalism in the Regulation of Labor Relations: International Regimes and Transnational Advocacy Networks, in: Law and Social Inquiry, 4/ 2000, 1187-1211.

Valdés dal-Ré, F., Quelles perspectives pour l'Europe sociale? Retour sur le modèle social européen, in: Escande-Varniol, M.C./ Laulom, S./Mazuyer, E. (eds.), Quel droit social dans une Europe en crise, Brüssel 2012, S. 379-388.

Vedder, C./Heintschel von Heinegg, W. (Hrsg.), Europäisches Unionsrecht, EUV, AEUV, Grundrechte-Charta, Handkommentar, Baden-Baden 2012, (zitiert: Bearbeiter/in).

Vedder, G., Die historische Entwicklung von Diversity Management in den USA und in Deutschland, in: Krell, G., Wächter, H. (Hrsg.): Diversity Management - Impulse aus der Personalforschung. Trierer Beiträge zum Diversity Management, Band 7, München und Mering 2006, S. 1-23.

Veneziani, B., The Role of the Social Partners in the Lisbon Treaty, in: Bruun, N./ Lörcher, K./Schömann, I. (eds.), The Lisbon Treaty and Social Europe, Oxford 2012, S. 123-161.

Vielle, P., How the Horizontal Social Clause can be made to Work: The Lessons of Gender Mainstreaming, in: Bruun, N./Lörcher, K./Schömann, I. (eds.), The Lisbon Treaty and Social Europe, a.a.O., S. 105-122.

357

Vitols, S./Kluge, N. (Hrsg.), The Sustainable Company. A New Approach to Corporate Governance, Brüssel 2011.

De Vos, M., Mehr als formale Gleichstellung. Positive Maßnahmen nach den Richtlinien 2000/43/ EG und 2000/78/ EG, 2007, im Internet unter: <ec.europa.eu/social/ BlobServlet?docId=2025&langId=de> (31.8.2018).

Waas, B., Der soziale Dialog auf Gemeinschaftsebene in neuem Licht: Ein Blick auf „autonome Vereinbarungen der Sozialpartner", in: Höland, A./Hohmann-Dennhardt, C./ Schmidt, M./Seifert, A. (Hrsg.), Arbeitnehmermitwirkung in einer sich globalisierenden Arbeitswelt, Festschrift für Manfred Weiss, Berlin 2005, S. 145-161.

Waddington, J., European Works Councils. A Transnational Industrial Relations Institution in the Making, New York u.a. 2011.

Wagner, C., Der Arbeitskampf als Gegenstand des Rechts der Europäischen Union, Baden-Baden 2010.

Weber, A., Europäische Verfassungsvergleichung, München 2010.

Weiler, A., Social dialogue and gender equality in the European Union, ILO Working Paper No. 44, 2013, im Internet unter: <http://www.ilo.org/wcmsp5/groups/public/- --ed_dialogue/---dialogue/documents/publication/wcms_213793.pdf> (31.8.2018).

Weiss, M., Transnationale Kollektivvertragsstrukturen in der EG: Informalität oder Verrechtlichung?, in: Konzen, H./Krebber, S./Raab, T. u.a. (Hrsg.), Festschrift für Rolf Birk zum siebzigsten Geburtstag, Tübingen 2008 S. 957-975.

Welz, C., The European Social Dialogue Under Articles 138 and 139 of the EC Treaty-Actors, Processes, Outcomes, Alphen a. d. Rijn 2008.

Wenckebach, J., Vereinbarkeit von Familie und Beruf gestalten, in: Arbeitsrecht im Betrieb (AiB) 5/13, 296-300.

Wirtz, T., Der SE-Betriebsrat. Anwendungsvoraussetzungen und Ausgestaltung der betrieblichen Mitbestimmung durch den SE-Betriebsrat kraft Vereinbarung und kraft Gesetzes, Baden-Baden 2013.

Wlotzke, O./Richardi, R./Wißmann, H./Oetker, H. (Hrsg.), Münchener Handbuch Arbeitsrecht, Band 2, 3. Aufl., München 2009 (zitiert: Bearbeiter/in).

Wolff, S., Dokumenten- und Aktenanalyse, in: Flick, U./ Kardorff, E./Steinke, I. (Hrsg.), Qualitative Forschung. Ein Handbuch, Reinbek 2000, S. 502-513.

Young, B., Politik und Ökonomie im Kontext von Globalisierung. Eine Geschlechterkritik, in: Kreisky, E./Sauer, B. (Hrsg.), Geschlechterverhältnisse im Kontext politischer Transformation, Politische Vierteljahresschrift, Sonderheft 28, 1998, 137-151.

Young, O.R., Effectiveness of international environmental regimes: Existing knowledge, cutting-edge themes, and research strategies, PNAS 2011, 19853–19860, im Internet unter: <http://www.pnas.org/content/108/50/19853.full.pdf> (27.7. 2016).

Ders. (ed.), The Effectiveness of International Environmental Regimes. Causal Connections and Behavioral Mechanism, Cambridge u.a. 1999.

Ders., Regime Effectiveness: Taking Stock, in: ders., The Effectiveness, a.a.O., S. 249-280.

Zachert, U., Globalisierung und Arbeitswelt - Rechtliche Perspektiven, in: AG 1/2002, 35-41.

Zeitlin, J., Social Europe and Experimentalist Governance: Towards a New Constitutional Compromise?, in: de Búrca, G. (ed.), EU Law and the Welfare State. In Search of Solidarity, Oxford 2005, S. 213-241.

Zimmer, R., Geringfügige Beschäftigung von Frauen – ein prekärer Zustand, in: Hohmann-Dennhardt, C./Körner, M./Zimmer, R. (Hrsg.), Geschlechtergerechtigkeit. Festschrift für Heide Pfarr, Baden-Baden 2010, S. 296-310.

Dies., Rechtliche Konzeption und Wirklichkeit: Europäische Betriebsräte als Verhandlungsakteure, in: Alewell, D. (Hrsg.), Rechtstatsachen und Rechtswirkungen im Arbeits- und Sozialrecht, München und Mering 2013, S. 133-153.

Dies., Soziale Mindeststandards und ihre Durchsetzungsmechanismen. Sicherung internationaler Mindeststandards durch Verhaltenskodizes?, Baden-Baden 2008.

Zinsmeister, J., Mehrdimensionale Diskriminierung, das Recht behinderter Frauen auf Gleichberechtigung und seine Gewährleistung durch Art. 3 GG und das einfache Recht, Baden-Baden 2007.

Zürn, M., Internationale Institutionen und nichtstaatliche Akteure in der Global Governance, in: APuZ 34-35/ 2010, 14-20.

Zürn, M./ Joerges, Ch. (eds.), Law and governance in postnational Europe. Compliance beyond the Nation-State, Cambridge 2005.

Quellenverzeichnis der Diffusionsergebnisse[961]

Assemblée Nationale, N°85, Avis présentée au nom de la commission des affaires sociales sur le projet de loi, adapté par le sénat, relatif au harcèlement sexuel, 2012.

Europäischer Gewerkschaftsbund, Anhörung der europäischen Sozialpartner zur Revision der Richtlinie 94/45/EG, Stellungnahme des EGB zur zweiten Phase der Anhörung der Sozialpartner, 2008, im Internet unter: <http://resourcecentre.etuc.org/ spaw_uploads/files/CES_travail%20inclusif_AL_BAT.PDF> (5.9.2018).

Europäische Kommission, Erste Anhörungsrunde der Sozialpartner im Rahmen des branchenübergreifenden und des sektoralen Dialogs auf Gemeinschaftsebene zur Überprüfung der Richtlinie über die europäische Betriebsräte, 2004, im Internet unter: <http://ec.europa.eu/social/main.jsp?catId=707&langId=de&intPageId=211> (31.8.2018).

Dies., Mitteilung der Kommission an das Europäische Parlament, den Rat, den Europäischen Wirtschafts- und Sozialausschuss und den Ausschuss der Regionen, Entwicklung eines Qualitätsrahmens für Praktika, COM(2012) 728 final v. 5.12.2012.

Dies., Mitteilung der Kommission an den Rat und das Europäische Parlament zur Übermittlung der Europäischen Rahmenvereinbarung zu Belästigung und Gewalt am Arbeitsplatz, KOM(2007) 686 endg. v. 8.11.2007.

Dies., Vorschlag für eine Richtlinie des Europäischen Parlaments und des Rates über die Arbeitsbedingungen von Leiharbeitnehmern, KOM(2002) 149 endg. v. 28.11.2002.

Dies., Vorschlag für eine Richtlinie des Europäischen Parlaments und des Rates über die Einsetzung eines Europäischen Betriebsrats oder die Schaffung eines Verfahrens zur Unterrichtung und Anhörung der Arbeitnehmer in gemeinschaftsweit operierenden Unternehmen und Unternehmensgruppen, KOM(2008) 419 endg. v. 2.7. 2008.

Europäisches Parlament, Atypische Verträge, gesicherte Berufslaufbahnen, Flexicurity und neue Formen des sozialen Dialogs. Entschließung zu atypischen Verträgen, gesicherten Berufslaufbahnen, Flexicurity und neuen Formen des sozialen Dialogs v. 6.7.2010, 2009/2220(INI).

Das., Entschließung zu der Mobilität und Integration von Menschen mit Behinderungen und der Europäischen Strategie zugunsten von Menschen mit Behinderungen 2010-2020 v. 25. 10. 2011, 2010/2272(INI).

Das., Entschließung zu einem moderneren Arbeitsrecht für die Herausforderungen des 21. Jahrhunderts v. 11.7.2007, 2007/2023(INI).

Das., Entschließung zu Frauen in prekären Beschäftigungsverhältnissen v. 19.10.2010, 2010/2018(INI).

Das., Entschließung zur Rolle der Frauen in der Industrie v. 17.1. 2008, 2007/2197 (INI).

---

[961] Aufgeführt werden nur die Quellen, die nicht schon oben im allgemeinen Literaturverzeichnis erfasst wurden.

Europäischer Rat, Entschließung zu einem neuen Europäischen Rahmen für Menschen mit Behinderungen v. 20.11.2010, 2010/C 316/01.

Ders., Schlussfolgerungen des Rates zur Verstärkung des Engagements und der Maßnahmen zum Abbau des geschlechtsspezifischen Lohngefälles und zur Überprüfung der Umsetzung der Aktionsplattform von Beijing v. 6.12. 2010 , 2010/C345/01.

Europäischer Wirtschafts- und Sozialausschuss (WSA), Stellungnahme zu der „Mitteilung der Kommission: Europäische Plattform gegen Armut und soziale Ausgrenzung: Ein europäischer Rahmen für den sozialen und territorialen Zusammenhalt" (KOM(2010) 758 endg.) v. 15.6.2011, 2011/C 248/22.

Ders., Stellungnahme zu dem"Vorschlag für eine Richtlinie des Europäischen Parlaments und des Rates über die Arbeitsbedingungen von Leiharbeitnehmern" (KOM(2002) 149 endg. – 2002/0072 COD) v. 19.9. 2002, SOC/110- CES 1027/2002.

Ders., Stellungnahme zu dem Vorschlag für eine Richtlinie des Europäischen Parlaments und des Rates zur Gewährleistung einer ausgewogeneren Vertretung von Frauen und Männern unter den nicht geschäftsführenden Direktoren/Aufsichtsratsmitgliedern börsennotierter Gesellschaften (COM(2012) 614 final -2012/0299 (COD)) v.13.2.2013, 2013/C 133/13.

Ders., Stellungnahme zu dem „Vorschlag für eine Verordnung des Europäischen Parlaments und des Rates zur Schaffung eines Europäischen Instituts für Gleichstellungsfragen" (KOM(2005) 81 endg. - 2005/0017 (COD)) v. 28.9. 2005, 2006/C 24/10.

Ders., Stellungnahme zum Thema „Für ein ILO-Übereinkommen gegen geschlechtsspezifische Gewalt am Arbeitsplatz" v. 16.7.2015, 2016/C13/21.

Ders., Stellungnahme zum Thema „Konkrete Anwendung der Richtlinie 94/45/EG über Europäische Betriebsräte und eventuell überprüfungsbedürftige Aspekte" v. 24.9.2003, SOC/139- CESE 1164/2003.

European Commission, Industrial Relations in Europe, 2004, im Internet unter: <http://digitalcommons.ilr.cornell.edu/cgi/viewcontent.cgi?article=1002&context=intl> (27.1.2017).

Dies., Report from the Commission to the Council, the European Parliament, the European Economic and Social Committee and the Committee of the Regions on equality between women and men – 2006, COM(2006) 71 final of 22.2.2006.

European Foundation for the Improvement of Living and Working Conditions (Eurofound), European and international framework agreements: Practical experiences and strategic approaches, 2009, im Internet unter: <https://www.eurofound.europa.eu/de/publications/report/2009/industrial-relations/european-and-international-framework-agreements-practical-experiences-and-strategic-approaches> (31.8.2018).

Dies., European industrial relations dictionary, Harassment and violence at work, im Internet unter: <https://www.eurofound.europa.eu/observatories/eurwork/industrial-relations-dictionary/harassment-and-violence-at-work> (31.8.2018).

Dies., European Works Council Developments, Before, During and After the Crisis, 2015, im Internet unter: <http://digitalcommons.ilr.cornell.edu/cgi/viewcontent.cgi?article=1454&context=intl> (31.8.2018).

Dies., Promoting ethnic entrepreneurship in European cities, 2011, im Internet unter: <https://www.eurofound.europa.eu/publications/report/2011/eu-member-states/soci al-policies-business/promoting-ethnic-entrepreneurship-in-european-cities> (31.8.2018).

European Trade Union Confederation et al., Framework of Actions on Gender Equality. Final Evaluation Report, 2009, im Internet unter: <https://www.etuc.org/en/ framework-actions-gender-equality-final-evaluation-report-2009> (11.9.2018).

Dies., Implementation of the European Autonomous Framework Agreement on Harassment and Violence at Work, Final joint report by the European Social Partners, 2011, im Internet unter: <docplayer.net/62957918-Violence-at-work-implementation-of-the-european-autonomous-framework-agreement-on-harassment-and-violence-at-w ork-harassment-violence-violence.html> (11.9.2018).

Dies., Implementation of the European Framework Agreement on Inclusive Labour Markets, Final joint report by the European Social Partners, 2014, im Internet unter: <http://resourcecentre.etuc.org/spaw_uploads/files/Implementation%20report%20In clusive%20Labour%20Markets%20Agreement..pdf (11.9.2018).

European Trade Union Institute (ETUI), European Works Councils: a trade union guide to directive 2009/38/EC Report 114, 2010, im Internet unter: <https://www. etui.org/Publications2/Reports/European-Works-Councils-a-trade-union-guide-to-di rective-2009-38-EC> (31.8.2018).

International Labour Organization (ILO), Employment and social protection in the new demographic context, Report, 2013, im Internet unter: <http://www.ilo.org /ilc/ILCSessions/102/on-the-agenda/employment-social-protection/lang--en/index. htm> (31.8.2018).

Dies., In search of good quality part-time employment, Working paper, 2014, im Internet unter: <http://www.ilo.org/travail/whatwedo/publications/WCMS_237781/la ng--en/index.htm> (28.1.2017).

Dies., Policy Brief No. 6, Nothing more permanent than temporary? Understanding fixed-term contracts, 2015, im Internet unter: <http://ilo.org/wcmsp5/groups/public/ ---ed_protect/---protrav/---travail/documents/publication/wcms_357403.pdf> (31.8.2018).

Dies., Working Paper No. 34: "Promoting gender equality through social dialogue: Global trends and persistent obstacles", 2011, im Internet unter: <http://www.ilo. org/ifpdial/information-resources/publications/WCMS_172636/lang--en/index.htm> (31.8.2018).